誕生日大事典

アストロロジャー 來夢　**占星術研究家** 松村潔

The Encyclopedia of Birthdays

三笠書房

Introduction
はじめに

誕生日でわかる自分の「運命」と「性格」！

　この本は、誕生日がその人にどんな影響を与えるのか、366日全ての日付について解説したものである。

　あなたが生まれた日＝誕生日には、霊的なパワーとスピリチュアルな意味が込められている。あなたが、「その日」に生まれたことは、使命であり、単なる偶然ではありません。

　まずは、あなたが生まれた瞬間の星があなたに与えてくれた「誕生日」のパワーとメッセージに、あなた自身が気づくこと。
　自分の誕生日について書かれたページを読めば、あなたが持って生まれた長所や底力が面白いほど理解できる。
　また、あなたが宇宙から受けた誕生日の力を上手に生かせば、より幸せに、もっと自分らしく人生を満喫できるはず。
　そして、その誕生日生まれゆえの課題を克服することで、おのずとあなたの「生まれてきた意味」も見えてくる。
　また、この本は、あなたの運命を知ることはもちろん、恋人

や友だち、家族、同僚などの「本当の姿」や、思いがけない魅力を知る手がかりを得られるようになっている。

　性格の傾向、表面には現われない本心、秘められた思い、仕事の適性、ソウルメイトなど、あなたの知りたいことをぎっしりと詰め込んだアドバイスは、あなたが自分を見つめ直し、自分を信じて、自分らしく輝いていくための、あなた自身へのメッセージ。

　進路に迷った時、何か大きなことを決めなくてはいけない時、新しい恋が始まった時、子どもが生まれた時、人間関係につまずいた時など、うれしい時も悲しい時も、どんな時でも「さがしていた答え」がきっと見つかるはず。

「占いは、知らないよりも知っておいたほうがよい情報であり、知恵」でもある。
　この本をいつでも手元に置いておき、自分の「お守り」として、また人間関係のバイブルとして活用してくれたなら幸いです。

　來夢 ✿ 松村潔

Contents

目次

Introduction
はじめに……誕生日でわかる自分の「運命」と「性格」！——3

The power of stars and numbers
「誕生日占い」とは？——6

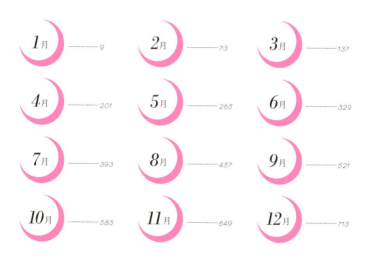

1月 —— 9
2月 —— 73
3月 —— 137
4月 —— 201
5月 —— 265
6月 —— 329
7月 —— 393
8月 —— 457
9月 —— 521
10月 —— 585
11月 —— 649
12月 —— 713

Column 1
コラム1　「誕生日占い」と「西洋占星術」——133

Column 2
コラム2　「誕生月」と「日にち」の持つ意味——262

Column 3
コラム3　「占星術のカレンダー」で生活してみる面白さ——390

Column 4
コラム4　「運気のバイオリズム」とうまくつき合うには——582

Column 5
コラム5　ピンチをチャンスに変える生きかたのコツ——710

「誕生日占い」とは？

　なぜ、生まれた月日で、その人の性格や適職、相性のよし悪しがわかるのか？

　誕生日の月日で占いをする場合、いくつかの方法がある。みなさんがよく知っている「星座占い」や「四柱推命」なども、誕生日からその人の運命や性格を割り出す占いの一つ。

　この本の占いかた、誕生日の月日で占う方法は、この世に生を受けたあなた自身が持って生まれた力を、一番シンプルに正確にお伝えすることができる。

　つまり、誕生日の「月」の数字と「日」の数字に秘められた霊的なパワー。この解釈に加えて、日々セッションをかさねて得られた膨大なるクライアントデータを分析して編み出された貴重な研究成果なのである。

　たとえば、1月15日の誕生日の人であれば、月の数字である「1」と、日の数字の「15」の持つパワーから、その人の長所、短所、相性、適職などを割り出していく。

　「月」の数字は、集団の関係の中での性格を表わし、「日」の

数字は、個人の感情や性質などを表わしている。そして、「月」と「日」の数字の持つ意味の組み合わせを見ると、その人の「人生の大きな目的」と、その目的を達成するために「個人のキャラクター」がどう細分化されているかが、見えてくる。

　また、各誕生日の最後についている「ヴィーナス（金星）のささやき」「マーキュリー（水星）のささやき」というのは、あなたと呼応しているプラネット（加護星）からのメッセージ。
　その生まれにとって、とても重要な意味を持つ言葉がちりばめられている。

　占星術のエッセンスと数字のロジックから割り出した1日1日の解説には、宇宙の壮大なエネルギーが込められているのだ。

編集協力　西口のり子

1月

January

The Encyclopedia of Birthdays

January First

1月1日

地頭がよく、その道の専門家として一流になる

あなたの誕生日力

あなたの感じる不安の全ては、あなた自身の力となる。たとえ失敗しても、その経験によって生まれた心の変化は、成長の糧であり成功への源。一つの結果が起きた時、よい悪いだけで判断をせず、きちんと「なぜ」を探り、あらゆる角度から見て答えを導き出すこと。逆境と言われる時こそ、実はあなたの未来の幕が開く。

あなたの性格

あなたの味わう人生とは、まだ誰も手をつけていない未知の分野に惹かれ、その研究結果を世に出すこと。生まれながらに地頭がよく、学校の成績も良好、高度な学問を勉強する機会に恵まれる。

また、学歴が高くなかったとしても、自分でどうしても突きつめてみたいというテーマが現われ、追求しているうちに、その分野で名をなしてしまうだろう。

自分の知ったことは責任を持って周囲に惜しみなく還元したいと考えるのは、あなたの心の奥底に「社会に貢献したい」という強い願いがあるから。たとえどんなに小さな趣味のようなものであったとしても「これ」というものを持ったなら、あなたという存在は輝き、社会から認められていく。

仕事の適性

特定の分野を究めて知的専門職に就くのが、最高に適している。

仕事熱心で献身的なので組織に属するのは向いており、人の立場を考慮できるようになると地位も上がるはず。たとえ自営業であっても、得意分野であれば活躍できる。

人間関係の傾向と相性

同じ趣味の人、話の合う人だけと関わろうとしながらも、全然関係のない人から貴重な情報が入ってくる傾向がある。できるだけ広く交流するのが◎。

特に12月29日〜１月３日生まれの人とのつき合いの中には、世界が広がる新鮮な情報が。４月29日〜５月３日生まれの人とは以心伝心、何でもわかり合える間柄。７月上旬生まれの人は厳しいご意見番。

長所と短所のまとめ

一つのことにとことんのめり込み、その分野で達人となってしまう。好きなことを実行する力と何においても率先して行動するところは美点だが、押しつけがましいところは少々難点。周囲のムードをよく見ながら物事を進めることで、より確実にスムーズにいく。

ヴィーナス（金星）のささやき

長い下積みの時代も、「成功確実！」の意識にプライドを乗せて優雅に進みなさい。

January Second

1月2日

🔑 何ごともソツなくこなす聡明で要領のよい人

あなたの誕生日力

　生まれ持った求心力、そこから生まれる真のリーダーシップこそ、あなたに与えられている崇高なる大きなお役目。だからこそ、短絡的な上昇志向に囚われてしまうと、時に目先の我欲に足をすくわれ、迷いさまよう。それは当然、堕落の罠へと落ちることに。心の底から湧き起こる正直な熱き思いを貫いた先に、真実の栄光があなたを待っている。

あなたの性格

　あなたの味わう人生とは、手堅い成功に満ちている。頭の回転が速く、要領がよい。集中力があり、興味のある分野の知識・技術を驚くべき速さで吸収してしまうところは、なんといってもあなたの強み。

　そして、その集中力に加えて持っている、物事をあらゆる方面から検証する慎重さは、手堅く、間違いなくことを運んでいく源に。まさに「何ごともソツなくこなす聡明な人」。しかし、1月生まれが根本的に持っている「世に名を知らしめたい」という願望があなたにも強く刻印されているため、時に野心が先に立ち、物事の本質よりも社会的立場のほうを優先することが。

　より深く自己の中心に意識を合わせ、目的をあやまたず見きわめられれば、あなたの人生は光り輝く。

仕事の適性

　野心的でやる気もあり、そのうえ感受性が豊かなあなただからこそ、人を相手にする仕事、人を導く仕事に適している。
　医療・治療関係、教育関係、マスコミ関係、また、カウンセラーやコンサルタント、ソーシャルワーカーとしても活躍できる。

人間関係の傾向と相性

　自分の世界に入って作業していることが多いので、人間関係は狭くなりがち。しかし、あなたのファン層は案外広い傾向がある。
　4月30日～5月4日生まれの人は、何があってもあなたを認め続けてくれる相手。11月上旬、3月上旬生まれの人とは、楽しい情報を交換できそう。12月31日～1月4日生まれの人とは揺るがぬ絆（きずな）ができ、恋愛の相性も最高。

長所と短所のまとめ

　頭がよく、何でもソツなくこなしてしまうあなただからこそ、周りからの評価は最高。
　ところが、心と頭を働かせず暇を持てあますと、我欲や野心にばかり目がいってしまうことに。常に何ごとかに集中し、使命感を持って取り組むのが成功のもと。

ヴィーナス（金星）のささやき

何ごとも独り占めせずに、みなと共有を。そうすれば、もっとたくさんのものに恵まれる。

January Third

1月3日

個性、才能、好奇心にあふれた粘り強い人

あなたの誕生日力

　オンリーワンとは、まさにあなたのためにある言葉。大層なビジョンを描く前に、これまでのあなたの軌跡をたどり、どんな些細なことも見逃さず、あなたの内に眠っている「何か」を掘り起こそう。日々の生活の中で学び鍛えられていくその先に、あなただからできること、あなたにしかやれないこと、あなたが求めていた宝がある。

あなたの性格

　あなたの味わう人生とは、粘り強さの勝利。この生まれは目のつけどころが独特で、日常のちょっとしたことの中に好奇心の種を見つけることができるのが特徴。はじめから壮大な目標を立てるわけではなく、そんな小さな好奇心を自分なりに掘り下げ、それについて情熱的に長期間取り組むことで、あなたはやがて誰にも真似のできない方法論や研究成果を手にすることだろう。

　1月生まれには「社会に貢献したい」という願望があり、それゆえにあなたは自分が得た成果を公表して、最終的にはビッグになっていく運命。

　また、その研究を通して全てのものの根底には共通した要素があると知ることで、謙虚さや心の広さが養われて、より大きな存在になる。

仕事の適性

野心的でやる気もあり、そのうえ感受性が豊かなあなただからこそ、人を相手にする仕事、人を導く仕事に適している。

医療・治療関係、教育関係、マスコミ関係、また、カウンセラーやコンサルタント、ソーシャルワーカーとしても活躍できる。

人間関係の傾向と相性

自分の世界に入って作業していることが多いので、人間関係は狭くなりがち。しかし、あなたのファン層は案外広い傾向がある。

4月30日～5月4日生まれの人は、何があってもあなたを認め続けてくれる相手。11月上旬、3月上旬生まれの人とは、楽しい情報を交換できそう。12月31日～1月4日生まれの人とは揺るがぬ絆ができ、恋愛の相性も最高。

長所と短所のまとめ

頭がよく、何でもソツなくこなしてしまうあなただからこそ、周りからの評価は最高。

ところが、心と頭を働かせず暇を持てあますと、我欲や野心にばかり目がいってしまうことに。常に何ごとかに集中し、使命感を持って取り組むのが成功のもと。

ヴィーナス（金星）のささやき

何ごとも独り占めせずに、みなと共有を。そうすれば、もっとたくさんのものに恵まれる。

January Third

1月3日

個性、才能、好奇心にあふれた粘り強い人

あなたの誕生日力

オンリーワンとは、まさにあなたのためにある言葉。大層なビジョンを描く前に、これまでのあなたの軌跡をたどり、どんな些細なことも見逃さず、あなたの内に眠っている「何か」を掘り起こそう。日々の生活の中で学び鍛えられていくその先に、あなただからできること、あなたにしかやれないこと、あなたが求めていた宝がある。

あなたの性格

あなたの味わう人生とは、粘り強さの勝利。この生まれは目のつけどころが独特で、日常のちょっとしたことの中に好奇心の種を見つけることができるのが特徴。はじめから壮大な目標を立てるわけではなく、そんな小さな好奇心を自分なりに掘り下げ、それについて情熱的に長期間取り組むことで、あなたはやがて誰にも真似のできない方法論や研究成果を手にすることだろう。

1月生まれには「社会に貢献したい」という願望があり、それゆえにあなたは自分が得た成果を公表して、最終的にはビッグになっていく運命。

また、その研究を通して全てのものの根底には共通した要素があると知ることで、謙虚さや心の広さが養われて、より大きな存在になる。

仕事の適性

持ち前の研究熱心さと危機管理能力は、企業の中で大いに役立てられる。居心地のよい位置を与えられたなら、生きがいを持って仕事ができる。

好きなことを仕事にする力も持ち合わせているので、これぞというものがあれば頭角を現わせる。

人間関係の傾向と相性

あなたの個性や才能に惹かれて、人が周囲に集まってくる。ただし、自分のつき合いたい人間を限定しがち。

1月1日〜5日生まれの人とは同類なので、同志ながら切磋琢磨できる関係。5月1日〜5日生まれの人とは、心からおたがいを好きでいられる相性。異性ならハッピーな恋人同士になれる。7月2日〜6日生まれは、あなたに刺激を与えてくれる人。

長所と短所のまとめ

一つのテーマに気長に取り組み、そこから人間的学びを深められるのは、すばらしい長所。ただ、プライドの高いところが長所にも短所にもなり得る傾向。ふつうの生きかたの中にも自分を生かす道があるとわかれば、周囲との関係も、もっとスムーズになる。

ヴィーナス（金星）のささやき

日々の些細なことも軽んぜず精進せよ。それが大きな運をつかむ秘訣である。

January Fourth

1月4日

気取らない性格、芯のしっかりした人気者

あなたの誕生日力

　たとえば仏教の教えで言う「即身成仏」とは、あなたに向けられた言葉。魂を育成する修行の場としての人生を、あなた自身が選んできている。その慈悲にあふれた精神性に、「人は苦しんだ分だけ人にやさしくなれる」といった実際の経験が伴ってこそ、真実の叡智(えいち)と人間的な深みが生まれる。その時、あなたは至高の喜びに包まれる。

あなたの性格

　あなたの味わう人生とは、長い時間をかけて一つの物事を究める喜びに満ちている。のんびり気取らない性格だが芯(しん)のしっかりした人物で、この生まれは不思議と、小さい時から茶道や華道、武道などといった伝統的な芸に親しんでいることが多い。
　その他の分野に詳しいこともあるが、いずれにしても伝統的な礼儀や作法に通じ、それによって我慢強さや高い精神性を養っている人が多い。
　物事の達成力はすばらしく、また同時に、あなたがストレスの多い現代社会で苦労することで達する「社会のあり方への考察」は見事。現代社会の問題をその健全な精神で斬(き)ることで、世の中の光になる思想を生み出すことも。苦労することで社会を救うのも、あなたの使命。

仕事の適性

慈悲にあふれたあなたは、人を相手にする仕事に生きがいを感じられる。

営業、特に保険のセールス、カウンセラー、プランナー、教育者など。また、警察官や公務員にも適性あり。経営の分野で理想を追求するのもあなたらしい。

人間関係の傾向と相性

人を助けたり人に助けられたり。常に感謝のできる人間関係があなたの周りには展開する。

5月2日～6日生まれの人とは、年齢、性別、立場にかかわらず気のおけない仲間として末永くつき合える。1月2日～6日生まれの人とは、とことんおたがいの味方に。9月3日～7日生まれの人とは、恋愛の相性がよい。異性をチェック！7月初旬生まれはライバル。

長所と短所のまとめ

のんびりした性格だけれども我慢強く、思ったことをやりきるのが長所。自分が苦労した体験から人の役に立つ情報をひねり出すことも得意。

高尚な精神を持っているあなただからこそ、一般の考えから浮いても「本質」を大切にすることで存在が生きる。

ヴィーナス（金星）のささやき

引き立てられたら感謝せよ。ただし引き立てられるために媚（こび）を売ると、よい結果につながらない。

January Fifth

1月5日

無邪気で明るい感性で人に元気を与える人

あなたの誕生日力

あなたを誰よりも信頼しているあなたが存在している。それはナルシシストという意味ではなく、自分の価値を知っている証(あかし)。心のまま正直に生きる、そのための努力をする、あなたに必要なのは、ただそれだけ。仕事でも遊びでも、全てに思いっきり全力投球。とてもシンプルに毎日が笑顔でうれしい、それがあなたの生きる道。

あなたの性格

あなたの味わう人生とは、相手の童心に語りかけ、イキイキとさせる喜びに満ちた道である。ノビノビとした感性を持つあなたは、いくつになっても無邪気で、あなたに接する人は不思議と落ち着き、元気になってしまうはず。

この生まれは、感性が豊かで何でも楽しみに変えてしまえる。だからこそ、好奇心に任せて、どんなことにも大胆にチャレンジすること。そして、失敗しても気にしない！ また、失敗した人を持ち上げてあげるのも得意技。

1月生まれは「社会に貢献したい」という気持ちが強いが、あなたはその明るい感性を生かすことで、人の役に立てることを知ろう。たとえば、少しこむずかしいことに遊びの要素を取り入れるのは、あなたの得意とするところ。人を楽しませつつ大切なことを伝えるのが、何よりの使命。

仕事の適性

楽しくやさしく話すことができるあなたは、人にものを教える仕事で活躍できる。特に初心者を上手に導くことができるので、保育士、教員、学習トレーナー、塾の講師などとして大いに活躍できる。宗教関係もよし。好きなら音楽や演劇の方面も適性あり。

人間関係の傾向と相性

気さくで気の張らない人間関係をつくる。しかし、人の世話をすることは多い傾向。

1月3日～7日生まれの人は、あなたの気持ちをよくわかりフォローしてくれる相手。5月3日～7日生まれの人は老若男女を問わず、あなたの最高のパートナー。異性なら阿吽の呼吸の恋人同士に。7月初旬生まれの人とは、おたがいの不足部分を補い合う関係。

長所と短所のまとめ

いつも自然体で周囲を明るく元気にしてしまうという長所を持つ反面、社会の風潮に合った人間像を意識し、「もっと賢くならなくちゃ」などと思うことが。

生来のリラックス感が命のあなただからこそ、自分が自分らしくいることに集中して正解。

ヴィーナス（金星）のささやき

あなたが幸せな分だけ周囲も幸せになる。まずは自分がいつも笑顔でいられるように。

January Sixth

1月6日

🔑 高い志と繊細な感受性、他人と協働できる才能

あなたの誕生日力

　あなたの人生に貪欲に取り組もう。誰よりも欲張りなくらいでちょうどいい。どんなに精神性を磨いても、あなたの日常が豊かでなければ、あなた自身は輝かない。そして、その逆も然り。そう、あなたは、精神性と物質的豊かさのどちらも満たせるような高い目標や目的を的確に掲げたならば、迷わずひるまず、まっすぐに歩んでいける人なのだ。

あなたの性格

　あなたの味わう人生とは、要求されたミッションを完遂しようという高い志に貫かれたものである。

　そもそも1月生まれは「社会に貢献したい」という共通の願望を持っているが、その中でもこの日生まれは、強い集中力で物事に取り組む、仕事能力の高いタイプ。

　繊細な感受性と協調性で他人と協働できる才能がありながらも、その一方であなたの中には、自由気ままに過ごすことを切望する心もあるだろう。

　もちろん、集団の中にいることには何の不満もなく、むしろ好んで共同作業にいそしむが、ただ、あなたには社会から逸脱できる時間と場所が必要。ハードに仕事をこなしたあとは、自由に気持ちを遊ばせ、一人でリラックスすることで、さらにパワーアップして明日へと向かえる。

仕事の適性

人を癒す仕事に幅広く適性あり。医師、その他の医療関係者、心理学者、ヒーラーやマッサージ師、エステティシャンなどとしてすぐれた才能を発揮する。

繊細なセンスを生かして芸術関係や映画、広告などの業界でも活躍できる。

人間関係の傾向と相性

仕事では信頼する多くの人に囲まれながらも、プライベートでは気のおけない、ごく少数の人とだけ交際する傾向。

5月4日〜8日生まれの人とつき合えば、人間関係の輪が大きく広がりそう。1月4日〜8日生まれの人は、あなたの複雑な気持ちをよくわかってくれる相手で、恋愛にも好相性。7月5日〜9日生まれの人は、いろいろな可能性を提示してくれる。

長所と短所のまとめ

現実のハードな仕事をこなしながらも一人の時間を楽しんでパワーを得るのが、あなたらしいメリハリのある生活。それと同様に、人生の目標も「物質的豊かさか、精神性か」という二極で揺れるのも事実。

あなたにとってはどちらも大切。バランスを！

ヴィーナス（金星）のささやき

ちょっとした気晴らしでダメなら、思いきった一人旅でこそリフレッシュできる。

January Seventh

1月7日

判断力と調和力にすぐれ、実り多い人生を歩む

あなたの誕生日力

あなた自身が選んだ人生のプロセスとして、辛抱はあなたを育成してくれる。でも、日常の我慢は身体に毒。その境目をきちんと見きわめて、自問自答を。目の前の環境にある「打破すべきもの」と、「苦くても味わうべきもの」とを、前向きに明確に整理することができたなら、あなたは天晴れなくらいの光り輝くパワーを発揮する。

あなたの性格

あなたの味わう人生とは、人が真似できない絶妙な判断力に恵まれた道。年を経るほどに、この世をスイスイと気持ちよく泳いでいける傾向にある。

そもそもあなたは、物事を調和させ緩急のタイミングを取るのに巧み。だから、やってきた困難について耐えるべきか打破すべきか、周囲の要求に応えるべきか自己判断でいくべきか、といったことのバランスの取りかたも、いつのまにか上手になっていくだろう。

話す時と黙る時、前に出る時と控える時、そんな微妙な判断もうまくできるのが特徴。

そんなあなたは、目標を確実にクリアしていく驚くほどパワフルな時間と、ゆったりと心を解放してリラックスする時間の両方を、思いのままに操れる。

仕事の適性

　鋭いビジネスセンスと博愛精神が相まって、大きな組織や公共団体で社会に貢献する仕事に適性あり。世の中の改革に燃える場合もある。

　創造力とオピニオンリーダー的性質を生かして、小説家、批評家、シナリオライターなどとして活躍する道も。

人間関係の傾向と相性

　人に見込まれることがきっかけでチャンスをつかむことがある。如才なくつき合うので人間関係は広くなる傾向。

　3月上旬、11月上旬生まれの人は、あなたのファンで協力者。1月5日〜9日生まれの人は、すぐれたサポーター。異性なら素敵な恋人に。5月5日〜9日生まれの人とは、なぜか運を上げ合う間柄に。7月6日〜10日生まれの人は、よきライバル。

長所と短所のまとめ

　物事に見事なメリハリをつけ、あらゆることに的確な判断力を発揮する。

　しかし、自分自身をうまくコントロールできない時は、それに比例するかのように、不測の事態に対応できず判断ミスを起こしやすくなるので注意しよう。

♀ ヴィーナス（金星）のささやき

幸運は全て人からもたらされる。感謝して受け取れば、さらに多くを受け取ることになる。

January Eighth

1月8日

素直でひたむきな努力で人に尽くす人格者

あなたの誕生日力

　自分自身から逃げずに向かった先で、自分だけの真実・真理を手に入れる。だから、「自分にしかできないこと」を徹底的に追求すること。中途半端と感じるうちは決して手放さないことが大切。その過程で生じる変化を楽しむことが、あなたが求めている道。新たな世界で真の自由を求めるなら、まずは自己責任を持つこと。それでこそあなたの楽園を実感できる。

あなたの性格

　あなたの味わう人生とは、自己犠牲をもって誠実に人に尽くしながら、自分の夢もパワフルにかなえてしまう、まさにスーパーマンの道。もともと素直で大変な努力家なので、人に対してもまっすぐに向き合うし、目標に向かう姿勢もまた、ひたむき。ふつうの人にはなかなか越えられない壁も、長期にわたる努力によって見事にクリアしてしまうだろう。ただ、真面目すぎるので大きな目的のために無理をしてしまう傾向が。

　この生まれは幼少の頃から自分を犠牲にするような体験をしやすい。そのため人に対する「奉仕の精神」を養っているので、長じてからは他者のために自己犠牲を払うのを厭わなくなるのも特徴と言える。

　そう、あなたこそまさに"人格者"と呼べる人である。

仕事の適性

社交的で推進力のあるあなたは、人と交流を図る、または共同で仕事をするという要素のある職場で大いに輝く。哲学・宗教の分野で人を教え導くのも、あなたの得意とするところ。好きならば音楽・芸術方面でも活躍の可能性がある。

人間関係の傾向と相性

人に尽くし、尽くされる傾向がある。他人の深いところにアクセスするので、場合によっては相手に依存を起こさせることもある。

1月6日～10日生まれの人とは、似た者同士。愛憎は他よりも深くなりそう。5月6日～10日生まれの人は、いかなる時もあなたの味方に。異性ならやさしい恋人候補。9月上旬生まれの人とは、底抜けに明るいつき合いができる。

長所と短所のまとめ

霊格が高く、素直な努力家ゆえに、自分の目標をどんどんかなえていく。

ただ、時に大きすぎる目標を設定することが。いくら周囲の人や社会に必要なことであっても、あなた自身が崩れてしまっては本末転倒。

人の協力を仰ぐなどして無理せずにいこう。

ヴィーナス（金星）のささやき

本当に豊かな生活のためには、権力や物質だけでなく人の心や運を味方につけるべきだ。

January Ninth

1月9日

ずば抜けた才能を淡々と生かして社会に貢献

あなたの誕生日力

あなたの本音や進みたい道を邪魔する、見識の狭い建前や、合理主義的な考えを打破すること。知性をフル回転させ、それを日常にどれだけ生かせるか、それはあなたの手腕次第。あなたの毎日の生活には、あなたの未来の輝きがちりばめられている。その一つひとつを拾い集めるように、あなたの中に存在している壮大なるジグソーパズルを完成させて。

あなたの性格

あなたの味わう人生とは、「能ある鷹(たか)は爪を隠す」を地でいくものである。ずば抜けた才能を持っていてもそれをひけらかすことなく、どちらかというと控えめに淡々と歩む。温和な性格で他者の心を汲み取るのが得意。

1月生まれは「社会に貢献したい」という願いが強いので、本来ならバリバリとわき目もふらずに仕事に邁進(まいしん)しているところだが、あなたにとっては、みながそれぞれの場所で特性を生かしながら全体として成果を上げていくことが何よりの理想となる。

周囲の人からも、実力に似合わないほど腰が低い人、と思われているだろう。ただ、集団の歯車の一つとなりながらも、実は目立たないところで全体を管理、統轄している抜け目ないところも見え隠れする。

仕事の適性

頭の回転が速いので、最先端の業種や変化が多い職種に向いている。移動にも強いので、場所をしょっちゅう変えるような仕事にも適性あり。

ビジネス関係、特にセールス、販売促進、旅行関係の仕事など。芸術方面でプロになる道も。

人間関係の傾向と相性

いくつかのグループやサークルに所属して、人の輪をたくさんつくる傾向がある。人好きで、淋しがりやの面も。

1月7日〜11日生まれの人は、おたがいにシンパシーを感じ合える相手。5月7日〜11日生まれの人は、一緒にいると活動が活発になり、楽しい体験ができる相手。第一印象は今一つであっても、つき合ううちに離れられなくなるのが7月上旬生まれ。

長所と短所のまとめ

組織の中で人と調和し、自分の特性を生かしていけるところは長所。ただ、もともと組織人間なので、本当にしたいことさえも自分で抑圧するクセが。

強く「やりたい」と思った時は、できない理由をさがして理屈をこねず、心のままに行動してみるのが現状打破の秘訣。

ヴィーナス（金星）のささやき

美的センスも、クリエイティブな力も、身体あってのものだね。健康的な生活を！

January Tenth

1月10日

積極性と行動力でリーダーシップを発揮

あなたの誕生日力

あなたの成功は、天から約束されている。ただし自己欺瞞に陥ったり堕落したりすることがあれば、その時間と比例して達成は遅れる。自分が求め、求められる人たちと喜びをシェアするために、自分は生まれてきたという事実を思う存分満喫すること。その満たされた心で、周囲に幸せの種を振りまこう。それがあなたの「ありのままの姿」であり、生きる道。

あなたの性格

あなたの描く人生とは、一度始めたことは絶対に最後までやり抜くという意志に満ちている。積極的で行動力に恵まれたあなたは、1月生まれ特有のミッション「社会に貢献する」と相まって、よいと思ったことをすかさず実現しようというパワーが強い人である。

あなたは個人として卓越した能力があるだけでなく、チームプレイも大の得意。さらに管理能力にもすぐれているので、自分がリーダーとなって動くことも厭わない。

仲間とたがいに刺激し合い、弱者をフォローしながら業績を上げていく。それゆえに組織のメンバーやトップから評価され、誰もできないような仕事が回ってくることもあるだろう。ただ、働きすぎる傾向があるので、休暇をしっかり取るのも使命の一つと心得よう。

仕事の適性

なんといっても企業や組織の中で仕事をするのに向いている。また、どのような部署にあったとしても、必ず周囲の人以上の評価を受けられる。管理職にも適性あり。

起業家、プロデューサー、プロモーターなども、やりがいのある仕事となる。

人間関係の傾向と相性

尊敬されることから、人になつかれ、くっつかれることがよくある。そこでえこひいきをしなければ、広く円満な人間関係が持続する。

3月上旬、11月上旬生まれの人は、あなたに大いに好意を抱いてくれそう。1月8日〜12日生まれの人は、あなたに協力を惜しまない相手。5月8日〜12日生まれの人は、年齢・性別によらず、あなたを癒してくれる。

長所と短所のまとめ

バランスの取れた人柄で、企業人として最もすぐれた才能を発揮。周囲の人と調和して一つのことを成し遂げる過程は、幸せに満ちている。

ただ、できる人であるがゆえに必要以上のことを背負ってしまうクセもある。身体は資本と自らをいたわろう。

マーキュリー（水星）のささやき

資格やスキルは早めに、多めに身につけておいた分だけ、あなたの活躍の場は広がるだろう。

January Eleventh

1月11日

包容力と魅力的な人間性で人望を集める

あなたの誕生日力

あなたは本気で自分を信じて、あなたの創造する道を進めばいい。ただし、上昇していく過程で生じる光と影、その影に惑わされない強い大義を築くこと。あなたの大いなる指導者は、あなたの中に存在していることを知ろう。気持ちを素直に持って人と関わり、一つひとつ丁寧に温かい幸せの種を配り続けている限り、あなたの至福は永遠に続く。

あなたの性格

あなたの描く人生とは、真面目さと責任感に彩られている。社会に貢献することを何よりの喜びとする1月生まれらしく、希望にあふれた価値ある目標を達成しようと、何ごとにも雄々しくチャレンジしていくに違いない。

しかし、あなたの道は平坦ではなく、特に大きなことに臨むあなたには、それなりの数の試練も待っている。成功したと思ったら、とたんにその価値観が逆転してしまい、大きな自己反省を促されることも。しかし、失敗によって飛躍的に能力を伸ばすこの生まれだからこそ、成功してもしなくても、大きな成果を得られる。

やっただけのことは受け取れると強く信じ、自信を持って進めば、年を重ねるに従って包容力と人間性が豊かになって、ますます人望を集め、光り輝く。

仕事の適性

精神性の深さを生かす仕事に適性が。

たとえば、政治家、宗教家、公務員など。教師や、カウンセラー、占い師、執筆家など、人を教え導く仕事にも生きがいを見出せる。好きならば音楽・芸術方面でも独特の才能を発揮することができる。

人間関係の傾向と相性

人間関係はそれなりに広がる傾向。しかし、敵が多くストレスフルな事件も。「雨降って地固まる」で、それも学びに。

1月9日〜13日生まれは、あなたを最もよく理解できる相手。5月上旬生まれは、年齢・性別にかかわらずあなたを愛し、サポートを惜しまない人。異性なら抜群の恋愛相性。7月10日〜14日生まれは、貴重な意見をくれる相手。

長所と短所のまとめ

値打ちのある仕事をしたいと真剣に取り組むあなたの中には、理想を目指すアップダウンの激しい道のりで、くじけたり誘惑に惑わされたりする傾向も。

とことん前向きな発想で、人のためになる行動を心がけてこそ、成功はあなたのものに。

マーキュリー（水星）のささやき

人の話はよく聞くべきだ。そこにある生きた情報こそが、あなたを成功に導いてくれる。

January Twelfth

1月12日

強運に恵まれた、絶妙のバランス感覚の持ち主

あなたの誕生日力

あなたの人生は、止まらない絶叫マシーンのように、スリルと歓喜に包まれている。一つの展開が終わればまた次へとチャレンジを続けるだろう。やらない後悔とは無縁、まずやってから学ぶのだ。だから、変化を恐れずに、未来は毎日のチャレンジのくり返しの先にあると信じて進んでいこう。その意志のもと、あなたの人生は飽きることなくダイナミックになる。

あなたの性格

あなたの描く人生とは、視野の広さとバランス感覚にすぐれた名画のようなもの。この生まれは、物事をあらゆる角度から、しかも詳細に捉えることができるのが特徴。周囲の状況や人間関係をよく把握し、行動を起こすタイミングを見きわめる能力が高いだろう。

だから、何をしても成功は間違いなし。実際、この生まれには強力な運もついている。ぜひそれを自覚して進もう。

自分が成功し、人より上の立場に立ったとしても、それを自慢することなく、さらに上を目指して努力するからこそ、世間からの高い評価があなたのものに。また、たとえ失敗をしてマイナス点がついても、物事の光と影を楽しんで、ますますファイトを燃やすあなたこそ、真のつわものなのである。

仕事の適性

 何をやらせてもうまくこなせるあなたは、どのような職業でもやりがいを持って働く。

 競争の激しいスポーツ、芸能、マスコミなどの業界、また外交官や貿易商など外国と接する仕事、また情報技術関連の仕事は、特に適性がある。

人間関係の傾向と相性

 交遊は広く、広い人脈を通じてたくさんの情報があなたの周りに集まる傾向があるが、プライベートでは少し気難しい面もある。

 10月上旬、3月上旬生まれは、的確な意見をくれる人。困った時には相談を。1月10日〜14日生まれの人とは、おたがいに切磋琢磨できる相性。5月10日〜14日生まれの人とは活力を与え合う関係。7月上旬生まれは、よきライバル。衝撃的な恋も。

長所と短所のまとめ

 物事のバランスとタイミングを上手に計って行動する才能は、あなたの最高の宝物。失敗にへこたれず、さらに上を目指す明るいあなただからこそ、人生はダイナミックに輝いていく。

 しかし、心配なのは体調。無理しないこと。

マーキュリー（水星）のささやき

人生が滞っていると感じる時は、怠けている時。すぐに行動を起こすこと。

January Thirteenth

1月13日

🔮 スピリチュアルな感性に恵まれた冷静な人

あなたの誕生日力

あなたは、挫折を恐れるがための慎重すぎる観念を手放し、願望に忠実に生きること。堅実と臆病とは背中合わせのものだから、石橋をたたいて渡る気持ちは大事だけれど、たたきすぎて壊さない努力は必要不可欠。一人で抱えず、周囲に援護を求めることも忘れてはならない。苦しんだ先には、想像以上の未来と喜びが待っている。

あなたの性格

あなたの描く人生とは、突き抜けた、クリアで深い精神によって彩られている。

そもそも1月生まれは「社会に貢献したい」という強い願いを持つことから、この生まれもまた、社会の役に立つためによく勉強し、心を高める努力を惜しまない。そのように高尚で精神性の高いあなただからこそ、俗なるものには興味を示さない傾向にあるだろう。

そんなあなたにとっての試練は、「純粋に精神を養うためにうるさい俗世を離れて引きこもりたい」という、時折やってくる衝動。実際、寮生活に入ったり、職務の性質上、俗世を離れなければならないような状況に陥ることも。

あなたの使命は、俗な世界での成功などではなく、精神性と実務能力とで世に貢献することだと知ろう。

仕事の適性

冷静で問題解決能力に恵まれたあなたは、相談ごとや助言に関わる仕事に就くと真価を発揮できる。各種コンサルタント、カウンセラー、教育者などに適性あり。

その他、熱心さと責任感の強さで、組織に属しても重宝がられる。

人間関係の傾向と相性

人間関係はそう広くはないものの、知る人ぞ知る、といった実力者として深い信頼関係が築かれる傾向にある。

1月11日～15日生まれの人は、あなたの信念に同調してくれるありがたい友人。5月11日～15日生まれの人とは、一緒に組むと不思議と運がアップする間柄。恋愛の相手としても好相性。7月上旬生まれの人とは、考えかたの違いが刺激になる関係。

長所と短所のまとめ

内にある霊性を高めようと、厭わず努力するところは長所。心の修行を大切にするあまり、俗世から離れたいと考えることもあるけれど、それは逃げであることもしばしば。世俗的な願望に対しても、恐れず忠実に生きることで、あなたの社会への貢献度はますます高まる。

マーキュリー（水星）のささやき

この世の事柄は、全て呼吸運動する。働いたら休め。眠ったら目覚めよ。

January Fourteenth

1月14日

ユニークな感性と個性で道を次々切り開く人

あなたの誕生日力

あなたは、私的なことでは満足できない人であることを知ろう。そんなあなたが求めている真の喜びとは、大海に船を漕ぎ出すような、宇宙に向かってシャトルに乗り込むような、それくらい壮大なるビジョン。もう、人生を小さな枠組みの中で捉えるのはやめよう。あなたは大きなビジョンに向かって、堅実な努力を日々積み重ねていけばよいだけなのだから。

あなたの性格

あなたの描く人生とは、非常に個性的なものとなる。この生まれは視点がとてもユニークで、流行や人の気持ちの流れに敏感。状況を把握する力にもすぐれている。

新しい風を取り入れることや未来の風を読むことはお手のものなので、他の人にはちょっとできない行動と発言をする。それゆえ、面白い人として注目されることになるだろう。

本来なら「人と違って恥ずかしい」と思うところでも、1月生まれは「社会に貢献したい」という欲求が強いので、そのユニークな性質を自分のよいところとして、どんどん打ち出していくことに。そして、自分の雄大なる感性を信頼し周囲に伝えることで、みなに役立つ人として重宝がられる。おおらかさも大きな魅力である。

仕事の適性

多才で、手先が器用なので、イラストレーターや画家、料理研究家、工芸家、建築関係者として大いに活躍。
「人を見る目」と「指導力」も兼ね備えていることから、企業やチームの指導者、管理者としての仕事も難なくこなすことができる。

人間関係の傾向と相性

鋭い観察力で人の心のニュアンスを読み取ってしまうあなたは、人を扱うのが上手。多くの人に好かれ、人間関係は広い傾向。

1月12日～16日生まれの人とは、おたがいの生きかたを応援し合える関係。5月12日～16日生まれの人は、あなたをリードしてくれる相手。異性なら恋人としてよい相性。7月中旬生まれは、よくも悪くも縁の深い人。

長所と短所のまとめ

ユニークな感性と個性を武器に道を切り開いていくあなただからこそ、いつだって夢は限りない。もし自分の可能性に気づかず小さな役目にとどまっているとしたら、それはＮＧ。

あなた自身のスケールの大きさを自覚し、それに向かって日々努力を！

マーキュリー（水星）のささやき

目の前の小さなことには、こだわるな。それよりも大局を見つめて行動し続けよ。

January Fifteenth

1月15日

心の豊かさを追求する天性の芸術家

あなたの誕生日力

　充実しているかどうかの基準は、あなた自身で決めるもの。雲をつかむような大きな夢を抱くことよりも、あたりまえの日常にまずは本気で感謝して。目の前のことを見ないで先を急いでも、いつまでたってもあなたの乾いた心は満たされない。あなたの毎日が満たされた時、その先で待っていた大きな本物の未来が見えてくる。

あなたの性格

　あなたの描く人生とは、包容力と、やさしさの色合いに満ちている。この生まれは心の豊かさを求める気持ちが強く、イメージや感性を大切にする。心の世界を広げるために本を読んだり、旅行をしたり、歴史や伝統文化を研究したりする傾向があるだろう。物質の世界より心の贅沢を選ぶので、趣味にはお金をかけるのに日常生活は火の車、ということがあるかもしれない。
　どちらかというと消極的で、他者の気持ちや場の空気を読む力にすぐれ、それを受け入れるやわらかさを持っているのが特徴。そんなあなただからこそ、仕事で生きる証を残すより、芸術表現での自己実現を目指すはず。
　想像力と繊細さを創作に生かせる「天性の芸術家」こそ、あなたの本当の姿なのだ。

仕事の適性

想像力に創作力をプラスして持つあなたは、アートの世界に適性がある。

絵を描いたり音楽を演奏・作曲したりすることはもちろん、美術商、美術館・博物館学芸員にも向く。また、演劇やオペラの分野でも活躍できる。

人間関係の傾向と相性

感性が豊かなので、芸術や執筆、マスコミに関わる人など、ユニークな人が周囲に集まる傾向が。ただし、賑やかな人間関係に振り回されないことが大切。

1月13日〜17日生まれの人は、あなたの感性を芯から理解してくれる相手。5月13日〜17日生まれの人は、強力なサポーター。9月14日〜18日生まれの人とは、底抜けに楽しい関係に。恋愛も好相性。

長所と短所のまとめ

心の世界を何より大切にし、感性的な手法で自己表現するのが得意ゆえに、精神が想像の世界にあまりにも飛びすぎて、日常生活がボロボロになることも。

あたりまえの生活を大事にし、そのうえで大きな夢を描くようにしよう。

マーキュリー（水星）のささやき

生活は思いきり常識的に。ただし、表現はとびきりぶっ飛んで！ それが成功の秘訣。

January Sixteenth

1月16日

🔑 強い向上心と鋭い勘で成功する努力家

あなたの誕生日力

あなたは、自分の大好きなことに取り組むために生まれてきている。だから、それを信じて、行く手を邪魔するつまらないモラルを打ち崩そう。己の中に潜んでいる不必要なカテゴリーを破壊するために、必要なエネルギーは枯れることなく湧き起こる。勇気を抱いて未知なる道を正直に突き進むほどに、あなたは自分を存分に創造できる。

あなたの性格

あなたの描く人生とは、ひたすら続く上り坂のようなものである。強い向上心を持つ努力家で、一度目標と定めたことは「何がなんでも達成したい」と考えるのが、この生まれの最大の特徴。

もちろん、目標が大きいだけに風当たりは強く、達成の意志を放棄させるような陰謀や誘惑に遭うことも日常茶飯事。また、周囲の人の反対を押し切り、親しい人を裏切る形で進まねばならなくなることもあるかもしれない。

しかし、ストイックとも言えるほど誠実でまっすぐなあなたの姿を見て、味方に転身する人も多いはず。そして、あなたが逆境で鍛えられてくると、ある種の直感や未来へのビジョン、つまり「やり手の勘」が開けてくる。これに従って行動することで、成功への道は確実に！

仕事の適性

明確な価値観と、それを人に伝える押しの強さ。それを生かせば、たいていの仕事をこなすことができる。

政治、法律、講演、執筆、セールス、交渉、販売、教育などは得意中の得意。また芸術関係で創造力を発揮するのも向いている。

人間関係の傾向と相性

たとえたくさんの応援者がいたとしても、基本的には一人でがんばる傾向。心を許せる親しい人は、少なめになる。

そんな中で、4月14日～18日生まれの人は、ずっとあなたを大切に見守ってくれるはず。1月14日～18日生まれの人は、一緒に行動すると、おたがいに盛り上がれる相手。9月15日～19日生まれの人は、ベストパートナー。異性なら理想的な恋人に。

長所と短所のまとめ

どんどん上昇することを夢見て、粘り強くがんばるところが長所。何しろあなたの目標は、厳しい道のりの先に達成されるのだから、自分自身が折れてしまったら、そこでおしまいと心得よう。日々自分との戦い、否定的イメージを払拭しながら進みたいもの。

マーキュリー（水星）のささやき

人脈はあなたの宝。どれだけ人に心を開けるかで、人脈をどれだけ使いこなせるかが決まる。

January Seventeenth

1月17日

広い視野と軸のぶれない意志を持つ実力者

あなたの誕生日力

　何かを成し遂げたいと願う意欲を邪魔するあなたの敵は、あなたの心の中にある臆病さのみ。ただし、その臆病さとは堅実さの裏返しでもある。そう、あなたが否定している感情とは、あなたの人生に必要な手堅い武器だと知ろう。それがあるからこそ、あなたは「やり手」たり得るのだ。あなたの豊かなる可能性は、あなたが自分を許し、まるごとの自分を承認した先にある。

あなたの性格

　あなたの描く人生は、社会的ステイタスに輝くものとなる。広い視野と幅広い実力、軸のぶれない明確な意志を持ち、あらゆることに奮闘努力する人である。

　そもそもこの生まれは好奇心が旺盛で、何をやってもハイレベルまで達成できるものだが、一つの物事を集中してやるよりも、いくつかのことを並行して行ない、それらを比較し、たがいに結びつけながら自分のものにしていくことが多いだろう。

　トップクラスの「やり手」特有の直感力が開発されることもあり、一発で人を見抜いたり、物事の行方を正しく見通したりする。これというものを持てば必ず大成するうえに、人の上に立ち権力を得れば、さらに能力が生きてくる。ぜひ、あなたにこそ、その道を究めてほしいもの。

仕事の適性

手堅くステイタスの高い仕事に興味があるため、政治家、公務員、法律家、医師などはストライクゾーン。金融や保険に関する仕事にも適性あり。

グレードの高いホテルやレストランでの仕事にも生きがいを感じる。

人間関係の傾向と相性

その時その時の状況に合わせて必要な人と上手に縁を結び、不必要な人間関係はクールに整理する傾向。

11月中旬生まれは、励まし合える間柄。1月15日〜19日生まれは、とことん有意義な議論のできる相手。5月15日〜19日生まれは、一緒に行動して不可能を可能に変えられる相手。また7月中旬生まれは、よきライバル。

長所と短所のまとめ

がんばりやで意志が強く、幅広い実力を身につけ社会に貢献する。時に顔をのぞかせる臆病さは、間違いなくあなたの短所となる。それに囚われるのはやめること。
「トップに立たなければ、あなたの人生に意味はない」くらいに心得て、上を向いて歩もう。

マーキュリー（水星）のささやき

リスクを冒すことを恐れるな。あまりにも守りが固すぎれば、それ以上は絶対に伸びない。

January Eighteenth

1月18日

🔑 おだやかな笑顔に明晰な頭脳を隠し持つ人

あなたの誕生日力

　あなたが成し遂げなければならない人生の課題とは、自分自身のエゴを満たしたうえでの、そのエゴからの脱却。人と争って勝ち負けを決めることではなく、エゴに囚われてしまう自分の感情を乗り越えることを目指して。人と比べている限り、真実の満足は得られない。あなたはあなた自身を認めることで、豊かな未来が光り輝く。

あなたの性格

　あなたの描く人生は、たくさんのエキサイティングな経験に満ちている。いつもおだやかな笑顔を絶やさないけれど、その下に明晰な頭脳と切れのよい判断力とを隠し持っているのが、この生まれの特徴。

　物事を総合的に理解し、問題にあらゆる方向から対応する。しかも、ちょっとやそっとのことには動じない。そんな人だからこそ、さまざまな仕事がついてくるだろう。

　周囲がみなどうしてよいかわからないような複雑な状況でもパッと解決法がひらめくあなたは、危機的状況にも強いタイプとして評価は上々に。1月生まれは「社会に貢献したい」がテーマだが、あなたもまさに、社会の中でこそ能力が最高に発揮されることを知ろう。あなたは、常に人に磨かれて成長するということを忘れずに。

仕事の適性

仕事としては、創造力を生かしたファッション、デザイン、広告、マスコミ、映画・演劇関係などに適性が。作家や脚本家、俳優としても才能を発揮する。

また第六感によって、銀行関係、投資・株式関係でも活躍できる。

人間関係の傾向と相性

やさしいムードと判断力の正確さを持ち合わせていることから、いろいろな人があなたを頼りにする。人間関係は狭く深くを好む傾向。

1月16日〜20日生まれの人は、あなたが頼れる心強い味方。5月16日〜21日生まれの人は、太い絆(きずな)のパートナー。異性なら縁の深い恋人に。6月中旬、8月中旬生まれの人は、新鮮な意見で気づきを与えてくれる。

長所と短所のまとめ

やわらかな物腰の下に、鋭い力を秘めている。しかも、その能力と行動力は、自分のためだけに使ったり人と争うために使ったりするものではなく、人に貢献するためのもの。広く深く他人から喜ばれる方向を目指してこそ開花するだろう。

マーキュリー（水星）のささやき

あなたには社会の裏情報も押し寄せてくる。それをどう扱うかが人生の決め手。

January Nineteenth

1月19日

チャレンジ精神と好奇心にあふれた実力者

あなたの誕生日力

　あなたの内から泉のように湧いてくるインスピレーションは、あなたの歩むべき道を正しく照らし、整え、導く。ただし、そこに不純な我欲が絡んだとたん、その泉はたちまち淀み、危険な賭けとなる道へと誘う。あなたが無心でない限り、純粋さは保てない。揺らがない心を育成することが、あなたの輝く未来を開くカギとなる。

あなたの性格

　あなたの描く人生は、新しいものにもどんどんチャレンジしようとする活発さできらめいている。

　そもそも、この生まれは好奇心旺盛で頭脳明晰、さまざまな才能を一身に集め持っているようなタイプ。情報の収集と処理が速く、あらゆる分野に精通しているうえに、冷静で的確な判断力を持つ。

　そう、何でもできるために周囲の人々に頼られ、一つのところに長く引きとどめられることが多いだろう。

　いったん実力を見出された場所で長く貢献することになったり、聞いてはならない情報を聞かされ、責任上そこから離れることができなかったり、ということも。結果としてその場でとことん活躍し、気がついたら絶大な権力を握っていたというのが、あなたの成功パターンと言える。

仕事の適性

公務員や大企業の社員など、大きな組織で活躍するのがおすすめ。

監督、世話役、「長」と呼ばれる位置を受け持つ才能にもあふれているので、志は大きく持とう。自営業や専門家として人に助言するような仕事も◎。

人間関係の傾向と相性

なぜか人はあなたの言うことを聞きたくなるため、たくさんの追随者と、たくさんのライバルが周囲に集まる傾向がある。

11月中旬、3月中旬生まれの人は、あなたのサポーター。1月17日～21日生まれの人は、対等にぶつかり合える相手。5月17日～22日生まれとは、どんな事情にあっても信頼し合える仲。恋愛にも好相性。7月中旬生まれはご意見番。

長所と短所のまとめ

社会に認められる実力を持ち、ついに権力の座に上りつめる。そのあなたの才能は、まさに神からの賜りもの。ただし、不純な動機やよこしまな欲が絡んだとたん、人生は横道にそれてしまうということを忘れずに。

常に純粋で正しい心を保てれば失敗はない。

マーキュリー（水星）のささやき

プライドを持つこと。楽な仕事や地位に逃げたら、あなたの輝きは失われる。

January Twentieth

1月20日

純粋な心と実行力にあふれた理想家

あなたの誕生日力

　あなたの生まれながらのドライな洞察力、それゆえに培われた大いなる知恵、それらを心ゆくまで活用するためには、あなた個人の欲望のみに使わないと誓うこと。何のために目的や目標を達成するのか、そこに熱い大義を持ち、それが具体的であればあるほど、あなたの力は発揮される。あなたに与えられている無限大の未来を歩もう。

あなたの性格

　あなたの描く人生とは、ひたすら理想に向かって邁進するパワフルなもの。

　あなたはかなり衝動的、そして行動は速やかなのが特徴。一方で精神性は高く、理想を追い求める純粋なところがあるだろう。そこへ１月生まれ特有の「社会に貢献したい」という欲求が相まって、「自分の理想を速やかに実現させて社会に貢献したい」という願いを持つことになる。

　理想のビジョンに向かって一直線というパワーが強いため、現状が気に入らないとなれば、それまでの人間関係や組織などから突然飛び出し、時に地位や名誉、生活の安定などを犠牲にすることも。しかし、耐えるべき時期は耐え、辛抱すべきことは辛抱する、そんな耐久力があってこそ理想が実現することを忘れずに。

仕事の適性

仕事と楽しみを組み合わせるのがうまいので、専門的かつ創造的な分野に向いている。執筆、作曲、写真、映画、その他芸術関係の仕事には適性が。

巧みな説得力と言語能力から、人前で話すことの多い仕事も大の得意に。

人間関係の傾向と相性

誰に対しても適当な距離感を持ち、サッパリとつき合うあなたは、広く浅くの人間関係となる傾向。

そんな中で、1月18日〜22日生まれの人とは、似た者同士、気が合うので長くつき合えそう。5月18日〜23日生まれの人とは、おたがいに活性化できる間柄。最初の印象は最悪でも、限界突破の力が出る議論のできる相手が7月下旬生まれの人。

長所と短所のまとめ

何を犠牲にしても、理想に向かっていこうとするため、あなた自身はしがらみから抜けて新たな世界に向かうことは快感かもしれない。

しかし、そうするのであれば、あなたを思う人たちのために、十分に自分の気持ちを説明することも大切にすること。

マーキュリー（水星）のささやき

あなたは意思疎通の技術にすぐれている。それを身近な人にも応用して気持ちを伝えよ。

January Twenty-first

1月21日

たえず変化を求め、行動力に満ちた自由人

あなたの誕生日力

　誰がなんと言おうとも、あなたほど真っ当な人はいない。それを知ったうえで、あなたの中にある本音と建前の間にある矛盾点に気づき、整理して。現実の人間力とは一朝一夕で築けるものではない。あなただから頼られ、抜擢（ばってき）され、支持されているという真実を自分自身で認められたなら、その葛藤が晴れた先のあなたの心は、澄んだ無限の宇宙となる。

あなたの性格

　あなたの創る人生とは、自分の理想実現に向かって全てを捧げて努力する、夢追い人のそれである。
　しかしこの生まれは、周囲から「行動の意味がわからない」と言われるかもしれない。というのも、あなたにとって理想とは目に見えない理念や愛といったものであり、それが現実化した姿というのは単なる現象であって、重要視しないと考えるからだ。
　あなたは物事が形になり始めるとすぐに興味をなくし、それを人の手にゆだねたり、自分でこわしてしまったりする。そこが、他人に理解されがたいところであると自覚しよう。日常生活でも、落ち着きそうになると環境を変えたくなる「根無し草根性」が顔をのぞかせる。自分のそうした側面を、時にコントロールする必要があるだろう。

仕事の適性

自分のアイディアを売り込む力は見事。販売・セールスや広告関係の仕事では、それが大いに生かされる。

知識への希求も大きく、それが仕事に結びつくと教職、研究職に。センスがよいのでアート、演劇、音楽関係への適性もあり。

人間関係の傾向と相性

次々に人間関係が変わっていく傾向。議論が行きすぎてケンカ別れすることのないよう気をつけて。

1月19日〜23日生まれの人とは、以心伝心、何でもわかり合える関係。恋愛ではひと目ぼれの可能性。5月19日〜24日生まれの人とは、知的な会話のできる刺激的な関係。7月20日〜26日生まれの人は、目からウロコの価値観を提供してくれそう。

長所と短所のまとめ

理想実現への純粋な願いと、行動するパワーは圧巻。でも、それが形になる前に手を放してしまえば、それについてきた人たちの気持ちを犠牲にすることにも。

どこで手を打つのか、手を放してしまうのか、そこにあなたの人間性がにじみ出ることになる。

ウラヌス（天王星）のささやき

錯綜(さくそう)した状況に悩んだら、自らとよく対話すること。しかし錯綜を恐れずに動くことは、あなたにとって最重要。

January Twenty-second

1月22日

自由を愛する生まれながらのヒーロー気質

あなたの誕生日力

あなたは自分を信頼すること。ただそれだけで、あなたの人生の展開は加速する。今まで起きた辛いことや悲しい出来事、その全てはあなた自身が求めている経験であり、人生の必要事項であり、心の成長に必要な数々の栄養剤。簡単な理屈では語れないあなたの大きな使命に向かって、ひるまずにまっすぐ進んでいこう。

あなたの性格

あなたの創る人生とは、個性と独立性に富んだものである。集団行動を好まず自分の規律にのみ従って行動するというこの日生まれ本来の性質と、1月生まれの根底にある「社会に貢献したい」という願いがブレンドされて、あなたは「人々がみな自由で、個性をあますところなく発揮し合ってこそ、本当に社会に貢献できるのだ」という考えを持っている。

人は自由で、考えや行動に制限がないと考えるあなたは、場合によっては社会の常識に異を唱えたり、「みなのために」という大義名分のもとに、規律を崩そうとすることもあるかもしれない。それは社会のスパイス、もしくは浄化作用として重要な働きをするが、あなたこそ、そんな負担の大きい役目を楽しむヒーローと言える。

仕事の適性

知的なうえに独特の才能を持ち、ふつうの人がついていけないようなレベルの高い仕事にも意欲的に取り組み、しかも難なくこなすことができる。だからこそルーティンワークが得意ではないので、忙しくても変化の多い職場に向いている。

人間関係の傾向と相性

ユニークな人間関係を好む。いわゆる「ふつうの人」より「スケールが大きい人」や「一風変わった人」との交流が多くなる傾向がある。

9月22日～26日生まれは、あなたのやることに関心を持ち、面白がってくれる人。1月20日～24日生まれは、あなたの感性と似通ったものを持つ人。5月21日～25日生まれは、役に立つアドバイスをくれる相手。

長所と短所のまとめ

人と同じ価値観を持たず、自由で個性的に生きる。

しかし、何からも自由であろうとするために、常識に反した行動を取ることも。だが、それはあなたの本性であり、社会にも必要な刺激となる。

ある意味大変な人生だが、自己を信頼するほどに面白みが増すだろう。

ウラヌス（天王星）のささやき

あなたは機械ではない。人間らしい感情に囚われることも必要。泣いて笑って、進め。

January Twenty-third

1月23日

独立心旺盛で、発想力豊かでユニークな人

あなたの誕生日力

あなたが味わう不安感とは、明日のあなたへの活性剤。目の前に起こること一つひとつに翻弄されていたなら、あなたの真実の役割には気がつけない。あなたの人生の幸不幸の尺度を決めているのは、あなた自身。自分を信頼し、自分の中にある深い知恵を、あなたを必要とする人たちのために使うことで真の安心に包まれる。

あなたの性格

あなたの創る人生は、前衛的で非常にユニークな色合いを持っている。そもそもこの生まれは、社会の仕組みに組み入れられることなく、自分の力だけを頼りに生きていきたいという気持ちが強く、独立心が旺盛である。

社会に反抗したいと思いつつも、1月生まれ本来の「社会に貢献したい」という欲求もあるために、「自力で」「集団には頼らず」貢献する道を選ぶ傾向となるだろう。

たとえば自給自足の農業生活を夢見ることもあり、新しい職業を自ら生み出すことも。経済的には不安がいっぱいでも、自分の努力次第でいくらでも発展できるという世界にロマンを感じ、お金のために組織で働くという発想はゼロ。あなたのそんな生きかたは、現代の多くの人に勇気を与えるに違いない。

仕事の適性

自分の特技や好きなことを収入の道につなげるのが一番。手先が器用なので、職人系もバッチリ。

ベンチャービジネスや、ネットワークビジネスをサイドビジネスとして、自分でつくっていくというスタンスを取ることも可能。

人間関係の傾向と相性

集団行動より一人でいるほうが好きなので、人間関係はそう広くない傾向。ただ、これということを始めると、人との交流は増えてくる。

1月21日～25日生まれの人は、よきアドバイザー。悩んだ時は相談を。5月22日～26日生まれの人は、新鮮なアイディアで背中を押してくれる相手。8月下旬生まれの人は、地に足をつけてくれる人。

長所と短所のまとめ

人と違ったユニークな人生を好み、社会の仕組みに頼らず自分の力で世の中を渡っていく。

たとえ、先が見えなくて不安も回り道も多くなったとしても、ただひたすら自分を信じ、周囲の人と物事に感謝することで一歩一歩進んでいける。

ウラヌス（天王星）のささやき

打ちのめされた時、将来の人生設計を詳細に見直そう。フツフツと元気が湧いてくる。

January Twenty-fourth

1月24日

「自分は自分」という自信を持った独立独歩の人

あなたの誕生日力

あなたが真に求めているのは、魂へのご馳走。そう、あなたが心底欲している喜びを邪魔しているのは、あなたの内に潜む、目先の損得だけで判断してしまう傲慢と慢心の壁。そこを徹底的に打破し、物欲だけでは満たされない自分の真の姿をあなた自身が本気で理解したなら、あなたの人生の冒険の醍醐味は計り知れない。

あなたの性格

あなたの創る人生とは、「絶対に何とかなる」といういわれのない自信を根本に据えたものである。

本来この生まれは、自分を取り巻く状況が厳しいものであっても、「自分は自分」という確固とした自信を持っているものだ。それゆえに誰にも頼らず、自分のことは何でも自分でするという独立傾向に。

一方、あなたの心のさらに奥には「何か目に見えない大きな存在が自分を支えている」という信念があり、この先もその見えない存在が支援してくれると信じて疑わない。それは、先祖や守護霊、また人からの応援といった形で感じるかもしれない。

自立しつつ、同時に、大きなものの一部として生かされていることを感じられるあなたこそ、まさに無敵！

仕事の適性

アイディア力と冴えた頭脳を持っているあなたは、どのような仕事でも人並み以上に活躍できる。

特にビジネスや、他人の問題解決に関わる仕事、ソーシャルワーカー、カウンセラー、コンサルタントなどでは独特の才能が発揮されるだろう。

人間関係の傾向と相性

あまり自分からは人の中に入っていこうとはしない傾向ながら、周囲には好かれ、人間関係の輪は広がっていく。

1月22日～26日生まれは、あなたをずっと温かく見守ってくれる人。11月下旬、3月下旬生まれの人は、あなたを強力にバックアップしてくれる相手。5月23日～27日生まれの人は、励まし合い、運を上げ合う関係。恋人としても好相性。

長所と短所のまとめ

自分は大きなものに守られ生かされている存在だと信じて、自信を持って生きている。その心のままに純粋な目的のために進めば、成功間違いなし。

ただし、目先の利益など低い意識から欲を起こしたりすれば、本来の道から外れる恐れも。

ウラヌス（天王星）のささやき

思いついたことはやってみよ。そのことであなたの株は人が驚くほど、上がるものだ。

January Twenty-fifth

1月25日

柔軟にいくつもの自分を演じる天然の俳優

あなたの誕生日力

あなたの真の輝きとは、精神世界と現実社会とが見事に融合した先で生まれる。そう、現実的な目に見える成功と精神的な目に見えない充足感、そのどちらもあなたの人生にとっては必要不可欠なのである。それをわかったうえでの、あなたなりの価値観を成立させることができたなら、今ここに生まれてきている大きな喜びの意味を知る。

あなたの性格

あなたの創る人生とは、こだわりのない、ニュートラルで柔軟なものである。この生まれはそもそも、「本当の自分とはこういうものだ」といったエゴを持たない。

だから、人からこのように見られたいという欲求もない。「人間関係というものは、いくつもの仮面をつけ替えて対応すればよいのだ」とやわらかく考えているので、人から要求された役割やイメージもすんなり受け入れることができるだろう。

人生に対する揺るがぬ信念はありながら、表面の自我を器用に変化させられるあなたは、いわば天然の俳優。相手の望む人格を鏡のように映し出して見せたり、その場にふさわしい「人」を演じたり。あなたのその柔軟さは周囲にとってすばらしい潤滑油となる。

仕事の適性

自立し、責任を持って義務を果たすこともでき、共同作業にも向いている。チームを組んで企画を推し進める仕事などは、最適。

相手の性格や要望を見抜くことのできる資質を生かし、アドバイザーやカウンセラーとしても活躍できる。

人間関係の傾向と相性

人好きで、人生設計に必要な人と不思議にタイミングよく縁が結ばれる。自立しつつも、集団の中にいるのが好きな傾向。

1月23日〜27日生まれの人とは、弱点をフォローし合える仲。5月24日〜28日生まれの人と一緒にいると、ありがたい人の輪が広がる。恋愛も◎。7月下旬生まれは欠点に気づかせてくれる人。

長所と短所のまとめ

柔軟に人格を使い分けることで、周囲に円滑さをもたらす。基本的に人間関係や心の満足を追求するタイプであり、その分、物質的な充足や現世的な成功は二の次となる。

しかし、あなたにとっては現実も重要な要素なので、軽視してはいけない。

ウラヌス（天王星）のささやき

たまには本音をドカンと言ってみよう。それも新鮮な刺激として周囲を活性化する。

January Twenty-sixth

1月26日

一人の静かな時間を何より大切にする人

あなたの誕生日力

あなたに起こる耐えがたい苦痛が伴う変化は、常に次なる希望への門出となる。くり返される出会いと別れ、それこそあなたに必要不可欠な新陳代謝。安定を嫌う障害物レースのような道のりは、あなた自身が創造しているという事実。それでも何ものにも囚われないあなたの存在自体が、あなたの生きる世界に光を照らす。

あなたの性格

あなたの創る人生とは、どんなことにも深入りしない、非常にシンプルなものである。一人でいる時間が何より好きなあなたは、物質的な欲望も希薄ならば、恋人もいらないというほど人間関係も単純。

そもそも1月生まれは「社会に貢献したい」という願望を基本に持っているので、この日生まれのあなたも世のために役立ちたいと望むけれど、かといって特定の人や場所や組織と関わりを持つのは大嫌い。人の感情に関わることは面倒と感じ、一人で活動する道を選ぶだろう。

そんなあなたは周囲から「何を考えているかわからない神秘的な人」と見られがちだが、しかし実は、そうして周囲との関係が希薄になればなるほど、あなたの内から尊いひらめきが静かに浮かんでくる。

仕事の適性

ある現象が起きている時、その「法則」を見つけ出す勘があり、ものやお金の動きなど現実的なことを扱う才能がある。そこで銀行・金融関係や、自信の持てる品物を流通させるビジネスには適性が。ファイナンシャル・アドバイザーなどでも才能を発揮。

人間関係の傾向と相性

あまり人を近くに寄せつけないのに、素直なので悪感情は持たれにくい傾向。恋は、自由な関係を望む相手とならOKのよう。

5月24日〜28日生まれの人は、そんなあなたでも好んでつき合える相手。1月24日〜28日生まれの人は、あなたと同類。恋愛においてもサッパリとした関係で心地よさそう。7月下旬生まれの人の考え方は参考になる。

長所と短所のまとめ

孤独の中で稀有な直感を得る。自分では一人静かな環境に入るためにしたつもりのことが、日常において人の感情を害することがある。しかし、それが逆に人間関係の活性化や運勢向上につながったりもする。否応なく人生の波にぶつかるが、それが修行となり、あなたは磨かれる。

ウラヌス（天王星）のささやき

ひらめく革新的アイディアは、人にわかりやすく改良してこそ役に立つものとなる。

January Twenty-seventh

1月27日

孤独を愛し、くっきりとわかりやすい性格

あなたの誕生日力

　自分の欲望に正直に向き合い、それを満たすこと、ここをクリアしないと、あなたは本気で人生に取り組めない。頭と身体、そのどちらもないがしろにせずしっかりと汗をかくことで、あなた自身の成長がある。そう、現実的な事柄を優先させた先でこそ、あなたの魂は喜びで満たされるのだ。

あなたの性格

　あなたの創る人生とは、仮面をつけた俳優のような道である。この生まれは、そもそも孤独性で周囲と関わることを好まないくせに、くっきりとしたわかりやすい人格を持った人である。

　たとえば「ヒーロー系」「萌え系」など、一言でカテゴライズできるような個性と言える。なぜならば、1月生まれは根底に「社会に貢献したい」という願いを持っているために人と関わらざるを得ない。そこから「自分はどんな顔をして人の中へ入っていけば最もストレスが少ないのか」という問いが生じる。そこであなたは試行錯誤し、最終的に「人にわかりやすい」人格をつくり上げることになるからだ。

　しかし、そうしたバーチャルな世界にハマりすぎると、現実の世界で熱く生きることを忘れてしまうので注意しよう。

仕事の適性

しっかりと物事を考え、社会を改革しようという意志を持っているあなたは、政治の世界や、人権運動、平和運動などの分野に生きがいを見つける傾向に。知性を生かした仕事をフリーランスで請け負うのも、あなたらしいやりかた。

人間関係の傾向と相性

親しい関係はごく狭い傾向。相手によってコロコロと性格を変えるように思われて、信用を失うことがないように、注意が必要。

11月下旬、3月下旬生まれの人は、あなたに興味津々。強引に言い寄ってくる異性も。1月25日〜29日生まれの人とは、おたがいの本質を見抜いている。5月26日〜30日生まれの人とは、よきパートナーの相性。信頼して。

長所と短所のまとめ

孤独であるという揺るがぬ本質とは別に、対人的な人格をモデルとしてつくり、円滑に社会生活を送る。

あなたは「生きること」の泥臭くみっともない側面を無視したいかもしれないが、むしろ現実面を重視することで生きるエネルギーが湧いてくる。

ウラヌス（天王星）のささやき

予定に沿ってキッチリやることは大切なこと。しかし予定は未定。臨機応変に！

January Twenty-eighth

1月28日

計画性と実行力に富み、順調な道を歩む

あなたの誕生日力

あなたの持って生まれた独創性を、あなたの歩む道において、ひるまずたゆまず発揮すること、それこそあなたの決めてきた使命。たとえそれが安定した生活とは程遠いことであっても、あなたにしかできないことなのだから、自分自身の気が済むまで追求していこう。いくつもの扉を開いていった先に、心底満たされる場所がある。

あなたの性格

あなたの創る人生とは、計画に則った完璧な道のりである。この生まれは明晰な頭脳を持つ、すぐれた策士。物事をノリだけで決めることは一切なく、情報を集めて分析し、考えを練ってシナリオをつくる。そして完璧な計画を立て、順調な道を進むのである。

しかし、時にはトラブルや不測の事態に出合うのが人生というもの。そんな時、ふだんあまりにも完璧なあなたは混乱し、パニックに陥ってしまうことがあるかもしれない。レールに乗ったことしか受け入れられないというこの性質はあなたの弱点でもあり、それは日常生活で、「冒険しようとしても、道を外れるのが恐くてできない」といった事態を引き起こす。経験を積んで対応力を養っていけば、恐れを手放し、恐いものなしの本来のあなたになる。

仕事の適性

　頭がよく知識に対する執着心の旺盛なあなたは、研究・教育関係の仕事に最適。論文が世間に認められやすく、執筆関係の仕事に就いても評価される。

　また、事務職に独特の才能を発揮することも。好きなら音楽関係もよい仕事となる。

人間関係の傾向と相性

　周囲から尊敬される「明晰さ、隙のなさ」が、近寄りがたさを誘う面もある。人気はあるけれど、人間関係は浅い傾向。

　1月26日～30日生まれの人は、あなたの独創性を引っ張り出してくれる相手。5月27日～31日生まれは、縁の深い人。とことん素でつき合っても大丈夫。7月下旬生まれは大事なヒントをくれる貴重な人。

長所と短所のまとめ

　物事をきっちり計画して達成する力。それ自体はすばらしい能力であるが、計画以外の要素を受け入れられないと、人生の意外な味わいや深みを体験することはできない。
「リスキーなところが面白い」と思える自分になれたら、成功間違いなし。

ウラヌス（天王星）のささやき

物事も一つの面から突きつめると行きづまる。発想の転換を！

January Twenty-ninth

1月29日

ありのままの自分を大切にするピュアな人

あなたの誕生日力

　あなたが知っておくべきことは、よい面も悪い面も全てをひっくるめた、あるがままのあなたを時代が求めているという真実。あなたのオリジナルの感性はすばらしいが、人との関わりの中でキッチリ現実を学ぶ謙虚さも持つこと。そのうえで、自分のピュアな感性と素直に学ぼうとする気持ちをアピールできたなら、あなたの魅力と輝きは倍増していく。

あなたの性格

　あなたの創る人生とは、本質を大切にする、大変にピュアな道である。この生まれは、人と本音を見せ合って真に自然な関わりかたをしたいという欲求が強い傾向に。そこで年齢が若い時期には、その「自分の本音」を守ることに必死で、人からの影響をシャットアウトするために、時に本来の自己と違うキャラクターのお面をかぶって、自分をカムフラージュしてしまうこともあるだろう。

　しかしそうすると、逆にあなたの望む、本音を見せ合うような関わりが絶たれる結果になるため、あなたは次第にお面をかぶらなくなる。そこからあなたは、素のままの自分をさらけ出し、おたがいに影響され合うことこそが自己を成長させることに気づくのだ。相手の本質に体当たりしていく姿は、えらく天晴れである。

仕事の適性

頭の回転が速く、頭を使っていないとかえって落ち着かない。そんなところから、人前で教えたり話したり、また文章を書いたりする仕事では大活躍。表現活動にも興味が深く、芸術・芸能にも独特の才能を発揮する。

人間関係の傾向と相性

基本的には一人でいることが好きな傾向。でも距離感の取りかたがうまいので、周囲の人からは親しまれ、おだやかな人間関係が築ける。

1月27日～31日生まれの人とは、似たもの同士、会話が弾みそう。5月下旬、9月下旬生まれの人は、あなたをいつも見守ってくれ、よいアドバイスを与えてくれる。恋愛も好相性。7月30日～8月3日生まれは厳しいご意見番。

長所と短所のまとめ

見せかけの人間、つくり上げた「自分」を排除し、本質の部分で人とつき合いたいと願う純粋なあなたは、時に「どれが本当の自分だったっけ？」「自分ってフェイク？」と感じることがある。

どの自分も大切だと思えた先で、あなたの真実の道は開く。

ウラヌス（天王星）のささやき

斬新なことをしようと思ったら、それが新しいことであればあるほど、周囲の人の心情を大切にせよ。

January Thirtieth

1月30日

🔑 人と同じはイヤ。独自のアイディアで道を開く

あなたの誕生日力

　あなたの心には誰にも負けない勇ましさが宿っている。だから、一つのことだけに囚われていないで、次々と未知なる新しい事柄にチャレンジしよう。あなたが開拓していく過程で生じる困難は全て、達成感を知るためにあなた自身が呼び込んでいる心の鍛錬でしかない。自分を信じて行動を起こすたびに、その幸福感は満ちてくる。

あなたの性格

　あなたの彩る人生とは、あなた独自の考えや、やりかたによってのみ構築されたものである。そもそもこの生まれは、親しみやすい人柄ながらオリジナリティにこだわり、他人の二番煎じに甘んじることはない。

　1月生まれは「社会に貢献したい」という願いを持っているものだが、この日生まれのあなたの場合は「最高に貢献するためには、自分にしかできないことを全力でやらなければ」という意識になっているよう。

　ユニークなあなたは、情報の取りかた、処理のしかたにこだわり、徹底的に他人の考えを排除する。そして、たとえ「出る杭は打たれる」でたたかれるとしても、自分を信じて勇気を持ってチャレンジするタイプ。自分の考えをひるまず打ち出し続けることで、必ず認められる人である。

仕事の適性

若い時はいくつかの職を経験する必要があるかもしれない。しかし、ある時になると一つの仕事に集中するようになる。

会社組織では管理職を目指し、上っていく。ビジネスでは自営業向き。発明で名をなす可能性もある。

人間関係の傾向と相性

こだわりやで人となじみにくいため、人の輪から外れ気味な傾向。しかも、外れながらも一目置かれているといった人間関係をつくっていく。

1月28日～2月1日生まれの人は、あなたの気持ちをよく理解してくれそう。5月29日～6月3日生まれの人は、一緒に行動すると盛り上がる相手。恋愛もあり。貴重な気づきをくれるのが7月上旬、9月上旬生まれの人。

長所と短所のまとめ

自分独自の個性的なものを社会に出して勝負しようとする。ファッションの好みなども、非常に変わっているか全くこだわらないかのどちらか。

いずれにしても周囲からは「変わった人」と言われるが、そんなあなたの個性が世の中を少しずつ変えていく。

マーキュリー（水星）のささやき

物事を判断するには、公正さよりも、やや人の気持ち寄りに、というのが成功のミソ。

January Thirty-first

1月31日

🔑 公平でオープン。物事の本質をズバリ見抜く

あなたの誕生日力

あなたの人生に唯一必要な心構えは、揺らがない強い意志を持つこと。頭の中でセルフイメージを高めることやメンタル面をコントロールすることも、たしかに大事なこと。しかし、それより必要な優先事項は「目の前のこと」をきちんとやること。泣き笑いしながら味わう現実の体験で培った実践力こそが、あなたの最大の武器となる。

あなたの性格

あなたの彩る人生とは、公平さ、オープンさに特徴がある。誰かがあとからつけた価値でない「そのものの価値」をしっかり判断したいと思うこの生まれには、物事の本質を見抜く力が備わっている。

人を見る時には人間性を冷静に観察し、感情に任せて好き嫌いを決めるようなことはない。もちろん、見た目や社会的地位で人を判断することもないだろう。

ただ、反骨精神旺盛で「一般的なものの見かた」というのが大嫌いなので、それが大多数の人の価値観であると言われたもの全てを排除する傾向が。それでは大きな可能性をつぶす判断ともなるので、そこは改善したいもの。一般的な価値観を体得し、観念の世界でなく日常の生活にも生きてこそ、あなたはさらなる成長を遂げる。

仕事の適性

情報集めが上手でコミュニケーション力も高いので、書いたり話したりすることを仕事の中心に置くと成功しやすい。小説家、ライター、キャスター、アナウンサー、講演者、組織内では広報、セールスなども適性あり。

人間関係の傾向と相性

ユニークな人、エキセントリックな人が周囲に集まり、刺激的な人間関係が展開する傾向。

5月30日〜6月3日生まれの人は、あなたと阿吽（あうん）の呼吸のパートナー。異性の場合は理想的な恋人に。1月29日〜2月2日生まれの人は、会話が白熱する楽しい相手。あなたに貴重な課題を与えて成長させてくれるのが、8月上旬、9月上旬生まれの人。

長所と短所のまとめ

本質を見ようというピュアな精神と、物事を外見で判断しない公平さがあなたの長所。

しかし、ふつうのものやありきたりなことへの嫌悪は判断を狂わせるもとにもなる。一般的な価値判断も受け入れたうえでの公平さこそ本物に。

マーキュリー（水星）のささやき

過去の失敗を一つひとつ検証する。痛いことだが、その中に成功へのカギが隠れている。

2月
February

The Encyclopedia of Birthdays

February First

2月1日

時代を先取り、スマートに現代を泳ぎわたる

あなたの誕生日力

あなたの内から湧いてくる、その独特な世界観や思考力を生かして、自分の信じているテーマに向かって邁進(まいしん)しよう。ただし、個性の追求と単なる身勝手とを履き違えないこと。独自性ゆえの頑(かたくな)な態度や周囲から浮いてしまうような言動は、あなたの行く道を険しくしてしまうだけ。周囲に求められてこそ、あなたの輝きは曇らない。

あなたの性格

あなたの彩る人生とは、グローバルな視点とオープンな姿勢とを特徴としている。2月生まれが持つ「今ある状況をよりよく改善したい」という欲求が、この生まれにおいては"どのような方向に改善するのか"という探究心となり、それゆえに"時流の先を察知する能力"が高い。

常にニュースやSNSなどで世の中の変化をチェックし、周囲に対して冷静な観察力を発揮する。だからこそ時代を先取りし、スマートにこの現代を泳ぎわたることが可能になるのである。

この生まれは新しいものを素早く取り入れるだけでなく、さらに自分流に見せようという努力を惜しまない。個性的すぎて孤高の人になりがちだが、周囲のニーズに応えていくうち、栄光の座に到達する。

仕事の適性

あなたにとって変化は重要なファクターなので、単純な仕事、決まりきった仕事は避けたいところ。発明の才があり、研究分野によっては特許も夢ではないと言える。

一種のカリスマ性と説得力を生かして、人を扱う職業に就くのも一つ。

人間関係の傾向と相性

どんな人とも公平につき合うので、信頼感は抜群。感情的な問題は苦手なので、ベタベタした人には近づかない傾向。

1月30日〜2月3日生まれの人は、あなたと同じスタンスで生きる人。5月31日〜6月4日生まれの人とは、以心伝心、どんなことでもわかり合える関係。7月上旬、8月上旬生まれの人は、深くつき合うほどに味の出てくる相手。

長所と短所のまとめ

時代の風向きを事前に察知し、流行の先端に乗って、しかもその中にオリジナリティまで表現する。あなたの個性を追求する態度は天晴れ！

しかし、時に独り善がりなセンスや行動になるのは否めない。個性と気ままを区別することが大切。

マーキュリー（水星）のささやき

完璧主義は一点の曇りもないものをつくるが、厳しく近寄りがたい。多少崩れているくらいのほうがよい。

February Second

2月2日

最小の労力で最大の成果を上げる要領のよさ

あなたの誕生日力

あなたの計り知れない強さは、慈悲の気持ちを抱いてこそ、いっそう際立つ。遥かなる願望に到達したいのであれば、一人だけの力なんて小さくて、とても無力なのだと知ろう。あなたが本気で歩まなければならない道は、包み込むような温かさでもって導く生きかた。知識やスキルを身につけた先で、温かい人間味を体得してこそ、真の自己実現が可能となる。

あなたの性格

あなたの彩る人生とは、極めて効率的なものである。2月生まれは「今ある状況をよりよく改善したい」という願いを持つが、この生まれにとっての改善とは「無駄なものを省く」という姿で現われる。

あくまでも合理的に、物事を目的に沿うよう整然と配置するため、最小の労力で最大限の成果を上げられるだろう。割のよい高い賃金の仕事、名義を貸すだけで得られる収入、仲介による利益……合理的に利益を得ておいしい思いもできるが、あなた本来の人生の目的はさらに大きく「社会の大掃除」、つまり改革である。世にはびこる数々の汚れを拭い去り、清潔で美しい世界をつくることである。

大きな時代の波に乗り、理想をともにする同志と手を携えてこそ、遥かなる夢がかなうと知ろう。

仕事の適性

人間への興味が仕事に結びつく。社会学、歴史学、政治学、心理学などを究めて、教員、教授に適性あり。またカウンセラー、コンサルタント、ヒーラーとして活躍する道も。好きならば音楽や美術の方面もよし。

人間関係の傾向と相性

あなたの要領のよさを尊敬する人もあれば、ずるいとして軽蔑する人もある中で、あなたの目的に協力してくれる人は数多くいる傾向。

そんな中でも6月1日〜5日生まれの人は、絶大なる信頼のもと、何でも協力してくれる相手。1月31日〜2月4日生まれの人は、一緒にいれば夢が広がる相手。恋愛も◎。8月上旬生まれの人はご意見番。

長所と短所のまとめ

要領がよく、最短距離で目先の願望達成ができる。しかし、奥底に持っている目標「世直し」は、大勢の人と共同でなさねばならぬこと。

怜悧(れいり)な頭脳だけでなく、心の奥底に潜む共感力、慈愛の心を掘り起こしてこそ、あなたの使命は果たされる。

マーキュリー（水星）のささやき

改革的なことをなすには、権威者との軋轢(あつれき)は避けられない。誠意と言葉の使いかたが魔法のカギ。

February Third

2月3日

広いビジョンの持ち主、リーダーとなる運命

あなたの誕生日力

　何ごとにもひるまず、冷静かつ独創的な価値観を持っているあなたは圧倒的な支持を受ける。だからこそ、あなたが目指す真のリーダーシップとは、誰に対しても分けへだてなく、あなた自身の揺らがない芯(しん)の部分で関わっていくこと。あなたが自身の使命を全うするための課題とは、自分一人でやれることには限界があると気づくこと。その時、あなたの前に扉は開く。

あなたの性格

　あなたの彩る人生とは、物事の全体を見る視点が基盤となっている。あなたは目先のことだけでなく、天かける鳥の目線から世の中を見渡すことができる。何をどうすれば望みの方向に最短距離で進めるのか、大きなビジョンでつかむことができるのだ。

　この能力により、あなたは自然に人の上に立つ立場へ押し上げられ、高所から人々に指示する司令塔の役割を与えられる。しかも、周りには実務面をサポートしてくれる人々が現われ、リーダーの役割に専念できることが多い。

　若い頃は「生意気だ」とバッシングを受けることもあるが、それも人生修行。世間の荒波に揉まれ、真のカリスマ性を身につけてこそ世のため人のためにもなり、あなたの使命につながる運命の出会いを招くと知ろう。

仕事の適性

独創的なアイディアを人に伝える能力あり。マスコミ、科学の探究、ビジネス、創作活動、芸術・芸能など、どの分野でもその能力を生かせば大きく伸びることができる。子ども相手の仕事全般にも、特別な適性の持ち主。

人間関係の傾向と相性

リーダーか、それをサポートする参謀役となって何かをするというシチュエーションが多く、責任の重そうなポストでも、仲間はたくさんいる傾向。

2月1日～5日生まれは、あなたの同類。気持ちをよくわかってくれそう。6月2日～6日生まれは、年齢、性別にかかわらず、おたがい本心から友情を温め合える相手。8月上旬生まれはライバル。

長所と短所のまとめ

高みから物事を俯瞰し、人々に采配をふるう位置に就く。それは天の配剤であり、リーダーであることは定めである。ただ、長く統率をするうちにエゴが出ることも。
「人々に公平に」「芯がぶれないように」を信条にして進めば、道を誤らない。

マーキュリー（水星）のささやき

革新的すぎる発想は、言葉を尽くして説明すべき。人にわからせる、それがあなたの使命。

February Fourth

2月4日

冴えた知性で、大きな夢を実現する人

あなたの誕生日力

　毎日をただひたすら快楽的に過ごす——それもたしかに一つの生きかたではある。しかし、あなたの人生はそれだけでは宝の持ち腐れであり、それこそもったいない。あなたの思い通りに人生を歩んでいくと同時に、あなたの大切な人たちと喜びをシェアしていってこそ、あなたは真実の幸せを実感し、その時、ダイヤモンドのような輝きを放つ。

あなたの性格

　あなたの彩る人生は、冴えた知性と大きなビジョンに支えられている。ただ、刺激の少ない環境で過ごしたり、自分の本質に無自覚でいたりする間は、何もしない人。こだわりが強く頭の回転が速いので、物事にうるさくはなるけれど、ただ個人的な生活に終始するのみ……。

　しかし、いったん夢を大きく描き出したら、止まらない！　あなたの夢は、とにかくビッグスケール。自分一人では実現不可能なことをたった一人でやろうと踏ん張るうちに、協力者が現われ、いつの間にか発案者の自分が中心に祭り上げられる形でネットワークが構築される。

　あなたはついてくる人たちを扱うのがとても巧みで、瞬く間に人々を魅了する。ただ、縦のつながりはできても、対等な横のつながりをつくることには弱い傾向あり。

仕事の適性

人の心理を見抜く勘があり、それを生かせばどのような職業にもプラスになる。

カウンセラーやセラピストとして活躍するのもOK。決断力とビジネスセンスにも恵まれているので、企業でも重宝がられる。

人間関係の傾向と相性

周囲にたくさんの人が集まり、賑(にぎ)やかな人間関係に。ただ人に対して細やかな配慮をするのが苦手なので、そのあたりがネックになる傾向。

2月2日〜6日生まれは、珍しくあなたと対等なパートナーとして動ける人。6月4日〜7日生まれの人は、心底あなたに共感してくれる相手。異性なら絆(きずな)の深い恋人に。8月上旬生まれの人とは、おたがいを補完する関係。

長所と短所のまとめ

大きな夢に向かって、チームワークで臨む。基本的には義理堅く親切なタイプなのに、こと夢の実現に関わることでは非情な面を見せてしまう。感情の交流をあまり持たず、簡単に人を切ったりもして、冷たい人という印象を与えてしまいがち。

マーキュリー（水星）のささやき

心の耳を澄まして周囲の声に耳を傾けよ。必要な情報は必ず入ってくる。

February Fifth

2月5日

人との距離感を取るのが巧みな敏感な人

あなたの誕生日力

　非常に敏感なあなたは、いつも人間関係の狭間で揺れている。その気づきと気遣いこそ、誰にも真似できないあなたの力。人と関わってこそ人生は展開していくのだから、そこに生じるストレスは、あなたの使命の証(あかし)と考えよう。あなたが真に求めている道は、愛し合うパートナーと喜怒哀楽を味わいながら夢を追うこと。その道を歩いている時こそ、至福に包まれる。

あなたの性格

　あなたの彩る人生とは、他者と絶妙な距離感を取ることによって色合いが生まれていく。2月生まれは根本的に「今ある状況をよりよく改善したい」という願いを持つが、この生まれがまず改善したいのは、人との関係。

　あなたは、個々の権利や立場を保障するためには、自他の境界線をハッキリとさせる必要があると考える。そして、あなたはプライバシーの侵害を避けるため防御の強化を図るのだ。不用意に人に近づかないので、人に迷惑をかけたり傷つけたりすることも少ないだろう。

　しかし、時に無防備な部分を突かれて傷つく体験をするのは、運命からの試練。自分が傷つき悩み苦しんだ末にこそ、清濁あわせ呑み、何ごとにも動じない、「真の人格者」として尊敬される人物になれると知ろう。

仕事の適性

所有や権利といった事柄へのセンスが卓越している。

他人の資産の管理をする銀行・金融関係、権利を守る法律関係、安全を管理するセキュリティ関係の仕事などに適性あり。世界平和、人権問題の専門家としても活躍できそう。

人間関係の傾向と相性

人間関係にゆがみがあれば、すぐにトラブルが起きるので、その都度、関係を修復、修正していく。親しい人はごく少数に限る傾向。

12月上旬、4月上旬生まれの人は、あなたに本物の好意を抱いてくれる相手。異性なら恋のひらめきが。2月3日～7日と6月4日～8日生まれは、ご縁の深い相手で、常におたがいの味方。7月上旬生まれはライバル。

長所と短所のまとめ

人との距離感を取るのが上手だが、それは裏を返せば、他人からの侵害を恐れて壁をつくっているということ。しばしば、ちょっとしたトラブルを「攻撃を受けた！」と受け取り、自分の殻に閉じこもってしまうことも。人の言動は努めて好意的に受け取ろう。

マーキュリー（水星）のささやき

思うように動けないのは、思いが中途半端な証拠。開き直ったら爆発的な力が出る。

February Sixth

2月6日

🔑 並外れた集中力で、高いレベルで理想を実現

あなたの誕生日力

あなたの何かを成し遂げたいという意欲、その深さ、大きさは計り知れない。あなたがもっと素直になって、その活躍の場を思う存分に拡大させ、ありのままの力を発揮していくこと。目の前にあるどんなに小さなことでも、あなた自身が積極的にトライしていくことで、あなたの人生はダイナミックに展開していく。

あなたの性格

あなたの彩る人生とは、意欲と大きな理想に支えられたものである。この生まれは集中力が並外れて高く、どんなことでもかなりのレベルに達することができる。

しかし一つ、あなたは自分の持つ独特のリズムについて知らねばならない。

すなわち「集中と解放」。ぐっと集中して働き、ため込んだものを、ある時期に外に向かって出す、というリズムである。研究者は研究発表を、商売人なら出血大放出を、と出す時には思い切りよく、洗いざらい出すことが必要。

こうして呼吸運動のように「ためては、出す」をくり返すことで、あなたの運勢は螺旋階段のように上がっていく。

しかし、それを知らず、ため込むだけでは、枠が破れていやがおうにも出すことになり「大損」するので注意。

仕事の適性

人の気持ちを巧みに動かす才能がある。人を諭し教える教育関係、感動を起こさせる芸術、演劇、映画関係などは最高に合った仕事。政治や社会活動にも適性あり。人あしらいのうまさは、その他のどんな職業にも役立つうえに、客商売には特に貴重。

人間関係の傾向と相性

隠しごとをすると必ず内部告発といった形でバラされる傾向に。清廉潔白でいよう。人間関係はそれ以外、おおむね良好。

2月4日～8日生まれの人は、あなたと同類、シンパシーを感じる相手。6月5日～9日生まれの人とは、おたがいに気分を盛り上げる楽しい関係。8月7日～11日生まれの人とは、おたがいに学ぶことが多い間柄。

長所と短所のまとめ

高遠な夢を追いかけ、それを現実化する力を持っている。しかし、どうかすると最初の一歩が踏み出せないのが欠点。最初はちょっとでもよいので、とにかく行動！

しゃにむに取り組んでいくうちに、何ごとも大きく展開していく。

マーキュリー（水星）のささやき

ネガティブ思考の連鎖は、ちょっとした「よいこと」をすることで断ち切れるもの。

February Seventh

2月7日

🔑 的確な判断力と度胸で非常事態への即応力あり

あなたの誕生日力

あなたを包む悩みや不安感、それはあなた自身が生み出している無限大の可能性へのパワーの源。自分に厳しいあなたが感じる苦しさ辛さのボーダーラインは、他の人では越えられないような想像以上に高いところに引いてある。ゆったり悠々と、あなたはあなたの道を歩んでいこう。あなただから越えられる、ボーダーラインの先にあるのは楽園のみ。

あなたの性格

あなたの彩る人生とは、物事への高い対応力に支えられている。

2月生まれの根底には「今ある状況をよりよく改善したい」という欲求があるが、この生まれはそれを「困った事柄をぜひ改善したい」という方向に向けやすい。

そこであなたは問題が起こった時、全く動じることなくその状況に合ったベストな行動を取ろうとするだろう。事が起きれば通常「危機対策マニュアル」などに従って動くわけだが、あなたは全くのマニュアルいらず。

前例のない出来事や状況にスリルさえ感じ、的確な判断力と度胸で次々に物事を平和的に収めていくことができる。ある意味すさまじい負担を伴うが、それは他の人には不可能な、あなただけの使命と知ろう。

仕事の適性

多様性があり、変化に富んだ仕事に適性あり。

マスコミ関係、旅行関係、また、ふだんからそれを目指している場合は芸能界、幅広く事業を展開する大企業勤務などで大いに活躍できそう。

細かい知的作業もよく、執筆や研究は◎。

人間関係の傾向と相性

人の意見をきちんと聞くので、人間関係における信頼感は抜群。また、人の相談に乗るのが天才的にうまく、あなたを頼りにする人に囲まれる傾向。

12月上旬、4月上旬生まれは、あなたを尊敬してついてきてくれる人。2月5日〜9日生まれは、おたがい心底理解し合える相手。6月6日〜10日生まれの人からは、知的刺激がビンビン。8月初旬生まれは厳しいご意見番。

長所と短所のまとめ

全ての行動がオリジナルで、一から自分で考えて行動するため、はたからは「要領が悪い」と言われるかも。

しかし、非常事態への即応力は抜群。日常生活ではパッとしなくても、マニュアルを超えた危機的状況でこそ、あなたの存在感が輝きを増す。

マーキュリー（水星）のささやき

ファッションと生活スタイルを少し親しみやすくするだけで、好感度は超アップ！

February Eighth

2月8日

生まれながらの幸運体質で、夢をかなえる人

あなたの誕生日力

　人一倍上昇志向の強いあなただから、目指すべき頂上が見えたならば、道なき道を一つひとつ確実に前進していける。それは、たやすい道ではなく、あなたの人間力だけを頼りに集めた協力者の力を借りてこそ成し遂げられる険しい行程。つまらないプライドや人との争いから生まれる焦燥感などを吹き飛ばした先には、壮大な景色があなたを待っている。

あなたの性格

　あなたの彩る人生は、意外なチャンスにあふれている。そのために、人はあなたを直感の鋭い人だとか、運よく何でも手に入れる人だというように評価する。実際、どんなことも不思議とうまく乗り切ることができるし、吉報が向こうからやってくるという体験も多いだろう。
　その幸運体質のもとはと言えば、この生まれに備わっている「素直さ」である。あなたは幼児のように、自分は自分を取り巻く世界とつながっていると感じており、周囲で起こることを全て自身へのメッセージとして尊重し、それに従う。そう、たまたま道端で聞いたことに従って行動したらうまくいった、というようなことが起こるのだ。
　そして、この天性の「運」こそが、あなたの夢をかなえるカギとなる。

仕事の適性

意欲にあふれ、何でも自分で切り開かないと満足できないので、自営業、自由業といった形で勝負できる。組織に所属するなら、役付きになってからが本領発揮。管理職はあなたの資質にピッタリ。芸能界にも適性あり。

人間関係の傾向と相性

誠実に人と向き合うあなたは、周囲から愛される。人間関係はどんどん広がる傾向。

2月6日〜10日生まれの人とは、同じ価値観で気持ちよくつき合える関係。6月7日〜11日生まれの人は、気のおけない仲間。異性の場合は理想的な恋人の相性。9月上旬生まれは、困難にあたった時にヒントをくれる相手。8月中旬生まれの人はよきライバル。

長所と短所のまとめ

周囲から声なきメッセージを受け取って幸運をつかむ。そして自然に、大きな目標へと導かれていく。

その高遠な理想に至る道は険しいかもしれないが、あなたは協力者とともにそこを通らずにはいられない。使命を自覚し、覚悟を持って。

マーキュリー（水星）のささやき

偏見やこだわりを捨てよ。それがなくなればなくなるほど、よい運が流れ込んでくる。

February Ninth

2月9日

ストイックに「やるべきこと」に没頭する働き者

あなたの誕生日力

人と戦うことが、あなたの人生の目的ではない。あなたの目の前に起こるトラブルは、あなた自身が呼び込んでいる。あなたの敵とは、あなたの内に潜んでいる破壊的なマインドであり、視点を変えたなら、それは創造へのパワーなのである。争いを捨て、ありのままの自分を大切にして、素直に歩んでいった先には、真のパラダイスが存在している。

あなたの性格

あなたの楽しむ人生とは、徹底的な「義務の完遂」への道。この生まれは働き者だが、ただの「がんばりや」とはレベルが違う。要求された困難な義務を果たすため、人生をかけて取り組もうとするのである。やるべきことに没頭してストイックな生活を送り、休みを返上してバリバリ働くことに快感を覚えるタイプ。

しかし、楽しみを犠牲にし、親しい人を一人ぼっちにしてでもがんばるとなると、心身がSOSを発していても気づかず、危険な状態に陥ってしまうかもしれない。

あなたの過剰な労働への希求は、実はあなたが自分の中に持つ「怠け者の自分」を認めたくないがための必死の抵抗。心の裏側をよく見つめ、忙しい時ほど休みを取らなければならない。

仕事の適性

変化の多い、スピード感のある仕事を好むので、単純作業、人から命令されるだけの仕事は欲求不満のもと。自営業や実力勝負のフリーランスの仕事に向いている。

組織に属するなら、あらゆる業務の可能性がある大きな集団が◎。

人間関係の傾向と相性

仕事優先で、プライベートなつき合いには興味がない。しかし、義理堅いので仕事の人脈は広がる傾向。

2月7日～11日生まれの人は、考えかたが似ていて親しみやすい相手。6月8日～12日生まれの人は、あなたをずっと見守ってくれる相手。異性なら恋の相手かも。8月10日～14日生まれの人は、元気のない時にパワーをくれる相手。

長所と短所のまとめ

何を我慢してでもミッションが最優先。やるべきことに打ち込むあまり、知らぬ間に自分を追いつめる。また、余裕のなさは他人への攻撃性となって表面に出て、いらぬ争いを呼んでしまう。

本来の自分のペースや欲求を自覚し、ゆとりある生活を送りたい。

ヴィーナス（金星）のささやき

異質なものを取り入れると運勢は変わる。リゾートやエステはあなたが取り入れたいもの。

February Tenth

2月10日

🗝 息抜き上手。大きなことをラクラク達成する天才

あなたの誕生日力

　現実的な欲望だけを満たしても、あなたの潜在意識は満たされない。どんなに人から賞賛されたとしても、自分自身が心底から満足できなければ無意味なことであると、あなた自身の魂は理解している。ステレオタイプなものの捉えかたや尺度を手放し、目の前にある真実の愛に気がつけた時、あなたは自分の大いなる使命を知るだろう。

あなたの性格

　あなたの楽しむ人生とは、オンとオフのメリハリのついた快活なもの。バリバリ働いては休み時間に上手に息抜きをし、またハードに仕事をする──そうしてうまく活力をチャージし、疲れを知らず夢に向かっていけるのだ。

　この生まれは、切羽つまった時や逆境に強いのが特徴。どんなに窮地に陥っても、休日にはドップリ趣味にいそしみ復活するというスタイルで、いつの間にか大きなことをラクラク達成してしまう。

　自分の感情や身体のコンディションにも敏感で、決して無理をしないために常に健やか、かつ性格もおだやか。何が大切かをよく知っている聡明なあなたは、誰もが追い求める現実的成功や人からの賞賛に囚われることもなく、真の心の幸せを得ることができる。

仕事の適性

子どもの教育に関して、天性のセンスあり。教師、保育士として活躍する他、教育学や心理学を修めて子どもの問題に取り組むのにも向いている。幼少期の心の傷を癒すカウンセラーやセラピストも、やりがいのある仕事となる。

人間関係の傾向と相性

人脈が広いので、趣味のつき合いに遊びの誘いにと、愉快な人間関係が展開する傾向。

12月中旬、4月中旬生まれは、一緒にいて面白い人。6月9日〜13日生まれの人とは、行動をともにすれば成功しやすい関係。異性ならば発展的な恋が。2月9日〜13日生まれの人は、あなたの気持ちを全て受け止めてくれる相手。行きづまったら相談を。

長所と短所のまとめ

休みや楽しみを上手に生活に取り入れ、いつも活力を失わず大きな夢を実現させていく。ただ、どんな時でも肩の力が抜けていて無理をしないから、あなたを「いいかげん」と断ずる人も。

心地よく生活することがあなたの第一目標なので、柳に風と受け流すのが得策。

ヴィーナス（金星）のささやき

好きなことは、とことんやるのがよい。飽きるほどやれば、自然にあなたは本道へ戻る。

February Eleventh

2月11日

権威に囚われない、ノビノビした心の自由人

あなたの誕生日力

あなたの内にある大いなる指導者は、敢えてあなたを試している。むやみやたらにスキルを学び、頭の中だけでネガティブ思考を排除して、形だけポジティブ思考を追い求めていては、あなたの日常の感情は揺らぐだけ。しかし、揺らぐだけ揺らいだ先で崇高なる中庸的精神に到達できれば、あなたの望む環境はあなた自身で無限大に創造できる。

あなたの性格

あなたの楽しむ人生とは、自由を愛する道。この生まれは、既存の価値観に囚われず、ノビノビと物事を捉えることができる。凝り固まった秩序を廃し、本当の意味で公平であろうとするので、周囲からも「変わっているけれど心の広い人」として愛されるだろう。

反面、自由なありかたを求めるあまり、時に権威や名誉などに反発して社会的には損をすることも多い。この、「社会性と自由」という相反する二つのバランスを取ることが、あなたのテーマ。同時に、「理性と本能」「身体と心」の調和もまた、あなたにとっては重要。

たとえば日常の習慣にボディワークを取り入れるなどして、本能、感情、身体をうまく一体化させることで、よりパワフルに、輝かしい成功へと導かれると知ろう。

仕事の適性

考えかたの新しいあなたは、情報工学など最先端の分野で活躍できる素質がある。最先端という意味では、各学問の研究者もよい。

また報道・マスコミ関係や、技術があればファッション関係なども適性あり。組織に属して仕事するのも◎。

人間関係の傾向と相性

人脈が広く、興味の範囲が広いので、ふつうの生活をしていたら出会うことのないタイプの人とも知り合いになる傾向がある。

2月9日〜13日生まれの人は、あなたの弱点も含めてよく理解してくれる相手。6月10日〜14日生まれの人とは、フィーリングが合い、同じテンションで活動できる相性。8月12日〜16日生まれは、鋭く役立つ意見をくれる人。

長所と短所のまとめ

社会の中に自由を、理性的な生活の中にも本能の爆発をと、無謀とも言えるテーマに邁進する。バランスが取れないと、生活も感情も不安定になりがちだが、あなたはトライ・アンド・エラーをくり返して、絶妙なハーモニーを得ることになる。

ヴィーナス（金星）のささやき

気功やヨガ、ピラティスなどで心身を鍛えよう。運も同時にアップする。

February Twelfth

2月12日

頭の回転が速く、冷静沈着・独立独歩の人

あなたの誕生日力

　目の前に起きている状況から目を背けているうちは、あなたが描く夢は儚い。「真のやさしさ」と「気弱さ」とをきちんと区別すること。人と関わることは面倒なことではあるが、人と関わらなければ喜びも感じられるはずがないことを学んで。あなた自身の魂が理解しているこの課題を現実的にクリアしてこそ、あなたの可能性は無限に広がる。

あなたの性格

　あなたの楽しむ人生とは、独立独歩の道。この生まれは、ドップリと他人の感情の波に浸ることや、大勢の人の考えに流されることを嫌う傾向があり、基本的にはクール。一人で好きなことをし、その回転の速い頭脳で物事をあれこれ考えたり、まとめたりすることを好むだろう。

　そもそも2月生まれは根底に「今ある状況をよりよく改善したい」という欲求があるので、あなたは自分なりの研究や興味の追求に余念がなく、自分だけの境地を求める傾向に。

　そのため人嫌いで気難しやだと人から評価されることもあるが、実際はその部分だけがあなたなのではない。本来持つ説明能力や教え上手の才を発揮して人との関わりを広げていくうちに、未来図が大きく開けていくと学ぼう。

仕事の適性

公的機関に向いている。また、人にものを教えることがうまいので、教師、講師、トレーナーなど指導的役割のある仕事なら何でもこなすことができる。クリアな思考で研究者、発明家として大成する可能性もあり。

人間関係の傾向と相性

無関心に見えて、実は周囲の一人ひとりについて実によく観察している。それが思いやりある行動として出れば、大人気になる傾向。

12月中旬、4月中旬生まれの人は、あなたのファン。2月10日〜14日生まれの人は、不思議な縁を感じる相手。6月11日〜15日生まれの人は、年齢・性別にかかわらず、おたがいを引き立て、運を上げ合える相手。異性なら恋愛も。

長所と短所のまとめ

自分の世界にのめり込むあなたは、人嫌いに見えるし、また自分でもそう思いがち。だが、指導的な立場に立ち多くの人々と積極的な関わりを持つ時、真の喜びが味わえる。

まずは趣味や興味が似た人々と積極的な交流を持ち、心の扉を開いていこう。

ヴィーナス（金星）のささやき

自分のアイディアに人の要望を入れて、ひとひねり。そうして新たなものができ上がる。

February Thirteenth

2月13日

人の心の深いレベルにタッチできる聡明な人

あなたの誕生日力

　あなたの純粋なる自己戒律は、そのまま日常を生きるためのトレーニングとなる。しかし、自分に厳しい分だけ、人へもむやみやたらと厳しくなってしまうところは問題。「許す」とか「許せない」といった判断だけにこだわっているうちは、心の枠が狭いと知ろう。独裁的な視点に広がりが見えたなら、あなたを必要としている時代の幕が開く。

あなたの性格

　あなたの楽しむ人生とは、全てのレベルでの自己コントロールが基礎となっている。この生まれは、物事への理解が深く、本当の意味で頭のよい人である。

　自分の心の深層をかなりの部分、制御することができるので、むやみに感情に振り回されたり、身体と心が離反したりすることがない。ゆえに、何ごとが起きても冷静に、揺るがぬ自信を持って状況に対応する。

　また、自分の心の奥底を探求する能力は、他人の心の裏側を分析する時にも応用できる。こうしてあなたは、人の心の深いレベルにタッチし、かつ物事の根本のところを刺激することができるために、変化を起こす膨大なパワーを持つのである。無限の可能性があなたの中に潜んでいると、自覚を新たにしよう。

仕事の適性

自信があり、自由自在に動くのが好きなので、人に指図される立場には向かない。

理想的には自営でやりたいところだが、組織にいても何らかの主導権を持たせてもらえるのであれば満足できる。福祉的な仕事にも生きがいを持てる。

人間関係の傾向と相性

公平で大人のあなたは、周囲から頼りにされて責任重大。人気抜群ながら、年長の人からはやっかまれる傾向もあり、注意は必要！

2月11日〜15日生まれの人とは、おたがいにフォローし合える関係。6月12日〜16日生まれの人は年齢、性別にかかわらず、おたがい成長し合える関係。恋愛は温かなものに。8月中旬生まれは、よきライバルに。

長所と短所のまとめ

人や物事の深層を理解し、影響を及ぼすことができる。どんなことにもポジティブな変化を起こさせる実力派。

しかし、厳しいコントロールが自分だけでなく他人にも向かった時、煙たがられて自らの可能性を狭めることにも。

ヴィーナス（金星）のささやき

周囲から「浮く」のでは、生ぬるい。周囲から「突出する」くらいであなたの存在は光り輝く。

February Fourteenth

2月14日

🔍 鋭い察知力・観察力・情報収集力が冴える人

あなたの誕生日力

　あなたに降りかかる些細なトラブルは全て、あなた自身の揺れ動く感情が招いている。無神経になれないあなただからこそ、過敏な反応はあなた自身を疲れさせるだけ。あなた独自の価値観がどんなにすばらしくても、心にゆとりがなくては、周りから支持もされないし、あなた自身も輝けない。心を広く持つことで、人生は上昇し、創造的に展開していく。

あなたの性格

　あなたの楽しむ人生とは、周辺のトリビアな情報を鋭敏に感じ取ることで成り立つ。この生まれは実際、極めて注意深く、どんな小さなことも見逃すことがない。周囲のちょっとした変化から大切な情報をキャッチして素早く対応する。

　また、「読み」の的中率が高いため、周囲の人には「千里眼」「地獄耳」などとささやかれているはず。それはあなたが、単に周囲を観察するだけでなく、それについての自分の感情や体験なども総合して判断することができるから。

　つまり、知性、感情、身体の三つのレベルが統合されて出てきた、人が持ち得る最高の判断能力に基づいて答えを出すので確実なのだ。危険な仕事、一瞬にして状況が大きく変化するような緊張感が漂う現場で、重宝な人物。

仕事の適性

物事の先を読む力と管理能力をあわせ持つあなたは、銀行・金融業界に適性がある。もちろん、証券・保険もＯＫ、この分野で独自に起業するのもよし。

人との距離感がうまく取れるのでセールス・販売にも向く。公務員や企業勤務も◎。

人間関係の傾向と相性

不安を持った人などをいち早くフォローできるので、信頼性は抜群となる傾向。ただ、物事に熱中すると他人のことが目に入らなくなるのが欠点。

2月12日～16日生まれの人は、あなたの同類、一緒にいると相乗効果で運がアップ。6月13日～17日生まれの人とは、おたがいよき協力者。異性ならハッピーな恋愛も。8月中旬生まれは、ご意見番。

長所と短所のまとめ

高精度のセンサーのような、鋭い情報収集力と判断力が他の人にはないところ。

でも、特に若い時などは次々に入ってくる情報に感情が乱されて、判断が狂うことも。いろいろな刺激に乱されないよう心を広く持ち、日頃から鍛錬することが必要。

♀ ヴィーナス（金星）のささやき

たまには好き嫌いで気軽に動くことも必要。そうすれば心のコリがほぐされる。

February Fifteenth

2月15日

理性的かつユニークな感性で人気者に

あなたの誕生日力

あなただからこそ感じられる「あなた自身の価値観」と「一般常識的な日常」の狭間とで、あなたの心は葛藤を起こす。周囲との摩擦は上昇への避けられない道程ではあるが、それは、いたずらに人を傷つけないと誓ってこそ。あなたの心が安定したなら、建設的な破壊と創造をくり返しながら徹底的に追求していける頂(いただき)がある。

あなたの性格

あなたの楽しむ人生とは、豊かな創造性と表現がカギになる。そもそもこの生まれは理性的で頭もよいために、クールに行動するのは得意。しかし生々しい感情を表に出すのはためらわれるので、警句やたとえ話など、歴史的で普遍的な言い回しを借りて、自分なりに気持ちを人に伝えようとする。その様子はどこかぎごちなくユーモラスで、人からは「かわいい」と思われていることも多いだろう。

しかし、本質たる怜悧(れいり)さと強烈な個性は、あなたに芸術家肌の一面を持たせるため、いわゆる常識人とはなかなかソリが合わず、たがいに価値観を戦わせる結果となりがち。そんな時は、持ち前の表現力でサラリと受け流して相手を呑み込むほうが、心の器を大きくし、上昇パワーを得られると心して。

仕事の適性

　発明・発見に縁がある。日常の小さな工夫が組織全体に利益をもたらし、企業で重宝がられる人材になる可能性も。

　創造性を生かして芸術方面で活躍するのもよし、公共の福祉のために働く公務員などとして生きるもよし。

人間関係の傾向と相性

　あなた自身は自分の気持ちを伝えるのが下手だと思っているが、意外に人にはモテるうえ、趣味の仲間とは深くつき合える傾向。

　2月中旬生まれの人は、あなたの気持ちをまるごとわかってくれる相手。6月14日〜18日生まれの人とは、おたがい遠慮なく自分の価値観をぶつけられる関係。9月中旬生まれは、新たなひらめきをくれる相手。

長所と短所のまとめ

　気持ちの表現が面白く、考えかたもユニーク。あなたの個性は誰にも真似のできないところ。思い込みも激しく他人にもそれを押しつける傾向があるが、それは成長を妨げる要因に。

　いったん相手を受け入れてこそ、未来への扉が開かれると知ろう。

ヴィーナス（金星）のささやき

完璧さにこだわるな。完璧でない自分を責めることは、欠点だらけで慢心するよりなお悪い。

February Sixteenth

2月16日

好奇心にあふれ、協調性のある楽しい人

あなたの誕生日力

　現実の役割と止まらない好奇心。その両方をどう融合させてバランスを取って生きていくのかが、あなたがあなたであるための最大のテーマ。単に「あれも、これも」と考えるだけでは、たしかに調整がつかないが、心底どれを優先したいのかと、自身に問いかけてみること。その順番さえ決まったら、しっかりと段取りし、ひたすら自然に任せて挑んでいくだけ。

あなたの性格

　あなたの楽しむ人生とは、友愛精神と協調性とによって築かれる。集団の中の空気を読み、要求された役割をきちんとこなしていくことで、確かな信頼を勝ち得ていく。

　しかし、一方で抑えきれない好奇心があり、そのうえ2月生まれ特有の「今ある状況をよりよく改善したい」という願望も胸の奥底に潜んでいる。

　つまり、現状を改善するため、好奇心に任せて別の世界に飛び込んでしまう可能性もあるということだ。これまでにも、仲のよかったグループを急に飛び出したり、理由もなくアルバイトを辞めたりしたことがあったのでは？

　あなたにとって、そんなリセットもたまには必要。絆（きずな）が断たれ、孤独な時にこそ見えてくる「心の宝」があることを知ろう。

仕事の適性

文章とスピーチの能力に秀でているので、それを生かせば、執筆、講演、教育の分野で活躍することが期待できる。物事を評価する目もあり、報道関係の記者、評論家などにも適性あり。また、好きであれば、スポーツや芸術の世界も◎。

人間関係の傾向と相性

仕事の人間関係は広がるけれど、プライベートでは人と距離を取る傾向が。

そんな中でも、2月14日～18日生まれの人は、あなたと同類、適当な距離感でつき合える相手。6月14日～18日生まれの人とは、老若男女を問わず気持ちのよいパートナーシップが築ける。異性なら恋に発展する可能性が大。8月中旬生まれの人からは、教えられることがたくさん。

長所と短所のまとめ

あなたに安定した立場はない。とどまろうとする気持ちと、前進しようとする内なるパワーの間で揺れ動き、時には心ならずも孤立の道へ追いやられることもある。しかしそれこそ、飛躍を促す運命からのメッセージ。真にユニークな独立への道はそこから始まる。

ヴィーナス（金星）のささやき

己を知れ。自らの個性と望むものさえ知れば、他人からの理解も得られる。

February Seventeenth

2月17日

🔑 独立独歩の精神で、自分の道を突き進む人

あなたの誕生日力

　あなたの内にある美的な感覚、それは一般的な常識では計り知れないスケールを持ち、輝きを放っている。それは、今はあなたにしか理解できなくても、あなたにしか生み出せない価値ある創造。あなたがあなたの追求したいことに心底正直となり、そこにロマンを求め、迷わず焦点を絞っていけば、あなたの活躍の場はとてつもなく大きい。

あなたの性格

　あなたの楽しむ人生とは、一人で何でもやってしまおうという独立独歩の精神の上に築かれる。この生まれは、精神的に大人で真に自立したタイプ。

　たいていの人は自立といっても、周囲の人からの影響を知らぬ間に受けて行動しているものだが、あなたはそうした影響を交えず、人生の選択を純粋にオリジナルな考えかたによってなすことができるだろう。

　だから、あなたの考えること、目指すことは一般の人とはひと味違っており、ずっとスケールが大きいのが特徴。

　ただ、あまりにユニークで、すぐには評価されないというジレンマは避けて通れない。周囲からの反対や好奇の目に耐え、しかし楽しんで自分の興味を追求する道を歩んでいく——その先にこそ計り知れない世界が待つのである。

仕事の適性

何ごとも掘り下げて調べ、考えたいタイプなので、弁護士、警察関係、探偵などは適性あり。

持ち前の独立心と管理能力を生かして、実業方面にも活躍の場を見つける。専門技術の講師や教師も、あなたに向いている職業。

人間関係の傾向と相性

広く浅くの人間関係。どの人の話も偏見を持たずによく聞くので、あなた自身の幅も広がる傾向。

2月15日〜19日生まれの人は、阿吽(あうん)の呼吸の相棒。6月16日〜21日生まれは、一緒に行動するとテンションが上がる相手。厳しいけれど貴重な刺激をくれるのが、7月中旬、9月下旬生まれ。8月下旬生まれは、ご意見番。恋愛ではクセになる関係に。

長所と短所のまとめ

精神的なスケールの大きさを生かせなければ、変人扱いされるだけで終わる。あなたの心に芽吹いた夢や理想は、具体的な行動として実現に向けられるべきである。

非難や中傷に不安を感じた時は、立ち止まって宇宙や大自然に思いを馳(は)せ、心のリハビリを。

ヴィーナス(金星)のささやき

見えない世界であなたを導いている存在に思いを馳せよ。
あなたは自分の脳だけで判断しているわけではない。

February Eighteenth

2月18日

際立った個性、斬新な発想でインパクトを与える人

あなたの誕生日力

あなたの持って生まれた個性とは、あなただけの大切な宝。だからこそ、人生に妥協するのではなく、個性を貫き通すためには、どうすればいいのかをあれこれ模索し探求しよう。それは、まるで将棋のように一筋縄ではいかない思考力を要するが、一つひとつ確実にオンリーワンの世界へと駒を進めていった先に、あなたの描く本物の理想郷がある。

あなたの性格

あなたの楽しむ人生とは、際立った個性を貫くことにある。小さな頃から着眼点が変わっており、人が興味を抱かないようなものに目を奪われるのは、その一例。いったん疑問を抱くと信じられないくらい些細なことに拘泥して大騒ぎするので、「変人」扱いされた時期もあっただろう。

現在も無謀で冒険的な人生を歩み、周囲をハラハラさせているかも……。それはこの生まれが、異星人とも思えるほど他とかけ離れた世界観や価値観を秘めているため。

ゆえに、特に若い頃は、自分が異邦人のような心細い思いに囚われることもしばしば。

しかし、そうした次元から生み出される思想やアイディアは、周囲に強いインパクトを与え、世に新たな風を吹き込むはず。自信を持って我が道を歩もう。

仕事の適性

人と行動パターンが違うので、自由度の高い職場に向く。フレックスタイム制が導入されていたり、外出の多い仕事だと長続きしやすい。

自分の専門分野では、フリーランスで活動するのがおすすめ。人にアドバイスをする仕事も適性あり。

人間関係の傾向と相性

比較的、周りには無関心な傾向。自分の世界を大切にするので、場合によっては引きこもりたい衝動も。

そんな中で、2月16日〜20日生まれの人は、ベストな距離感でつき合えて楽しい相手。6月17日〜22日生まれの人は、あなたの人間関係をフォローしてくれる相手。恋愛相性も◎。8月19日〜23日生まれは、あなたにヒントをくれる人。

長所と短所のまとめ

真に個性的。だからこそ、興味のあることに集中している時は心のバランスが取れるが、ふだんはエキセントリックで感情の変化が激しい。

人の反応を見て自分の行動を反省し、感情で人を振り回さないほうが自分自身も安定するだろう。

ヴィーナス(金星)のささやき

マイナスの感情は手強いもの、まずは言葉だけでも前向きに。型(言葉)を整えれば、中身(感情)も変わる。

February Nineteenth

2月19日

研究熱心で努力家、器の大きい改革者

あなたの誕生日力

あなたの流す純粋な涙の量に比例して、あなたの器は大きくなる。あなたの内から湧いてくる独創的な可能性を追求するためには、どうしても現実的に摩擦は生じてしまうもの。しかし、その摩擦によって心を磨き上げ、その心に起こる揺らぎを超克することで、あなたは大いなる使命に向かって成長できる。あなた自身を信じて、まっすぐ前を見据えて歩んでいこう。

あなたの性格

あなたの楽しむ人生は、無限とも言える、大きな器によってもたらされる。そもそも２月生まれは「今ある状況をよりよく改善したい」という願望を持つ。ゆえにあなたは人に迎合せず、シビアに「現在のものを否定し、全く違う方向へ改善する」ことを目指すのである。

改革者としての個性の持ち主だから周囲との衝突も数多いが、それは、より大きなスケールを持った人へと成長するのに必要なプロセス。

さまざまな葛藤や別れを通じて、たくさんの価値観を学び受け入れることで、あなたの使命への道が開かれていく。

実はあなたは、いろいろな考えかたを並べ、比較検討するのが好き。異質なもの同士を絶妙のバランスで組み合わせ、新しい何かをつくり出す才能にも恵まれている。

仕事の適性

改革力と推進力があるので、大きな組織に属するのが向いている。確実に力をつけて上のポジションへ上っていける。

また、独特のセンスを生かして表現活動を仕事にするのもよい。デザイン、ファッション、演劇、ダンス、歌など。

人間関係の傾向と相性

人間関係は、広く深くの傾向がある。異業種の人、外国人など、価値観の違う人からも大きな刺激を受けて成長することができる。

そんな中、2月17日〜21日生まれの人とは、友だちの輪を広げ合える関係。6月18日〜23日生まれの人とは、心から理解し合える仲。異性の場合は理想的な恋人相性。7月下旬、8月下旬生まれの人とは相互補完できる間柄。

長所と短所のまとめ

個性的で、柔軟性にも富んでいる。いろいろなやりかた、考えかたを研究し、最もよい方法をとろうとするからこそ、逆に広い世界を見すぎて方向性を失ってしまうこともある。

そんな時は「本来の目的」をしっかり思い出すことで本道へ戻ろう。

ヴィーナス（金星）のささやき

にっちもさっちもいかない時は、全ての価値観を手放して内面を見つめよ。そこから真に正しい判断が生まれる。

February Twentieth

2月20日

人の気持ちがわかる、デリケートな感性の人

あなたの誕生日力

　あなたの魂が目指している人生の目的地にたどり着くためには、五感をフルに使って人と関わることが欠かせない。トルネードのように人を巻き込み、展開させていった先に、目的地へと続く扉は開く。他者に翻弄されないドライな感性はそのままに、あなたの素直な気持ちを実際に言葉にして伝えてみるといった行動を起こすことで、理屈を超えた想像以上の喜びを知る。

あなたの性格

　あなたの奏でる人生とは、大切なものを守る道。この生まれが自分の心をあまり人に見せず防衛心が強いのは、心の深奥に潜むデリケートな感性を傷つけないためである。

　しかし、自分の心が敏感なゆえに、人の気持ちを見抜くのは得意。あなたは人の顔色から気持ちを察するのはもちろん、相手が気づかないでいる心の奥底を洞察する力を持っているだろう。

　2月生まれに特有の「今ある状況をよりよく改善したい」という願望が、この生まれにおいては「人を巻き込んで改善の流れをつくろう」という使命感となるため、あなたは引っ込み思案ながらも積極的に人と関わっていき、ついに彼らの力を結集する。時にはリーダーを任され、みなの力を総動員して大活躍することとなるだろう。

仕事の適性

技術を習得して新しい状況に溶け込むのがうまく、大きな組織に属し、上からの要望に応えることに向いている。人の気持ちを読める資質を生かし、医療関係や人を癒す仕事に就くのもよい。

芸術、芸能、スポーツ界で活躍の可能性も。

人間関係の傾向と相性

傷つきやすいので、親しくなれる人かどうかをよく観察して慎重な人間関係を育む傾向。人づき合いの範囲は狭いけれど、堅固な結びつきに。

2月18日〜22日生まれとは、おたがいに何を言ってもわかり合える関係。6月19日〜24日生まれとは、裏切りがなく末永くつき合える相性。異性の場合はやさしい恋人同士に。8月下旬生まれとは刺激を与え合う関係。

長所と短所のまとめ

シャイだけどクールに見える。使命感に導かれてたくさんの人と関わることになるが、人に愛されうまくやっている時でさえ、対人関係からくる緊張感はやはり高め。物事をネガティブに考えず、リラックスを心がけることで揺らがなくなる。

ネプチューン（海王星）のささやき

本心を明かさないのも一つの道。しかし包み隠した心が腐っていては何にもならない。

February Twenty-first

2月21日

🔑 「不変の価値」を見きわめる理想主義の人

あなたの誕生日力

あなたを導く人生のガイドは、あなたから豊かにあふれてやまない知的な好奇心。その好奇心に導かれて選んだ道を一つひとつ全うしていくためには、ひるまない自信と勇気が必要不可欠。水の流れのように、ごく自然に、そして素直に自分のインスピレーションに従って歩んでいった先に、あなたの輝く未来は展開していく。

あなたの性格

あなたの奏でる人生とは、不変の価値、絶対的な価値をさがす道。2月生まれには「今ある状況をよりよく改善したい」という欲求が根本にあるものだが、この生まれのあなたにとって「改善」とは温故知新、旧いやりかたに学び、それを未来につなげていくことなのである。

実際、伝統文化やアンティークなど、本当に変わらぬ価値があると思ったものを現代風にアレンジし、人に伝える活動をすることも。

キャラクター的には、理想主義で意志強固。あまり多くのものを求めず、一点主義でシンプルだが、一つのことを妥協せず追求する強さに満ちている。あなた独特の理想は、周囲にすぐには理解されないが、「真価を見抜いている」という自信と信念で全てをクリアできるだろう。

仕事の適性

同じ仕事をずっと続けることには、あまり興味がない。いろいろな役割が順番に回ってくるような組織の中での仕事に適性あり。

センスのよさを生かして、アート、音楽、ファッション、デザイン、ダンスなどの世界も◎。

人間関係の傾向と相性

理想や目的を同じくする人々と、深くつき合う傾向がある。コンビやグループを組んで行なう仕事に就くと、運がついてくる。

12月下旬、2月下旬生まれの人とは、特別に話が合いそう。一緒に行動するのも吉。6月21日〜25日生まれの人は、強い絆で結ばれた仲間。異性の場合は縁の深いカップルに。8月下旬生まれの人は、よきライバル。

長所と短所のまとめ

理想の実現のため、伝統的な価値を今に生かそうとする。しかし、しばしば伝統そのものにはまってしまい、ただそれを継承するだけになりがち。

既成のものを改善し、新しい価値をつけ加えるのがあなたの使命だということを忘れずに。

ネプチューン（海王星）のささやき

どれだけ自分が好きでも、人がみなそれを好きなわけではない。好みは千差万別と肝に銘じよ。

February Twenty-second

2月22日

人脈を生かして「楽しいこと」を追求する人

あなたの誕生日力

　人の感情に無神経でいられない過敏なあなただからこそ、抱えているプレッシャーは計り知れない。だけどそれは、多分にあなたの思い込みの激しさによってつくられている部分が大きい。それを知ったうえで、不必要な鋭敏さは手放して正解。あなたに生まれる混乱は、あなたの成長プロセスであると知った先に、真実のあなたの楽園がある。

あなたの性格

　あなたの奏でる人生とは、周囲への影響力に特徴がある。というのも、もともと2月生まれが持っている「物事を改善したい」という欲求が、この生まれのあなたにおいては「ネットワークの力で楽しく改善したい」という願いになっているためである。

　何か面白いことや、これぞということを見つけると、それを独り占めできず、必ず周囲の人々と楽しみを共有しようとする。自分の提案したことが広がっていくことは、あなたにとって何よりの喜びとなるだろう。

「多少強制してでも、みなが同じ方向を向いてほしいけれど、一人ひとりの気持ちも大切にしたい」と人間関係で悩むことも多いが、それに負けず、複雑に絡み合った人間関係に整理をつけることこそ、理想への近道と知ろう。

仕事の適性

親しみやすい人柄と、生まれ持った社交性を生かし、人と関わる仕事で成功する。

医療関係、心理学関係、介護、販売・セールス、広報などに適性あり。大勢の人に影響力のあるマスコミ、芸能などの世界でも活躍できそう。

人間関係の傾向と相性

どんどん交流が広がる傾向。人の気持ちを考えて行動するので、周囲にはおおむね平和的な人間関係が展開するはず。

2月20日〜24日生まれの人は、よきパートナー。二人でやればどんなことも成功。6月22日〜26日生まれの人は、年齢、性別にかかわらず、あなたを引き立ててくれる相手。8月下旬生まれは鋭いアドバイザー。

長所と短所のまとめ

大勢の人に楽しい提案を持ちかけ、それを一つの大きな流れにしていくことができる。

しかし流れが大きくなりすぎると、自分の試みたことが独り歩きを始めることもある。そもそも何を目的としているのかを、常に意識して進んでいこう。

ネプチューン（海王星）のささやき

バスタイムにコーヒータイム──リラックスしている時にやってくるインスピレーションは成功の種。

February Twenty-third

2月23日

クリエイティブなアレンジ力がピカ一の人

あなたの誕生日力

　あなたが無心の時にふいに感じることは全て、あなたの行くべき方向を指し示してくれている。それを現実の世界に置き換えてみた時に恐れてしまったなら、自分に嘘をついていることになる。あなたが抱く気持ちと起こす行動とに折り合いをつけることができたなら、心の底から湧き起こる希望の光は無限に広がり、あなたの生きている世界を照らす。

あなたの性格

　あなたの奏でる人生とは、物事に付加価値をつける力に支えられる。この生まれはちょっとしたアレンジやバリエーションによって、ものの印象をがらりと変えてしまえる魔法の持ち主。自分を魅力的に演出し、人の目をくぎ付けにしてしまうこともあれば、ファッションや生活スタイルなど、そのままでは価値を感じられないものを、魅力的に大変身させてしまうことも。

　実はこの才能は、世の中を変革する大きな力にもなり得るのである。そもそも2月生まれは心の底に「物事を改善したい」「状況を変えたい」という強い欲求があるが、あなた自身はまだそれに気づいていないかもしれない。だが、心のおもむくまま、楽しめることを素直に追求していくうちに、必ずや使命への気づきが訪れる。

仕事の適性

なんといっても広告、宣伝、販売促進の分野で才能を発揮できる。

また、デザイン、アート、ファッション、アパレル、演劇、音楽、料理など、クリエイティブな分野全てにあなたの工夫の才が生きる。執筆、講演、ガイドなども◎。

人間関係の傾向と相性

人に対してはちょっと見栄っ張りな性格をのぞかせながらも、基本的には、そんなあなたに魅了された人々が周りに集まる傾向。

6月23日〜27日生まれの人は、あなたの崇拝者。どんな時も支持を寄せてくれる。2月21日〜25日生まれの人は、貴重な意見や情報を交換できる相手。よきライバルの役目も。8月下旬生まれの人はご意見番。

長所と短所のまとめ

何の変哲もないものにひと手間を加えて、魅力たっぷりにしてしまう。しかし、その能力を自分のためだけでなく社会のために使っていないと、人生そのものがつまらないものに。ふと、かなえたいと思った大きな夢こそ、あなたの使命。恐れずに飛び込もう。

ネプチューン（海王星）のささやき

無限に思える活力も、使い続ければ枯渇する。上手に充電期間を取ることだ。

February Twenty-fourth

2月24日

忙しいほど充実、奉仕の精神で目標を次々クリア

あなたの誕生日力

　じっとしていられないあなたなのだから、多忙を嘆いている暇などない。あなた自身を活用することで、あなたの愛する人の力になれること、そこに誰がなんと言おうとも何よりの喜びを感じる。だからこそ、正直に臨むためのタフネスさと、限られた時間をフルに生かす能力を身につけて。心底から自然体で生きること、それがあなたの生きる道。

あなたの性格

　あなたの奏でる人生とは、奉仕の精神によって支えられている。この生まれは、人の役に立ちたい、何か意義のあることをして充実した毎日を送りたいと、常に強く願っている。何か気づいたことがあると、日々のちょっとした時間を見つけてはボランティアで動く――そんなマメな人。
　あなたは何もしていないこと、何の役にも立たないことを非常に嫌うので、いつも何か大きな目標を立てて前進しようとするだろう。目標が大きければ大きいほど、毎日が忙しければ忙しいほど、充実していると感じるのだ。
　また、あなたがいるだけで周囲の人が一つの方向に向けて結束するような、そんな求心力も持っている。多くの人を引き込んで人類に奉仕する、一種のカリスマ的な人物と言えるだろう。

仕事の適性

臆することなく新しいチャレンジに情熱をかたむけ、道を切り開いていける。チャンスをものにする運と人を見抜く能力も大いに生かして、ビジネスの世界で「押しも押されもせぬ人物」になる可能性も。

また、ファイナンシャル・アドバイザーや金融仲介業も適性あり。

人間関係の傾向と相性

人のために尽くす傾向から、人から親しまれ愛される。ただ、人のよさにつけ込まれないように、それだけには注意が必要。

2月22日〜26日生まれの人は、あなたの参考になる生きかたを示してくれそう。6月24日〜29日生まれの人は、いつでもあなたの味方。異性の場合は深い絆(きずな)の恋人同士。8月下旬生まれは、試練を与えてくれる人。

長所と短所のまとめ

真面目で、人のために働くことを喜び、誰かの喜ぶ顔を見るのが大好きである。ところが、目指すべき頂(いただき)が見つからない場合は、全くやる気をなくす傾向が。

どんなに小さなことでも、「達成目標」を掲げてこそ輝けると肝に銘じて。

ネプチューン(海王星)のささやき

誰のため、何のためなら自分を捧げられるのか——常に自分に問うことから、揺るがぬ信念が生まれる。

February Twenty-fifth

2月25日

「七転び八起き」の不屈の精神の持ち主

あなたの誕生日力

あなたの心底望む幸運は、あなたの勇気によってもたらされる。そしてその勇気は、目的に向かって心を鍛錬していくことで揺るぎないものとなる。どれほど困難な障害にも、決して挫けることなく挑んでいけるあなただからこそ、願望を手中に収めるためには、あなた自身の力で進めていくという、そのあたりまえの原理で前進あるのみ。

あなたの性格

あなたの奏でる人生とは、信念を貫くことで花開くもの。2月生まれは「今ある状況をよりよく改善したい」という願いを持つが、この日生まれにおいては、それが「危険を冒し、今ある全てのものを破壊してでも新たな楽園を目指したい」という強烈な欲求となって表われる。

だから、あなたは安定を嫌い、無謀だと忠告されてもスリルある選択肢を選ぶだろう。失敗しても長く失意の中にとどまらず、落ち込んだ瞬間から新しいアイディアが雨のように降ってきて、再びチャレンジ精神が湧いてくるという、不屈の精神の持ち主である。

あなたには自分の限界を超えた時にかいま見える、新しい境地のことを思う心しかない。ダメでもダメでもまた立ち上がる、強い再生力の持ち主なのだ。

仕事の適性

　責任感の強さと勤勉な仕事ぶりで、どのような職業に就いたとしても、上の人から評価され、高い地位に上りつめる可能性あり。

　人や物事をまとめ上げる力量もあり、管理職としては最高の人材。ビジネスの世界でも生きがいを感じることができる。

人間関係の傾向と相性

　人間性は評価されているが、思い切った行動に出るため、恐がられる面もある。恋愛では略奪愛や駆け落ちなども辞さぬ性格が顔を出す傾向あり。

　12月下旬、2月下旬生まれの人は、あなたを心底信頼してくれる相手。3月下旬、4月下旬生まれの人は、とにかく楽しく夢を語り合える相手。8月27日〜31日生まれの人とは、おたがいに活性し合える間柄。

長所と短所のまとめ

　何を犠牲にしても新たな世界へ到達するのだと、自分の限界突破を目指して進む。夢に向かうのは自分のためだけでなく、愛する人々のためでもある。

　しかし、周囲の人をあなたの道程に引き入れるのはNG。なぜなら、誰もついてこられないから。

ネプチューン（海王星）のささやき

現在何も達成されていないなら、夢を一つに絞るべし。あれもこれもと力を分散してはならない。

February Twenty-sixth

2月26日

一途な情熱で、純粋に突き進む行動力の人

あなたの誕生日力

　他人の思想や成功哲学は、ヒントの一つにはなったとしても、あなた自身の生きかたには何の役にも立たない。あなた自身で決めるべき、「何を大事とし、何を手放すか」といったことを、他の誰かの尺度で考えている限り、あなたにとっての真実は見えてこない。自分の価値観を本気で信じ、人生を歩んでいく先で、あなたの幸せの形に気がつける。

あなたの性格

　あなたの奏でる人生とは、何ごとにも一途に突き進む純粋な姿勢から生まれる。

　2月生まれは「今ある状況をよりよく改善したい」という願望を持つものだが、この生まれはまさにそれ自体を使命と思っているよう。激しい情熱でもって「現状をもっとよくするのだ」とばかりにすさまじい行動力を発揮し、自分の信じた道をまっすぐに突き進んでいく。その強烈なエネルギーに、周囲の人たちはついていくしかない。

　ただ、熱くなりすぎて状況を見失ってしまうことがあるので、人の意見も聞き、常に冷静さを保っていたいもの。

　また、自分の信念だと思っているものが他人からの借りものである場合は、満足できない結果に。いつも自分の価値観で判断をしているか、よく振り返る必要がある。

仕事の適性

巧みな話術と人を引き込むムードを持っているので、コミュニケーションに関する仕事に適性がある。たとえばマスコミ関係、特に執筆はベスト。

また、理科系の能力を生かして化学、工学、情報工学方面で活躍する可能性もあり。

人間関係の傾向と相性

受信力より発信力の人なので、一方的な交流になる場合もあるが、人間関係は幅広く、多くの仲間や崇拝者に囲まれる傾向に。

2月24日〜29日生まれの人とは、おたがいパワーを与え合う関係。6月26日〜30日生まれの人とは、心の底から理解し合える関係。異性なら素敵な恋愛が。8月27日〜31日生まれは、目からウロコの意見をくれる相手。

長所と短所のまとめ

神がかり的なパワーで物事を進めていく。ただし、熱中するテーマが見つからない時は、力を持てあましてストレスフルになり、遊びにはけ口をつくったり、意味のないことに暴走してみたりしがち。

何より「目標」をしっかり定めることが肝心。

ネプチューン（海王星）のささやき

刺激が生命力を燃え立たせる。元気が出ないなら、重い試練を自分に与えてみなさい。

February Twenty-seventh

2月27日

たぐいまれな集中力と競争心で道を切り開く人

あなたの誕生日力

　あなたがさがしている幸運は、現実から目を背けたら見失う。目の前に起こることは全て、あなた自身にとって必要なこと。自分で欲した「クリアすべきプロセス」なのだから、そこから逃避したなら、人生の真の醍醐味は味わえない。夢を夢で終わらせないというあなたの確固たる闘志があってこそ、描いているビジョンへとたどり着ける。

あなたの性格

　あなたの奏でる人生とは、たぐいまれな集中力によって彩られる。2月生まれ特有の「今ある状況をよりよく改善したい」という願望が、この生まれにおいては「そこがよりよい世界なら、別世界にでも飛び込もう」という意識へと変化を遂げ、あなたは心を揺さぶられたものに大胆に飛び込んで自分の運命を切り開いていく。

　この生まれには「自分なら絶対、大丈夫」という、いわれのない自信が備わっており、直感や運を信じることで必ず成功できるという信念がある。もちろん試練や周囲の無理解に苦しむこともあるが、一点突破を図って行動すれば、必ずや道は開けるはず。

　また、あなたは競争心が強いので、誰かライバルを設定し心の中で競い合ってこそ、実力以上の力を発揮できる。

仕事の適性

　親しみやすい人柄なので、大衆に関わる仕事ならどのような分野でも成功できる可能性あり。

　言葉の力に恵まれているので、特に営業、販売、宣伝・広告で一般の人を動かすのが向いている。教師や各種学校の講師にも適性あり。

人間関係の傾向と相性

　すごい人と遠巻きに眺められていても、そのうちあなたの親しみやすい性格が伝わって交流が生まれる。人間関係はアップダウンが激しい傾向に。

　そんな中で、12月下旬、2月下旬生まれは、絶大な信頼を置いてくれる人。6月下旬、10月下旬生まれは、一緒にいると楽しい計画が盛り上がる相手。恋愛の相性もよし。8月下旬生まれは、よきライバル。

長所と短所のまとめ

　大きな目標を掲げて、自分を信じ大胆に挑みかかる。その行動力は天晴れ！

　だが、時に考えるより先に行動に走ってしまい、そのうち自分でも何をしているかわからなくなることが。時には立ち止まって考えることで、より自信は強固に。

ネプチューン（海王星）のささやき

直感的にピンときたものやことは、誰よりも早く着手！
タイミングが全てを制する。

February Twenty-eighth

2月28日

想像力が豊かで、ちょっとシャイなやさしい人

あなたの誕生日力

　慈悲の気持ちが強くて深い分、摩擦が生じるような出来事には弱く挫けやすい。どんなに精神性が深かったとしても、現実社会でその力を生かさなければ、あなたが生まれてきた本来の目的は果たせない。争いを好まないあなたのスタンスそのままに、調整力を身につけることができたなら、あなたを求める時代の幕は開く。

あなたの性格

　あなたの奏でる人生とは、豊かなイマジネーションにあふれるが、どこか謎めいている。

　この生まれはそもそも、とてもやさしくて周囲に敏感、人との摩擦や世の中の汚い部分に直面すると、簡単に折れてしまう。あなたはそこで、すぐれた想像力を駆使し、ファンタジーの煙幕を周囲に張り巡らすことによって自分の心を守ろうとするのである。

　だから、あなたにとって自分のつくり出した空想の世界はことのほか大切。空想の世界に住み、しかも警戒心が強く本心を見せようとはしないが、人に対する愛情に満ちた観察力と高い理解力のため、周囲から嫌われることはない。

　そうした性質を生かし、人と人との間の橋渡し役を務めるなら、世の貴重な宝として輝くだろう。

仕事の適性

すぐれた想像力は、芸術方面と実業方面の両方に生かすことができる。イラストレーター、デザイナー、ミュージシャン、俳優、声優、作詞家など、あらゆるクリエイティブな仕事に適性あり。

ビジネスの世界でも創造力を生かせれば、魅力的な展開をする可能性大。

人間関係の傾向と相性

仕事関係での交流はあっても、プライベートでは一人でいることが多い傾向。ネット上でのバーチャルなつき合いのほうが好みと言える。

そんな中で、2月26日〜3月1日生まれの人は、あなたとよい距離感でつき合ってくれる相手。6月28日〜7月2日生まれの人とは、感性がピッタリ。異性の場合は恋愛も。8月下旬生まれは、課題をくれる人。

長所と短所のまとめ

敏感で傷つきやすく、夢見る力で現実に対応しようとする。実際、あなたの内面を満たす物語世界は、人を強く魅了する。しかし、あまりにもシャイで警戒心が強いので、本来のよさを前面に押し出せないのが残念。作品で自己表現するのも一つの手。

ネプチューン（海王星）のささやき

人に触れられたくないものを、敢えて見せる——この世で生きるには、それが絶対に必要な時があるものだ。

February Twenty-ninth

2月29日

🔑 精神性が高く、神秘性と知性をまとった人

あなたの誕生日力

　あなたのポジティブ・シンキング、それは天性の生粋な気持ちから湧き起こる。だからこそ、小さな枠組みの中だけで物事を判断しないで、大きな視点でもってマイナスの状況をプラスに転換させて。そう、ピンチこそチャンスへの源であることに、あなたが本気で気がつけたなら、あなたの活躍の場は無限大に拡大していく。

あなたの性格

　あなたの奏でる人生とは、神秘性と知性とが相まってかもし出した、不思議なムードに満ちている。

　あなたが「何を考えているかわからない」と、よく人から言われるのは、宇宙の声とも言われる、心の最奥部からのメッセージを身にまとっているゆえ。

　ある種の勘が冴えているのに加えて、勉強熱心で探究心も旺盛。本格的に学問を志すようなことではなくても、何か知りたいことについて疑問を一つも残さず知りつくすといった、徹底的な知性を持っている。

　そんなあなたは、あらゆる矛盾を呑み込める芯(しん)の強さがあり、長いこと暗中模索して混沌の中から本当の人生の目的を見定めようとするに違いない。その道は困難だが、ひたすら歩み続けるうち、天の導きがやってくる。

仕事の適性

自分の勉強熱心なところを生かし、教育関係の仕事に就くと楽しめる。趣味関係の「おけいこ」をする講師などにも適性あり。

また、アート、デザイン、詩、音楽、ダンス、小説など、クリエイティブな世界においても、面白いセンスを発揮。

人間関係の傾向と相性

精神性が高く、根本的な議論のできる友人、知人に恵まれる傾向。人間関係は広くなくても、密度の濃いつき合いができる。

2月27日〜3月2日生まれの人は、興味の方向が似ていて楽しくつき合える相手。6月29日〜7月3日生まれの人は、あなたを信じサポートしてくれる相手。異性ならやさしい恋人に。9月上旬生まれの人とは、刺激を与え合う関係。

長所と短所のまとめ

シャイだけれど、知的で真面目。長い時間をかけて人生の目的をさがすために、これというものを見つけるまでは果てしなく放浪を続けることがある。

ただし、周囲の心配がうるさければ、きちんと自分の気持ちを伝えて安心させてから行動を。

ネプチューン（海王星）のささやき

ひらめきは、自分の本性からのメッセージ。迷った時は心静かにインスピレーションを待て。

Column 1

「誕生日占い」と「西洋占星術」

　この本は、暦の数をそのまま使って占っているが、みなさんがよくご存じの星占い、つまり「西洋占星術」について、ここでお話ししていこう。

　西洋占星術といえば、おひつじ座、おうし座、ふたご座、かに座、しし座、おとめ座、てんびん座、さそり座、いて座、やぎ座、みずがめ座、うお座という12の星座で占う考えかた。
　実はこれらは、正式には星座ではなく「サイン」と呼び、太陽系の外にある星座とは全く無関係。

　では、いわゆる「生まれ星座」、正確に言うと「太陽サイン」は、どのようにして割り出されるのか。
　地球は太陽の周囲を公転しているが、私たちは地球に

住んでいるので、見かけのうえでは、太陽が地球の周りを1年に1回転している。

そして、地球から見て太陽が地球を中心に運行するように見える天球上の大円を「黄道」と呼ぶ。

この「黄道」と、地球の赤道の延長線である「天の赤道」の交差した場所が「春分点」。

西洋占星術では、この春分点を太陽が通過した時を、「おひつじ座の0度」とみなす。そして、ここからスタートして、黄道を30度ずつ区切った最初のものが、おひつじ座のサインとなり、次の30度分がおうし座、次の30度分がふたご座……と12のサインが続いていく。

つまり、「生まれ星座」とは、みなさんが生まれた時に、黄道上で30度ずつ区切られた区分のどこに太陽があったかということから割り出されるのだ。

ここでちょっと問題なのは、毎年、サインの始まりの月日が、暦の月日と微妙にずれること。

たとえば、おひつじ座の始まりは、ある年には3月21日だったり、ある年は3月22日だったりと変動し、しかも、スタート時間が違ったりもする。

カレンダーの月日、つまりグレゴリオ暦と、太陽の移動しているサイン位置は微妙に違うため、それを調整する目的でうるう年をもうけて、4年に一度、ずれを帳消しにし、さらに、細かいずれは1000年に一度ほど修正す

ることになっている。

　多くの人は、おひつじ座などの太陽サインの始まりの月日は、いつも同じと思っている。それは、雑誌などでは、あまり細かいことは考えないということで、こうした微妙な違いは無視されているから。でも、本書のように毎日の占いということになると、1日のずれは大きな問題になる。

　また、西洋占星術は、統計による占いではなく、むしろ古代哲学によってつくられたもの。古代哲学では、万物のもとを「数」と見たピュタゴラスのように、数字に意味があると考えていた。つまり、占星術は全て数字のロジックでつくられているのだ。

　だから、おひつじ座が1番目に来て、しし座が5番目に来ているといった「サインの順番」の数字、そして、サインの中にあるおひつじ座の10度、おうし座の12度といった度数の数字にも意味がある。

　この本の誕生日占いでは、こうした西洋占星術の数字のロジックを応用して、カレンダーの生まれ月と日の意味を分析しているのである。

The Encyclopedia of Birthdays

March First

3月1日

人の欲求を瞬時につかむ感受性豊かな人

あなたの誕生日力

　理屈抜きで湧いてくる卓越したインスピレーション、そこから生まれる冷静なる思考力、ただしそれらは時々あなた自身の自我によってねじ曲げられて、あなたを裏切ることがある。そう、自分の心を戒め調整することは、あなたの活躍の場が無限大へと展開する方向につながる。

あなたの性格

　あなたの歩む人生とは、他人に対する的確な対応力を武器としたものである。

　精神面が成熟しているこの生まれは、他人の行動や気持ちの表裏を見抜いて、それに添って行動できる。また、人の気持ちだけでなく物事にも表と裏があることを知っており、それをよくわきまえるのが特徴。

　それゆえに自分の裏の部分についてもよく自覚していて、それを徹底的に隠すクセがある。裏を知られることは、あなたにとって弱点を知られることと同じなので、表だけをことさらよく見せようとすることもあるだろう。

　この生まれには、組織に属するか、フリーランスで好きにやっていくかという選択に直面する時がある。そんな時は、基本方向を速やかに決め、決して振り向かないのが成功の秘訣。

仕事の適性

独特のセンスと創造力。人が何を求めているかをキャッチする感受性。それらを生かせば、たいていどんな職場でも重宝がられる。

音楽、芸術、演劇、執筆などによし。また、販売・営業、企画・開発の仕事にも生きがいを感じられそう。

人間関係の傾向と相性

他人の言動や、人の自分に対する感情が気になってしかたのないタイプ。自分を隠したがるので、プライベートな人間関係はごく狭くなりがち。

そんな中、2月28日〜3月3日生まれの人は、信頼できる相棒。6月30日〜7月4日生まれの人とは、底抜けに楽しく発展的な関係。恋愛の相性もよし。8月31日〜9月4日生まれの人は、価値観が違って新鮮な相手。

長所と短所のまとめ

ことに当たって、大人の選択ができるあなた。しばしばやってくるインスピレーションはすばらしいメッセージを含んでいるが、現実的な力関係や保身にこだわっていると、それをうまく受け取れない。

常にピュアな気持ちを心がけよう。

ルナ（月）のささやき

都合のよい考えはしてはならない。共存か孤立か、どちらかに心を決めよ！

March Second

3月2日

天性のビジネスセンスとカリスマ性の持ち主

あなたの誕生日力

　正直なあなたから生まれてくる熱烈なる欲求であれば、止めることはない。それを満たすための努力をすればよいだけのこと。やらずに後悔するくらいなら、やってから反省すればいい。あなたが経験する困難や障害は全て、滑って転ぼうとも生涯あなたの喜びと力となる。

あなたの性格

　あなたの歩む人生とは、いわばカリスマとしての道。

　本人は自覚していないことも多いけれど、実はあなたの言葉、一挙手一投足は周囲の人々に大きな影響力を与えているものだ。

　他の人が言っても何でもない一言をあなたが言うことで、なぜか周囲の人の動きが全く変わってくるだろう。

　だからあなたはまず、自分の持つ「インパクト」を自覚しよう。

　またこの生まれには、降ってわいたように突然に大きな権力が与えられたり、組織や企業など集団の代表的立場に抜擢（ばってき）されたりすることが、何度もあるかもしれない。

　そんな時、「自分は何のために権力を与えられているのか、誰のために働くのか」を真摯（しんし）に考え、思い切った采配をふるうのが、あなたを最高に輝かせる道である。

仕事の適性

人の前に立つ仕事が、あなたのやる気を刺激する。

政治、法律、社会改革、教育、演劇・映画、芸能など、分野はさまざま。

天性のビジネスセンスに恵まれているので、企業勤務はもちろん向いており、早く昇進できるはず。

人間関係の傾向と相性

支持派、反対派など、さまざまに入り乱れる賑(にぎ)やかな人間関係に。ただし、プライベートではごく少数の信頼できる人だけに本音を見せる傾向。

1月上旬、5月上旬生まれの人は、あなたの強力な支持派で協力態勢は完璧。2月29日〜3月4日生まれは、同じ意志を持って動ける相手。7月1日〜5日生まれは、よきライバル。9月上旬生まれは、反面教師。

長所と短所のまとめ

カリスマ性があり、周囲の人に大きな影響を及ぼすため、抜擢されて組織の最高の地位に就(つ)きやすい。

ただし、そうなると当然、自分の責任だけでなく他人の責任をも負わなくてはならないので、ストレスをためないような工夫が必要に。

ルナ(月)のささやき

夢に向かうのも体力勝負。心身の休息のために一人でいる時間を取ること。

March Third

3月3日

🔍 優雅かつおだやか、鋭い勘も持つ世渡り上手

あなたの誕生日力

　あなたが描くすばらしいイマジネーションをたしかな現実とするための近道とは、目の前にある日常から逃げない気持ちを抱くこと。あたりまえの生活から生まれるネガティブなマインドを排除しようとせずに、全てを包み込む偉大な心の持ち主だと確信して。

あなたの性格

　あなたの歩む人生とは、おだやかで優雅な色合いに満ちたもの。あなたはゆったりとした貴人のようなムードを持ち、しっとりと静かな人である。まさに社交界の華のイメージでありながら、能力を誇らないので誰からも愛されるに違いない。

　しかし単におだやかなだけでなく、この生まれの内には最大の武器、鋭い勘が秘められているのだ。

　あなたはそれを働かせ、場の雰囲気やそこにいるメンバー一人ひとりの気持ち、物事に隠された思惑や裏の事情といったものを静かに正確に読み取って、うまく世渡りをしていく。

　先のことを見通し、トラブルを防いで自分や大切な人を守ることもできる。そんな如才なさのゆえに、あなたは潤滑油、または事情通として働き、社会に評価されるはず。

仕事の適性

卓越したビジネスセンスとインスピレーション。それらを働かせることで、発明家や研究者として大成できそう。ビジネスなら自営業がおすすめ。

また、執筆、芸能関係、芸術関係など、表現の世界でも活躍できることは間違いなし。

人間関係の傾向と相性

自分の伝えたいことをしぐさや表情に乗せるあなたは魅力的で、多くのファンを持つ。人間関係も広い傾向。ただし、中には損得勘定のある関係も。

3月1日〜5日生まれの人は、あなたを心底信頼してくれる相手。何があっても味方になってくれる。7月2日〜6日生まれは、楽しいパートナー。9月2日〜6日生まれは、インパクトのある相手。一目惚れも。

長所と短所のまとめ

優雅なムードをまといながら、自分と愛する人々を守るためにうまく立ち回る。

ただし、その傾向が強くなりすぎると、ムードや言葉で暗示的に人を動かしたり、自分だけに利益が回るようにずるく仕組んだり、という世界にハマるので注意しよう。

ルナ（月）のささやき

社会的な自分と個人的な自分。毎日それらのどちらの顔もチェック。バランスが大事だ。

March Fourth

3月4日

繊細な心配りとやさしさで愛される人気者

あなたの誕生日力

あなた自身のマインドをとことん信じていった先に、あなたを待っている環境がある。その環境とは、あなたの勇気次第で無限大に展開する。そう、あなたのイマジネーションを具現化していく未来とは、未開の地を切り開いて進む冒険そのものなのだから。

あなたの性格

あなたの歩む人生とは、慎重で繊細な配慮に満ちたものである。

3月生まれは「全ての人と一体化したい」という願いを根本に持っているものだが、この生まれもまさに人好きで、誰とでもうまくやりたいと願い、誠意を尽くして人とつき合おうとする。しかし心の中には、「そもそも人は100%わかり合うのは不可能かもしれない」という不安があるために、自分をさらけ出すことはしない傾向に。

また、あまりにも「人に受け入れられたい」という意識が強いために、人の思惑を気にし、人にバカにされるような姿は見せまいとするだろう。

また、他人に意見を聞いて賛成されれば積極的に自己を主張するけれど、反対されたらいとも簡単に引っ込んでしまう、というのもあなたの特徴。

仕事の適性

鋭敏な感受性と想像力を生かして、クリエイティブな仕事で活躍できそう。

演劇、ダンス、音楽などアクティブな分野でも、デザイン、料理、ヘアメイク、執筆、イラストなどの職人的な分野でも、どちらでもＯＫ。奉仕的な仕事も◎。

人間関係の傾向と相性

人にやさしく、気配りがきくあなたは人気者。ただし、親しくつき合うのは限られた人だけになる傾向が。

３月２日〜６日生まれの人とは、おたがいに疲れた心を癒し合える関係。異性の場合は、ツーカーの恋人同士になれる。７月３日〜７日生まれの人は、あなたと"特別なノリ"でつき合える相手。９月３日〜７日生まれの人は、新しい考えを示してくれるはず。

長所と短所のまとめ

周囲に心配りをし、きちんとうまくつき合っていこうとする。でも、自分の考えがよいか悪いかの判断を周囲の人に頼ってばかりでは、あなた自身の使命が果たせない。自分を信じて勇気を出し、自分の判断で進むことを覚えよう。

ルナ（月）のささやき

伝えるべき時には、しっかりと伝えるべき。言葉を選び、表現を変えて必死で伝えよ。

March Fifth

3月5日

🔑 アイディア豊富。持ち前の創造力で流行発信

あなたの誕生日力

あなたは「自分だけの力」で今存在しているわけではない。そんなあたりまえの現実を心に刻むことで、あなたの道は開かれていく。一人で何でもやろうとする姿勢はあなたのすごいところでもあるけれど、「分かち合う喜び」を知ることで、あなたは想像以上に成長する。

あなたの性格

あなたの歩む人生とは、アイディア豊富でユニークなものである。3月生まれは「全ての人と一体化したい」という欲求を持つものだが、この生まれのあなたはそれが「楽しいことで盛り上がって気持ちを一つにしたい」という意識になっている。

ゆえに、発想力豊かなあなたは、ひらめいたインスピレーションをどのように実現したらみなが喜ぶだろうかと、そればかり考えているだろう。

あなたは規則や管理が大嫌いで、自由に何かを創造して人に提供するのが生きがい。そして、あなたのつくり出すイメージは大衆的で、あらゆる年代、あらゆる立場の人を惹きつけるので、流行に乗りやすいものである。

アイディアマンとして有能なあなたは、まさしく「文化の仕掛け人」として注目されるはず。

仕事の適性

あなたには変化が多く忙しい仕事がピッタリであり、ルーティンワークの多い職場は合わない。

ビジネスの世界では、どのような業種であっても、持ち前のアイディアを生かして大成功。世話好きなので医療、介護、教育、保育関係も◎。

人間関係の傾向と相性

社会の中枢ではなく、アウトロー的な位置が好きなあなたの周りには、やはりアウトローな人が集まる。個性豊かな集団ができ上がる傾向に。

1月上旬、5月上旬生まれは、あなたのファン。協力を惜しまない人。3月3日～7日生まれの人は、役立つ意見を交換できる相手。7月下旬生まれの人は、テンション高くつき合えて、共同で好結果を出せる相手。

長所と短所のまとめ

楽しい発想をどんどん出して、みなを喜ばせようと活動する。パワフルな人なので、どんなことにもつい熱中して、大変な作業もみんな自分でやってしまう傾向が。

やるべきことを分担し、みなと協働すれば、もっと楽しく、成長もできる。

ルナ（月）のささやき

どれだけ人の評価を得たかではない。重要なのは「人に与えたこと」に対する天の評価だ。

March Sixth

3月6日

元気と明るさを振りまくエンターテイナー

あなたの誕生日力

生まれながらのマインドが大きい分、時に天から試される。それはあたりまえの日常の中で突然起きて、あなたの心に苦しみを生む。それらを人のせいにせず、自分の問題なのだと気持ちを転換し、自己解決していけるかどうかで、あなたが偉大なる道を歩んでいけるかが決まる。

あなたの性格

あなたの歩む人生とは、元気さと明るさを周囲に振りまくようなものである。この生まれはまさに、生まれながらのエンターテイナー。多くの人を盛り上げ楽しませる、太陽のような性格を持つ。

しかし、ただ単純に明るいだけではなく、常識と大人びた感性も備えており、ここぞという時にはストイックに振る舞うし、責任があれば自分を追い込んで物事をやりきることも。

基本的に信頼されやすいタイプなので、たとえあなたが破天荒なアイディアに則って動き、人を巻き込んだとしても、思うほどには迷惑がられないだろう。

あなたはドカンと花火を上げるのが好きなので、大きなことを起こし、その分、試練は背負うけれど、それを堂々とクリアして大いに成長していくのである。

仕事の適性

大衆を相手にする仕事では、あなたの右に出る生まれはないと言える。イベント、テレビ・ラジオ、販売、宣伝・広告、商品企画などの分野で大活躍。

起業をしたり、組織のリーダーに納まったりする可能性もあり。

人間関係の傾向と相性

人気者のあなたの周囲は、いつでもたくさんの人であふれている。感情の浮き沈みを見せなければ、安定した人間関係が続く傾向。

3月4日〜8日生まれの人とは、息がピッタリ、話も盛り上がる。7月5日〜9日生まれの人は、あなたをリードしてくれる相手。異性なら理想的な恋人に。11月上旬生まれの人は、よきサポーター。9月上旬生まれは、気になるライバル。

長所と短所のまとめ

楽しいことをどんどん企画して人を楽しませる。しかし、人の喜ぶ顔が見えると、ますますうれしくなってしまい、そのうちに行きすぎて無秩序なほどの大騒ぎに。盛り上がった時こそ自制心を持って行動したいもの。

ルナ（月）のささやき

落ち込みを克服するには、とにかく、もがくしかない。復活のコツはそのうち体得できる。

March Seventh

3月7日

遊び心とサプライズでいっぱいの感性人間

あなたの誕生日力

あなたの内にたしかに存在しているあなたのスピリットを信じよう。目の前に起きている状況が困難であればあるほど、あなたのマインドは磨かれて研ぎ澄まされていく。そしてそれは、あなた自身が成長するために自らが選んでいる、「試練」という名のご馳走なのだから。

あなたの性格

あなたの歩む人生とは、サプライズを起こして歩く旅のようなものである。

この生まれはユニークで、一般的でない振る舞いに特徴があり、こわもてタイプ、生真面目タイプ、遊び人タイプなど、個性の強い「変わった人」に見られる傾向に。

もちろん人一倍ハメを外して遊んだり、常識外れなことに入れ込んで周囲を驚かせたりもするけれど、それでいて仕事や人間関係ではしっかりツボを押さえている。

基本的には自己管理のできた、遊び心と実務能力とのバランスが取れた人と言えるだろう。そんなあなたは、他人に対しても遊び心を伝染させるよう。人を大いに盛り上げることのできるあなたは、生来のオーガナイザーとして周囲を大胆に動かす運命にある。

仕事の適性

想像力と表現力で勝負。写真、動画、イラスト、デザイン、ファッション、音楽、演劇、芸能など、自分で作品をつくることはもちろん、監督やプロデューサーとして製作を管理するのも適性のある仕事。

ビジネスでは起業、独立が◎。

人間関係の傾向と相性

プライベートな人間関係が充実する。そこから、仕事の人間関係の広がりへと発展する傾向が。

3月5日～9日生まれの人は、あなたの同類、いつも意見に賛成してくれる。7月6日～10日生まれの人とは、おたがいによき協力者。恋愛も。11月上旬生まれは、面白い刺激をくれる人。9月上旬生まれの人は、何かにつけてキーパーソンとして登場。

長所と短所のまとめ

ユニークなタイプだけれど、自己抑制力を発揮して決めるところは決めていく。

目標がないと、ただの放蕩者(ほうとうもの)で終わる可能性もあるので、大きな夢を持とう。目標があるということは、それだけ困難は多いということだが、あなたにとっては成長の糧(かて)。

ルナ(月)のささやき

心を決めたら、ぐらつかないこと。周囲の全てが反対しても、いずれはみな、あなたのとりこ。

March Eighth

3月8日

抜群のコミュニケーション力で教え導く立場に

あなたの誕生日力

　常に上を目指し、どこまでも上りつめたいと願うあなたの無垢なる志向はとどまるところを知らない。それはとても純粋で透明なスピリットであるからこそ、人を傷つけてしまう時もある。そう、無自覚では時に罪を犯すこともあると知った先で、あなたは偉大な輝きを放つ。

あなたの性格

　あなたの歩む人生とは、人を楽しくやさしく導く教師の道である。そもそもこの生まれは学ぶことが好きで、いつの間にか楽しい知識がたくさん頭に入っている。
　しかもコミュニケーション能力が抜群なので、得た知識を面白おかしく伝えているうち、周囲に人が集まってくる。そんな流れから、あなたは「気がつけば人を教え導く立場に立っていた」ということになるだろう。
　あなたは体験を重んじ、手取り足取り相手と一緒に楽しみながら、しかも笑顔やほどよくきいたユーモアなど、自身が持てるものを総動員して伝達を試みるので、相手はあなたの伝えようとすることを嬉々として受け取ることに。
　あなたも相手からのよい影響を受け、さらに成長することができるはず。

仕事の適性

教師、講師、宗教家など、人を教え導く仕事に向いている。また、広く人のためになることを喜ぶあなたには、公職もピッタリ。

チームやバディを組んで一つのミッションに当たるなど、人と共同でする仕事にも適性がある。

人間関係の傾向と相性

一度仲よくなった人とは、長い間つき合う傾向。独特のムードが人を引き寄せるので、相手のほうから近寄ってくることが多そう。

3月6日〜10日生まれは、あなたの価値観をよく理解し、いつも味方になってくれる人。7月7日〜11日生まれの人は、同じ行動パターンを持ち、同じことで感動できる仲間。9月上旬生まれの人とは、欠点をカバーし合える仲。

長所と短所のまとめ

周囲の人のよき友、よき先生となる。しかし、あなたの大きな目標を達成する過程では、反対者に出会い、知らずに相手を傷つけることも。

不調和に気づいた時こそ、ユーモアに満ちたコミュニケーション能力を発揮し、全力でフォローしよう。

ルナ（月）のささやき

あなたの信念を言葉にしてみよう。それは確実に周囲の人を変える。

March Ninth

3月9日

来るもの拒まず、ゆったり天真爛漫に生きる人

あなたの誕生日力

　自分を貫き、自分の人生を探求していくこと、それがあなたの行くべき道。その時々で必要と感じたことを素直に取り入れながら、戒めるのではなく追いつめるのでもないニュートラルな日常を楽しむこと。そこから、あなたにしかできない、あなただからこそ成し遂げられる真実がつかめる。

あなたの性格

　あなたの歩む人生とは、大船に乗って海を渡るようなものである。

　3月生まれは根本に「全ての人と一体化したい」という願望を持っているが、それがこの生まれになると「来るものは拒まず、全ての縁を受け入れる」という意識に。だからあなたは、どんな人や物事に出合おうとも「これは天の配剤」と状況を信頼し、流れに逆らうことなく進んでいく。

　このように、出合った物事を恐れなくクリアしていく姿勢は、あなたに余裕をもたらし、ゆえに生活を大いに楽しむことができるのである。

　ゆったり優雅で幸せそうなあなたの周囲には、人が大勢集まる傾向。あなたが彼らのために時間とお金を使って尽くした無欲の善意は、巡り巡ってあなたに大きな利益をもたらすことに。

仕事の適性

リーダーシップと状況を読む洞察力に恵まれ、どんな組織に属してもかなり高い地位にまで押し上げられる。教育関係、カウンセラーなどの相談関係の仕事にも、大きな生きがいを感じられそう。

好きならば芸術方面もよし。

人間関係の傾向と相性

自分からは積極的に出るほうではないが、不思議と周囲には人が多い傾向。人間関係は、かなり賑やかに。

率先してあなたのところに集まりたがるのは、1月上旬、5月中旬生まれの人。3月7日〜11日生まれは、心強い相方に。7月8日〜12日生まれの人は、良質な人の輪を広げてくれる。9月上旬生まれは、目からウロコの価値観を提示する人。

長所と短所のまとめ

楽天的で肩肘張らず、流れに任せて優雅に生きる。

しかし、信念を貫くべき時に、運を天に任せる安易な姿勢や周囲への気後ればかりが前面に出ると、せっかくの推進力が鈍ってしまう。ちょっと張り切って流れに挑戦することも、忘れないように。

ルナ（月）のささやき

執着を捨てよ。「〜したい」という執着を捨てたとたんに、欲するものは向こうからやってくる。

March Tenth

3月10日

予測不能な型破り。ひらめき力は天下一品

あなたの誕生日力

あなたのかなえたい望みとは、自己満足からは決して得られない。だからこそ、あなたの柔軟性をいかんなく発揮して、インスピレーションに従って行動を起こそう。その先で、周囲からの支持や賞賛という確かな形で、あなたの心が本気で求めている全てが満たされる。

あなたの性格

あなたの歩む人生とは、型破りで予測のつかない、嵐のようなものである。

そう、この生まれは突然のインスピレーションに突き動かされて行動する、破天荒な傾向にあるだろう。ピピッときたら即行動、しかし、なぜそうしようと思ったのか具体的に説明することはできない。

ふつうならそこで他人に見放されたり、トラブルが起こったりして行動そのものがストップしがちだが、あなたの場合はまるで必然のように助けの手が差し伸べられ、どんなに無謀に見えた事柄も成功に導かれてしまう。

九死に一生を得たり、ピンチを天啓によって脱出したりといった体験はこれまでにもあったのでは？

つまり、あなたの荒唐無稽なひらめきこそ、まさに天命。それによって、あなたは使命に導かれる。

仕事の適性

際立った才能が現われることが多いので、その分野の専門職として活躍することになる。

特に好きな分野が見つからなくても、ふさわしい職場への縁が降ってきて、そこで活躍することに。仕事では海外との縁もありそう。

人間関係の傾向と相性

つき合う相手を「なんとなく」で決めるクセが。でも、それで失敗はなさそうなのが、あなたの特徴。ユニークで頭のよい人たちが周囲に集まる傾向。

3月8日〜12日生まれの人といると、ますます直感がアップ。あなたをきちんと理解できるのは、7月9日〜13日生まれの人。弱点をフォローしてくれる。異性の場合は、やさしい恋人に。10月中旬生まれの人は、ご意見番。

長所と短所のまとめ

インスピレーションに従うことで己の使命に導かれるあなたは、天の与えた特別な才能を持っている。

ただし、精神的には子どもっぽさを残し、意外なアンバランスを見せることが。それも愛嬌とも言えるが、周囲の人を困らせないように。

ルナ（月）のささやき

人との距離は多めに取るべきだ。人の気持ちに囚われると天啓を受け取りにくい。

March Eleventh

3月11日

アイディアと生産性に恵まれた天性の発明家

あなたの誕生日力

あなたの野心はとどまるところを知らない。そう、自らが安定なんて求めていないのだから、それは当然であることを理解して。くり返される日常が見えてしまったとたんに、あなたは次の冒険に乗り出したくなる。生粋の開拓者でありたいと望んでいるのは、あなた自身である。

あなたの性格

あなたの臨む人生とは、生活を豊かにする知恵に満ちたものである。そもそもこの生まれは、アイディアと生産性に恵まれた人。知性の働きが独特で、それこそニュートンのように、これまで説明のつかなかった現象に注目し、それをみなにわかりやすい形で解き明かしてしまうようなところがあるだろう。

3月生まれは根底に「全ての人と一体化したい」という願いを持つものだが、あなたにおいてはそれが「みなにこのすごいことを教えてあげよう」という発想となり、突然周囲にレクチャーを始めそう。

また、その新しい考えをこれまで知られている知識とブレンドさせて、第三の考えをつくり出すことも。

あなたは天性の発明家であり、それを生活の中に生かすエンジニアであるとも言える。

仕事の適性

単調な作業をくり返すような職は向かない。どのような形であれ、企画・開発などに携われれば必ず成功する。研究職も向いており、実際に発明・発見を仕事にする場合も。クリエイターとしても有能。

人間関係の傾向と相性

人好きで、人間関係は「広く深く」を目指す傾向。ただし、利害関係抜きで人のために尽くすので、時に依存されることもある。

3月9日〜13日生まれの人は、壁を越えるためのインスピレーションをくれる相手。7月10日〜14日生まれの人とは、アイディアを交換し合って盛り上がれる関係。異性なら尊敬できる恋人に。9月中旬生まれは、よきライバルに。

長所と短所のまとめ

発明・発見をくり返し、そこから出てきた成果をみなに伝える。その知性と根気と明るい見通しには、目を見張るものがある。

しかし、夢と野心に向かってハイペースでどんどん突き進んでいくので、さすがに周囲はついていけなくなることがある。その点には注意。

プルート（冥王星）のささやき

これは無理だということほど、やめてはいけない。困難とは「ここに宝がある」との天の声。

March Twelfth

3月12日

自己管理は完璧、周りから引き立てられる人

あなたの誕生日力

あなたの壮大なるイマジネーションを満たすためには、終わらない冒険へと旅立つ気持ちをしっかりと抱こう。どうせ身勝手で無神経な人にはなれないのだから、繊細で慈悲深い自分を自覚して認めてあげること。あなたの感じるままに、ダイナミックな社会貢献を目指した活躍を。

あなたの性格

あなたの臨む人生とは、ユニークな生活ポリシーを特徴とするものである。

なんといってもこの生まれにとっては、自分に嘘のない、心身が調和した生活が大切。だからあなたは、たとえ人に「変わっている」と言われようとも自分がよいと思う生きかた、生活習慣をどんどん取り入れていくだろう。

さらにあなたは自分に厳しく自己管理能力が徹底しているので、心の中で「この理想生活を実現しよう」と思ったことを現実にしっかりと結実させていくことができる。

そんなわけで、たとえば徹底的に自然食にこだわるとか、5時に起きて瞑想をするなど、ふつうなら挫折しそうな習慣をいとも簡単に続けていくことができるのである。

そうしてあなたのつくり上げた生活は、多くの人のモデルとなる。

仕事の適性

イメージを実現する力を生かし、クリエイティブな分野で活躍することが期待できる。

芸術・芸能、音楽、料理、写真、映画関係、執筆、工芸、伝統文化など、対応範囲は広い。

人と関わる仕事では、繊細さと気配りが重宝されそう。

人間関係の傾向と相性

飾らず素直なあなたは、人からかわいがられる傾向に。人脈が広く、特に年上の人からの引き立て運が強い。

3月10日〜14日生まれの人は、家族のようにあなたを理解してくれる相手。困った時のお助けマンにも。7月11日〜15日生まれの人とは、ツーカーで楽しくやっていける相性。異性ならば恋愛も。9月上旬生まれは、刺激的な人。

長所と短所のまとめ

自分の心地よい生活を、きちんと自己管理して実現する。しかし、外の世界に向けるチャレンジ精神が希薄なのはあなたの短所。

自分の生活を整えたら、次はぜひ社会貢献を考えてほしいもの。さらに大きなフィールドへと飛び出そう。

プルート（冥王星）のささやき

大きな創造力を使う者は、安定したエネルギー・チャージの方法を確立していなければならない。

March Thirteenth

3月13日

🔑 マイペースでノビノビ暮らし、愛情に恵まれる人

あなたの誕生日力

あなたの底なしの深い愛を貫くためには、日常生活から生じる苦しみや骨が折れるさまざまなことからは逃げられない。あなたが求めている幸福とは、喜びと苦しみの両面があわさって一つなのだから、切り離すことなど不可能だと知ろう。大きいとか小さいとかでは計れない、あなたのお役目がある。

あなたの性格

あなたの臨む人生とは、自然と対話する神秘的な生である。

この生まれはそもそも、純粋で素直。ナチュラルな感覚を持ち、人間も自然と一体化した存在の一つであると考えるタイプ。

だから、あなたは自然界と意識を通わせ、人間以外の生物の中に息づく命に敬意を払おうとするだろう。

他人から見るとそんなあなたは、ペットや庭の花々、公園の木に話しかけては満足している少女趣味の人物かもしれないし、神秘的なヒーラー的人物かもしれない。

あなたは内面と外面にギャップをつくらず肩の力を抜いて生きており、いつもマイペースでノビノビ暮らす。愛情にも恵まれていて個人的な生活は幸せに違いないが、競争社会においては極めて地味な存在かもしれない。

仕事の適性

人を健康で楽にする仕事に生きがいを見出しそう。コミュニケーションの力も生かして、医療、看護、各種セラピー、介護、ヒーリングなどの世界で活躍。営業・マーケティング、また、研究にも才能を発揮する。

人間関係の傾向と相性

知り合いは多く、周りから好意を持たれやすい傾向がある。ただし、あなた自身は本当にわかり合える少数の人とつき合いたがる。

3月11日〜15日生まれとは、おたがいが優秀なサポーターに。7月12日〜16日生まれの人とは、秘密のない関係、恥もさらけ出せる間柄に。9月中旬、10月中旬生まれの人とは、最初の印象が悪くても、あとからベッタリに。

長所と短所のまとめ

自然と交流し、独自のペースでゆったりと生きている。しかし、現代の経済社会、競争社会の中で、個人としての枠をもって戦わなければならないことに「どこか変だ」と感じていそう。

わけもわからないまま辛い感覚になった時には、自然の中でエネルギーをチャージすること。

プルート（冥王星）のささやき

今日1日、自分に嘘がなかったか。どんな小さなことでもごまかしがあれば、未来はそのようなものになる。

March Fourteenth

3月14日

謙虚で博愛精神にあふれた奉仕の人

あなたの誕生日力

あなたは誰よりも多感で、誰よりもやさしい。だからこそ、あなたが退治しなければならない敵とは、あなたの心の隙間に潜んでいる。もっともっと本気で自分を信じて、周りの言葉に惑わされない勇気を持って、その心の隙間を埋めること。あなたを快楽へと真に導けるのは、あなた自身である。

あなたの性格

あなたの臨む人生とは、高い精神性と人への奉仕生活に特徴づけられたものである。

そもそも3月生まれは「全ての人と一体化したい」という願望が根本にあるものだが、この生まれのあなたにおいては、それが「最高の自分として一体化したい」という意識となるため、最終的に精神は磨かれ、高められていく。

周囲の人には謙虚に振る舞い、みなに公平に接し、博愛精神あふれる仕事をする――あなたを知っている人はこぞってあなたを褒めたたえ、気持ちを一つにするに違いない。

しかし、度が過ぎて潔癖となれば、日常生活とのバランスが崩れてしまうので注意が必要。霞を食べて生きる仙人ではないのだから、やはり清濁あわせ呑むことを学ぶべきである。

仕事の適性

　人類の進歩と平和のために役立ちたいあなたは、科学者や宗教家など、深い知性と人間性で勝負する職業に適性が。弁護士、医師、教師、大学教授、執筆家なども、もちろんよし。

　思いやりがあるので、人の相談に乗る職業もピッタリ。

人間関係の傾向と相性

　人間関係には不器用なところがある傾向。どうすればよいかわからなくなった時には、逞しく生きている友人に相談してみることで解決できる。

　3月12日〜16日、7月13日〜17日生まれの人なら、あなたの気持ちをよくわかったうえで的確なアドバイスをくれるはず。彼らとは困った時のお助けマン相性。1月中旬、5月中旬生まれは、愛すべきパートナーに。

長所と短所のまとめ

　高潔な精神でもって、人に尽くして生きる。しかし、あなたは、現実生活の中に飛び交っている、人の否定的な感情がとても苦手。

　ネガティブな心を自分が持つことをよしとしないので、他人の否定的な感情に慣れないのかも。恐れずそれに対処する方法を覚えたら完璧に。

♇ プルート（冥王星）のささやき

精神性を大切に思うなら、中途半端はいけない。現実生活を尊重しながらも悟りを目指せ！

March Fifteenth

3月15日

おっとり温和なムードの中にクールさを隠し持つ

> あなたの誕生日力

あなたのインスピレーションは、いつも的確であるとは限らない。日常の忙しさの中でこそ、あなたの心は鍛錬されて研ぎ澄まされ、真実を見きわめることができる。そして、自身の感情に惑わされない「心の静寂」の中から生まれる直感こそ、あなたの永遠の光の導師となる。

> あなたの性格

あなたの臨む人生とは、ミッション最優先のシビアなものである。

本来、この生まれはおっとりと温和なムードを持っており、ささやかな日常の一瞬一瞬を大切に過ごすタイプ。しかし一方で人生における使命のようなものをいつも求めており、いったん何か自分になすべきことができると、大切な日常の時間を犠牲にして全身全霊でそれを達成しようとするだろう。

そう、あなたは愛する人に心を残しながらも義務を優先する、クールな戦士のよう。

あなたは、他人の使命をもまた尊重するので、友人や恋人が人生の目的に向かってがんばっている姿を見ると、「おたがい、がんばりましょう」とあっさり自由にさせてあげてしまうことも。その点においては、もう少し自分の気持ちを大事にしよう。

仕事の適性

自分で決めた仕事なら、どんな職業に就いてもあなたならトップに上りつめる。人を指導したり管理したりする能力が高いので、企業ならば管理職や役員に就けると最高。

政治家、教授など、人にものを堂々と言える立場も捨てがたいところ。

人間関係の傾向と相性

そばにいる人々の入れ替わりが激しい傾向。ただし、あなたは影響力の強い人なので、すぐに新しい人と安定感のある関係をつくることができる。

1月中旬、5月中旬生まれは、いつまでもあなたを慕ってくれる人。3月13日〜17日生まれの人とは、老若男女を問わず無二の親友相性。7月14日〜18日生まれの人は、あなたを物心両面からサポートしてくれる。

長所と短所のまとめ

おっとりと日常生活を楽しむのもいいけれど、あなたはやはり使命を果たす戦士。生まれつき備わった能力は、忙しく何かに打ち込んでいる時ほど冴え渡ってくるはず。

日常の感覚から離れた、研ぎ澄まされた時間から生まれる直感を大切に。

プルート（冥王星）のささやき

縛られてつながっている人でなく、自由であるのにつながることを選んだ人のほうが、よほど上等だ。

March Sixteenth

3月16日

常識を飛び越えた規格外のスケールで生きる人

あなたの誕生日力

あなたが無条件で好きと感じることは、とても純粋なもの。自分の正直な感情、その心の起伏に逆らわないで自然に流れていくことこそ、あなたの生きる道。だから、不本意な形であきらめなければならない出来事には、立ち向かってみること。これこそがあなたの極上の至福。

あなたの性格

あなたの臨む人生とは、一般のものさしでは計れないほど特殊なものである。

そもそもこの生まれは、社会の常識では判断できない領域に住んでいる。たとえば現代なら風邪はウイルスの仕業と言うが、あなたは昔の人のように「風邪は身体の浄化作用だ」と受け取る。一事が万事、あなたはそのようなちょっと違った世界観に則って生きているのである。

つまり、「物質科学の法則」とは異なった「心の世界の法則」を生まれながらにして体得しているような人ということができるだろう。コンピュータならOSが違うというのと等しく、年齢や肩書き、ステイタスなど一般の感覚で判断されるような人ではない。

あなたこそ、それら常識を飛び越えた規格外のスケールで生きるべき人である。

仕事の適性

　才能と行動パターンが独特なので、既存の仕事の中にはあなたの求めている形が見つからない可能性は大。それだからこそ、自分で新しい仕事のジャンルをつくる可能性も非常に大きい。

　創造的な仕事には適性があり、マスコミ、デザインなど最新の情報や流行を扱う職業は◎。

人間関係の傾向と相性

　縁の深い人ばかりが周囲に集まる傾向。彼らとは長期にわたりつき合って、たくさんのことを経験し、学び合う。

　そんな中で3月14日〜18日生まれの人は、心の絆の強い相手。同類でもある。7月15日〜19日生まれの人は、一緒に行動すると不思議と運がつく相手。9月中旬生まれの人とは、貴重なヒントを与え合える関係。

長所と短所のまとめ

　グローバルな視点どころか、全宇宙的視点でものを考えるスケールの大きさ。人からは理解できない精神生活となるだろうが、とにかく本性が求めるままに流れていくのが正解。

　反対者や壁に対しては、「迷わずぶち当たる」くらいの気持ちで臨むのが上等。

P プルート（冥王星）のささやき

あなたの周囲に起こる現象は、全てあなたの心が創造している。今が不幸ならば自分の心の使いかたを変えよ。

March Seventeenth
3月17日

強運が向こうからやってくる不思議な人

あなたの誕生日力

　誰よりもあるがままに、自然な流れの中で生きているあなただからこそ、どうにもならない変化との遭遇は運命。一瞬は戸惑ったとしても、それに抵抗するのではなく安心して身を任せてみること。変化を受け入れ、それを楽しむことで、あなたの価値観はさらに大きくなり、豊かな時を刻める。

あなたの性格

　あなたの臨む人生とは、何か大きなものに導かれるドラマティックな流れである。

　おだやかで、一見、周囲に流されて生きているようなあなただが、すぐそばにいる人たちは、実はあなたがとてつもない強運に恵まれていることをよく知っているだろう。

　そもそもこの生まれにはとても不思議なところがあり、自分では先のことを何も考えていないうちから、人がうらやむような恵まれた環境を与えられる傾向にある。

　また、追いつめられた状況から奇跡のような展開が起こり、突然、大運が転がり込むこともある。目立った個性や才能がないのに必死で願ったことが実現するという奇跡もお手のもの。

　それはあなたの心が外界と理想的につながっているからで、それこそがあなたの天性なのである。

仕事の適性

「多くの人に受け入れられる」というのがあなたの仕事に関するキーワード。あまり専門的にならず、ノリでするようなことに縁がある。

大衆芸術・芸能、漫画、ポップスやロックなど。ビジネスの世界でも活躍の可能性あり。

人間関係の傾向と相性

あなたの艶やかでピュアな魅力は周囲に人気。助けたり助けられたりの温かい人間関係が展開する傾向。

3月15日～19日生まれの人とは、心底理解し合える関係。癒し合う関係でもある。7月16日～21日生まれの人とは、弱点をかばい合い、楽しく同じ道を歩ける関係。異性ならやさしい恋人に。10月17日～21日生まれの人は、あなたの頼れるご意見番。

長所と短所のまとめ

そのままでいても、向こうから強運がやってくる。

しかし人生、時には望ましくないことや、思ったことと反対のことが起こる時も。そんな時でさえ、慌てず騒がず流されてみること。否定的な気持ちに囚われなければ、間もなく解決するはず。

♇ プルート（冥王星）のささやき

否定的な思いは、否定的な現象を引き寄せる。望ましくないことが起こったら、心の深層で何を思ったか振り返れ。

March Eighteenth

3月18日

鋭い感性で物事の流れを把握する人

あなたの誕生日力

　あなたの純粋な直感は、常にあなたを幸福の道へと導く。そう、あなたの心は真に美しいことや、幸せを映し出す鏡。気持ちを安定させる努力は、心の鏡を曇らせないことにつながり、気持ちがおだやかであれば心の鏡も汚れない。心の鏡を磨き上げることに専念すれば、あなたの魅力は未来永劫、輝き続ける。

あなたの性格

　あなたの臨む人生とは、あくまでもクールでおだやかなものである。

　この生まれは、大きな視点で物事を見るのが得意で、とても頭がよいのが特徴。たとえば、身近に起こることの中に一見複雑で不快な感情を伴うことがあっても、「もとをたどればそんなに多くの原因があるはずはない」と考え、持ち前の洞察力を発揮して、その原因に遡（さかのぼ）ろうとするタイプ。

　そう、あなたは、この世を動かす根本的な法則が物事の裏にきちんと隠れていて、どんな現象も、その法則に照らし合わせれば簡単に納得できるし、解決もできるということを知っているのである。

　だからこそ、あなたはいつも冷静でいられる。このように、法則を尊んで生きようとするあなたこそ、生まれながらの宗教家と言えるだろう。

仕事の適性

いろいろな経験をもたらす、変化に富んだ職業を求める。取材を伴うマスコミ関係や旅行関係の仕事は最適。

その他、雑誌の編集、ファッション、最先端のビジネスなども生きがいを感じられる分野。

海外援助に関わる仕事も◎。

人間関係の傾向と相性

頼られたり目の敵(かたき)にされたりと、変化に富んだ人間関係が展開する傾向。中途半端な関係はNG、ケリをつけるべき時はキッチリと。

3月16日〜20日生まれの人は、本当に大変な時に味方になってくれる相手。7月17日〜23日生まれの人は、絆(きずな)が深く、年齢・性別を超えて熱い友情が結べる相手。9月中旬生まれの人とは、相互補完できる関係。

長所と短所のまとめ

物事の根本法則を発見し、それに則(のっと)った無敵生活をしようとする。

あなたは常に物事の明るい面、美しい面を見てその方向に邁(まい)進(しん)できる人だが、いったん否定的、悲観的な気持ちに囚われると洞察力が鈍るので、注意しよう。

プルート(冥王星)のささやき

古来の知恵をひも解け。それは自然と人の、根本法則の宝箱だ。

March Nineteenth

3月19日

強い信念で自分のビジョンを次々かなえる人

あなたの誕生日力

どんなことにも何にでも対応してしまえるあなたの柔軟性は大したものだが、心の中の真実ときちんと向き合っているかどうかは疑問。ちょっとでも譲れないと感じてしまった時、その気持ちを素直に貫く努力をしてみることは、何ものにも替えがたい生きる糧となる。

あなたの性格

あなたの臨む人生とは、強烈なビジョンを持って人を引っ張っていく、指導者としての道である。あなたは周囲から、思い込みが強く頑固な人であると思われているかもしれないが、そもそもこの生まれは、非常にハッキリとした独自の目標を持っているものだ。

流行などに左右されず、あなたが純粋に自分の中から出してきた強烈なイメージは、何か不思議な力を持っているよう。あなたがいったんそれを実現するために動き出せば、それまで胡散臭そうにしていた周囲の人までが、あなたのペースに巻き込まれていく。

つまりあなたは、天が与えた使命と強い信念を持ち、周囲の人々を巻き込んで実現させる人ということができるだろう。他人にやさしい性格だが、自分の使命を全うさせることに遠慮は無用と心得よう。

仕事の適性

かなり潔癖なので、自分がすべきだと確信する仕事に出合うまでには時間をかける。チャンスも多く、あちこちから引きが来るのも迷う原因に。

いろいろなことが経験できる大企業勤めや、変化に富む特殊な業界に適性あり。

人間関係の傾向と相性

心が広いあなたは、人から相談を持ちかけられることが多い傾向。それだからこそ、みなに慕われて安定した人間関係を築ける。

1月中旬、5月下旬生まれの人は、あなたの優秀なサポーター。3月17日～21日生まれの人は、心底信頼し合える相棒。癒し合い、フォローし合えるのは、7月18日～24日生まれの人。異性ならば恋愛も。そして9月中旬生まれの人は、ライバルに。

長所と短所のまとめ

強い信念で、自らのビジョンを実現していくあなた。そのビジョンは「高い次元からのインスピレーション」としか言いようのない純粋なものだが、場合によっては人の思惑を気にして、それを口に出せないことも。とにかく前へ打ち出してみるのが◎。

プルート（冥王星）のささやき

プレッシャーがあるということは、物事が順調に進んでいる証拠。余計なことを考えずに進め！

March Twentieth

3月20日

夢を追う力に満ちあふれたポジティブな人

あなたの誕生日力

いたって自然に、物事の流れに逆らうことなく、思うがまま、気の向くままに歩んでいるあなただからこそ、あらゆる出来事は他人事ではなく、あなたを中心とした流れの中で起きていることを知ろう。いくつもの「別れ」と、それ以上の「出会い」の意味を学ぶことで、あなたは成長していく。

あなたの性格

あなたの臨む人生とは、ズバリ、大変にポジティブなものである。この生まれはやる気があり、物事を勇気を持ってスタートさせることが得意。夢をさがすことがうまく、自分の思うがままに生きるあなたは、ちょっと他にないほど個性的に見えるはず。

しかし、あまり物事を深く考えず衝動で動くことも多いため、迷ったり不安になったり、また後悔したりということが多いかもしれない。自分の周りで起こる現象は全て自分に原因があり他人のせいにすべきではない、ということをしっかり肝に銘じて進むならば、どんな世界に飛び込もうと敵はないし、むしろ失敗や後悔を伴う経験さえ、あなたを輝かせる原動力に。

いろいろな人の価値観を大切にして認めていく「度量の大きさ」も特徴。

仕事の適性

 豊かな発想力があなたの武器。また、いざという時の転換が素早く、どんな状況にも対応できるすぐれた素質がある。

 企業に勤めるのであれば、企画力と実行力の生きる職場を選びたいもの。スピード感のある仕事であれば、とりあえず満足はできそう。

人間関係の傾向と相性

 束縛されることに苦手感を持っているので、サッパリした人間関係を求める傾向。

 愛情深いのにサバサバしている7月19日〜25日、11月20日〜24日生まれの人と好相性。年齢にかかわらず、ベストなノリで気持ちよくつき合っていける。異性としては、9月19日〜23日生まれに鮮烈な印象が。自分にないものを持つ刺激的な存在として、おたがいに惹（ひ）かれ合う。

長所と短所のまとめ

 直感が鋭く、物事の本質を捉える力があるので、あまり大きな間違いがなく、パッと行動に移れるところが長所。でも蓋を開けてみると何にも考えてなかった……という短所が見え隠れすることも。

 動く前に「段取り」「準備」を十分にすることを忘れずに。

プルート（冥王星）のささやき

励まし、時に発破（はっぱ）をかけてくれる、厳しくも心温かい先輩や友人を持てば、鬼に金棒！

March Twenty-first

3月21日

研究熱心な努力家で、目のつけどころはピカ一

あなたの誕生日力

あなたが戦うべき敵とは、あなた以外の人から刷り込まれてしまった価値観。あなたが大事そうに抱きかかえている、その刷り込まれた価値観を打ち倒せば、心の奥底に眠っていた真理に気づくことができる。天命を目覚めさせる真実のヒントは、あなたの心の中にちゃんとある。

あなたの性格

あなたの挑む人生とは、努力して大きなことに挑戦するエキサイティングなものである。

そもそも、この生まれは新しいことを始めるのが大好きで、目のつけどころもよいため、周りの人をアッと驚かせてしまう。

しかし、ポジティブな性格なのに、意外と慎重なところがあるのが、この21日生まれ。何かをするにあたっては、必ず身近な人をモデルにして学ぼうとする。学習する時には徹底的に模倣し、まるでモデルの全てを写し取るほどなので、逆にその研究熱心さゆえに、しばしば人真似で終わってしまうことも。

自分の中に完全に取り入れた他人のその価値観に、あなたのオリジナルをいかにブレンドできるかというところに、生きがいを見出そう。

仕事の適性

周りの人とビジョンや楽しみを共有することができる。夢の世界を人と共有する能力や表現方法を習得する能力は職業においても十分に役立つので、芸術関係に適性が。

詩人、シンガーソングライター、小説家などとしても活躍できそう。

人間関係の傾向と相性

わかり合えることを何よりも大切と考え、安定した人間関係を求める傾向。

3月19日〜23日生まれの人とは、性別・年齢にかかわらず心の底まで打ち明けられる、安心感のある関係が築けるはず。恋愛の相手としても申し分なし。9月20日〜25日生まれは、あなたの本質に気づかせてくれる相手。意見を聞くのに、これ以上の人はないかも。

長所と短所のまとめ

あなたに特有のコピー能力を使って、自分なりのやりかたを確立し、新しいことにチャレンジしていく。

完璧にコピーできるのはすごいところだけれど、たまに真似しなくてよいところまで取り込んで、そのまま表現するので、時に笑われることも。

マーズ（火星）のささやき

あなたには強い自主性も宿っている。強力に念じたものは必ず引き寄せられてくるはずだ。

March Twenty-second

3月22日

乗り越える試練があるほど燃えるタイプ

あなたの誕生日力

　人は傷ついた分だけ強くやさしくなれるとは、あなたへの言葉。本来、逞しいあなたなのだから、過ぎてしまった出来事なんて潔く手放すことができるはず。あなた自身の流れを信じて深く反省したなら、毎日生まれ変わったつもりで輝く未来に向かって突き進んでいこう。

あなたの性格

　あなたの挑む人生とは、逆境にこそ燃えて立ち上がるヒーローの道である。そもそも流されているように見えて、「ここぞ」という時には絶対に引かない強靱さを持っているのが、この生まれ。

　ふだんは周りに溶け込んでいるのでみなに親しまれているけれども、いったんトラブルが起こって守るものができたり、やろうと思ったことに壁が立ちはだかってきたりすると、人が変わったように燃えさかった人物に。

　そうなると、自分流のやりかたで一気にことを進めようとしてことを荒立て、周りから反感を買って、憂き目を見ることもあるだろう。

　しかし、ワンマンで失敗しても、最後には大成功を収め、より大きな成果に向かう。そういうスケールの大きな人物、それがあなたである。

仕事の適性

物事をグイグイと引っ張っていくことを期待されると、好むと好まざるとにかかわらず、ついできてしまう。フットワークの軽い中小規模の会社や団体の経営はお手のもの。もしどこかに所属するなら、制度の改善や、システムの改善に関わる部署がベスト。

人間関係の傾向と相性

トラブル含みの人間関係に一条の光を投げかけてくれるのは、9月22日〜26日生まれ。性別がどちらであれ、あなたによきアドバイスをくれる。悩んだ時、相談すべきなのは彼らであることを覚えておこう。

恋の相性としては、7月22日〜27日生まれと、大いに盛り上がる関係。3月19日〜24日生まれもフィーリングが合いそう。

長所と短所のまとめ

本人も意識しないまま「人畜無害なキャラクター」を演じていて、それもかなり板についているけれど、いざとなるとギトギトの人物に。

ただ、失敗を恐れて、力を発揮すべき"がんばりポイント"で何もしなければ、メリハリのない人生になる。

マーズ（火星）のささやき

大きな力は、コントロールが何よりも肝要。燃えている時こそ深呼吸し、冷静さを保て。

March Twenty-third

3月23日

一つのことをマニアックに追求する人

あなたの誕生日力

胸に抱いた大志の実現のため、自分を信じてまっすぐに人生を開拓していく強靭な精神力は見事だが、ある意味で強引とも言える。へこたれない体力が続くうちは、突っ走るのもよいけれど、容赦ない現実に打ち勝つスキルも時には必要。そこを学べば、未来の扉が大きく開く。

あなたの性格

あなたの挑む人生とは、「必勝」を目指す道である。

この生まれは、いったん意志を固めたら豪速球、持ち前の開拓力と情熱を遺憾なく発揮する。

しかし一方で、あなたの中には「誰にも触れられない世界」を持ちたいという欲求があるために、人には知らせていない趣味や特技を持っていることが多いだろう。場合によっては、一種のマニアやオタクかも……。

しかし、そうした世界を持つことは、この日生まれの「生きる力」となるはず。外で張り切ってきた分、人から干渉されない心の中の世界で癒されることは、がんばりやのあなたには必要なこと。

そこで学んだことがまた、厳しい実世界に出た時の、ストレスの発散や心のコントロールへの道を開くことにもなるのだから。

仕事の適性

一つのことを集中して究める能力は芸術方面に向かうが、それはかなりマニアックで個性的すぎる表現となりがち。

そこで、お金を稼ぐという意味での職業は、現実的な分野で安定させるのがよさそう。芸術衝動は純粋に趣味として生かしたいもの。

人間関係の傾向と相性

数はそれほど多くはなくても、人と深くつき合おうとする傾向がある。

7月24日〜28日生まれの人とは、あなたが満足するような濃密な関係が築ける。9月23日〜27日生まれの人は、最初の印象とは裏腹に、つき合えばつき合うほど離れられなくなる相性。特に相手が異性の場合、時間が経つにつれてガッチリとかみ合ってくるはず。

長所と短所のまとめ

やり手としてパワー全開のまま走り続けることは、誰にとっても大変なこと。内面の世界を大切にして、自分一人の時間を充実させたいもの。

公私のメリハリをつけられるかどうかが、あなたの生きる力と運の流れを左右する。

マーズ（火星）のささやき

押してダメなら引いてみよ。それでもダメなら、また押せばよい。

March Twenty-fourth

3月24日

プライドが高く、鋭い直感力を持った天才肌

あなたの誕生日力

井の中の蛙(かわず)的な状況で支持者に取り囲まれ、暴君のように振る舞っていたなら、真実の流れには乗れない。あなたの中にある計り知れない勇気ある行動力は、広く生かしてこそ価値がある。慢心を制する気持ちを邪魔する、横着で欺瞞(ぎまん)的な建前を突破した先に、本物のあなたを待っている大海がある。

あなたの性格

あなたの挑む人生とは、鋭い直感に導かれたものである。

そもそもこの生まれは、物事の本質を見抜く鋭さが特徴。ふつうなら人の話を聞いたり、メディアの情報を仕入れたり、はたまた体験を通して自分の進むべき道を決めたりするものだが、あなたは、その鋭い直感力で大切なことを一瞬にして判断する。一種の天才肌と言えそうだ。

天才がしばしばそうであるように、あなたもこだわりが強く、がんばりや、できることにはとことん自信を持っている。

論理的で批評的なものの言いかたは人に冷たい印象を与えるかもしれないが、人格的には人なつっこく正義感が強いので、天才肌にしては、ずいぶん親しみやすいほう。

周囲の要求をよく聞き、物事を最善の道へと導いていく人である。

仕事の適性

この日生まれのあなたには、神経質であるがゆえの特殊センサーがあるよう。「それって超能力⁉」と思われるような特技があるかもしれない。そんな、自分オリジナルの才能を発掘して専門職に就くのが最良の道。

人間関係の傾向と相性

他人から「どこか変わっている」と見られがちなあなたをうまく理解し、フォローしてくれるのは、7月25日〜29日生まれの人。特に職場の上司や年上の友人・知人にこの生まれの人がいてくれると助かるはず。

3月22日〜28日生まれの人は、男女ともよいところを伸ばしてくれる相性。恋人としてもスムーズに交流できる相手となる。

長所と短所のまとめ

プライドが高くこだわりや、しかも何でもできるので、下手をすると「井の中の蛙」状態に。

自分に備わった才能や行動力は、もっと多くの人のために使ってこそ生きるということを知れば、そんな短所は消えて、全て長所に早変わり。

マーズ（火星）のささやき

焦るな。しかし負けるな。辛抱強くたたき続ければ、扉は必ず開かれる。

March Twenty-fifth

3月25日

一瞬で真実を見抜く直感力がある素直な人

あなたの誕生日力

　立ち止まらない勇者であるあなたの限界を決めるのは、あなたの顕在意識ではない。あなたの中に潜在している無限大の能力が、あなたが到達できる場所を決めるのだ。その時々の、短絡的で火がついたような感情に負けない心を築いた先で、あなたがさがし求めている真実の愛と喜びに気づける。

あなたの性格

　あなたの挑む人生とは、物事を見きわめる確実な目を特徴としたものである。

　この生まれはとても素直で、先入観がない人。だから、どんなことにもどんな場にもなじみやすく、誰にでも親しむことができるため、人から嫌われるということも、ほとんどない。

　子どものように純粋でいながら、人にだまされたりしないのは、一瞬で真実を見抜く直感力が備わっているから。この直感力や、持ち前の思考力を大いに活用すれば、あなたはかなり確実な人生を歩めるはずである。

　しかし、肉体の力より精神の力がやや上回っているために、精神が要求することを実現する前に肉体が疲れてしまい、自分で限界を定めてしまいがち。その不完全燃焼感にイライラが昂じ、突然爆発することも……。

仕事の適性

　精神的な力を必要とする作業、特に抽象的な事柄を扱う能力が高いので、哲学、宗教、精神世界などに関わる仕事が適職と言えそう。

　時代や流行によって左右されない「変わらない価値」を追求することも巧みで、適性がある。

人間関係の傾向と相性

　ピンときただけの人とおつき合いを始めても、あなたの直感はたぶん間違っていない。

　3月22日〜27日生まれ、さらに7月25日〜29日生まれの人とは、男女ともに特別味わい深い関係になれるので要チェック。また9月下旬生まれの人との議論は、新しい生きかたに目覚めさせてくれる。

長所と短所のまとめ

　邪気がなく素直なのは、人もうらやむ長所。

　ところが、いったん物事がうまくいかなくなったり理想通りにできなかったりするとヘソを曲げ、キレてしまったりするところは、全く利かん気の子どものよう。克服すべき短所と自覚しよう。

マーズ（火星）のささやき

気分がスッキリしない時は、よく眠る、よく食べるなどして、まず身体をいたわるべし。

March Twenty-sixth
3月26日

🔑 興味のあることに没入できる挑戦者

あなたの誕生日力

　次から次へと湧き出す勇敢なインスピレーションこそ、あなたを上昇へと導く天からのお告げ。なのに、気後れしてしまうのは、あなた自身が自分の中に勝手につくり上げている観念のせい。流れに沿って、あるがままに正直に、あなたなりのペースで歩んでいった先が夢の到達点。

あなたの性格

　あなたの挑む人生とは、好奇心とがんばりによって形づくられるもの。あらゆるものへの関心が高く、物事を理解するのも素早いこの生まれは、興味のおもむくままにいろいろなことに手を出し、それらを全て均等にきちんとやりこなそうとする面がある。

　しかし、そのためにがんばりすぎて、体力を消耗したり精神不安定に陥ったりすることもあるので、やりすぎの傾向は自覚しよう。

　また、この生まれの人の中には、自分の興味のあることに徹底的に没入するタイプがいる。一つのことへのこだわりから、その分野で誰にも負けない人物になる可能性も高いが、その一方で自分の考え以外は認めない、という世界に入っていくこともしばしば。どちらのやりすぎも、気がついた時に修正したいもの。

仕事の適性

　知的作業に集中するのも、動くのもどちらもＯＫ。なので、仕事の適性としてはかなり広くなる。一般的なところでは総合職など。それ以外のかなり特殊な業務でも、自ら興味を持って平然とこなすことができる。

人間関係の傾向と相性

　気分がのっている時のあなたは、かなり独特でマイペース。そのため、相手の反応を気にしたりする人は、あなたについていけなくなる。

　その点、11月21日～25日生まれの人ならば、同じペースでつき合えて気が楽。また、7月26日～30日生まれの人には、手ごたえを感じられそう。恋の対象として気になってしかたがないのは、9月下旬生まれの異性。

長所と短所のまとめ

「浅く広く」と「狭く深く」、どちらの傾向も同時にあわせ持つ。活動を広げられるのも才能ならば、深く一つのことを追求するのも才能。

　しかし、広げすぎて収拾がつかなくなっても、マニアックになりすぎても差し支えが出るので、バランスを。

マーズ（火星）のささやき

決める時には、他のどんなものにも目もくれず、たった一つを選べ。

March Twenty-seventh
3月27日

白黒ハッキリさせて、障害を乗り越えていく人

あなたの誕生日力

　本能のおもむくままに果敢に着手する行動力は、他の人には真似できないあなたの最大の武器でもあり、凶器ともなる。力でねじ伏せるのではなく、あなたの熱い気持ちを言葉でもって伝える。それを億劫(おっくう)がらず、面倒だと感じなくなった先で、本物の幸せを味わえる。

あなたの性格

　あなたの挑む人生とは、障害を一つひとつ乗り越えていくようなものである。

　そもそもこの生まれは、あまり物事を複雑に考えず、どちらかというと単純にスッキリいこうとする人。

　善悪や白黒をキッチリとつけ、「これは悪だからやっつける！」などと、何をするにも単純なミッションを確定したがる傾向がある。ちょっと幼稚だけれど、本人にとってみれば戦う敵を想定したほうがやる気が出るようだ。

　そこであなたは、自分を鼓舞するために突然ライバル宣言をしたり、わざわざトラブルの渦中に飛び込んでいったりして、逆境を身の回りにつくり出すのである。

　このように直球でバリバリ行動し物事を達成するあなただが、こうした力技に疲れた時は、変化球を心がけてみるとよいだろう。

仕事の適性

 自ら行動するリーダーとしての適性は抜群。大勢の人をまとめることにもエキサイティングだと前向きにチャレンジするので、会社や店の経営には生きがいを感じられる。管理職全般ももちろんOK。

人間関係の傾向と相性

 一緒になって夢を追いかけてくれるのは、7月27日〜31日生まれの人。あなたが弱った時に力になってくれるのは、5月25日〜29日生まれの人。これらの人たちは恋愛の相手としても非常に楽しいはず。

 また、10月初旬生まれの人とは、おたがいに最初の印象はパッとしないものの、つき合ううちに深い愛情で結ばれる関係になる。

長所と短所のまとめ

 困難に恐れず立ち向かっていける勇気は超一流。どんな敵もねじ伏せて進んでいける強さは長所だが、問答無用の「ゴリ押し」で周りも自分も傷つくとなれば、それは短所となる。

 心のこもった言葉で人を動かす方法も、しっかり学んでみること。

マーズ（火星）のささやき

知恵と愛に支えられた理想を追う。それが本当の強さである。

March Twenty-eighth

3月28日

🔍 すぐれた観察力で、いつも「心は熱く、頭はクール」

あなたの誕生日力

あなたの正義感あふれる勇気は、天然で無垢だからこそ、暴走してしまうことがある。どんなに押しても開かない扉の前で絶望している暇があるのなら、引いてみることも覚えよう。日常で感じる苦悩を明日への栄養として消化することができた時、あなたの活躍の場は広がっていく。

あなたの性格

あなたの挑む人生とは、「心は熱く、頭はクールに」を地で行くようなものである。この生まれは、持ち前の行動力と情熱はそのままに、「静」のムードを持ち合わせている。

本来、正義漢で真面目なので、理想を実現しようとした時には非常に熱を込めて行動し、周りを驚かすほど。そして、そのように果敢に進んでいく中でも、あなたはすぐれた「観察力」を発揮して、全てのものを客観的に、冷静に判断していることだろう。

トラブルに巻き込まれた時も、一歩引いたところから賢く立ち回るため、混乱をますます大きくするようなへまはしない。

また、人に対して先入観がないので、誰に対しても平等に心を開き、その人の言葉に耳を傾けるところから、信頼感も人一倍である。

仕事の適性

人の意見をよく理解し、それが複数の人のバラバラな意見であっても、うまくまとめられる。

また、企画会議、プレゼンテーションにも強いタイプなので、企画者、立案者的なポストに就ければ才能を最高に発揮できる。

人間関係の傾向と相性

人の好き嫌いがあまりないので、基本的に人間関係は良好な傾向。

その中でも、3月27日〜29日生まれとは、仕事において最高のパートナーシップを組むことができる。プライベートでは、性別にかかわらず7月28日〜8月1日生まれの人とツーカーの仲に。9月27日〜10月1日生まれの人とは、おたがいの価値観に目からウロコの体験が。

長所と短所のまとめ

観察力に支えられた冷静さと、行動力をともに備えているところは、他の生まれの人には真似のできない美点。

しかし、純粋であるがゆえに思い込みに向かって暴走することが。それははた迷惑なことであり、改善ポイントだということを知ろう。

マーズ（火星）のささやき

考えてから行動するな。行動しながら考えよ。

March Twenty-ninth

3月29日

判断力、分析力に長けた頭脳派人間

あなたの誕生日力

圧倒的に善を貫く行動力は、あなたを上昇させていくエネルギーとはなるけれど、全てに白黒つけて勝負していては身が持たない。真のあなたが求める勇敢さとは、慈悲を抱いてこそ培える。自分は自分、人は人と認めて許し、感謝した先であなたは永遠の輝きの中に立つ。

あなたの性格

あなたの挑む人生とは、頭のよさと的確な判断力に導かれたものである。物事をよく観察して全体を捉え、分析し、その物事に宿った意味をきちんと見出すことができるこの生まれは、状況に合った判断ができる人。

行動の指針を間違うようなことは、まずないと言えるだろう。その性質は社会においてすぐれた実務能力としても発揮されるはず。

基本的に頭脳派人間なので、キッチリと白黒をつけることを好み、「感情」などつかみどころのないものに振り回されるのはあまり好きではない。

本来は「情の深さ」を秘めているにもかかわらず、何よりも理屈が優先される部分は、他人から冷たいと捉えられるので損なところかも。

仕事の適性

たいていの作業に適合できるタイプ。持ち前の分析力と冷静さを生かすなら、公務員、警察官。

人への影響力が大きいところも含めると、教育者やトレーナー、スピリチュアルな分野の教師にも、大いに適性がある。

人間関係の傾向と相性

基本的に、一人でいてもあまり苦にならないタイプ。

3月27日〜31日生まれの人とは、おたがいに干渉しないで気楽につき合える関係。異性として情熱をかき立ててくれるのは、7月29日〜8月2日生まれの人。心底惚れぬくことができる相手となる。また9月26日〜30日生まれは、あなたの能力に刺激を与えてくれる人。

長所と短所のまとめ

情に振り回されず、状況に合わせた的確な判断ができるのが、なんといってもあなたの長所。

しかし、そうして理性を優先するあまり「感情のないロボット」みたいに気持ちをうまく交流させられないのは、悲しむべき短所ということに。

マーズ（火星）のささやき

集中して考えよ。愛を持って考えれば、必ず道は開かれる。

March Thirtieth

3月30日

インスピレーションに富み新鮮な風を起こす人

あなたの誕生日力

あなたの内には、壮大なスケールの崇高な魂が生きている。日々の生活で試されるイラつく出来事に短気な対応をしていては、行くべき道は険しくなるばかり。その全ては自分が選んだ冒険と覚悟して、一つひとつ着実にクリアしながら、あなたの思うがままに突き進もう。

あなたの性格

あなたの挑む人生とは、常に新しい風の吹く新鮮な道のりである。

そもそもあなたは、ありきたりのものに満足せず、常に新しくて楽しいことをつくり上げようとする人。次から次へと湧いてくるアイディアを大胆に実行に移す。温故知新、古いものには独自の工夫を加えてオリジナル・テイストで──古くさい考えかたもあなたにかかったら、魅力的な解釈に早変わり。周りの人は驚いて変人扱いするかもしれないが、あなたはそれさえも笑い飛ばしてしまうほど個性的なタイプである。

物事を変えていくということは、それなりに抵抗の大きい地道な作業ではあるけれど、あなたはいったん「やる」と心の底から定めてしまうと、決してあきらめず最後には大きな成果を上げる人である。

仕事の適性

誰も発想できないようなことを思いつくインスピレーションがあることから、どんな職場であろうと、あなたの独特のアイディアが生かせるのであれば、全てに適性。また、インスピレーションに恵まれた面を生かして、発明や芸術などの分野で脚光を浴びることも。

人間関係の傾向と相性

ユニークなあなただからこそ、「類は友を呼ぶ」で個性的な人間が周りに集まる傾向。

7月30日～8月3日生まれは、あなたをまるごと理解し、あなたのやることを一緒に楽しんでくれる人。男女ともに好相性。一方、考えかたは違うのに気になってしかたがないのが、9月29日～10月3日生まれの人。運命を感じる相手かも。

長所と短所のまとめ

遊び感覚で楽しみながら大きなことを達成してしまうエネルギーは、この日生まれに独特のもので、他には真似のできない才能。

ただし若い頃はこのエネルギーを持てあまして空回りし、尖った振る舞いをすることで損をしてしまう場合も。

マーズ（火星）のささやき

小さなことは放っておけ。大きなことに心を開いて進め。

March Thirty-first

3月31日

負けず嫌いで「常に勝つ」ことを目指す

あなたの誕生日力

あなたの行く道は転換するたびに大きく高く展開していく。ただし、身に起きた出来事に対して、喉もと過ぎれば熱さを忘れてしまうようでは、どんなに環境を変えても、結果的にはメビウスの輪のように同じことをくり返すはめに。痛みこそ最大の学習であり、あなたを育ててくれる。

あなたの性格

あなたの挑む人生とは、支配するか、支配されるかを賭けた戦いのようなものである。「負けず嫌い」というのは、あなたのためにあるような言葉であり、自分では意識していなくても心の底には「この人は自分より上か下か」という根強いものさしが存在している。

他人の地位や持ち物をまずチェックし、それが自分のものより上等だったら、その人には頭が上がらないといったように、自分の中で優劣や順位を決めてしまうところがあるのでは？

このように、どちらが偉いかという基準で生きるため、あなたはヒロイックファンタジーの主人公のごとく、常に争いの中に身を置くことになるだろう。

しかし、勝つためなら手段を選ばないという生きかたになると人生が空しくなるので、お手柔らかに。

仕事の適性

支配者であるあなたは、仕事の全ての過程を自分で握っていないといけない。たとえば、どんなに小さくても仕事を全部任せてもらえる職場か、マネジメントや管理スタッフとして裏で重要な動きを監督する内容であれば、満足であり適性があると言える。

人間関係の傾向と相性

真面目だけれど、何かというとすぐ人と張り合うあなたを温かく見守ってくれるのは、7月31日〜8月4日生まれの年上の人。

性別にかかわらずあなたを尊重し、よきパートナーでいようとしてくれる3月下旬生まれの人とは、阿吽の呼吸で行動できて、ストレスのない関係。また、10月初旬生まれの人は、意外なところでキーパーソンに。

長所と短所のまとめ

「常に勝つ！」そんな究極まで高められたポジティブさは、あなたの長所。

でもそれが、「人より優位に立たないと不安」という心理の裏返しになると、気が休まる時がない。

「敗北から学ぶこともある」ことを知ろう。

マーズ（火星）のささやき

戦いから何を学ぶかによって、その人の値打ちが決まる。

月

April

The Encyclopedia of Birthdays

April First

4月1日

野生の本能を秘めた超パワフルな人

あなたの誕生日力

あなた自身は気づいている、つまらないうわべだけの権威や権力、そこに惑わされているうちは、あなたの使命への扉は開かない。あなたが日々奮闘努力して築き上げている人間力を思う存分に発揮してこそ、あなたが本気で求めている圧倒的な支持を勝ち取れる。

あなたの性格

あなたの行く人生とは、パワフルな4月初旬生まれの人たちの中でも、とりわけ高い活動力によって光り輝くものである。はちきれそうなエネルギーを身体の中に秘め、とびきりの野心家としての一面を持つこの生まれは、たとえば野生の山羊といったところ。

あなたは基本的に、ビッグになろうという衝動に絶えず動かされているので、思い立ったら即行動、それもスケールの大きなことを後先考えず、大胆に実行に移すのだ。しかも、ほとんどの人が不可能だと思うことを、すさまじい勢いで実現させていく。

ただ、自分のやるべきことに集中するあまり、視野が狭まり、ワンマンになりがちなところも。人に煙たがられないためには、自分の信条ややりかたを押しつけないようにしよう。

仕事の適性

野生の本能が生きていて、自然の法則を感じたり、動物とつき合ったりするのが得意な人が多いので、大きなところでは、自然を相手にする第一次産業に抜群に適性がある。身近なものでは、園芸、ブリーダーなどのペット関連、自然食品取扱者など。

人間関係の傾向と相性

あなたの持ち前の迫力を真っ向から受けとめられるのは、3月30日～4月3日生まれの人。対等に夢を語ることができるはず。

また、あなたから見て、ちょっとうるさいと感じる9月初旬生まれ、10月1日～5日生まれの人は、実はあなたが壁を破るのを手伝ってくれる貴重な友人。8月1日～5日生まれの異性とは、電撃結婚や熱愛の可能性が。

長所と短所のまとめ

衝動的で、ちょっと破天荒ではあるが、とてもパワフルで実現力の高い人。実社会では有能な人として重宝がられるだろう。しかし、手段を選ばず、人を押しのけてまでビッグになろうとすることは、自分の値打ちを下げる結果になるので慎むこと。

ヘリオス(太陽)のささやき

昼があれば夜がある。動と静のメリハリをつけることが、健康と成功の秘訣。

April Second

4月2日

🔑 人の意見を尊重できるバランス感覚のある人

あなたの誕生日力

あなたはもっともっと、自分自身を高く評価しなければならない。日々の些細なことに翻弄され、安易な生きかたに甘んじて横着をしていては、あなたの本気は目覚めない。そう、あなたの心の奥底には、まだまだあなた自身の知らない、強靭な志という宝が眠っている。

あなたの性格

あなたの行く人生とは、よく働く頭と、敏捷(びんしょう)な行動力によって切り開かれるものである。自分の意見をしっかり持ちながら他人の意見もきちんと聞く耳を持つこの生まれは、調整能力にもすぐれた人物。

的確な意見は言うけれど押しつけがましくなく、人の意見を聞くけれど決して流されない。そのバランス力たるや絶妙である。

ただ、どちらの意見も尊重するために決断が鈍る時があり、そんな時はイライラしたり焦ってことを進めようとしたりして、かえって結果に恵まれなくなることも。短気を起こして、周囲の人と対立することもしばしばでは？

あなたの内にあるきらめく資質は、経験を積むにつれて磨きがかかり、さらにバランスよく働くようになるので、焦りは禁物と肝に銘じること。

仕事の適性

相手の意図や要求を間違いなく理解して動けるあなたは、実動部隊に向いている。恐れを抱かず初めての試みに飛び込む勇敢さもある。キッチリ組み立てられた計画を、自分の責任において遂行するような仕事なら、どんなことでも文句なしに適性がある。

人間関係の傾向と相性

友人関係、恋愛関係ともに微妙な状況の時には、ことさら気長に「待つ」ことが必要。

そんな中で、8月初旬生まれの人とは、進展も早く、望み通りのハイペースでおつき合いが進みそう。6月初旬生まれの人とも楽しいコミュニケーションが取れる。10月2日〜6日生まれの人とは、生きかたのヒントを交換できる間柄に。

長所と短所のまとめ

順風の時はキラキラと輝いて、周りまで明るくするやさしいリーダー。しかし機嫌が悪くなると険悪なムードを漂わせる煙たい人間に……。

怒って投げたりあきらめたりせず、落ち着いてトライし直せるようになれば、あなたは本物。

ヘリオス(太陽)のささやき

何度失敗してもよい。失敗があなたを磨き上げるのだ。

April Third

4月3日

🔍 思いついたアイディアを具体化する能力はピカ一

あなたの誕生日力

　思い通りにならないからと短気を起こしていては、いつまでたっても闇から光への脱出は図れない。たやすく得られるようなことなど、自分は求めていないのだと知ろう。怒りや憤りといったマイナスのエネルギーをプラスへと変化させ、偉大なるあなたの人生へと踏み出して。

あなたの性格

　あなたの行く人生とは、行動力と実行力をかき立てるほどに高みへと上るものである。そもそもこの生まれは、やりたいことを思う存分やろうとする4月上旬の生まれにしては、行動は少しおとなしめ。

　なぜならあなたの心の底には、「物事は環境的な制限や人間関係のしがらみによって影響されていて、一人でがんばってもどうにもならない」という思いがあるから。なので、100％の力を出す前にあきらめて、情けなくも悲壮感を漂わす……ということがしばしば。

　しかし、自信の持てるアイディアがひらめいた時や、どうしてもやりたいことができた場合は、周囲とよく話し合い、折り合いをつけて、みなを巻き込む形で実現の方向へと運んでいける。そして、それがあなたを輝かせる道なのだ。

仕事の適性

　思いついたアイディアを具体的な形にする能力がある。組織をつくり上げるのもよし、楽しい企画を練り上げるもよし、はたまた、アイディアを芸術的に表現するもよし。逆に、単純な作業にだけは向かないので注意して。

人間関係の傾向と相性

　狭い人間関係の中に安住するのが好みの傾向。
　その中でも同族である4月初旬生まれの人とは、親友、恋人、ツーカーの先輩後輩などとして末永くおつき合いすることができそう。
　また、痛いところを突いてくるが、目からウロコの意見をくれる10月3日〜7日生まれの人とは、絶対の信頼がおける仲に発展すること間違いなし！

長所と短所のまとめ

　適当にやって「うまくいかない」と言ってはイライラしているあたりは、誰からも短所と受け取られてしまう。
　しかし、一念発起してがんばり出し、次々とアイディアを出し始めたあなたの姿は、周囲の人々の心を変え、新しい境地へと導くことができる。

ヘリオス(太陽)のささやき

ピンチこそチャンス！　喜びを持って前進せよ。

April Fourth

4月4日

じっくり時間をかけ大きなプランも着実に達成

あなたの誕生日力

　強い自信も過ぎれば慢心、過信となり、傲慢へと陥る。あなたのその時々の心の状態により、つながる相手はプラスにもマイナスにも変化する。そして、そんなあなたを戒めることのできる導師とは、世の中であなた自身だけ。周囲に翻弄されない確たる自分を信じて。

あなたの性格

　あなたの行く人生とは、物事を手堅く着実に進めていくことで開けていく道である。

　どんなことにもじっくり時間をかけ、一つひとつ確実にものにしていくこの生まれは、誰もが「大きすぎる」と思うようなプランでも、最短距離を測り一歩ずつ進むことで、ついに達成してしまうのだ。

　トラブルが起こっても動じることなく、気長に話し合って周囲をうまく調整する。決して派手なアクションを起こすわけではないので地味な人だと思われがちだが、実はそんなふうに落ち着き払っていられるのは、「絶対に大丈夫」という強烈な自己信頼があるからなのだ。

　時々、その自信のゆえに常識を超えた選択をして周囲の人を驚かせることも……。ともかく、よく抑制のきいた「できた人」である。

仕事の適性

一人でコツコツ積み上げるのが得意なので、職人的取り組みが要求される職場にはピッタリ。延々と続く作業を淡々とこなすのもお手のもの。

ただ、手作業にしろ事務にしろ、ペースは完全に人に合わせるのではなく、自分に合わせたほうが効率的。

人間関係の傾向と相性

友人たちや同僚からの信頼度は抜群。上司からの期待度も大。しかし、それは公的な顔の部分でもある。

8月3日〜7日生まれの人となら、プライベートでも自分の全てをさらけ出してつき合うことができそう。性別にかかわらず癒しを与え合えるのは、6月2日〜6日生まれの人。あなたをたたき上げてくれるのは、10月4日〜8日の人。

長所と短所のまとめ

強烈な自信と人並み以上の能力を秘めながら、周囲に気配りして「爪を隠す」。嫌味がなく、人間関係が良好なところは、人からうらやまれるポイントである。ただし、周囲に気を取られて自分を抑えすぎ、欲求不満に陥るとコンディションが悪化するので注意。

ヘリオス(太陽)のささやき

明日のことを考えるのは当然。3日後、4日後に思いを馳せて準備せよ。

April Fifth

4月5日

型にはまらないセンスで自然体に生きる人

あなたの誕生日力

「言葉」に頼らず「姿勢」で示すあなたのありかたは天晴れなのだが、そのやりかただけでは行きづまる。全てに以心伝心なんてないとわかっているあなただから、時には噛んで含めるように、一つひとつ丁寧に伝えてみること。そこから崇高なるビジョンへと進化する。

あなたの性格

　あなたの行く人生とは、いつも自然体、物事の流れに乗ることから開けるものである。この生まれは、「物事はこうでなければいけない！」と神経質にこだわったり、無理をして打ち込んだりはしない。それより、本性からもよおしてくる欲求に従って、好きなことをやっていきたいと考えるタイプなのだ。

　だから、あなたは授業よりもクラブ活動、仕事よりもアフター5というように、人生の余裕の面を充実させているように見える。

　時には、「遊び人」「不真面目」と非難されるかもしれないが、ファッションなどにも一風変わったセンスを取り込んで、自由な生き方をアピールしていくに違いない。型にはまらない自在な姿こそ魅力の源泉であると悟った時、あなたの輝かしい未来は開ける。

仕事の適性

自分の楽しい気持ちやテンションの高さを、具体的に表現する能力に恵まれている。これは舞台や音楽、その他の芸術、娯楽へと幅広く生かしていける力。

イベントやメディア関係もＯＫ。派手な世界であるほど熱がこもりそう。

人間関係の傾向と相性

あらゆる趣味や才能を持った人たちが、あなたの周りには集まる傾向。

そのうち、4月上旬生まれの人とは、公私にわたって深いおつき合いをすることになりそう。あなたの感性に新しい風を吹き込んでくれるのは、8月5日〜9日生まれの人。この中から運命の恋人が現われる可能性も。10月初旬生まれの異性とは、数奇な巡り合いの暗示。

長所と短所のまとめ

自由気ままに自己責任で生きようとする姿勢は、あなたの美点。しかし、何も告げずに「私は私で勝手にやります」という態度では、周囲の理解も共感も得られない。自分の思いをもっと具体的に伝えることに尽力してみる価値はある。

ヘリオス(太陽)のささやき

うまくいかない時、誰に協力を要請するかによって、あなたの運命は決まる。

April Sixth

4月6日

本質を追いかける鋭い切れ味が魅力

あなたの誕生日力

誰がなんと言っても止められない行動力こそ、あなたの要。だからこそ、たとえ当たって砕けたとしても、あなたには次なるチャンスが常にある。一瞬はひるんで意気消沈するのもよいが、その勢いを止めない己への真摯な努力と潔さでもって、人生はダイナミックに展開していく。

あなたの性格

あなたの行く人生とは、物事を深く見つめることによって支えられるものである。

そもそもこの生まれは、ものの構造や成り立ちに始まり、人の心の微細な部分に至るまで、常にじっくりと検証している。だから、物事の本質をよくわかっているので、表面的で軽いことがバカらしく見えてしまう。

そこで、一般的な流行などにはプイと顔を背けてしまうことがあり、「ちょっと難しい人」と見られがちである。そんなあなたは、独自の価値観を大切にして自分なりの行動をしようとするが、しかしそれは当然のように周囲との摩擦を生み、挫折を招くことにもなる。

かといって周囲に流される必要はないので、あなたの場合、あくまでも信念を貫き、克己してこそ人生の真価をつかめると知ろう。

仕事の適性

新しい情報や、周囲に起こった波を捉えるのに鋭敏なところがあるので、それを生かして、最先端の情報を取り入れてビジョンを描いていく役割を得ると、大いに生きがいを感じられる。研究、企画開発などもベスト。

人間関係の傾向と相性

鋭い切れ味のあなたについてこられる人は、そんなに数多くいない。

そんな中でも8月6日～10日生まれの人は、あなたと同じ視座で物事を捉えるので、交流していてとてもエキサイティング。異性の場合、尊敬から恋に変わるかもしれない。また、4月初旬～中旬生まれの人は、あなたがあなたを見失った時に、本来のあなたを思い出させてくれるはず。

長所と短所のまとめ

実は、周囲の要求をよく読み取ってバランスよく物事を実現させていく才能は一等賞。しかし、周囲に合わせて自分の考えや気持ちを抑えるクセがあるので、ストレスをためる傾向がある。

小さなことでも独自の価値観で何かやってみれば、ずいぶん人生は違ってくるはず。

ヘリオス(太陽)のささやき

静かな場所では癒される。それでもあなたは表舞台へと上ってゆけ。

April Seventh

4月7日

飄々とした脱力系に見えて意志の力を内に秘める

あなたの誕生日力

あなたの内に秘めている崇高なるプライドは、目の前に立ちはだかる現実の壁を一つひとつ打ち砕いていくことにより輝き出す。その道は決してたやすくはないけれど、あなたの強靭なるエネルギーと勇気は、態度と言葉でもって周囲を切り開いた先で熱烈に待望されている。

あなたの性格

あなたの行く人生とは、おとぼけキャラで飄々(ひょうひょう)と歩んでいく道のりである。

この生まれは、仲間内では「癒し系」もしくは「天然」で通っているはず。基本的に力の抜けたタイプで、「シャカリキになって何かやるなんて、かったるいし、みっともない」などと言いたげな雰囲気。
「本当に4月生まれなの?」といぶかられそうだが、実は内面には、限りない誇りがそびえ立っているのだ。

表面上は、人から要求されたことをやらない、強制されたら適当に逃げるグータラ系。しかし、その奥には「本当にやりたいことだけは死んでもやる、それも絶対一人でやり抜いてみせる!」という強い意志に満ちている——あなたの本質は、脱力系に見えてもやる時はとことんやる、スタンド・プレイヤーなのである。

仕事の適性

直感力と判断力に恵まれたあなたは、主体性を持って動ける職種に適性がある。誰かにセットされた仕事をこなすのではなく、立案から実行までの責任を負ったほうがやりやすいと感じるはず。単独行動向きであることは確実。

人間関係の傾向と相性

人を選ばず交際できる度量の広いあなたは、誰とつき合っても楽しめる傾向。

特に、8月7日〜11日生まれの人とは、特別な信頼関係を結ぶことができる。また、2月初旬生まれ、6月初旬生まれの人とは、おたがいに共同で面白いプロジェクトを組んだりできそう。恋愛面では、10月7日〜11日生まれの異性に運命を感じるかも。

長所と短所のまとめ

やり始めたら、こんなにすごい人はいないというほど鮮やかな存在。しかし、持ち前の「力の抜け具合」が致命的な短所になることも。つまり、物事をナメていて、いつまでもエンジンがかからないことがあるのだ。ただの「なまけもの」にならないように。

ヘリオス(太陽)のささやき

味方をつくることは容易である。ただ熱い思いを語ればよい。

April Eighth

4月8日

ポジティブな言葉で人を動かす天才

あなたの誕生日力

あなたには物足りないくらいの日常の中でこそ、あなたにしか成し遂げられない功績をつくり出せる。それはあなたとしては"たわいもないこと"と感じられるかもしれないが、紛れもなくあなたが生み出している宝である。そのことを認め、一つひとつ積み重ねた先には、想像以上に大きな場が用意されている。

あなたの性格

あなたの行く人生とは、全身の力を集中させて物事に取り組んでいく、とてもポジティブな道のりである。

この生まれは、気力、体力ともに充実している。行動は大げさでちょっと芝居がかっており、言うことも調子のよいことばかり。

しかし、大風呂敷だとわかっていても、人は熱烈にあなたの言葉を聞きたがる。なぜなら、あなたの本質はストーリー・テラーだから。苦痛だらけの取るに足りない現実の中にも夢や希望をさがし、それを言葉や行動で繰り広げる力を持っているのである。

「すぐれたリーダーとは、すぐれたビジョンを描いてみせる人のことである」というが、そういう意味であなたは真のリーダー。人の気持ちをつかんで動かし、自らも行動する、優秀な指導者だと言える。

仕事の適性

人をまとめ上げる力は抜群！　所属する組織の大小を問わず、ぜひ人の上に立てるポストに上りつめよう。「鶏口牛後」という言葉があるが、どんなに小さなグループであっても、リーダーを任された時には、真に満足して社会に貢献できるはず。

人間関係の傾向と相性

夢いっぱいのあなたのキャラクターを、「嘘つきでいいかげん」ととる人がいることも事実。年長者には礼儀を尽くしてこそ、あなたの魅力は生かされる。

10月8日〜12日生まれの人は、ちょっと耳の痛いアドバイスもくれるが、あなたをうまくフォローしてくれる。また、性別にかかわらず3月下旬生まれの人は、あなたを全面的に認め愛情を示してくれるはず。

長所と短所のまとめ

心に思い浮かんだファンタジーを全身で表現するあなたは、周りにとっての希望。だから、自分の言葉の重みに無自覚であってはいけない。

否定的な言葉を口に出したら、それが実現すると心得て、苦しい時こそ「よい言葉」を心がけること。

ヘリオス(太陽)のささやき

大志を抱け、そして今日やるべきノルマをこなせ。

April Ninth

4月9日

苦行僧のように高い理想を目指す人

あなたの誕生日力

あなたが抱いている夢は、あなた自身が計り知れないほどに大きい。だからこそ、あなたの本気を試すため、そこに向かう道にはいくつものトラップがしかけられ、さまざまなトラブルが行く手を阻む。あなたには、それら全てを確実に突破し上昇する方向に展開していける力がある。

あなたの性格

あなたの行く人生とは、高潔な魂を持った理想家としての道程である。そもそもこの生まれは、現実面よりも精神面を尊び、「高い境地」に至ろうと努力するタイプ。哲学やスピリチュアルなことに興味を持ち、そちらの専門家になる人もいるくらいである。

そんなあなたは、現実生活の中で高尚な目標を立て、それに向かって進もうとするが、何しろ目標が高すぎるので漠然としてしまい、なかなか達成感を得られない。それを、「自分では努力しているのに、邪魔が入ったからダメだったんだ」などと言い訳したりもする。

しかし、あなたはあきらめないし、あくまでその高い目標を実現する努力をやめることはない。生活全般をコントロールしながら時間をかけて、ついに手ごたえのある結果を手中に収めるのである。

仕事の適性

苦行僧のように常に努力を続けるあなたは、傷ついた人や困った人を見ると放っておけない。福祉関係やボランティア系の仕事なら、納得してやりきることができそう。また、育成能力を生かして教育関係でも活躍できる。

人間関係の傾向と相性

同情から愛情に変わるパターンが、あなたの人間関係の大きな傾向。

しかし、8月9日～13日生まれの異性とは、燃えるような激しい恋を体験することになる。友人としては、4月7日～11日の人とピッタリと息が合うはず。また、あなたのちょっと「高潔すぎるところ」と現実生活とのバランスをうまくとってくれるのが、10月9日～13日生まれの人。

長所と短所のまとめ

望みが高すぎて、「夢みたいなことを言っていると思ったら、やっぱり夢で終わっている」と思われがち。たしかに、"夢見る夢子さん"であるところは短所とも言える。しかし、夢をあきらめない姿勢から、強力な実現力が養成されていくことを忘れてはならない。

ヘリオス(太陽)のささやき

押してダメなら引いてみよ。引いてダメなら飛び越えよ！

April Tenth

4月10日

不屈の意志と強い精神力で壁を次々クリア

あなたの誕生日力

　まっすぐに上昇していこうとするあなたの精神力を萎えさせるのは、ベタにこなさなければならない退屈な毎日。その両方をいかにバランスよくやってのけるかは、あなたが選択しているあなたの課題でもある。「あたりまえの日常」に喜びを感じることができたなら、楽園へと加速する。

あなたの性格

　あなたの行く人生とは、たとえるならば、不屈の戦士の人生である。自立心があり、独立独歩、どんなことも自力で乗り越えていこうという意志にあふれている。常に自分を振り返って内省し、弱点を補強して前に進んでいく強靱な精神力の持ち主である。

　辛い時にも誰にも頼らず、最後は大きな壁さえ、見事にクリア。途中で大きな波をかぶり大敗を喫しても、落ち込むことは全くない。物事はそう順調にはいかないことをよく知っており、逆境に対する強さを養成したかのようである。

　多少はワンマンで衝動的な部分はあるが、基本的に仕事のよくできる存在感のある人である。

　けっこう目立ちたがりやで、さりげなく実力を見せつけるのは好きだが、無視されることは大嫌い。

仕事の適性

競争の激しい職場、生き残りをかけて必死で戦う業種でイキイキと活躍できる。

個人プレイが得意なので、組織に所属するなら「自分の部署の中でナンバーワンになる」など、自分だけの目標を決めるとやる気が倍増。

人間関係の傾向と相性

あなたは仲間をつくるのが、とても上手な傾向。

あなたに好意を持ってくれる人たちの中でも特に、6月8日〜12日生まれの人とは、おたがいに協力して楽しくやっていける関係に。8月10日〜14日生まれの異性とは、よきライバルで恋人といったムード。10月中旬生まれの人とは、おたがいに足りないところをうまく補い合える相性。

長所と短所のまとめ

戦いでは無敵の強さを見せる戦士が、平和な世の中ではどうなるのか？　ひょっとすると、ありきたりの日常に飽きて「また戦いたい」と思うかも。退屈した時、周囲にわざと嵐を巻き起こすなら、あなたはトラブルメーカー。エネルギーの使い道をよく考えよう。

ヘリオス(太陽)のささやき

責任が重い時ほど柔軟であれ。"なじみのやりかた"は、すでに古いことを知らねばならない。

April Eleventh

4月11日

「引き寄せの力」で魔法のように願望を達成

あなたの誕生日力

　思いついたら吉日とばかりに即動き、その結果、滑って転んだとしても潔く、立ち直りが早い。その底抜けの明るさと真の強さを、本気で目指したい方向で生きるための武器とするには、外ではなく内の中にいる敵に打ち勝つこと。それでこそ揺るぎない未来へとつながる。

あなたの性格

　あなたの広げる人生とは、身に備わる「引き寄せの力」によって高みに導かれるものである。

　願いをかなえる確率が人並み外れて高いこの生まれだが、その不思議な流れは「こうなってほしいから努力しよう」ではなく、むしろ「自分がこう願うのだから、きっと与えられるに違いない」という発想から生まれてくる。

　人間関係でも「親しくなれるかな」ではなく、「自分が親しくなりたいと思う時は、相手もそう思っているに違いない」と決めてかかることが、願いの成就につながっていくのだ。

　そう、あなたは「自分の心と外の世界はつながっている」という感覚を根本的に持っているのである。そのため、外から来るものを当然のようにキャッチすることができるのだ。包容力もまた大きい人である。

仕事の適性

人の気持ちを柔軟に受け止め、主観を入れすぎず上手に話をすることができるので、カウンセラー的な仕事は抜群に適性あり。

相談業全般や、人に何かを教える仕事、営業などにもその才能を生かすことができる。

人間関係の傾向と相性

人間関係はバラエティ豊かな傾向。年齢も仕事も雑多で、それでいてみんなそれなりにあなたを中心につながっているという感じ。

4月9日〜13日生まれの人は、ぜひ大切に。あなたのベストパートナーが見つかりそう。また、年齢の離れた8月11日〜15日生まれの人とは、ここぞという時にフォローし合える関係。恋人相性としても最高。

長所と短所のまとめ

スーパーポジティブなセンスで魔法のように願望達成できるのは、この生まれの最大の強み。

ただ、その願望は果てしなく広がる性質のもの。欲の塊になってしまうと人生を狂わせるので、常に「善なる目的」に向かう人生をイメージしていこう。

ジュピター（木星）のささやき

人に何かをしてやるのではない。ただ共感し、愛を持って見守るのが最高の行為だ。

April Twelfth

4月12日

天性のバランス力で人との調和を大切にする

あなたの誕生日力

　何事にも恐れずに立ち向かっていけるあなたの鋼(はがね)のような逞しさは、挫折を知るごとに磨きがかかる。ただし、ただ単に強引なだけでは、あなたの心と反比例するように、これまで築いてきた大切な人たちとの絆(きずな)は脆(もろ)くなり、強靱な土台は築けない。熱い思いは建設的に扱ってこそ、あなたの求心力は高まる。

あなたの性格

　あなたの広げる人生とは、パワフルで積極的な4月生まれの中でも、「ゴリ押し」とは違う分別のあるポジティブさに特徴がある。

　そもそもこの生まれは、無邪気で親しみやすく、何をするにも周りと調和を図りながら進んでいこうとするスタンスの持ち主である。十分に話し合って相手に気持ちを伝え、ダメならあえて回り道をする、自分が悪い時には素直に謝る……そんなふうに一つひとつの過程を丁寧に、しかし自信を持ってたどっていくのだ。

「作戦力」と「実行力」、「受け入れる力」と「戦う力」のバランスがうまくとれているあなたは、望んだ未来に向かって着実に進んでいく。

　動物的勘が鋭く、実は自然現象に敏感だったり、動植物と交流できたりする特殊能力も秘めている。

仕事の適性

あなたにピッタリはまるのは、創造的な仕事。それも個人プレイではなく、大勢のメンバーでことに当たるチームでこそ存在が光る。

たとえばイベント、番組製作、芸能活動。特に、チーム・プロジェクト的な仕事では、あなたの本領が発揮される。

人間関係の傾向と相性

サポーターには事欠かず、恋愛のチャンスも多い。人をとりわけ大切にすることで運が開ける傾向が。

8月12日～16日生まれの人とは、おたがいに切磋琢磨できる間柄。この人から出た辛口の批評は、参考になるはず。10月12日～16日生まれの人とは、おたがいの全てを受け入れ、腹を割ってつき合える関係に。異性なら最高相性。

長所と短所のまとめ

リーダーにも参謀にもなれる天性のバランス力で、大望を成就していくところは天晴れ！

しかし、何といってもまっすぐな性格で、すぐ熱くなるあなた。あまりに心惹かれるテーマに出合った時、ハマりすぎて周囲が全く見えなくなる点には注意。

ジュピター（木星）のささやき

「～ねばならぬ」では人はついてこない。あなたの明るい生きかたに人は惹かれるのだ。

April Thirteenth

4月13日

時代を予見する観察力と勘が冴えている人

あなたの誕生日力

自分の人生に手を抜かず、己の信じた道をただまっすぐに脇目もふらずに歩むあなたは、真の勇者とも言える。ただし、あなたを選んだ人、あなたが選んだ人全てを自分のペースに巻き込むのには無理がある。その感情と志向とに折り合いがついた時に、あなたの存在は無限大に。

あなたの性格

あなたの広げる人生とは、たぐいまれな観察力と直感力が発展のカギを握るものである。

この生まれは、目に見えない物事の流れをずっと先まで見通し、他人にはわからない"かすかな予兆"を感じて、それをもとに自分の行動を決定する。

そのため、周囲にはあなたのすることが理解できないかもしれない。あなたの行動が行きすぎた"わけのわからないもの"に見えて、引いていく人も……。

しかし、あなたは改革者。すぐれた勘でわずかに空気に混じり込んだ新しい気配を読んで、非凡なアイディアを打ち立て、それを力強く実現させていく人なのだ。

一部で露骨な反発意見も出ることがあるが、自信を持ってやり続けてこそ、最後には周囲があなたの価値観を理解せざるを得なくなるのだと知ろう。

仕事の適性

あなたの一種の勘は、どのような職場でも役に立つ。それを訓練してことさらに職業にするとしたら、嗅覚を必要とする先物取引、流行をつくり出す産業、ジャーナリズムなど。占い師や霊感師に適性を持つ場合も。

人間関係の傾向と相性

集団行動が得意でなく一人でいることがわりと好きなので、人間関係がそう広くはならないように、敢えて少数の気の合う人と常にいたいと考える傾向が。

2月10日～14日生まれは、あなたの価値観に全面的に共感してくれる貴重な人。また、年齢や性別にかかわらず、8月13日～16日生まれは、そばにいると不思議と幸せ感が高まる人。

長所と短所のまとめ

本人が無意識であっても、時代を予見し、新しい価値を打ち立てるということは尊い。

しかし、他人に理解できない考えや感性を、すぐにわかってもらおうとしても無理。かえって人心を失う結果になってしまう恐れもあるので、気長に構えること。

ジュピター（木星）のささやき

行きづまった時でも余裕の笑顔。そのうち天からサポートが降ってくる。

April Fourteenth

4月14日

現実と理想を「二つの顔」で生きる人

あなたの誕生日力

打算のない無防備な気持ちのままに物事に関わることは、あなた自身をいたずらに傷つける。あなたの心のありかたは正しいけれど、現実はもっと複雑でシビアなもの。それでも率直に攻めたいあなたから生まれる"憤り"を「プラスのエネルギー」へと転化することができた時、無敵となる。

あなたの性格

あなたの広げる人生とは、二つの顔を使い分けることで深みの増すものである。

そもそもこの生まれは、キレイなことばかりではない世間を生き抜くための、スキルと根性を持ち合わせている。「自分は人一倍よくやっている」という自信を保ち、この世の垢にまみれながらも揺らぐことなく歩んでいくのだ。

しかしあなたは同時に、「本当に純粋に生きてみたい」という美しい希望もまた、身に備えている。

そこであなたは、実社会での自分と、純粋に夢を追い求める自分……それらを表と裏の顔としてハッキリ分けるのである。

こうして二つの顔を持てば、どちらの世界にもドップリ入ることができないので水臭くはなるが、逆にそこが周囲の人を魅了するあなたの味となっている場合が多いのだ。

仕事の適性

あなたの場合、生活していくための手段としての仕事は、できるだけ安定しているほうがよい。

公務員や会社員などいわゆる定時で終わるような仕事で、しかも収入がよいもの。それを確保した先で、そこから、もう一つの活動が好きにできる。

人間関係の傾向と相性

夢や理想を共有できる人を、大勢、身近に集める傾向がある。

4月12日〜16日生まれの人は、距離感がほどよく何でも率直に言い合えるので、一緒にいて楽な相手。実生活で助け合えるのは、8月14日〜18日と6月12日〜16日生まれ。彼らは、かゆいところに手が届くサポートをしてくれる。また、このタイプが恋人になると生活が安定する可能性も。

長所と短所のまとめ

二つの顔を持つことによって、社会への二通りの働きかけができる。

貢献度が人の二倍というのは立派なことだが、反面、自分の中で混乱したり体力的にきつかったりで、最低の気分になることも。自分を持ち上げる方法を編み出しておこう。

ジュピター（木星）のささやき

楽しめ！ 忍耐の苦痛は楽しむことによってのみ、消え去るだろう。

April Fifteenth

4月15日

「何をやっても大丈夫」の絢爛たる多才ぶり

あなたの誕生日力

「紛れもなく自分は一番」と信じているあなたから発せられる炎のようなエネルギーの勢いは止まらない。ただし、あなたを導くインスピレーションは、我欲が絡めば汚れてしまう。誰もが後ずさりするような荒野を開拓しようとする精神力を磨き続けた先に楽園はある。

あなたの性格

あなたの広げる人生とは、絢爛たる多才ぶりに彩られるものである。これほど多くの才能に恵まれた生まれは、そう多くはない。

あらゆる方向に伸びる興味と、何でも楽しんでやろうとする姿勢。そんなあなたにとっては、仕事も趣味も朝飯前ほどの軽いものに違いない。

あっという間に学びつくし、すぐに人に教えられるくらい上達してしまうあなたは、何でもできてしまうがゆえについ手を広げ、体力と時間のキャパシティを超えてしまうことがあるので注意が必要。

そう、あなたは物事がスイスイできてしまう自分の才能に陶酔することから調子に乗るのだが、しかし本来はあなたにしかできない二～三の大切な「使命」があることを忘れてはいけない。時には目標を絞ることも必要だと知ろう。

仕事の適性

柔軟性があり、仕事のやりかたも律儀。そのうえ仕事の内容が何であれ、興味を持って情熱的に取り組む、いわばマルチの適性。

何をやらせても大丈夫という生まれは、あなたくらいのもの。欲を言えば単純作業だけはパスしたいところ。

人間関係の傾向と相性

「広く浅く」があなたの人間関係の特徴。「まさか、こんな人とも知り合いだなんて！」という面白い広がりをするに違いない。

そんな中で、8月15日〜19日生まれの人とは、ずいぶん濃密な関係が育めそう。4月13日〜17日生まれも、はっと気づけば、とても近いところにいてくれるような人。どちらの生まれも異性であれば、恋愛相性は◎。

長所と短所のまとめ

豊かな才能を持ち、それを伸ばすことに喜びを感じるあなたは、人生の醍醐味を知る一人。ただ、我欲や単なる興味だけでなすことには最終的に意味が見出せず、不満足な結果に終わる。

器用貧乏で終わらないためにも、「何のためにそれをするのか」を自分に問うべき。

ジュピター（木星）のささやき

新しい可能性に目をやりすぎて、今あるものを離すな。それは大いなる恵みなのだ。

April Sixteenth

4月16日

🗝 向上心豊かで何ごとも恐れずチャレンジ

あなたの誕生日力

　あなたの描く豊かなる野望がどれだけ実現するかは、あなたの覚悟の大きさと比例する。たとえればチェスの駒を進めていくように、恐れることなく自分の道を着実に進んでいくこと。小さなことでは満足しない自分と正直に対話することが、あなたのパワーの根源。それを忘れなければ願いは現実化し、大きく進化したあなたが生まれる。

あなたの性格

　あなたの広げる人生とは、旺盛な好奇心に導かれ、いろいろなことに触れながらステップアップしていくものである。この生まれには野望があり、抑えられない向上心のために、「これ」と思ったものに手を出す傾向がある。

　が、何をやっても自分で「失敗だ」と感じてしまうのは、それだけ達成イメージが高いから。それでも懲りずに再びチャレンジし、また「達成できなかった」と感じる……。

　あなたはそんな危機を何度も体験し、そして徐々に「物事は成功と失敗とに単純に分かれるのではなく、表面的には失敗に思えたことが、あとでたどってみれば成功のもとになっていた」というような人生のカラクリを悟るのだ。

　失敗を恐れずに挑み続けてこそ、最終的に人生で何が一番大切かをつかめるのである。

仕事の適性

とても若いうちから、いろいろな世界に飛び込んで経験値を上げているあなたは、人を教え導くことが巧み。教師や宗教家、茶道や武道の師範など、精神的指導者の立場に就けば、あなたの天分が生きるに違いないと言える。

人間関係の傾向と相性

年齢や時期によって、つき合う相手の色合いが変わる傾向がある。

そんなあなたでも、8月16日～20日生まれの人とは、常に新鮮な感覚でずっと長くつき合えそう。6月14日～18日生まれもツーカーでいられる相手。また最初はギクシャクした感じでイマイチと感じるが、おたがいを知るほどに愛が深まっていくのが、10月16日～19日生まれの人。

長所と短所のまとめ

前向きで向上心豊か、何にでも恐れずチャレンジする気概にあふれている。しかし、「勝つか負けるか」「できるかできないか」という基準だけで生きれば、空しいだけとなる。結果でなく過程が、自分の人生においてどんな意味を持つのか考えてみよう。

ジュピター（木星）のささやき

物事の明るい面を見よ。過去の辛い経験がもたらした恵みに心を馳せよ。

April Seventeenth

4月17日

高い理想に向かい、力強くわが道を歩む人

あなたの誕生日力

　ただまっすぐに押していくだけの戦いかたでは、あなたが望んでいる真の勝者とはなれない。時には撤退する決断をする勇気も必要であり、遠回りだと思い込んでいる回り道が、実は近道だったという現実を見きわめよう。変化を恐れずに受け入れ、立ち向かっていった先に、宝はある。

あなたの性格

　あなたの広げる人生とは、高い理想にまっすぐ向かう力強い道のりである。そう、この生まれの、わき目もふらず遠大なる目標に突き進む姿は尊いもの。

　しかし、そもそもあなたは高尚で、周囲のみながあなたのセンスについていけないため、あなた自身も「周囲から浮いていて理解されていない」と感じることが多いだろう。

　敢えて人に合わせることもできないではないが、本当の自分を隠しておけるほど器用なタイプでもない。

　それなら自分の全てをオープンにしたほうが性に合うだろう……というので、あなたは勇気を出して周囲を気にせず、本当に進みたい「高い道」を歩くことを選んでいくのである。

　誰の真似でもないあなたオリジナルの人生は、こうして展開していくのだ。

仕事の適性

あなたにはすぐれた直感力があり、また、そこから得たイメージを形に表わすのが得意。たとえばパントマイム、ダンスなどの動作的なもの、彫刻、オブジェ作製といった工芸的なものを仕事にすることに適性あり。

人間関係の傾向と相性

自己主張のために、しばしば仲よしグループや家族から離反するのがあなたのパターンなので、常に人間関係から学ぶことが多い傾向。

8月17日～21日生まれの人は、そんなあなたを辛抱強く見つめ支えてくれる。また、この相手が異性であれば、最高の恋人に。4月15日～19日生まれは、あなたと同じテンションで行動できる人。

長所と短所のまとめ

誰に何と思われようと、わが道をひとすじに行く。絶対に他人が真似のできないユニークな人生を、満足して歩んでいくに違いない。しかし、無用の誤解やトラブルを避けるためにも、時には回り道をして、謙虚さを表現することが必要かもしれない。

ジュピター(木星)のささやき

あなたは、あなたらしいのがよい。しかし、わざと人と違う振りをするな。

April Eighteenth
4月18日

預言者のような敏感で繊細な感性の持ち主

あなたの誕生日力

あなたがあなたにダメ出しするベタな日常の中には、あなたが欲しい成功へのヒントが常にある。しくじったなと思うリアルな瞬間こそ、夢の実現への確実な一歩なのである。恐れず率直に、何ごとも先駆けて行動するあなたの意欲が枯れない限り、その可能性は無限に拡大してゆく。

あなたの性格

あなたの広げる人生とは、敏感で繊細な感性によって支えられるものである。そもそもこの生まれの特徴は、場の雰囲気や、相手の言外の気持ち、芸術作品に込められた思いなどを即キャッチし、反応できること。

たとえば音楽を聴いても、そのムードの中からあなたが感じ取っているものは、人の何倍にも及ぶのだ。

あなたはまるで霊感師か超能力者のように、声なき声を聞き、姿なき姿を見て反応しているようなもの。そんなわけで周囲の人からは、あなたが何をどう判断し、それを選択するのか、わかってもらえないことが多い。

しかし、この鋭敏さを使いこなすことによって、何気ない日常の中に生活のヒントや、誰も気がつかない可能性を見つけたりして、預言者のように貴重な情報を得られるのである。

仕事の適性

日常生活で神経を張り巡らせているので、仕事自体は具体的なものを扱うほうがバランスは取れるよう。ショップなどでグッズを販売する、役立つものを製造する、ネットワークなどで商品を流通させる仕事などに向いている。

人間関係の傾向と相性

一種「癒し系」のあなたの周りには、おだやかでやさしい人が集まる傾向。

その中で一目置きたくなるのが、8月上旬生まれと、6月中旬生まれの人。彼らとは、ほどよい刺激を与え合っていける間柄に。4月16日～20日生まれの人は、あなたを癒してくれるはず。また、10月18日～22日生まれの異性とは、おたがい運命を感じるかも。

長所と短所のまとめ

感じやすく、ちょっとした状況の変化の兆しから未来の可能性を探ることができるのは天晴れなところ。ただし、バランスを崩すと病的になり、妄想に囚われ、それを信じてしまうことにもなりかねない。常にクールな心を起動させておくようにしよう。

ジュピター（木星）のささやき

迷った時は、直感に任せきれ！

April Nineteenth

4月19日

おだやかな心でリラックスした人生を歩む

あなたの誕生日力

あなたの心に湧き起こっている向上への希求と闘争心から目を背けてはいけない。あふれ出す情熱に蓋をしていては、本物のあなたは目覚めない。たとえ摩擦が生じたとしても、その全てはあなたの成長の証(あかし)であり、そこから真理を見きわめることができた時、夢へと向かう。

あなたの性格

あなたの広げる人生とは、ポジティブなエネルギーに満ちた4月生まれの中では、珍しいくらいの落ち着きを備えたものである。

この生まれは、実力以上の事柄を背負い込むことも、無謀な理想に向かって戦いを挑むこともなく、のんびりリラックスしたまま独自の道を歩いていく。

自分自身をよくわきまえ、慌てず騒がず、力に見合った働きをしようと考えるからである。あなたは、困っている人に手を差し伸べ、弱い人をかばいつつマイペースで進んでいく。

しかし、4月生まれの強烈なやる気と行動力は損なわれているのではない。ここぞという時にはグッと気合が入り、チャンスを逃さず行動できるので、「いざ、ここ一番！」のタイミングで周りから頼りにされる人なのである。

仕事の適性

あどけないものを育てること、非力なものを扱うのが上手なので、保育士や幼児教育者など子どもに関する仕事、動物、ペットに関する仕事はもちろん、介護関係でも花形に。また、障がいのある人を扱う力にもすぐれているので、その業界で大活躍する可能性も大。

人間関係の傾向と相性

人があなたのアドバイスを求めて集まってくる。どちらかというと相談に乗ってほしい人、傷ついた人が多く、彼らは一様に思いやりがあるのが特徴。

年齢にかかわらず4月17日～21日生まれの人とは、一緒にいるとおたがいに元気になれる関係。貴重な意見をくれる。8月19日～23日生まれとは、底抜けに楽しい間柄に。

長所と短所のまとめ

内面がどんなに強くても、あくまでおだやかで親しみやすい人柄。しかしどうかすると、自分がもとからおとなしいと思い込んでしまうことも。

本来の闘争心、燃える情熱を忘れてしまっては、生きるエネルギーも下火になる。自覚を深めよ。

ジュピター（木星）のささやき

相手を怒らせるのではない。相手をグゥの音も出ないほど納得させるのが、うまい戦いかただ。

April Twentieth

4月20日

直感と強運と豊かな才能に恵まれ飛躍する人

あなたの誕生日力

あなたの心が混乱しているのは、焦点を二択に絞り、そのどちらかを選ばなければと考えているから。物事は表裏一体と捉えれば、安泰な人生とは不自由を意味し、あなたが求めている自由な人生には不安がつきものと理解できる。心底望んでいるあなたの生きたい道であるなら行ける。

あなたの性格

あなたの広げる人生とは、好き嫌いや直感で物事を選択した時、突如として飛躍するものである。

この生まれは本来、あまりじっくり考えるタイプではなく、多少「行き当たりばったり」なのだが、実はあなたの中には、自分では気づいていない才能の塊と、強運とが秘められている。

その才能は努力することなく、それこそ行き当たりばったりで何かにチャレンジした時など、ひょんな拍子に目覚め、強力に育ち始める。天与の才は開かざるを得ないのだ。あなたはその才能と、それについた運とが偶然のように発現してくる、とても恵まれた生まれなのである。

ただ、大きな才能を持っていることは、それを扱う責任も負っているということ。目覚めたその宝を、正しく生かす努力を惜しんではならない。

仕事の適性

たくさんの人に影響を与える立場で輝く。タレントなど芸能関係は適職。芸術方面で時間をかけて大成する可能性もある。

また、趣味でしていたことが評判となり、本職にステップアップするようなこともありそう。

人間関係の傾向と相性

あなたは関わる人の運を上げる人なので、周りにはあなたをサポートしてくれるような人々が自然に集まる傾向。

特に8月19日〜24日生まれの人は、あなたにビッグチャンスを運んできてくれそう。2月下旬、4月下旬生まれの人とは、苦しい時も手を取り合っていける相性。相手が異性なら素敵な恋が待っている。

長所と短所のまとめ

特別な才能を人のために役立てられることは幸いである。しかし、急激に前途が開けてくると、環境の変化によって縛りつけられたように感じたり、もとの状態に戻るにしても不都合が生じたりするものだ。

ただ、あなた自身は何も変わらないのだから、安心して進むのがよし。

ジュピター（木星）のささやき

中身も外見も環境も。そこに最高の美を表わそう。

April Twenty-first

4月21日

不思議なオーラを放つ影響力の大きい人

あなたの誕生日力

　あなたが欲張りなのは生まれつきなのだから、自分の気持ちに素直になって望むものを手に入れること。持ち前の五感をフル活用していけば、どうすればいいのか、自ずとその手段さえも見えてくるはず。あなたがあなたに正直である限り、圧巻なくらいに加速して成長し、欲しい未来はあなたのものに。

あなたの性格

　あなたの味わう人生とは、自己認識と「他人からの評価」とのギャップが、さまざまな風味を生むものである。

　この生まれは、自分のことをいたって地味な性格だと思っているが、周囲の人はあなたに不思議なオーラを感じ、あなたが思っている以上の影響を与えている。

　実際これまでにも、自分で狙ったわけではないのに、妙に注目されたり大役に抜擢されたりしたことがあったのでは？　あるいは無意識の些細な行為が多くの人を動かしたとか、意外に大きな問題に発展したとか、そんな経験もあったのではないだろうか。

　よきにつけ悪しきにつけ、あなたがいれば、それだけで周りに一種の磁力を及ぼすのだ。その力に無自覚なところがまた面白いあなただが、意識して使いこなせば、その力は必ず成功へのカギとなる。

仕事の適性

4月下旬から5月上旬にかけての生まれの人は、人にアピールする華やかなオーラを持っているのが常な中、特にあなたは、芸ごとに適性がある。その道を究めて一流のダンサーや演劇人として脚光を浴びる可能性は大。

人間関係の傾向と相性

知り合いは山ほどいる中で、つき合う人間がいろいろと変わっていき、最終的には本当に気の合う人だけが残っていくというのが、あなたの人間関係の傾向。

その中で8月19日～23日生まれの人は、ずっと安定してあなたとタッグを組んでいてくれそう。10月21日～25日生まれの相手は、「ちょっとやかましい」と思わされるけれど、言っていることは正しい。

長所と短所のまとめ

存在感の大きさを生かしてよいことを発信すれば、周りの環境を明るく活気に満ちたものにすることができる。しかし、その潜在パワーを垂れ流し、好き勝手をやるならば、トラブルメーカー的な存在として人に迷惑をかけることにもなり得るのである。

ヴィーナス（金星）のささやき

よい動機であれば、どれだけ大きなことを願っても、それはいつか実現する。

April Twenty-second

4月22日

生活をおしゃれでセンスよく整える天才

あなたの誕生日力

　不幸なカルマ的出来事、事故などアンラッキーの全ても、なんのその。あなたの計り知れない忍耐力は、鍛えられれば鍛えられるほど、どこまでもタフになる。降りかかる困難こそ、あなたが望んで組んでいる、あなたを育成するための必修プログラム。課題を乗り越えたその先で、計り知れない喜びが待っている。

あなたの性格

　あなたの味わう人生とは、大地に根を下ろした植物のように、その暮らしぶりは、ドッシリとした安定感を感じさせるものである。ちょっとやそっとの風雨などにはへこたれないうえに、この生まれは基本的に、等身大で日々のあたりまえの生活を楽しむのがとても上手なのである。

　五感が敏感で、身の回りにおしゃれなものを多く集めて楽しむ傾向があり、身近なものをいろいろとアレンジして、自分らしいライフスタイルをどんどん創造していくのが好き。

　そうしてつくり上げた自分のスタイルには強い自信を持っているので、おいそれとは他のやり方に迎合せず、また、大事な生活を脅かす障害や困難には、すさまじい底力で立ち向かい、それを根本からくつがえしてしまうのだ。

仕事の適性

生活へのこだわりと創意工夫、そして逞しさにおいて、この生まれの右に出る者はいないだろう。

生活そのものを大事にするこの生まれは、男女ともに家事や育児に才能がある。

ホームヘルパー、プロの清掃人、託児所職員、介護士、主婦・主夫など、家庭の中で生かせる技術を職業にすると楽しめる。

人間関係の傾向と相性

とてもこだわりやなので、人間関係は少数の人と深くつき合うことになる傾向。

4月20日～24日生まれの人とは、そんな中でも特別な世界を共有して末永く楽しくやっていけるはず。また、8月21日～26日生まれの人とは、ふだん人に言えないこともさらけ出してナチュラルに時間を過ごすことができる。異性なら恋人候補。

長所と短所のまとめ

自分の感覚に合うよう、身の回りの環境を整えるセンスは抜群。しかし、自分のことにはこだわっても、人の都合や感覚には無関心なところが……。人に恵む心、よいものをみなでシェアする姿勢があれば、もっと心豊かになれるはず。

ヴィーナス（金星）のささやき

あなたのアイディアは天から授かったみなの財産。実現させてみなを喜ばそう！

April Twenty-third

4月23日

意志を貫く道を歩み、自分の夢をかなえる人

あなたの誕生日力

あなたの底なしの所有欲を満たすには、安らかな心を手放さなければならない。面倒くさいなんて思っているうちは、いつまでたっても「夢は追いかけたい、でも安穏な毎日も捨てがたい」というアンビバレントな思いに悩まされることになる。平凡な日常の中から生まれる喜怒哀楽を味わい、持ち前の五感を磨いたその先に、等身大の喜びと安泰に、あなたは思う存分、包まれる。

あなたの性格

あなたの味わう人生とは、思い込んだら命がけ、絶対にあきらめずに自分の意志を貫く道である。それは決してプライドのためでも、自分の存在を見せつけるためでもない。この生まれの人の中には、ただ美しい夢があるだけなのだ。

ふつうの人にとって夢は遠くにあるもの。しかし、この生まれの人にとっては、夢は現実と隣り合わせにある。「意志の力は肉体にさえ影響を及ぼす」「心からの願いは見えない世界につながっており、現実を動かす」といったこの世の隠された真理を本能的に知っているので、あなたは自分の夢が必ずかなうという確信を持ち続けるのである。

だから頑固なほど目標を変えないし、人よりも欲張りな願いを平気で持ったりする。そして実際、それらを実現していくから天晴れである。

仕事の適性

実際に人の役に立つ仕事に、適性あり。頼まれたから応える、訴えがあるから助ける、欲しがっているから提供する……そんなふうに自分のしたことを喜んでもらえる実業に就けば、生きている実感を噛みしめられる。

人間関係の傾向と相性

あなたはふだんから、肩肘を張らないナチュラルなつき合いを好む傾向がある。

8月23日～26日生まれの友人ができたら、彼らこそ気のおけない一生の親友になる。10月23日～27日生まれの人とは、言動は全然違っても、おたがいに力を与え合える関係に。異性の場合は、すごく気になる相手。4月下旬生まれの人も、恋人相性。

長所と短所のまとめ

希望に満ちて幸せそう。いつもニコニコと鷹揚（おうよう）で、周囲まで気楽にしていくところは魅力的な長所。しかし、いったん思い込みモードに入ると、大の頑固者に早変わり！ 扱いづらい人として敬遠されることになりそう。どんな時も人の意見は耳に入れること。

ヴィーナス（金星）のささやき

元気が出ない時は、サクセス・ストーリーを読んで夢を呼び出そう！

April Twenty-fourth

4月24日

「生きる姿勢」がきちんとしたおだやかな人

あなたの誕生日力

「心底望んでいるもの」がわかっていながら自己矛盾に悩んでいるなど、もったいない。現実から目を背けず、自分を着実に研磨していくことで展開していく人生に対して、よけいな心配はいらない。不必要な欲望に惑わされない限り、あなたの生き抜く道は輝きを増していく。

あなたの性格

あなたの味わう人生とは、おだやかにほほえみながら確実な足跡を残していくものである。そもそもこの生まれは、落ち着きがあって頼りがいのある人物だが、それは本人の「生きる姿勢」が整っているから。

あなたは、人生に対して甘い夢を抱いているのではなく、シビアな現実を見据えたうえでなお、自分の足で最後まで歩く覚悟を決めている。だから常に嘘がなく、物事をあいまいなままに放っておいたりすることもない。確かな結果を目指して確実に歩んでいけるのだ。

この生まれは、人から与えられたものや簡単に手に入れたものを失うという体験を、不思議にも何度か経験することがある。だからこそ「苦労して欲しいものを手に入れよう」「辛くても現実から目を背けず自分で生きていこう」と決意するようである。

仕事の適性

作業が丁寧で、しかも独特の器用さを持っている。加えて、長時間にわたって取り組むことも苦にならないという特徴も。そんな資質を生かして、専門職に就くのは適性。

自分の志向をよく自覚して、それに合った資格や技術を身につけよう。

人間関係の傾向と相性

調子よく知り合いをつくるようなタイプではない傾向。しかし、できる限りいろいろな人と触れ合うことは、あらゆる意味であなたの世界を開く。

特に、8月24日〜27日生まれの人との間には、具体的な行動プランが生まれる。性別・年齢にかかわらず、4月下旬生まれの人とは気持ちのよい協力関係がつくれる。恋愛もスムーズに進展しそう。

長所と短所のまとめ

何でも自分で見事にやってのけるあなたは、みなの尊敬の的。しかし、自分に厳しいあなたが、他人にも同じものを期待してしまうと、すさまじい重圧感のために人が恐がって遠ざかってしまう。

自分は人よりかなり厳しい人間だと自覚し、お手柔らかに。

ヴィーナス（金星）のささやき

何かを失うことは、別の何かを得ることである。それは恵みだ。

April Twenty-fifth

4月25日

大きな目的を堅実・綿密に達成していける人

あなたの誕生日力

あなたが歓迎したくないトラブルは突然やってくるけれど、心底望んでいる安定とは、ある日いきなり訪れるものではない。あなたのペースでかまわないから、自分の置かれた状況から逃げず、起こることは全て必要事項と、人生を味わいつくす姿勢でいる。そんな日常を積み重ねていった先に、想像以上の至福とくつろぎがあなたを待っている。

あなたの性格

あなたの味わう人生とは、石橋をたたいて渡るというより、橋を自分で積み上げながら渡るというおもむきである。

そもそもこの生まれは、望むもののスケールが大きく、しかもそれは、これまでと全く違った領域にわたるような冒険なくしては手に入らない。

あなたの大きな目的は勢いだけで遂行できるものではなく、どうしても綿密な計画と試行錯誤とを必要とするのだ。そう、あなたの頑固なくらいの堅実さや、妙に落ち着いてマイペースな性格は、ゾクゾクする好奇心やスリル満点の冒険を堪能するための、基盤であったのだ。

目的を達成する道程はかなりきついことを覚悟しなければならないが、「行きづまりやトラブルさえ人生のスパイス」と、その状況を味わうこともあなたにはできるはず。

仕事の適性

時流に流されないもの、変わらぬ価値を持つものに親和性が高いので、伝統に深く根ざした職業に就くのが向いている。旧い技術を継承するとか、長い時を経てきたものを保存・分類するといった職種は、最もあなたにフィットする。

人間関係の傾向と相性

交友関係は広いほうではない中で、「これは興味深い」と思った人には、自分から積極的に近づいていく傾向がある。

8月25日〜29日生まれの人とは、おたがいに「できる！」と反応してしまう関係。エキサイティングな交流が待っている。
4月23日〜27日生まれの人は、気が張らずホッとできる相手。異性ならやさしい恋人に。

長所と短所のまとめ

人間関係でも堅実で失敗のないあなた。しかし、緊張した状態、たとえば気になる異性と遊びに行くという場合などは、「あの人のご両親や家への責任は……」と、まさに「くそ真面目」に。

堅実さも行きすぎれば物事の進展の邪魔になると、よく認識しておこう。

ヴィーナス（金星）のささやき

落ち込んだ時期には引きこもるくらいがよし。手作業に淡々と精を出すのも元気回復のもと。

April Twenty-sixth
4月26日

強い美的欲求と「鋭い目」の持ち主

あなたの誕生日力

　刺激的な毎日を求め、とにかくありとあらゆるものを楽しみつくしたいという生きかたは止められない。快楽と退屈の狭間にあって、今の環境から抜けたいと望んでみたり満足したり、その両方を願っているのは他でもないあなた。そんな自分を心底信頼して歩んでいけたなら、求める未来が待っている。

あなたの性格

　あなたの味わう人生とは、他者との比較の中からあらゆることを学ぶ道である。身体的な個性、持ち物のよし悪し、考え方の違い、声のトーンに話しかたの特徴……。この生まれには、何でも比較する習性がある。

　それは、この世にあるもののバラエティを楽しみたいという美的な欲求からくるものでもあり、また、そういった比較に負けることのない絶対的価値を自分の身につけたいという、崇高な精神性からくるものでもある。

　自らの中に人種や貧富の差、才能の差に囚われない価値観を発見するまでには、不平等感に苦しんだり自信をなくしたりすることもあるが、それを乗り越えたあとの平安は揺るぎないものとなる。

　その結果あなたは、違ったものを全て受け入れ、まとめる力を手にすることができるのだ。

仕事の適性

微妙な差を見分ける鋭い目は、実務分野をこなす能力につながる。材料を検分し、いろいろなやりかたを統合して最もよい道すじをつける、というのが得意。さらに国際公務員のように、世界の人々の心を統合し、平等・平和を実現することにも適性あり。

人間関係の傾向と相性

あまり人と同化しようとしないので孤独な立場にあることが多く、知己は多くない傾向がある。

4月24日～28日、8月26日～30日生まれの人などは、つかず離れずほどよい距離感で、末永くつき合ってくれそう。恋愛関係では、12月26日～30日生まれの人が気になるはず。「ちょっとずれてる」という感覚が、たまらない魅力と映るだろう。

長所と短所のまとめ

見る目の鋭さが幸いして、物事に間違いが少ないのがあなたの誇り。

しかし、周りのすぐれたものが目に止まると、手強い執着心が生まれそう。現実的なものにこだわり始めると、お金やものなど目に見える価値を追求する「欲張り人間」となるので、慎もう。

ヴィーナス（金星）のささやき

愛と信頼を持って迎えられたら、喜んで人の上に立て。

April Twenty-seventh

4月27日

飛び抜けた鑑定眼で正しい判断ができる人

あなたの誕生日力

あなたの笑顔は、あなたの生きている環境を救う。けれど、自分がじっと忍耐すべきことと、周囲の人たちに頑固な態度で接することを混同すれば、あなた本来の輝きに影が差す。周りの人たちへのやさしさを忘れないストイックな態度であれば、全く新しい世界が広がっていく。

あなたの性格

あなたの味わう人生とは、飛び抜けた鑑定眼に支えられるものである。
「目が高い」「見る目がある」「目が確か」など、この生まれのあなたへの評価は「目」に集中する。全体性を見渡し客観的に物事を捉えるあなたは、何ごとにおいても正しい判断ができるのだ。

また、かすかに揺れる現象から時代を先取りすることもできれば、誰にも見えなかった欠陥を見つけ、それを正すための方法を指し示すこともできるなど、まさに千里眼。

あなたは4月生まれのポジティブさも持ち合わせているので、見たことを未来につなげようと大胆な行動に移るだろう。しかし、あなたに見えるものが、みなにも見えるわけではない。あなたがなぜそうするのか……理解できない周囲の人の中で、時には孤独に陥ることも。

仕事の適性

仕事としては安定した職場を好み、勤め人の道があなたに安心感を保証する。あなたはどんな職種の会社に就職しても、そのやる気と誠実な仕事ぶりが評価される。広い視野で人や国を見渡す、国際交流に関する仕事も有望。

人間関係の傾向と相性

その時その場にふさわしい人とつき合おうとするので、つい損得勘定で人を選んでしまう傾向も。

しかし、4月25日〜29日、6月26日〜30日生まれの相手とは、掛け値なしに楽しい交流ができる。子どものように無邪気な会話が楽しめる間柄になるだろう。恋愛の相性としては、8月27日〜31日生まれの人がいい感じ。あなたの愛情に素直に反応してくれる。

長所と短所のまとめ

物事を見る目の確かさは誇るべき。また、いったん行動を始めると、こだわりにこだわり、我慢強く取り組むところも長所ではある。しかし、人が意見をさしはさむ余地が1ミリもないほど頑(かたく)なになれば、最大の短所に。常に心を柔軟に保ちたいものである。

ヴィーナス（金星）のささやき

孤独に負けそうな時は、魅力的な先人の生きかたに学べ。

April Twenty-eighth

4月28日

逆境にあってもほほえみを忘れない人

あなたの誕生日力

　あなたは鷹揚(おうよう)だからこそ、温かいぬくもりのような魅力を持てる。そう、あなたが否定しているかもしれない性分とは、実は最もすばらしいあなたの持ち味なのである。日常の中で、「しなければならない努力」と「する必要のない学習」とを間違えなければ、感謝の光に包まれる。

あなたの性格

　あなたの味わう人生とは、強靱な精神力を核とするものである。この生まれは、人から「おとなしいね」「奥ゆかしいね」と言われるが、本人は自分のことをけっこう気が強いと思っている。

　実際あなたは厳しい状況に強く、逆境であってもいつも確固とした姿勢を崩さないだろう。立ちはだかる壁を粉砕する瞬間でさえニコニコ笑っているくらいだから、周囲は誰もあなたがそんな辛い環境にあることに感づかない。

　当然あなたにも人並み以上の困難が訪れるのだが、その困難を困難と思わず、苦労を笑い飛ばす強さがあるからこそ、鷹揚でやさしく、いつも幸せそうにほほえんでいられるのである。

　あなたには派手さはなくとも、地道に確実に進む強さがあるため、高い地位に上りつめるのも夢ではない。

仕事の適性

人を育成することにかけては、天性の才がある。あなたは、その飛び抜けた意志と忍耐力とで、立派に人材を育て上げることができる。

組織の中なら管理職や人事関係といったポストに、やりがいを感じられるはず。

人間関係の傾向と相性

特定の人の中で、まったりと過ごすのを好む傾向。移り変わりの激しい人間関係の中では疲れてしまうのだ。

その点、1月下旬生まれ、4月26日〜30日生まれの人たちは、いつまでも変わらない友情を示してくれるはず。恋に関しては、8月28日〜9月1日生まれの人が相性抜群。あなたを鍛えてくれる相手は、10月28日〜11月1日生まれの人たち。

長所と短所のまとめ

意志が強くパワフルなタイプであるにもかかわらず、他人とぶつからず円満に過ごせるのは、全くの長所。

しかし、ごく身近な人にだけたまに見せるわがままな姿は、実はかなり強烈。ストレスが多いとわがままがひどくなるので、ため込みすぎには注意。

ヴィーナス（金星）のささやき

ケチってはならないもの。それは自分への投資、自分を磨く時間。

April Twenty-ninth

4月29日

思いやりあふれる、おっとりしたキャラクター

あなたの誕生日力

あれもこれもと本気で願う気持ちは大切だが、それら全てをいっぺんにつかもうとするから、かなわない。一見、面倒なことも、あなたが一つひとつクリアしていこうと選んでいる道程。だから、横着してはしょってしまえば、結局やり直しとなり遠回りになる。辛抱してこそ、願いはかなう。

あなたの性格

あなたの味わう人生とは、精神と肉体のバランスがとれた「健全さ」によって支えられるものである。

この生まれをたとえれば、貴族の嫡子。がむしゃらにがんばらなくても、価値あるものが向こうからやってくる、恵まれた運にある。安定した心身は、恵まれた地位と生活を引き寄せるのである。

そして、豊かさを約束されたあなたは、「自分だけよければ」というケチな心を起こさない。自分が受けることができる恵みは全ての人が受けるべきものであると考え、実際に有形無形の価値をみなに分け与えるだろう。

また、万人の福祉を願うあなたは、日常のちょっとした瞬間でも人に対する気配りを忘れない。思いやりあふれるおっとりとしたキャラクターで周囲にこよなく愛される、幸せな人である。

仕事の適性

みなで助け合える社会をつくりたいという、根本的な欲求に動かされている。
「救済」を目的とした、できるだけ営利目的から遠い団体などに所属して活躍するとよい。たとえばＮＧＯなどの趣旨に賛同できるのであれば、適性あり。

人間関係の傾向と相性

自分はマイペースでいながら、他人のほうから近づいてくることが多い傾向がある。
しかし、8月29日〜9月2日生まれの人には、自分のほうからアプローチしたいと思うほど興味を惹かれるかもしれない。この相手が異性なら一目惚れの可能性も。また、わかり合うまでに苦労はするけれど、自己の幅を広げてくれるのが、11月初旬生まれの人。

長所と短所のまとめ

あなたの長所は、ガツガツしないリラックス感。けれども、あなたも4月生まれ、志はとても高いのだ。そこで、かなえたい理想を山のように積んでは、「どうしよう、まだかなっていない」と焦ることが。
「何ごとも一つひとつ丁寧に」こそ、あなたの鉄則だと知ろう。

ヴィーナス（金星）のささやき

愛は与えても与えても減るものではない。むしろ与えるほどにどんどん増えていくものだ。

April Thirtieth

4月30日

キレイなものが大好き、芸術的センスも抜群

あなたの誕生日力

誰よりも欲張りなあなたなのに、それを否定する行為で自分を偽ってはいけない。描いている楽園へと一足飛びに行けないのは、あなた自身が決めている掟。スローでもいいと毎日の無駄をゆったりと楽しんだなら、あなたが求めている真理の世界の景色が見えてくる。

あなたの性格

あなたの味わう人生とは、精神的、物質的を問わず、極めて多様な価値に彩られたものである。この生まれが「食い道楽」「着道楽」「贅沢」と言われるように、あなたの心の奥には「全てのもの、全ての可能性を手に入れて幸せになりたい！」と叫ぶ欲張りな願いがあるのだ。

キレイなものはみんな好き。芸術的なセンスは抜群で、美しいものには投資も厭わない。また、誰よりも輝いて生きたいという欲望から、好きなことをいろいろやる。そして何かにハマればとことんのめり込み、プロはだしの腕前になってしまうことも。

できれば偉業をなして有名になろうとさまざまに画策するので、成功も失敗も含めて多彩な体験をすることだろう。そう、あなたは欲張りでわがままな人生を展開する人なのだ。

仕事の適性

独特のセンスで自分の周りの環境を快適に整えようとする衝動が大きく、実際に行動力もある。そこを生かして、インテリアやガーデニング、好きであれば料理関係や美容関係の専門家として活躍することができる。

人間関係の傾向と相性

自ら進んで楽しい人、ビッグな人に近づき、多彩な人間関係をくり広げる傾向。

そんな中でも4月28日〜5月2日生まれの人とは、メリットを考えず人間的魅力のみでつき合いたいと思うはず。価値観の違いがかえって興味を引き、最終的にツーカーの仲に発展するのが10月30日〜11月3日生まれの人。9月初旬生まれの人とは恋愛相性。

長所と短所のまとめ

キレイなものに囲まれて、好きなように人生を楽しむスタンスがなんとも心憎い人。しかし、ものやお金がなくなると淋しくなり、急に元気がなくなってしまうところが。ふだんから計画的にお金を使い、蓄えを怠らないなど、生活面をコントロールすることが必要。

ヴィーナス（金星）のささやき

人に楽しませてもらうだけでは、もったいない。人を楽しませれば自分はもっと楽しくなる。

Column 2

「誕生月」と「日にち」の持つ意味

　ここでは誕生日の「月」の数字と「日」の数字に秘められた霊的なパワーの特徴について、詳しく見ていくことにしよう。

【誕生月に秘められたパワー】

1月……社会に名を出したい、社会に貢献したい
2月……今ある状況をよりよく改善したい
3月……全ての人と一体化したい、人好き
4月……強烈なやる気と行動力
5月……可能性の追求、楽しみを味わいつくす
6月……何でも知りたい、やってみたい
7月……人との距離を取るのが上手
8月……明るく楽しく、華やかな人生

9月……完全でありたいという願望、秩序を重んじる
10月……人の中で輝いていたい、バランス感覚
11月……物事を深く究める、集中力
12月……未知の世界への探究心、アクティブ

【誕生日に秘められたパワー】

1日……リーダーシップ、チャレンジ精神
2日……サポート役、協力者、敏感で感情が豊か
3日……楽天性・活動性、創造的で活発、チャーミング
4日……真面目、現実的、安定性
5日……社交的、好奇心旺盛、自由を愛する、遊び心
6日……正義感・責任感、几帳面、テリトリー意識
7日……個性と独立性、精神性、スピリチュアルな能力
8日……現実的、向上心、勤勉、野心、統率力
9日……精神性、博愛精神、理想主義、視野の広さ
10日……結果への強い意志、完成させ、形にすること
11日……改革、反抗心、よりよい未来を志向
12日……未知への探究、精神的生産性、内面的な豊かさ
13日……カリスマ性、一般からかけ離れた特殊な個性
14日……超越的・高度・難解なものをわかりやすく表現
15日……限界突破、外の世界に自分を押し出す底力
16日……自己変革、新しい世界に進む力
17日……未知の世界への媒介、メッセージを受け取る

18日……リスクを冒す、未知の刺激・領域を探究
19日……精神性と実際性の両立、精神と物質の融合
20日……意志の力、自分の求める状況を引き寄せる力
21日……イメージを実際化・現実化する力
22日……真面目さ、有能さ、両極端な物事を扱う能力
23日……冒険的、危機を扱う能力、両極を行き来する力
24日……可能性を追求、果てしなく追い求める力
25日……他者への理解、囚われない性格、個の確立
26日……大事にされる、一番よいところを受け取る
27日……一段上を目指す、精神・物質面で限界を目指す
28日……突破口を見出す、成長、次の世界に進む
29日……比較して価値を決める、知識を増やす、柔軟さ
30日……スケールの大きな生産性、異なる価値観の共存
31日……試行錯誤と安定感、旺盛な生産性と安定性

5月
May

The Encyclopedia of Birthdays

May First

5月1日

可能性に次々チャレンジ、政治的センスもあり

あなたの誕生日力

　果てしないあなたの欲求の全ては、あなたの「正直な心のありかた」とリンクする。今だけ欲していることなのか、心底望んでいることなのか、それとも、ただ心が渇いているだけなのか。あなただけしか知り得ない、「本音の答え」を知った先で、大きな世界が広がっていく。

あなたの性格

　あなたの描く人生とは、風変わりで面白い事件に満ちている。突然新しいことにチャレンジするあなたの行動は、周りから見ると「意味不明」。でもそれは、あなたが常に自分の可能性に目を向けている証拠である。

　生命力豊かな5月、その初日生まれのあなたは、あらゆる未来像を思い描き、それに向かう道すじを明らかにして突き進むのが特徴。

　人生をゲームと捉えて楽しみながら、いろいろなルートをシミュレーションしては、それに修正を加えていく——そして最終目標を定めたなら、それに向かってゆっくりじっくり最短距離を攻めていくのである。

　全体を政治的センスで見渡すことができるので、組織にあっては適材を適所に配する力を十分に発揮し、重宝されるはず。

仕事の適性

人事や人材派遣など人の配属に関する職種に、あなたの政治的センスが大いに生かされる。

芸術的なセンスと技術にも長けた面もあるため、監督やプロデューサーなど製作を管理する仕事への適性も、非常に高いと言える。

人間関係の傾向と相性

人に対する興味が強いあまり、人間関係は少し八方美人的傾向に。Aの案件についてはあの人に、Bの分野についてはこの人に聞こうと、人を使い分けることも。

そんなあなたを強烈に惹きつけて離さないのは、5月上旬生まれ。恋愛においてあなたをノックアウトしてしまうのが、8月31日〜9月4日生まれの異性。ピンチを救ってくれるのは、11月上旬生まれ。

長所と短所のまとめ

大きな可能性に向かって邁進する冒険家で、頼もしい限り。しかし、たくさんの可能性を見つめることで、あれもこれもと欲求が広がりすぎることがしばしば。

やりたいことに優先順位をつけて進むことが、成功の秘訣であると知ろう。

マーキュリー（水星）のささやき

人に関する情報を握れ。人をよく理解することは自分を理解することにつながる。

May Second

5月2日

挑戦心を忘れない多忙で有能な「やり手」

あなたの誕生日力

あなたが真に欲するものは、いくつもの険しい峠を越えた先にある。そしてその道程には、あなたの「覚悟」を試すための巧妙な罠や落とし穴が待っている。しかし、目先の物事に翻弄されず、自分の強さを見失わない限り、時には遠回りしてでも壁を突破して進めるはず。

あなたの性格

あなたの描く人生とは、多忙さに彩られている。有能なあなたをみなが頼って、いろいろ頼みごとをするうえに、わざわざ自分から仕事をつくってしまうところもあるのでは？

そもそもこの生まれは、自己の可能性に挑戦するのが好きで、また重い責任を負って活動することを誇りに思うタイプである。

だから、次々と新しいことに手を出しては重い義務を果たしていく——そんな生きかたになるだろう。

もちろんトラブルが起こるほどに燃え上がり、情熱はますます高まっていく。物事への取り組みかたは「計算と策略」がメインとなるので、特に経済活動にフィットするキャラクターと言えるだろう。

現代の「やり手」とは、まさにあなたのような人のことを言うのである。

仕事の適性

難しい仕事こそ自分の本領が発揮できると考えるので、たとえば対立する両者の間に入って意見や利害の調整を図るなど、さまざまな立場の人との間で創造的プロジェクトを監督するといったことは得意。責任と緊張を伴う作業全般に適性があると言える。

人間関係の傾向と相性

少しばかり制限のある関係を好むところがある。また、あなたの周りには問題を持ち込むタイプの人が多く、人の面倒を見ることになる傾向も。

そんな中で、9月1日～5日生まれは、むしろあなたの面倒を見ようとしてくれる人。この相手が異性ならば、ハッピーな関係に発展すること間違いなし。恋愛なら、11月初旬生まれも、かなり有望。

長所と短所のまとめ

この世に、あなた以上に役に立つ人がいるだろうか？「働き者」は、時代を超えた美徳。しかし、多忙を誇りとすると、余裕を持つことは罪悪のように感じられるもの。

休養不足で体調を崩してはつまらないので、やりすぎは禁物。

マーキュリー（水星）のささやき

調べよ。知識を持て。しかしその知識は使いこなしてこそ価値がある。

May Third

5月3日

🔎 人生を気ままに楽しく生きる天性の遊び人

あなたの誕生日力

　何ごとにも動じず揺らがない、あなたの心。だからこそ、全てに頑(かたく)なであっては、宝の持ち腐れであることに気がつこう。たとえ面倒であっても心を開き、人と関わり人生を展開していくことで、あなたに天与された宝は磨かれ、とびきりまぶしく輝いていくのだから。

あなたの性格

　あなたの描く人生とは、遊び感覚によって色が添えられたものである。といってもいいかげんなのではなく、人生に彩りを求め、自分のアイディアで楽しみや豊かさを創造するという意味である。

　5月生まれは、たくさんの可能性にチャレンジする傾向があるが、あなたも人生に挑戦し、楽しく快適な生活をつくっていこうとする力にあふれている。

　そして、遊びには必ずルールがあるように、人生ゲームにも犯してはならない決まりがあるわけで、あなたはこの制限をしっかり守り、きちんと段階をクリアすることを忘れないだろう。

　そんなわけで、人より勝手気ままに振る舞っているように見えても、身を持ち崩したり、危険に遭遇したりすることはないはず。「天性の遊び人」とは、実はあなたのことなのだ。

仕事の適性

「ここまでは大丈夫だけど、これ以上は危険」という境界線を見きわめる能力に長けている。

タイミングよく動いたり手を引いたりする能力を生かせば、株式投資や不動産の売買、また、それらに関するアドバイザーとしても大いに活躍できる。

人間関係の傾向と相性

常識では理解できないユニークな人や、独特の人生哲学を持った人とのおつき合いが多い傾向。

特に2月上旬生まれの人とは、おたがいそこにいるだけで刺激を与え合う関係に。ある意味で緊張感の高い人間関係の中で、9月2日〜6日生まれの人とは、ホッとくつろいだ時間が過ごせそう。この相手が異性なら素敵な恋の対象にも。

長所と短所のまとめ

実生活の制限の中で上手に自分の世界をつくる能力は天晴れ(あっぱ)だが、ある意味あなたは「恐いものなし」。

絶対の自信から他人の言葉に耳を貸さないことが、人生が停滞する原因になることも。心の扉は常に開けておくよう、心がけること。

マーキュリー（水星）のささやき

共有せよ。どんなものも他人とシェアすることによって、もっと広がっていく。

May Fourth

5月4日

静かに優雅に、淡々と目的を達成する人

あなたの誕生日力

あなたの可能性は、あなたの心の広がりと比例する。それを認めたうえで、真に好きなことや興味のあることだけに的を絞っているのであればいいが、興味の幅が狭くなれば、やがて人生が窮屈になっていく。見た目の好き嫌いだけで心を閉ざしていたなら、もったいない。

あなたの性格

あなたの描く人生とは、謎の色に包まれたものである。というのも、あなたは多くを語らず、「何を考えているかわからない人」というキャラクターで通すから。

そもそもあなたは、どんなことでも自分の内で処理できるので、わざわざ人に何かを言う必要がない。そのうえ心が大人で社会的なセンスもあり、この世の中を渡っていくのに、何の不安も不自由もないのである。

だからこそ、何でも一人で決めてさっさと策略を練り、可能性に向かって淡々と邁進(まいしん)することになるわけだ。難題にもチャレンジするが、たとえそこで逆風が吹いたとしても、そんなことは想定内。計画を修正し、慌てず騒がず進んでいくことだろう。

不思議なくらい静かに優雅に、安定した世界を実現していく人なのだ。

仕事の適性

世の中の仕組みや経済活動におけるシステムを、よく理解して利用しようとする意志があり、また、自己肯定感の強いあなたは、自分で何かを始める力にも恵まれている。会社経営などに非常に向いていると言える。

人間関係の傾向と相性

人間関係は「広く浅く」という傾向にあるが、人脈は大切にする。

あまり深いつき合いをしないあなたながら、9月3日〜7日生まれの人とは、なぜか心許せる関係に。恋人として絶対の信頼をおけるのが、5月上旬生まれの異性。時間をかけて愛を育んでいく。よきライバルとしてあなたを燃え上がらせてくれるのは、11月3日〜7日生まれ。

長所と短所のまとめ

全てを淡々と成功に導く力は、人もうらやむ長所。しかし、仕事帰りに誘われる飲み会をいつも断って帰ってしまうカタブツ社員のように、楽しみやつながりを「よけいなもの」として切り捨てるクセは短所。人や場との循環が切断されて、可能性自体が狭まっていくことに……。

マーキュリー（水星）のささやき

相手がよいか悪いかではない。あなたの距離の取りかたで、よし悪しの印象は変わってくる。

May Fifth

5月5日

自分のオリジナルの価値観をとことん追求する人

あなたの誕生日力

　表面上のことだけに囚われていたなら、「心が真に欲していること」に気がつけない。あなたが本当に求めているのはきらびやかなイミテーションではなく、地味でも「確かな価値」を感じられる本物。それはあなたが抱えている、重い荷物を手放した先でつかめるはず。

あなたの性格

　あなたの描く人生とは、新鮮な感受性に光を添えられたものである。

　そもそもこの生まれは、ものに感じて豊かに心を遊ばせるタイプ。5月生まれは基本的に、人生の可能性に果敢に挑戦し、楽しみを味わいつくそうとする貪欲なところがある。そして、あなたもまた、ロマンを味わう絶妙な舌を持っているのだ。

　ただ、あなたが本当に追い求めたいものは、全くの新しいもの。社会的にすでに認められたものには興味がなく、自分だけが発見したことにこだわりたいと思う。オリジナルの価値観に関しては、誰が何と言おうと追求する姿勢を崩さない。

　そんなあなたを周りの人は「思い込みの激しい人」「取るに足らないものに血道を上げる変な人」と取るが、それでこそあなたの人生は最高に輝くのだ。

仕事の適性

世の中に新しいものを提案していく、そんな位置があなたにフィットする。

ロマンティシズムとオーバーなくらいの表現力を生かして、思いを形にすることに向いている。絵や小説、映画や舞台など。ユニークなお店などを経営するのもバッチリ。

人間関係の傾向と相性

周囲を取り巻く人間が変わらなくても、相手との関わりかたを微妙に変えることで、いつも周囲と新鮮な関係を保てる傾向がある。

5月3日〜7日生まれは、おたがいに心底同調できる間柄。9月4日〜8日生まれは、よきアドバイザーに。10月5日〜9日、11月4日〜8日生まれの人は、あなたに試練を与え、それによってあなたの人間性を磨いてくれそう。

長所と短所のまとめ

誇るべきは、メジャーな位置から外れても無邪気に自分の世界を追求する姿勢。人生の一時期、「やはり社会のどまん中に位置していたい」と迷うけれど、形に囚われた瞬間、手に入れたい極上のロマンは逃げていくことに。あくまで自分の感性を信じていこう。

マーキュリー（水星）のささやき

今持っているものを手放さなければ、もう一つは得られない。執着するな。

May Sixth

5月6日

堅実で真面目、「意味づけ」を大切にする人

あなたの誕生日力

自分さえその気になれば、何でも手に入れることができると思っている、その心に蓋をするのはやめよう。たしかに一足飛びには望む場所へはたどり着けないけれど、偉大なる旅だからこそ、夢を想像の中で終わらせない覚悟を持つこと。貪欲な自分を信じてみる価値はある。

あなたの性格

あなたの描く人生とは、あらゆる調和に満ちたものである。この生まれは真面目であり、日常の細部に関してまでも、常に意味づけを徹底させる。
「なぜそれをするのか、この事柄に、どんな意味があるのか——」。自分の行動を良心にキッチリと照らし合わせて選択するので、あなたのやることに矛盾はない。そして、軽はずみに自分の心と違うことを言ったりすることもないだろう。
こうした堅実なキャラクターは、あなたの「正しく生きたい」という欲求からくるもの。「本心で思うことと肉体が欲していることとは、そもそも矛盾する」と感じているあなたは、その本心のほうに添った行動をしたいと切に願い、心と肉体、自己と他者のバランスを取ることで、着実に進もうとするのである。

仕事の適性

徹底的にこだわる性格は、あなたが天性の技術者であることを示している。「手に職」とよく言うが、あなたこそ真の職人。理屈より「できるかできないか」が問われる世界のほうが、あなたの気性を生かしやすく適性があると言える。

人間関係の傾向と相性

あなたの親切でやさしい印象が、たくさんの人を引き寄せる傾向。

同じ5月上旬生まれの人は、性別や年齢にかかわらず、あなたにとって親友候補。価値観をよく理解し合える、ご機嫌な関係に。また3月上旬生まれは、心を癒してくれる不思議な相手。異性ならば恋が芽生えるかも。9月5日～9日生まれの人は、文句なしに好意が持てる相手。

長所と短所のまとめ

自分が納得すれば、どんなことでも力強く達成してしまえるタイプ。貪欲な人生も長所と言える。

ただ、周りの要求に応えてあげたいという親切な気持ちがおだてに弱い性格を助長し、冷静な判断を狂わせることがあるので注意しよう。

マーキュリー（水星）のささやき

他人に弱みを見せるのを恐れるな。腹を割れば、必ず人はあなたを友人として歓迎する。

May Seventh

5月7日

他人の協力を得て、夢に向かって飛翔する人

あなたの誕生日力

　控えめとか、引っ込み思案だとか、自分のことをそんなふうに考えているなら、それは大きな間違い。あなたの心の中で起こる葛藤、そしてそこから生まれてくる磨き抜かれた判断力には、大いなる知恵がつまっている。それを生かすことで、あなたの求める環境がつくられていく。

あなたの性格

　あなたの描く人生とは、自己の力と他人の助力とのコラボレーションである。あなたは、5月生まれに特有の「可能性の追求」を究める人。

　しかし、ひと味違うのは、5月の他の日生まれの人が何でも自分一人でことをなそうとするのに対し、自分の思いを他人に伝え、手の内さえさらけ出して、みなとともに進もうとする点である。

　自分と他人との境界線をうんと低くすることによって、あなたは他人の親しみと理解、大いなる協力を得ることができる。重い荷物を人々と分けて持ち、身軽になったところで自分の夢に向かって飛翔するだろう。

　そんなあなただからこそ、自分でチャンスを取りに行くのはもちろん、他人から幸運な機会が棚ボタ式にもたらされるようなことも出てくるはず。

仕事の適性

自他の垣根を取り払って相手の心を読み、本心からの考えを引き出すのが得意なあなた。そんな才能を生かして、相談業的な職業に就くとバッチリ。

心理カウンセラー、各種コンサルタントは、あなたが最も輝く仕事。

人間関係の傾向と相性

あなたの話を真剣に聞き、辛抱強くつき合ってくれるのは、5月5日〜9日生まれの人。この相手が上司や年上の人の場合は、あなたが心底敬愛する人物となる。

一緒に夢に向かって行動できるのは、9月6日〜10日生まれの人。優秀な相棒に。恋愛では、3月上旬生まれとは温かな恋、11月上旬生まれとは激しい恋に。

長所と短所のまとめ

若い間は「自分の夢を人とシェアしたいけれど、なかなかできないのは、自分が引っ込み思案だから?」と悩むことが。

自他を比較し、距離感に悩む経験を積み、自分が成長して、初めて「みなを味方につける」という長所が発揮できるのが通常。焦りは禁物。

マーキュリー（水星）のささやき

生活の中で疲れを感じたら、自然の中へ。あなたの中から無限の力が湧き出てくる。

May Eighth

5月8日

習慣、常識に囚われない器の大きい人

あなたの誕生日力

　果てしないあなたの欲望は、あなたの心の器とリンクしている。あなたの中にあるとめどなくあふれる深い泉は、心がエゴでいっぱいになってしまうと、循環できずに、淀んだ底なし沼となる。自身のありかたを問い、独り占めするのをやめた時、真に満たされる瞬間を知るはず。

あなたの性格

　あなたの描く人生とは、本当に大切なものに向かって闊歩（かっぽ）する雄々しさを特徴に持つ。

　この生まれは偏見やこだわりのない、まっさらな心を持った人。だから、習慣や常識に縛られた考えかたはしない。白紙の心で「本当の価値」というものを見つめ直し、納得できたならば、迷いなくそれに向かって身も心も捧げるのである。

　自分の内なる声が「よし」と言えば、人が誰も手をつけたことのない未知の分野にさえ切り込んでいく。

　習慣を破って"もっと、もっと"と進んでいく過程では、時には古いものと摩擦が生じることもあるだろう。それはたいてい権威があって強力、思いのほか大きな戦いになるけれど、それをエキサイティングな経験として楽しむ度量も、あなたは持っているのである。

仕事の適性

大きな視野で全体を見る役目に適性がある。どんな職場に所属するにせよ、新しいビジョンを描き、人にそれを伝える、クリエイティブなポストが向く。

ルーティンワークや日々の細かい雑事は、エネルギーダウンのもとに。

人間関係の傾向と相性

基本的に人に好かれやすいキャラクターの持ち主であり、さまざまな人の気持ちを偏見なく受け取ることができる傾向がある。

5月6日〜10日生まれの人との間には、肩肘を張らなくてもよい自然な関係が築ける。11月7日〜11日生まれの人は、あなたの欠点を上手にカバーしてくれるはず。9月上旬〜中旬生まれの異性とは、恋愛面で好相性。

長所と短所のまとめ

動機が純粋であるがゆえに、全身全霊でことを成し遂げる。その推進力はピカイチだが、これまで大切にされてきた古いものを排除する時の態度にエゴや狭量さが混じると、目的の純粋さが損なわれ、意味がぶれてしまうので、注意しよう。

マーキュリー（水星）のささやき

何ごとも一人ではなし得ない。周りの人の協力がいかに偉大かを知れ。

May Ninth

5月9日

おおらかな心で全てを肯定的に捉える人

あなたの誕生日力

　研ぎ澄まされた感覚を内に秘めながらも、それを周囲に感じさせない、そのキャラクターづくりは実にお見事。あなたは、嫉妬などは寄せつけず、欲しいものはしっかりと手に入れる。満たされたと感じた以上に、周囲にそのいいエネルギーを分け与える気持ちを持てば、さらに運気は上昇。

あなたの性格

　あなたの描く人生とは、ゆるやかな流れに浮かぶ舟のようなものである。

　おおらかな5月生まれの中でも、とりわけ寛容で心の広いのが特徴で、「あなたが怒ったり泣いたりしているのは見たことがない」と言われるタイプ。

　あなたは、自分はもちろん他人にも大きな信頼を寄せており、物事の明るい面を見るのが得意。恐怖感もないため、たとえ否定的な状況が起こったとしてもジタバタせず、むしろ楽しむことができる。そして実際、のんびりゆったり、努力をしている様子もないのに欲しいものを引き寄せるような、不思議な運を持っているだろう。

　そんなあなたは、行きづまった時にも無理に頭でものを考えようとせず、ただ流れに身を任せることでよい結果に導かれるはず。

仕事の適性

あなたは、二つ以上の意見をまとめる能力があり、また、人と人とを取り持つことも得意。そんなところから、調停員、紹介・仲介業などが適職。

組織の中にあっても、潤滑油的な役割を担うと、重宝がられるはず。

人間関係の傾向と相性

おおらかで心が広く、寛容なので、安定した人間関係を築く傾向。

その中でも9月8日〜12日生まれの人とは、特別に深い信頼関係で結ばれる。また、表現のしかたが違うので誤解しやすいけれど、根本のところで非常に理解し合えるのが、11月8日〜12日生まれの人。目上の人がこの生まれなら、引き立ててもらえる。恋愛面では、7月初旬生まれの異性と好相性。

長所と短所のまとめ

リラックスし、全てを肯定的に捉える鷹揚(おうよう)さはあなたの長所。しかし、運がよく、どんなことでもうまくいくからといって「物事とは、こんなものだ」とナメきってしまうと、正しい目的を失って、欲ばかりが増殖するという悲しいことに。

マーキュリー(水星)のささやき

押しても引いてもダメな時は、何もしない。空(から)の心にこそメッセージは届く。

May Tenth

5月10日

伝統と先人の知恵を愛する知的なリーダー

あなたの誕生日力

 あなたの真の欲望は、単なるものでは満たされない。日常の中で起こる、あなただけが理解可能な感覚を大切にすること。たとえ小さなことであっても、五感をフル活用して挑む姿勢が、とても大きなことへと結びつく。そして、あなたが心底欲しかった至福へと到達する。

あなたの性格

 あなたの描く人生とは、伝統の色で染め上げられたもの。

 この生まれは、堅実で確かなものを好み、若い頃から茶道などの伝統文化や、古めで渋いデザインのものが好きな場合が多い。

 とにかく自分の判断基準としては、昔からの価値あるものに則(のっと)るのが一番だと思っているようなのだ。
「流行のものや奇抜なものよりも、実質的で威厳に満ちたもの」「尊い自分の人生を導いてくれるのは、歴史的にすばらしさが証明されている先人の知恵」——そう考える真面目なキャラクター。

 あなたは読書や研究を欠かさず、興味のあることを真剣に学んで、知的なリーダーとして多くの人とともに現代の文化を創造していく人である。困難にあっても、深い知恵の中から突破口を見つけることができるだろう。

仕事の適性

伝統的な価値を守る仕事に適性がある。先人の知識を集めた図書館を管理する司書、博物館学芸員など。また、過去の叡智を研究する学問の研究員なども、あなたの生まれながらの資質を生かせる職業となる。

人間関係の傾向と相性

人に対して強い影響力を持っている人なので、信奉者も多い傾向がある。

同じ5月中旬生まれの人たちとは、対等に話ができておたがいを豊かに育て合うことができる間柄に。11月9日〜13日生まれは、おたがいにないものを持っているライバル。また恋愛において、9月9日〜13日生まれの異性は、まるごと包んでくれる恋人に。

長所と短所のまとめ

勉強熱心で、どんなことも知恵と知識を武器にこなしていける。

しかし時々、流行しているもの、ノリのよいものを「底が浅い」として軽視することが。それが原因で仲間から浮いてしまったりするのは、実生活において辛いところと言える。

マーキュリー（水星）のささやき

華やかなイベントは、あなたのエネルギーを上げる。たまには無礼講で！

May Eleventh

5月11日

逆風の中でこそイキイキできる稀有な人

あなたの誕生日力

　その保守的なものの見かたは、あなたの心を守りもするが、敵も生んでしまう諸刃の剣。常に冷静沈着であろうとするスタンスと、ただ単に頑なであることの違いを見きわめて。駆け引きする術を身につけ、自分が安心できる領域を広げれば、そのままあなたを拡大させられる。

あなたの性格

　あなたの刻む人生とは、自由とレジスタンスをキーワードとしたものである。かなり頑固に自分の生きかたを主張するこの生まれは、周囲からの抵抗や圧力の強い、不安定な状況や逆風の中でこそイキイキできるという稀有な特徴がある。平坦な道を歩いていると退屈し、わざわざことを荒立てることもあるだろう。

　一方、人間として「本当によいこと」をしたいという真面目な部分も持ち合わせており、無理をして人のために尽くすことも往々にしてある。

　どちらにしろ、困難に負けず自分が「こうしたい！」ということに向かって、やりすぎと思われるほどにがんばるタイプ。自分のやりかたを確立すると、それ以外のやりかたを認めなくなり、頑固な保守派に陥るところは改善したい点。

仕事の適性

社会不安に翻弄される人、路頭に迷う人などの状況をよく理解し、うまく導くことができるので、その才能を生かせる福祉関係の仕事に向く。

人に最適な道を示すケースワーカーや、各種相談業などの仕事は適性あり。

人間関係の傾向と相性

あなたの「他人の役に立とう」とする姿勢によって、あなたに協力してあげようと思う人がたくさん周囲に集まる傾向がある。

9月10日～14日生まれの人とは、利害や策略の全くない、心楽しい関係が展開しそう。また、7月中旬生まれの相手は、あなたが迷った時のよき相談相手に。初対面で気になる11月10日～14日生まれの異性は、恋のお相手。

長所と短所のまとめ

やり手で逆境に強いあなたは、基本的に恐いものなしの最強人間。

しかし、自由を主張しても、保守的になっても、どちらにしても敵をつくる傾向がある。無用の傷つけ合いを避けるためにも、できる限り穏便な言動を心がけよう。

クロノス（土星）のささやき

自分の力をはるかに超えたことをなそうとする時は、人を上手に動かすことを考えよ。

May Twelfth

5月12日

一芸に秀でるプロフェッショナルとして大成

あなたの誕生日力

　あなたの揺るぎない着実さにはエールを送るが、そのマイペースぶりについての説明は不可欠。おっとりとして鷹揚(おうよう)であることは、ある意味あなたの武器だが、無用の誤解を招いては、心と身体を無駄に消耗させてしまう。健全なる精神、完全なる燃焼こそ、あなたの道。

あなたの性格

　あなたの刻む人生とは、一芸に秀でるものの一徹さを特徴とする。この生まれは鷹揚な人柄で、どちらかといえば引っ込み思案。のんびりと楽に暮らすタイプかと思えば、がぜん、張り切り出す時がくるのである。

　自分さがしに時間をかけるが、取り組みたい対象が明確に決まった段階で、とてつもない集中力を発揮してその技術の習得に明け暮れるだろう。

　あなたは、もともと備えた資質にその徹底的な鍛錬で磨きをかけることにより、他の追随を許さない専門性を身につけることになる。

　人好きで淋(さび)しがりやのわりに、自分の専門にかけては何年でも孤独な作業に耐えられるのが珍しいところ。困難を排し長期の働きかけを続けることで、業績と揺るがぬ名声を手にするに違いない。

仕事の適性

一つのことをあきらめずにずっと続ける、専門家的な仕事に適性がある。好きなこと以外はできないので、できるだけ早く心の琴線に触れるものを見つけたいところ。

特殊な技術を持つ職人として、これまでにない分野を切り開いていく資質もある。

人間関係の傾向と相性

人間関係の幅はそれほど広くはないが、親しい人の一人ひとりはとってもユニークな傾向。

5月中旬生まれの友人は、あなたの価値観の全てをわかってくれるありがたい人。9月11日～15日生まれの人とは、おたがいにパワーを与え合える関係。11月中旬生まれの異性は、惜しみない愛を注ぎ、あなたを人間として成長させてくれる。

長所と短所のまとめ

専門技術や創作物を通じて理想を表現できるのは、喜ぶべき「神のギフト」。

しかし、奥ゆかしい人柄のために言葉による説明が少ない傾向があり、周囲とうまく交流できずに孤独を感じてしまうことが。自分の気持ちを表現する訓練をしてみよう。

クロノス（土星）のささやき

全ては時が解決する。時間をかけるのを恐れてはならない。

May Thirteenth

5月13日

目標を確実にクリアしていく超現実派

あなたの誕生日力

あなたがプラスと感じてつくり出す心のフィルターは、目の前の小さなことへの確かなプロテクター。でもそれは、大きく羽ばたこうとするあなたの行く手を邪魔する。真のあなたが目指す、成功に必要な五感は、マイナスさえも味わってこそ磨かれる。

あなたの性格

あなたの刻む人生とは、超がつくほど現実的なものである。

気持ちのいいくらい割りきった考えかたをするこの生まれにとって、夢や理想は実現してこそ意義のあるもの。甘い夢は無益なだけでなく有害でさえある、と考える。

だから実社会で功績を上げ、確実に目標をクリアしていくことに何よりもエネルギーを使うのである。そしてあなたは、「自分がのし上がっていくためには誰かが落ちなくてはならないし、自分が何かを得るということは誰かが損をすることだ」という世界観のもとに、世の中に勝負に打って出ることもあるだろう。

そんなあなたは当然、競争社会に強く、働き手としてこの上なく重宝される人。誰も考えつかないような戦略で、速やかに逆境を脱出する手腕も見事。

仕事の適性

スケールの大きなところでは、組織づくりに適性がある。

機能のすぐれた団体を、大小を問わず抜け目なく組み上げることができるので、身近なところではマネジメント、営業などは適性あり。

また、事務などにおいても役に立つ人と言える。

人間関係の傾向と相性

広げたり、切り捨てたりと、多少、非情なところはあるが、うまく人間関係を整理できる傾向がある。

そんな中で、9月12日〜16日生まれの人とは、常に温かく安心感に満ちたつき合いが展開しそう。10月中旬、11月中旬生まれの人には攻撃をされながらも、なぜか意気投合できる相棒に。恋愛面では、5月11日〜15日生まれの異性と熱愛の可能性が。

長所と短所のまとめ

たいていの場合は「向かうところ敵なし」の強いあなた。しかし、時に敵の勢力に過敏になるあまり、ちょっとしたことで過剰防衛になってしまうことも。そうなると小さくまとまってしまうので、多少の傷を受けることを厭わずに進もう。

クロノス（土星）のささやき

もうダメだと思ったところで、もうひとがんばり。それが成功への秘訣である。

May Fourteenth

5月14日

セレブ気質で洗練されたおしゃれな人

あなたの誕生日力

持ち前の忍耐力はとても強靱であり、あなたの人生に役立つパワーの根源。だからこそ、目の前に起きる事柄全てを単に我慢してやりすごしていないか、という自問は必要。そして、単なる「やりすごすだけの我慢」と「目標を達成するための辛抱」との大きな違いに気がつけた時、あなたは輝き出す。

あなたの性格

あなたの刻む人生とは、贅沢(ぜいたく)な時間に彩られたものである。そもそもこの生まれにとって生活とは、「快適で美しいもの」でなくてはダメ。

そこであなたは、仕事もがんばれば、アフター5にも習いごとや講座に通って自分磨き。人一倍欲張りで豊かな暮らしを実現しようとするだろう。目指すは、お金にも社会的地位にも文化的にも恵まれた「セレブ生活」。

ちょっとばかり変わったこだわりはあるにしても、あなたは生活全体をバランスよく安定させる力があるため、思惑通りに、周りから「洗練されていておしゃれ」と感心されることになるはず。

そうして自分の生活に満足すると、今度は周囲の人と豊かな暮らしを共有しようと動くようになり、与える喜びを知って魂はますます輝きを増していく。

仕事の適性

社会に役立つ有形無形のものを流通させる能力がある。自分の洗練された生活をモデルにして、商品や思想を伝えるような仕事が向いている。

たとえば、豊かな人間関係から権利的収入を得るマルチビジネスがその一つ。

人間関係の傾向と相性

つき合う相手は、社会的地位のある人、名のある人がかなりの割合を占めるので、優雅できちんとした対応を要求されることが多くなる傾向がある。

そんな中で、5月中旬生まれや、9月13日～17日あたりの生まれの人は、一緒にバカ笑いができる心底楽しい相手。あなたを最高の恋へとエスコートしてくれるのは、11月13日～17日生まれの異性。

長所と短所のまとめ

セレブ気質で、性格的にも余裕のあるあなたは人気の的。しかし気がゆるむと、持ち前の耽美衝動が高まっていき「贅沢好きのなまけもの」に……。

目の前にやってくる面倒なことや試練をコツコツとクリアする辛抱強さをいつも忘れずに。

クロノス（土星）のささやき

まず人のために行動せよ。3倍の報酬になって返ってくる。

May Fifteenth

5月15日

孤独を愛する職人・芸術家肌の人

あなたの誕生日力

あなたの心の状態と、行動領域とは比例する。心が安らいでいる時は、温かく雄大な気持ちで行動し、人を受容する。しかし、そうでない時は、本来は強みとなる慎重さが裏目に出て、行動範囲も極端に狭くなってしまう。自分の気持ちを調整できた時、あなたが待ち望む楽園の扉は開かれる。

あなたの性格

あなたの刻む人生とは、こだわりの芸によって特徴づけられるものである。そもそもあなたは多彩な才能の持ち主。この生まれは、たいてい人に負けない趣味・特技を隠し持っており、実は職人や芸術家が多いものなのだ。

しかし、基本的に孤独を愛する性格で自己批判的、こだわりが強く簡単には人に心を開こうとしないため、結果として一人で黙々と、ハードルを飛び越えようと奮闘することになる。

だから、自分が仕上げた仕事も作品もおおっぴらに世間に公表しないことが多く、その見事なまでの出来栄えは身近な人しか知らない、ということになりがち。

でも、たとえ限られた人の中にでも認めてくれる人はいるわけで、そこから大きな世界に飛び出し、大成功を収める可能性が生まれてくる。

仕事の適性

自分の趣向に合わせて、表現活動をしていくことに適性がある。ただし、いきなり職業としての頂点を目指さずに、最初はミニコミ、自費出版、インディーズなど、マイナーな方面から攻めていくのが安心である。

人間関係の傾向と相性

人間関係は、本当に心を開ける相手とだけ、つき合いたいと願う傾向にある。

5月13日〜17日生まれの人は、そんなあなたの願い通り、決して裏切らない頼もしい友に。年齢や性別にかかわらず一緒にいて活気が出るのは、9月14日〜18日生まれの人。そして恋愛面でビビッと電流が走りそうなのは、11月14日〜18日生まれの異性。運命を感じるかも。

長所と短所のまとめ

あなたにしかない才能をみなのために生かせるのは、幸いである。

しかし、そもそも偏屈なところがあるうえに、好調時と不調時の波が大きいので、好調の時は天使、行きづまると悪魔、といった人柄に。生活に調和と安定が保たれるよう、心を広く持っていこう。

クロノス（土星）のささやき

才能のある者ほど、最初の頃はたたかれるものだ。批評されているうちが花。

May Sixteenth

5月16日

いつも相手の心に添うことを忘れないやさしい人

あなたの誕生日力

　その愛嬌のよさや人なつっこさは、あなたの存在そのものであり、周囲の人々を安心させる力がある。そんなあなたにしかない魅力は、あなた自身が慈しみ大切に扱ってこそ、真に輝きが増大していく。あなたの魅力がますますアップすることこそ、あなたが求めている贅沢の極みなのである。

あなたの性格

　あなたの刻む人生とは、世にやさしさを満ちあふれさせる道程である。この生まれの人はおだやかで、人の話によく耳を傾ける。偏見がないので、あなたの意見はすんなりと人の心に通り、相手はきっとあなたに対して「この人のそばにいると素直になれる」と思うはず。

　いつも楽しそうにほほえんでいる姿は、あなたの周りの人にとっての光。あなたが女性ならば、まさに「大和撫子」！　そう、あなたには日本古来の「男のありかた」「女のありかた」を体現しているようなところもあるだろう。

　5月生まれ特有の「堅実さ」から、動かぬ価値のあるものを好むが、あなたも自分の生きかたの中に、伝統的な考えかたを取り入れているように見える。土着的な芸術・芸能に向いている場合も。

仕事の適性

昔からの文化を引き継ぐ、もしくはそれを新しい活動の中に取り入れるようなことに適性がある。

伝統的な手作業や芸能を継承して普及させるのは、最もあなたに向いた仕事と言える。歴史の知識を生かす仕事でも活躍の可能性が。

人間関係の傾向と相性

恋愛では、自分の気持ちより、おたがいの家柄や社会的地位をやや重要視する傾向。

そんな中、9月15日〜19日生まれの恋人となら、純粋に愛情を信じ合うことができるはず。3月下旬生まれ、5月中旬生まれの人とは、不思議と運を強め合う関係。一緒に行動すると、何ごともスムーズに。心を癒してくれるのは、7月中旬生まれの人。

長所と短所のまとめ

いつも相手の心に添うことを忘れない。でも、自己主張しなければならない場面で、「昔からそれが正しいと決まっているじゃないですか」といった前例踏襲や権威主義的な態度に出ることがまれにあるよう。それだと周りが引いてしまうので、お手柔らかに。

クロノス（土星）のささやき

温故知新。変わらぬものの中に新しさを取り入れよ。

May Seventeenth

5月17日

新しもの好きで多趣味・多芸な人

あなたの誕生日力

　生まれながらにしてあなたの中に息づいている美を感じ取る力。そのすばらしい力を素直に信じ、あなたなりの関わりかたで、堅実に育てていくこと。それがあなたが今世、生きていく道。果てしない懐の深さに、大きな慈悲が加味されるその時、あなたの活躍は永遠に。

あなたの性格

　あなたの刻む人生とは、粋な、独特のスタイルで固められたものである。

　この生まれは人間的にまろやかで、おっとりして見えるけれど、実際のところ、思いきりこだわる性格である。そんなあなたがつくる生活の「型」はおしゃれで、周囲の人がこぞって真似をしたがるほど。

　5月生まれの特徴である「堅実に可能性を追求する」は、あなたのモットーとして生きており、物事をコツコツと実現する。

　しかし、この生まれは一つのゴールが見えると、すぐさま次の目標を見つけてダッシュを始める傾向がある。一つできたら、また一つ……こうしてあなたは多趣味・多芸に。中途半端な感じはあるものの、この"新しもの好き"の部分が、あなたのセンスと若々しさを養ってくれるのだ。

仕事の適性

美的な感覚を生かす仕事に適性がある。できれば身体を使って作業する分野がベスト。

たとえば、エステ・美容関係、手芸、彫金など、自分の身体を使った仕事には向くが、たとえ「美の表現活動」であっても、ＣＧのようにバーチャルなものでは、満足度がやや低めになるかも。

人間関係の傾向と相性

新鮮な人間関係を望み、自分から活発に出会いを求めていく傾向がある。

9月16日〜21日生まれの人は、あなたのよきパートナーであり、あなたの人間関係の輪をうんと広げてくれるキーパーソン。理解しがたい部分はあるものの、よく話し合うと実に味のある相手が、11月16日〜20日生まれの人。恋愛の相手としても最高。

長所と短所のまとめ

自分には厳しいけれど人当たりは極めてやわらかく、みなから愛される。ただ、自分の世界をあれもこれもと広げすぎると、人にも物事にも八方美人的になり、信用を失うことに。何が大事か優先順位をつけて進めることにしよう。

クロノス（土星）のささやき

つるんでいても、他人は他人。あなたが動かなければ、あなたの成功は手に入らない。

May Eighteenth

5月18日

ドラマティックなサクセス・ストーリーを歩む人

あなたの誕生日力

あなたの中から純粋にあふれ出る欲望に蓋をしてはいけない。一度欲しいと感じたなら、それは必ず手に入れるという、自分の気持ちに正直になり、大切にまっすぐに育てること。その簡単にはあきらめない、ネバー・ギブアップ的精神は、あなたを「偉大なる道」へと導く。

あなたの性格

あなたの刻む人生とは、まさにドラマティックなサクセス・ストーリーである。

5月生まれは有能な人が多いものだが、あなたもその例にもれず、何をやらせてもできてしまう「やり手」人間。多才で器用、そして野心もある。そんなあなただから、常に大きなチャンスがやってくる。

たまにはもろに人生を左右するようなビッグな選択肢にぶつかることがあるが、そんな時、あなたはとことん迷うだろう。どちらを選んだところで成功することは間違いなしだが、あなたは「どれだけ成功するか」ということより、「どのようなストーリーで成功するか」のほうがはるかに大切だと考えるからだ。

根本的に大変な格好つけで、強烈な自意識を持っているのだ。迷いすぎてタイミングを失しないように！

仕事の適性

戦略にすぐれた力を発揮する。対立する意見を調整する仕事、異なる見解が乱立する中でそれをまとめ、最も有利な行動を模索するような仕事は、あなたにピッタリ。

派手で競争の激しい業界、動きの速い業界で勝負することにも適性あり。

人間関係の傾向と相性

広い人間関係を持ちながらも、時には忙しい日常から逃れるエアポケットが欲しいと感じる傾向がある。

同じ5月中旬生まれの人は、あなたを温かい友情で包んでくれる相手。さわやかな心遣いでおたがいを元気にし合えるのは、9月17日〜22日生まれの相手。ガシッと心をわしづかみにされるように恋に落ちそうなのが、11月中旬生まれの異性。

長所と短所のまとめ

才能にも物質にも恵まれた人生は、周囲の憧れ。

しかし、あなたの中にはたった一つ、「欲しいものであればあるほど、それに対して臆病になる」という欠点が。執着が激しければ激しいほど、それを手に入れられなかった時の恐怖も大きいよう。

クロノス(土星)のささやき

人より大事をなすべき人は、試練もまた大きいもの。泣き言を言わずひたすら進め。

May Nineteenth

5月19日

桁はずれな集中力で「好きなこと」を追求する

あなたの誕生日力

　誰よりも深い心の持ち主だからこそ、我慢強いだけでは、「行くべき道」は開けない。自身の気持ちと裏腹な現象が起きた時には、「なぜか？」をとことん探ること。心の奥底にある計り知れない思いを一つひとつ解放していくことは、あなたの使命でもあるのだから。

あなたの性格

　あなたの刻む人生とは、すさまじい集中力によって輝いていくものである。あなたは積極的で、人生に大きな刺激を求めたいタイプ。本来なら他の５月生まれと同様、あらゆる可能性を追求して多彩に動いてもよさそうなのに、この日生まれに限っては「好きなことだけやる」という一点豪華主義。気の進まないことは、どんなに責任があっても、打っちゃってしまうだろう。

　気が向けば寝食を忘れて何年でも集中するので、その分野で評価されて指導的立場に就くこともしばしば。しかし、何しろそのこだわりの強さだから、あなたについてこられる人はあまり多くないかもしれない。

　視点が斬新すぎて、時代の二歩も三歩も先を行くあなたは、基本的に孤独な天才と言うことができるだろう。

仕事の適性

　その集中力と探究心から、とにかく自分の好きな分野でプロを目指すのが一番と言える。そうでなければ、人に何かを伝える仕事もなかなかに有望。立て板に水というわけではないが、あなたの独特のウィットに富んだ言葉は人を大いに引きつけ、動かすはず。

人間関係の傾向と相性

　あなたの人間関係は、あなたが人のためにしてあげることのほうが多い傾向に。
　でも、5月16日〜22日生まれの人は、天才肌のあなたと対等に、しかもあなたのこだわりの強い性質を上手に牽制しながら、気楽につき合ってくれる相手。また、年齢・性別にかかわらず、9月17日〜21日生まれの人は、ツーカーの仲に。恋が芽生える可能性も。

長所と短所のまとめ

　すさまじい信念と卓越したパワーで一点集中、狙った世界の覇者になる。
　しかし、さすがに大きな壁にぶち当たることもあり、そんな時は勢いだけで突破するのには限界が。あなたの心の中にすむあいまいなものこそ、クリアにしていこう。

クロノス（土星）のささやき

基礎ができているか？　何ごとにも強固な礎が必要だ。

May Twentieth

5月20日

慎重さナンバーワン。コツコツ地道に歩む人

あなたの誕生日力

いかなることにも動じず、誰にも囚われず惑わされず、あなたのままであること、その"ありのままのキャラクター"には、とてつもないほどの尊い価値がある。頑固なまでに我を押し通すということではなく、信念、心の主軸を貫いていくのが、あなたの進む道である。

あなたの性格

あなたの刻む人生とは、物事をコツコツ地道に積み重ねていく作業の連続である。この生まれが理想に向かって着実に進む姿は、健気なほど。

他の5月生まれと同様、確実に未来を成功に導くことができるのは間違いなしだが、あなたには心配性で神経質な一面があるため、二〜三回たたいて渡ればよい石橋を、七〜八回もたたくということになりがち。慎重さにおいては366日ある誕生日の中でナンバーワンなのである。

しかしこれは、あなたの感性が特別に繊細で、感情がこまやかだから。そのデリケートな感受性と堅実さを生かして、あなたは完成度の高い仕事をこの世に残す可能性がある。

芸術表現においても、誰もがクセになる独特の個性を発揮するに違いない。

仕事の適性

ズバリ、芸術家、デザイナーへの適性がある。また、強烈な個性と繊細な感性を生かして、美意識を総合する職業でも活躍できそう。

たとえばイベントの企画、音楽や映像の監督、インテリアの総合アドバイザーなど。

人間関係の傾向と相性

対外的には主張を押し出して活発な人間関係に。プライベートではとても控えめで、人と距離を置く傾向がある。

7月18日〜22日、9月18日〜23日生まれの人は、向こうから何かとアクションを起こしてくれるので、友人として心を開いて話し合える関係に。11月下旬生まれの人は、キラリと輝く個性であなたを直撃！ 相手が異性の場合は恋に発展。

長所と短所のまとめ

仕事や表現の道においては、あなたは大胆で個性的。しかし、日常においては恐がりやで、やや卑屈。

そのギャップから、本当にやりたいこと、できることについての信念が揺らぐことが。よく自分の心をしっかり見つめて選択していこう。

クロノス（土星）のささやき

時には出来栄えよりも、過程における誠実さが優先されるべきである。

May Twenty-first
5月21日

🔍 好奇心旺盛、興味津々で観察力は抜群

あなたの誕生日力

あふれ出る好奇心のおもむくままに、行動を起こすあなたは、誰がなんと言おうと立ち止まってはいられない。人に対して無頓着すぎる面はあるものの、常に新鮮さを求め続け、複数のことを同時に進行させていく力は、あなたの生きるフィールドを無限大に広げていく。

あなたの性格

あなたの刻む人生とは、旺盛な好奇心によって支えられるものである。この生まれは何にでも興味津々で、クルクルとせわしく眼球を動かしては、そこにあるものを隅々まで観察するだろう。

そして、一つのものを見つくしてしまうと、次のものに関心が移っていく。この生まれにとって、この世は「おもちゃ箱」。どんなことでも面白がってしまう"遊び心"も備えているので、「あれとあれをくっつけたら何ができるかな」といった気軽さで、次々とユニークなアイディアを生んでしまうのである。

そうして思いついた考えをどうするかといえば、自分で実現しようと動くより、適任者を見つけて一緒にやってもらうという方向。あくまでも可能性を見つけるほうが得意のようである。

仕事の適性

同じところで同じことをするような仕事では、あなたのよさを発揮できない。

営業職などフットワークが問われる職業や、フレックスタイム制を取り入れた職場など、自由度の高い仕事が理想であり適している。

人間関係の傾向と相性

何しろ好奇心が旺盛なので、人間関係においても、さまざまな人と関わるのが大好きなことから、節操がないくらいに知り合いをつくる傾向が。

そんな中で、5月18日～23日生まれの人とは、面白い思いつきを実行したりして、いつも一緒に行動できる関係。9月19日～24日生まれの人は、ホッとできる「癒しの人」。恋人相性でもある。

長所と短所のまとめ

観察力をよく発揮して、何でもよく研究する。その時はいたって真剣にそのことにはまり込んでいるけれど、結局、気持ちが移り変わっていってしまうことが多い。それが周囲の人に「いいかげんな性格」と受け取られやすいのは損なところかも。

クロノス（土星）のささやき

よいもの、明るいもの —— そんなものがたくさん身近に眠っている。掘り起こせ！

May Twenty-second

5月22日

ふとしたひらめきでアイディアを生む天才

あなたの誕生日力

　執着がなく、何ごとにも淡白なあなた。それは大きな魅力でもある一方、あまりに無自覚だといたずらに罪を生む。あなたにしてみれば「飽きっぽい」わけではなく、「興味の対象が変化する」だけのこと。その瞬発力のある感性が結集した時に、あなたの夢は完成する。

あなたの性格

　あなたの彩る人生とは、とびきりユニークな発想力によって導かれている。

　手に入れられる可能性は全て自分のものにしたいという欲張りな5月生まれの中でも、この生まれは特に貪欲。夢をいくつも実現させようとパワフルに動き回る。それとともに、ふとしたひらめきから、斬新なナイス・アイディアを生んだりもする。困難に直面した時も、インスピレーションで解決策が浮かんでくる。

　あなたはつまり、内面の計り知れない世界からの情報を受け取り、それを現実生活の中で形にしていく才能も持っているようなのだ。

　のんびりやに見えるが内面は忙しく、このように直感に従って行動することが多いため、周りからは「夢見がちな人」、または「神秘的な人」と評価されるかもしれない。

仕事の適性

控えめに見えて、ここぞという時には障害をものともしないチャレンジ精神がムクムク湧いてくる、その持ち前の発想力と瞬発力を生かして「企画が命」「アイディア勝負」という世界に適性あり。業種を問わず活躍できる。

人間関係の傾向と相性

自分のペースが決まっているので、顔は広くてもあまり人と群れたりはしない傾向が。

9月20日〜25日生まれの人とは、ペースがピッタリなので、何でもシンクロして動けそう。6月初旬生まれの人とは刺激し合う関係に。存在にインパクトがあり、考えを変えるきっかけになるのが、11月20日〜24日生まれの人。恋人としては最高。

長所と短所のまとめ

外から来る情報、内から来る情報をうまく吟味して夢をかなえる。

人、もの、ことに対する興味が幅広いので、時には「移り気」と取られることがあるかも。また、自分が出したアイディアが生み出す利益に無頓着なところから、トラブルになることも。注意！

マーキュリー（水星）のささやき

頭で考えるな。心で考えよ。

May Twenty-third

5月23日

🔑 生まれ持った礼儀正しさで、信頼感は抜群

あなたの誕生日力

あなたの思考回路は、いつだって「平凡」という枠組みには収まらない。だからゲーム感覚で、短絡的にテクニックへと走ってしまえば、麻薬に溺れるようにその身を滅ぼす。実践に基づく知識と、生きる知力をフルに使って動いてこそ、あなたが求めている世界の幕が開く。

あなたの性格

あなたの彩る人生とは、たとえば学級委員長のような、信頼感に満ちたものである。

この生まれは真面目で誠実、周囲から頼られていて、でもちょっとばかり四角四面。あなたは礼儀正しく、形式や作法、また昔からの序列や、家柄や身分などをきちんとわきまえようとするところがある。

この生まれは真面目な5月生まれの中でも、「秩序や論理」をことさら大事にするのである。そんな性質が影響して、「自然の法則や論理的な学問を真剣に研究したい」と志す人が多いだろう。

一方で、創作や芸術表現にハマるタイプの人もいるが、その場合は自由な表現というより、茶道や華道、音楽ならクラシック、舞踊ならバレエというように、一定の型を持つ「形式美」の追求になる傾向が。

仕事の適性

合理性に加えて創作意欲も旺盛なタイプなので、実際に役立つものを創造する分野の仕事に高い能力を発揮する。たとえば、建築家、工業・商業デザイナーなど。

それからもちろん伝統芸能・芸術など「形式美」の表現者としての適性もあり。

人間関係の傾向と相性

広い人間関係が特徴。ある年齢になると、社会的に地位の高い人、著名な人とのつき合いも多くなる傾向がある。

3月20日～24日、9月22日～26日生まれの人とは、情報交換が活発で有益な関係に。また、9月22日～26日生まれの人は、おたがいに人間的魅力を感じ、友情を温め合える関係。恋愛においては、11月21日～25日生まれが刺激的！

長所と短所のまとめ

頭脳も感性もよく、しかも社会の常識から逸脱せずに生きる。

しかし、何かで頭脳のほうが暴走すると、人生は「非情なゲーム」に。

また感性ばかりに頼ると、ウジウジと鬱憤（うっぷん）をため込んで「文句ばかりの人生」に。両者のバランスを取ることが何よりも大切に。

マーキュリー（水星）のささやき

さっと立ち上がり、パッと行動せよ。全てはリズムに乗る。

May Twenty-fourth

5月24日

難しいことをやさしく解説できる天才

あなたの誕生日力

あなたが頭の中で描く事柄全てが、現実にあり得ないことではない。優先順位などを考えずに実際にシミュレーションしてみて、それをどれだけ現実の行動へと移せるか、実行していく回数を増やしていけるかがカギ。その"生みの苦しみ"を味わってこそ、あなたは人生の醍醐味を知る。

あなたの性格

あなたの彩る人生とは、知性を駆使して生活に楽しみをつくり出す道である。この生まれは好奇心が旺盛で、頭の中に詰め込む知識は人並み以上。そしてその知識を他人のために使うのが大好き。

秀才チックな感じがちょっとばかり嫌味だったりするけれど、難しいことを嚙み砕いて説明することは得意中の得意。

だから、あなたの手にかかったら「冷たい理論」でさえ、人間性の回復につながるような「温かいお話」として生まれ変わるだろう。

社会の中に適応して生きることに執着がないわけではないが、何よりも人間として心豊かに生きるために知識や技術を使いたい、と考えるタイプ。だから組織内でのパワーゲームから外れて、独自の活動に邁進することが多くなるのもこの生まれの特徴。

仕事の適性

知的でありながら遊び心にあふれた職業に適性がある。たとえば、童話作家、コピーライターなどの広告関係。また、ＩＴ関係もなじみのフィールド。ゲームクリエイターなどもあなたを満足させる仕事になる。

人間関係の傾向と相性

周囲から慕われ、安定した人間関係を築くことができる傾向がある。

9月23日〜27日生まれの人とは話がよく合い、愉快な関係に。この相手が異性の場合は、素敵な恋人同士になれそう。5月下旬生まれの人とは、よきライバルに。意見の違いはあるけれど、年齢・性別にかかわらず、精神的に向上させてくれるのが、11月21日〜26日生まれ。

長所と短所のまとめ

純粋な心があなたの最大の魅力。しかし、実際にはこの世のルールも、世間のしがらみもよく理解しているので、「人の世の汚さ」を割りきって考えられるようになるまでは葛藤が多いかもしれない。

試行錯誤の段階で、めげないことが大切。

マーキュリー（水星）のささやき

気を遣わずに、頭を使え。そのほうが生産的である。

May Twenty-fifth

5月25日

ハイ・テンションで新鮮な刺激に満ちた人

あなたの誕生日力

　あらがえない現実から目を背けてしまったなら、それは逃避であり、自己否定しているのと同じこと。逃げ道をプラスへと転換する、柔軟な才に長けているあなたに、乗り越えられない苦難などはあり得ない。ナルシシストになるくらいの気持ちで、内に秘められた宝を信じて。

あなたの性格

　あなたの彩る人生とは、常に新鮮な刺激に満ちたものである。そもそもこの生まれは感激やでハイ・テンション。一瞬たりとも退屈しないように、常に面白いことをさがし回っているようだ。

　実際、一人で黙っていることと、観察する興味深い対象がない状況が一番苦手なのではないだろうか。

　あなたがもし退屈すると、相手をあおって感情を高ぶらせてみたり、突飛なことを言って人を驚かせたりして、自分から退屈でないシーンをつくり出してしまう。

　もちろん、いたずら心は出してもシビアな嘘はつかないので、みなはあなたを責めるようなことはなく、むしろそんなあなたの話術に聞きほれてしまうくらいである。遊びたがりやで、やりたいことをすぐできる、フットワークの軽さも特徴。

仕事の適性

情報を加工してひとひねり加えることなどに適性があり、マスコミ関係の仕事全般に向いていると言える。自分の好みに合わせて、テレビ、ラジオ、出版、報道、広告など。単純作業はおすすめしない。

人間関係の傾向と相性

人脈は広く、プライベートでも遊び友だちがたくさんいるけれど、長続きする友情は限られる傾向に。

そんな中でも6月初旬生まれの人とは、ツーカーでけっこう長くつき合えそう。10月24日〜28日生まれの人とは、安心して心をさらけ出し合う関係に。また11月23日〜27日生まれの異性とは、ハプニングいっぱいのハラハラする恋が。

長所と短所のまとめ

とても元気で、いろいろなことをしでかすあなた。しかし、一見サラッとしているようで、意外と神経質で打たれ弱いところも……。

心がへこんだ時には「困難を困難と思わない」ように、うまくイメージを切り替えていけば、楽に浮上することができるだろう。

マーキュリー（水星）のささやき

人生はロマン。それを全身で表現することで、あなたの使命は完遂される。

May Twenty-sixth

5月26日

何をしてもトップになる負けず嫌いの努力家

あなたの誕生日力

　どこまで正直に自分の願望と取り組めるのか、頭の中でくり広げられている世界観を、周りに言葉できちんと伝えることができるのか。そのどちらも、あなたの行く道を阻む「壁」をクリアするための課題。一人は楽でも、それではつまらないと思う、その心で突破して。

あなたの性格

　あなたの彩る人生とは、炭火のような安定した情熱に支配されるものである。

　人柄は現実的で堅実、そして負けず嫌い。5月生まれが得意な「可能性の追求」に、この生まれも邁進するだろう。

　あなたは競争に勝って大きな力を手に入れることが人生の目的と思っているので、社会で通用する資格を取得したり、自分を最大限に磨いたりと、あらゆる努力を惜しまない。そんなあなたは、必ず人を指導する立場に抜擢されるだろう。

　ただ、そんな成功の裏で、あなたの心の一部が不満を申し立てていることを忘れてはならないだろう。

　メジャーな人間像に近づこうとする一方で、実はあなたの中には強烈な個性も眠っているのだ。「もっと自由に、もっと自分らしい仕事がしたい」という願いに気づこう。

仕事の適性

何をやらせてもトップに上りつめるほどの努力家。会社や団体に所属して勤めながら、自分の人間力や実力を養成できるような仕事が向いている。

人生中盤からは「これぞ」というライフワークを見つけて心血を注ぎ込もう。

人間関係の傾向と相性

熱く生きるあなたには、やはり刺激的な人間関係が展開する傾向。

9月25日～29日生まれの人は、じっくり議論することであなたのやる気をさらに高めてくれる。11月24日～28日生まれは、あなたの足りないところに気づかせ、意識を高めてくれる相手。特に年上の人や目上の人はキーパーソン。恋愛相性としては、5月下旬生まれが最高。

長所と短所のまとめ

着実に努力を重ねることができるのは、一つの才能。ただし、血気盛んなところがあるので、思わずライバルを挑発したりする傾向が。

子どもっぽい戦いかたで自分を通そうとすると関係者からの評価を下げるので、その点はお手柔らかに。

マーキュリー（水星）のささやき

聞き役に回ることは尊いことだ。でも、それ以上にアイディアを話すこともまた重要だ。

May Twenty-seventh

5月27日

🔍 貴族のように知的で優雅な人柄の持ち主

あなたの誕生日力

「無欲の勝利」とは、あなたの代名詞である。淡々とクールでありながら、好奇心をかき立てられたなら、その気持ちに素直に行動を起こすこと。その打算も計算もつけいる余地のない、天下無敵さを自身で認めることができた時、あなたの活躍の可能性は無限大に広がる。

あなたの性格

あなたの彩る人生とは、たとえば「しっかり者の貴族」のそれである。

知的で優雅、そして公平な人柄のこの生まれは、自分の才能や知識や、その他持っているいろいろなものを、他の人々にも分け与えたくてしかたがない。シビアな競争社会にあってもその姿勢は崩さず、人を出し抜くのでなく、あくまで分け合って共生することをよしとする。

しかし、だからといって自ら一般の人の中に入り、泥をかぶることまではしない。ちょっと上の立場から、人脈やネームバリューを武器にして「持てる者から持てない者へ」分け与えるような方法を取るだろう。

計算や策略に長け、意外に上下関係に厳しいところも。パワーと秩序を重要と考えるところは、やはり「貴族」なのである。

仕事の適性

こまやかな感性を持っていることから、小説、エッセイ、絵本創作などに適性がある。きっと、一部の人でなく万人の心に触れる作品をつくり出せるはず。

また、芸術関連にも適性があり、表現者としても師範としても、活躍できる。

人間関係の傾向と相性

「認める、認めない」といったような、肩肘張った人間関係になりがちな傾向がある。

3月25日〜29日生まれの人は、そんなあなたとも立場抜きでざっくばらんにつき合ってくれる。9月26日〜30日生まれの人は、おたがいに認め合える関係。この相手の社会的立場が上の場合は、引き立ててもらえそう。恋愛が順調に運ぶのは、5月下旬生まれの相手と。

長所と短所のまとめ

基本的に気前がよく、無欲にさえ見える。しかし、自分のやりたいことを抑えることはなく、また、ランクを高く保ちたがり、自分が「上」であることにこだわる傾向が。そんな部分が前に出すぎると、「本当に人のことを考えているの？」と疑われることに。

マーキュリー（水星）のささやき

直感を信じよ。大事なことは、自分が心の底から是と思うか非と感じるかだ。

May Twenty-eighth

5月28日

正しいと思った道を突き進む理想家肌

あなたの誕生日力

　その確固たるピュアさは、時により、とんでもない誤解を招く。なぜなら、周りから得られた情報・知識と、素の自分から湧き起こってきた知恵とが混乱し、収拾がついていないことがあるから。そのことをしっかり自覚しよう。あなたのよき理解者を心から大切にできた時、あなたの世界の扉は開く。

あなたの性格

　あなたの彩る人生とは、純粋で正しい道を追い求める道程である。そもそもこの生まれは善人で親しみやすく、曲がったことを許さない性格。

　たとえば、身分や貧富の格差、行きすぎた上下関係、また一部の人たちの特権行使などは、あなたの正義感に火をつけるだろう。そして、正しいと思った道をまっすぐに進む5月生まれらしく、あなたはその正義感に則った行動に一途に邁進するのである。

　しかし、「社会悪ととことん戦う」といった姿勢を貫くのもよいけれど、世の中にはあらゆる立場や価値観があることを学び、視野を広げてそれらを受け入れれば、さらに活躍の場が広がることだろう。

　また、同じことをずっと続けることが苦手なので、人生の節目節目に、違ったテーマを設定して取り組もう。

仕事の適性

どんな職種に就くかは、お好み次第。なぜなら、あなたは常に新しい価値を模索しており、一つのことを長く続けるタイプではないから。まずはそのことを自覚する必要がある。

自由業を選んだら、あなたのその時々のテーマを世に打ち出そう。

人間関係の傾向と相性

基本的に戦う人なので、敵も多ければ、あなたを警戒する人もいる傾向がある。

そんな中で、5月26日～30日生まれの人とは、有意義な話ができて、とても楽しい間柄に。9月27日～10月1日生まれの人は、おたがいに素のままでつき合える気楽な関係。11月26日～30日生まれの人とは、理解しがたい部分からも新鮮な魅力を感じ合えそう。

長所と短所のまとめ

自分の信じた道を走る時に、他の人も巻き込んで走ることができる。

ただ、リーダーとしては多少わがままなところがあり、自分で足並みを乱すようなことが。協調性を養えば、あらゆることがさらにスムーズに流れるはず。

マーキュリー（水星）のささやき

自分が本当に本道に乗っているか、判断してくれる人材をそばに置くことだ。

May Twenty-ninth

5月29日

言語能力が高く、魅力がキラキラ輝く人

あなたの誕生日力

　自分の頭の中だけで難題を見事に解決してしまう得がたい才能は、時に折れそうになる、あなたの心を救済してくれる。しかし、それが行きすぎると、成長するために必要な範囲を狭めてしまうことにもなりかねない。持ち前の伝達能力を現実的に外へと向ければ、夢は手中に。

あなたの性格

　あなたの彩る人生とは、自分だけの可能性を追求し続ける、あくなき道である。

　5月生まれは「あらゆる可能性を追求する」という特徴があるものだが、とりわけこの生まれは、目標を定めて進む時の集中力が見事。不可能と見えることも、人並み外れた知性と根性で突破していく。そんなあなたの日常生活は刺激に満ち、仕事面でも大変有能であるだろう。

　ところがあなたは、ただの「できる人」で終わらない。なぜなら、社会の価値観や他人の考えに合わせるのが大嫌いだから。そこで、社会・組織からの期待やプレッシャーは無視。あくまで好きにやろうとする。外界からの要望の声が聞こえなくなるほど自分の世界に熱中することで、自分だけの道を追求することができるのだ。

仕事の適性

言語能力がとても高いので、それを生かして「言葉」を仕事に生かすことに適性あり。

作家、講師はもちろん、アナウンサー、キャスターとしても、それから政治や演技、またセールスなどでも人の心を動かすことができそう。

人間関係の傾向と相性

その時その時で、あなたを取り巻く人間関係は変化する傾向に。本当に大事なのは誰か、ということを常に念頭に置いて、人間関係をはぐくむこと。

9月28日〜10月2日生まれの人は、あなたに本物の人間関係というものを教えてくれそう。4月上旬、8月中旬生まれの人とは、控えめながら長続きのする関係に。恋愛面で運命を感じるのは、12月初旬生まれ。

長所と短所のまとめ

自分の内なる欲求に忠実に従うあなたは、誰から見てもキラキラと魅力的。

しかし、あまりにも自分の世界と理想を大切にするので、身近な人とさえ疎遠になってしまう可能性が。努めて周囲の人とのつながりを失わないようにしよう。

マーキュリー（水星）のささやき

知識もため込む一方では腐ってしまう。取捨選択し、捨てるべきは捨てよ。

May Thirtieth

5月30日

チャレンジ精神にあふれたスケールの大きい人

あなたの誕生日力

あなたは、「人生はゲーム」とばかりに分析・選択するスタンスで生きている。そのセンスをどれだけ日常生活に生かしていくかが、あなたの内にある宝を目覚めさせていく手立てとなる。いくつもの手柄はつかんだ瞬間、持ち前の固執のなさで手放して正解。だからこそ創造できる、あなたの城がある。

あなたの性格

あなたの彩る人生とは、人を楽しませようという遊び心によって光るもの。

この生まれは、他の人と目のつけどころがちょっと違い、平凡な生活の中に、楽しいネタや「実はすごいこと」を見つけるのが上手。それを、常に周りにくり広げて見せるので、面白い人として有名かもしれない。

また、派手に花火を打ち上げたいという野心を持っていて、もっと楽しいこと、もっとスケールの大きなこと……と夢を広げるうちに、とてもユニークなことを成し遂げてしまう。

多少無理なことでも恐れずにチャレンジするので、その過程を目にした周りの人も驚き楽しみ、いつの間にか巻き込まれることになっていくだろう。業績達成や記録破りなど、派手な形で成果を出すことも多い人。

仕事の適性

夢を形にしていく大きな創造性と、人の目を引く演出力に恵まれているので、それを実業で生かすなら、事業を打ち立てて成功できる可能性は大。

また、大きなイベントを催すことにも適性あり。娯楽施設を経営するのにも大いに能力を発揮する。

人間関係の傾向と相性

調子よくコミュニケーションし、自分のよさをそこはかとなくアピールする。ただ、同類のタイプには敵対心も持ちそう。

5月28日〜6月1日生まれの人とは、よきライバルで親友といった関係に。彼らの行動はあなたを大いに刺激してくれるはず。9月29日〜10月3日生まれの人とは、どんなことを言ってもおたがいを理解できる関係。

長所と短所のまとめ

あなたの特徴は、意識するしないにかかわらず他人を大きな流れに巻き込むこと。それが短所として出ると、人から迷惑がられるかも……。

しかし、「人生はゲーム」として悪びれず楽しむ生きかたは結局、みなに認められることになるはず。

マーキュリー（水星）のささやき

興奮しすぎた時の考えや行動はあてにならない。クールダウンせよ。

May Thirty-first

5月31日

🔍 向上心と探究心で「新しいこと」を追いかける

あなたの誕生日力

　あなたは、いつでも"チャンス"と呼ぶにふさわしい出来事でいっぱいの人生を生きている。そして、その見せかけではないクールさを内面に持つからこそ、本気で気づいてほしい。あなたがまだ知らない、決して飽きることのない楽しみが、あなたを待っていることに。

あなたの性格

　あなたの彩る人生とは、向上心と探究心に満ち満ちたものである。
「可能性を追求したい」という５月生まれの特徴は、この生まれ日にきてさらに高まり、知りたい欲求、やりたい衝動はマックスレベルに。あなたは、常に自分の知らないことに関心を向け、それにチャレンジしていくだろう。
　でもそれは、「人より偉くなってやろう」というような下心からではなく、純粋に「知りたい」という欲求からであり、やまぬ向上心から出ること。そう、あなたにとって必要なのは新しい知識と新鮮な体験なのである。
　しかし、新しさを求めるあまり一つのことを長く続けられないのは、あなたの弱点。職業を転々とするなどは、かなり不利な結果を招く。落ち着きを持って、人生をさらに輝かせよう。

仕事の適性

種類の違ういくつかの適性を持っている。

文書の整理能力を生かせる図書館関係や物書きの仕事。ものおじしない性格から、人を扱う職業全般、特に人の前で話す教師、講師は適職。また興味があれば音楽、芸術関係でも活躍できそう。

人間関係の傾向と相性

来る者は拒まず、去る者は追わず……わりにクールで、人にはあまり関心がない傾向。

9月30日〜10月4日生まれの人は、そんなあなたの興味を惹きつける。つき合うほどに新たな面が見えて楽しい人。恋愛面では10月30日〜11月3日生まれの異性と衝撃的な出会いが。6月初旬生まれの人とは、フォローし合える関係に。

長所と短所のまとめ

純粋に新しい刺激を追い求めるあなたは幸せそうで、イキイキとしたエネルギーを振りまいている。

しかし、自分が何かに夢中になっていると、それ以外の約束を忘れたりして、意外と周囲の人には迷惑をかけていることが。時には反省しよう。

マーキュリー（水星）のささやき

本当にこれでいいのかと迷ったら、比べてみればよい。比較によって自己を知ることだ。

The Encyclopedia of Birthdays

June First

6月1日

ありきたりでは決して満足できない一匹狼

あなたの誕生日力

ただ立ち止まり、守りに徹しているだけでは、あなたの本領が真に発揮されることはない。辛いことやしんどいことは、後退せよという合図ではなく、前へ前へと進んでいくために、ぜひとも味わっておきたいプロセス。怒りさえも、あなたが上昇するための点火剤、燃料としてしまおう。

あなたの性格

あなたの楽しむ人生とは、「本当に新しいもの」を探っていく冒険のようなもの。

そもそもこの生まれには、常に特別感というべきか疎外感というべきか、そんな微妙な感覚がある。どこにいてもなじめないような、それでいてそれを誇るような。

それこそが、あなたが「他の人と違う何かを求める人」であることの証明である。

みんなが正しいと言うことを鵜呑みにしたり、共同体の暗黙の習慣に染まったりするのは古くさく面白みのないことであり、あなたはそれを絶対的に拒否するだろう。すでにあるものや、ありきたりの集団には決してなじまないのである。あなたは、クールに自己の理想にのみ向かっていく人なのだ。

ただ、その一匹狼的な気質が、「かわいくない」という評価につながることも。

仕事の適性

たいていの仕事はできてしまう器用さを持っている。しかしそれも、「組織の中でうまく立ち回る」ことをしなくてよければ、という条件つき。

どんな職業を志しても、フリーとして少しでも早く独立できるよう努力するのが成功へのカギ。

人間関係の傾向と相性

人に対する好き嫌いがあるうえに、空気の読めないところと律儀なところが交錯して、おだやかな人間関係ではなさそうな傾向。

そんな中で、あなたを絶対的にサポートしてくれるのが、5月下旬生まれの人。10月1日〜5日生まれの人とは、おたがいに持ちつ持たれつの関係。恋愛面では、2月上旬生まれの人とおだやかにつき合えそう。

長所と短所のまとめ

周りから独立して真に理想の姿に向かう。しかし、そんな自分の本当の性質に気づくまでは、周囲になじめないことが辛く思えて萎縮してしまうことに。
「自分は自分」と割りきって前へ進めるかどうかが、運命の分かれ目になるだろう。

ヴィーナス（金星）のささやき

同じことを言っていても、表現が違えば人の反応は違う。おだやかであれ！

June Second

6月2日

人の賞賛を集めるカリスマ的才能の持ち主

あなたの誕生日力

　計り知れない好奇心に駆りたてられて、興味のあるテーマを追究すること、それは、そのままあなたの道となる。ただし、日常の人間関係の構築をはしょらないこと。淡白なあなたが、敢えて意識せずに関わっている人たちこそが、知らず知らずのうちに、あなたが進むべき道の導き手になっているのだ。

あなたの性格

　あなたの楽しむ人生とは、豊かな才能を贅沢に生かしつくす道である。そう、「そこに山があるから登る」という言葉があるが、「そこに才能があるからやる」というのが、あなたを表わす言葉。

　あなたは、生まれつき秀でた才能や、人を惹きつける一種のカリスマ性など、他の人には望めないすぐれた資質に恵まれているのだ。

　やりたいことが自然に目の前に出てきて、それに精一杯、力を尽くしているうち、人を大いに触発したり感銘を与えたりする、一流の人物に育つだろう。

　もともとバイタリティがあって信念が強いタイプなので、当然押しは強く、かなりエゴイスティックに見られることはしかたがない。賞賛を喜び、みなの中心に収まりたがるのも、いかにも「特別な人」らしいところである。

仕事の適性

押しが強く、物事を推進していく力があるので、それを生かして企画のプレゼンテーション、大きなプロジェクトを率いてのプロモーションなどに関わる仕事で生きがいが見出せる。販売、広告に関する仕事も、あなたの持ち味を十分に発揮できるだろう。

人間関係の傾向と相性

より有名な人物へ、より影響力の強い大物へと気持ちが飛ぶ傾向に。しかし、身近な人間関係の中に本物のチャンスが潜んでいることも。

6月初旬生まれの人は、あなたのやろうとしていることをサポートできる貴重な人材。10月2日〜6日生まれの人は、年齢・性別にかかわらず心を癒し合える関係に。この生まれが異性なら恋愛相性も◎。

長所と短所のまとめ

才能に恵まれ導かれて、他の追随を許さない高い境地に至る。それは最高者でありカリスマであるということで、それこそちょっとばかり偉そうにしていても周囲は許してくれるはず。

ただ、人に迎合できないがための孤立感は覚悟しなければならないだろう。

ヴィーナス（金星）のささやき

本音を言ってもよい。時には素顔を見せることが、魅力を高めることもある。

June Third

6月3日

テレパシー能力のような鋭い洞察力が光る人

あなたの誕生日力

あなたは、自分の意思でというよりも、「天からの啓示」によって行動を起こすだろう。純粋かつ透明であるだけに、あなたは関わる人の心のありかた次第でさまざまに変化し、あらゆる色に映し出される。それさえ覚悟できていれば、あなたの可能性は無限の輝きを放つ。

あなたの性格

あなたの楽しむ人生とは、卓越したコミュニケーション能力によって導かれるものである。そもそもこの生まれには、6月生まれらしい「何でも知りたい」衝動があるが、それは外界へと向かっていくものではなく、自分の心、人の心へと向かっていくもの。

つまり、あなたが知りたいのは人間の内面であり、自分と人が本当の意味でわかり合えるかどうかが最大のテーマとなるのである。

だから、あなたは常に相手を観察することを忘れない。何を話せば心を解きほぐせるのか、相手の言葉に何が込められているのか……そこに、大いに勘を働かせるだろう。こうしてあなたは、まるでテレパシー能力のような鋭い洞察力を発揮することになり、人々からの絶大な信頼を誇るのだ。

仕事の適性

 高い語学力と異文化理解力を生かして、海外交流に関する仕事や、通訳、翻訳者などとして活躍できる可能性が大きい。また、人と人をつなぐ技術に興味がある場合は、ＩＴなどの通信システムに関わる仕事も向いている。商売にも適性あり。

人間関係の傾向と相性

 あなたの周りには、やさしくて温かい心を持った人たちが集う傾向が。

 10月3日〜7日生まれの人とは、家族ぐるみ、仲間ぐるみでゆったりとつき合うことができそう。4月上旬、8月上旬生まれの相手は、あなたを大いに敬愛してくれる人。この相手が異性なら、ハッピーな恋へと発展するかも。10月上旬生まれの人とは親友相性。

長所と短所のまとめ

 調和的で、よく人の気持ちを察することができる。相手に合わせて、その場にふさわしい選択をすることもできるだろう。

 しかし、人の気持ちがわかりすぎてしまうために、つい自分の意思を引っ込めてしまい、根本があやふやになることがあるので注意。

ヴィーナス（金星）のささやき

重い責任を考えるな。ただただ、自分のできることを楽しんで行なえ。

June Fourth

6月4日

人の心を動かす話術で周囲を明るくする人

あなたの誕生日力

　粘着質でないからこそ、あなたの魅力に人は惹(ひ)きつけられる。でも、ただ単に無責任であるだけなら、人から好かれる喜びも儚(はかな)いものになる。せめて与えられた恩恵に対しては義理を果たすのが道理というもの。そしてそこから先は、予想をはるかに超えた充実感に包まれるはず。

あなたの性格

　あなたの楽しむ人生とは、話術で周囲を明るくする「語り部」のようなものである。

　そもそもこの生まれは「口から生まれてきたの？」と言いたくなるほど、話し好き。好奇心旺盛で行動力もあり、いろいろな経験を重ねるからこそ、おしゃべりのネタも尽きないわけである。

　またあなたは人好きで、実は「自分と人とが一体化するくらいわかり合いたい」と強く願っている。

　しかし、人とは意外にシャイなもので、向こうから自分をさらけ出してくれることはまれ。そこであなたは自分から積極的に、体験したことや面白い考えを話しまくり、深いコミュニケーションを図るというわけだ。

　基本的には誠実で気のよいタイプ。しかし、話の内容は大げさであることが多く、周囲がたじたじとなることも。

仕事の適性

人の心を動かす術を備え、商才もあるので、販売、広告、店舗の経営などで頭角を現わす。

また、人と関わることと話すことが大好きなので、「先生」と呼ばれる職業に適性あり。大輪の花を咲かせることができるはず。

人間関係の傾向と相性

どんな人とも如才なくつき合うことができるので、人間関係は活気に満ちたものとなる傾向。

6月初旬生まれの人とは、話題も合い、同じペースで動けるので、一緒にいて刺激的な関係。10月4日〜8日生まれは、老若男女を問わず、あなたのよさを愛でてくれる人。恋愛では12月初旬生まれの人をチェック！　運命を感じる相手かも。

長所と短所のまとめ

話し上手な楽しいあなたに、みながくぎ付け。親しみやすいので、話のついでに人から頼まれごとをすることも多いようである。

しかし、その時のノリで調子よく安請け合いし、それを忘れてあとで「無責任！」と責められることも……。

ヴィーナス（金星）のささやき

あきらめも肝心。でも愛着をどこまで持てるか、もう一度心に聞いてみよ。

June Fifth

6月5日

手堅さと派手さが同居するスケールの大きい人

あなたの誕生日力

　好戦的な姿勢が行きすぎない限り、あなたはコミュニケーションの達人として人に大きな影響を与える。もしそうでないのなら、心の中だけのシミュレーションゲームは卒業しよう。現実のキャッチボールの先には、あなたを待っている大舞台が用意されているのだから。

あなたの性格

　あなたの楽しむ人生とは、自分のオリジナルな創作物を人に見せるショーのようなものである。

　この生まれは、知的好奇心を満足させながら手堅く生きていこうとする一方で、大きなロマンを追い求める気持ちも強い。そんな地味さと派手さが混ざり合って「自分がきちんと習得したことがどこまで人にウケるのか、世に問うてみよう」というスケールの大きな姿勢につながっていくのである。

　あなたは前向きで押しが強く、しかも人を惹きつけるムードを持っているため、人前で何かを始めたら、観衆・聴衆を魅了せずにはおかない。そこで、自分の話や芸で人が影響されるのを見るのが面白くなり、ますます大きな動きをしていくことになる。人前に出ることから、いろいろなドラマが生まれてくるのだ。

仕事の適性

情報を仕入れる情熱と手腕は大したもの。スクープをものにしたり、センセーショナルなニュースを扱う、ジャーナリスト系の仕事に適性あり。

その他、情報伝達に関わる仕事はマルチでこなせる。ぜひチャレンジを！

人間関係の傾向と相性

どちらかというと一方的なコミュニケーションであるにもかかわらず、あなたを慕う人はとても多い傾向に。

10月5日〜9日生まれの人は、一緒にいるだけで元気になれる相手。6月3日〜7日生まれの人は、全く話が合わなくても、なぜか癒し合える人。ケンカ仲間ながら鋭い意見を言ってくれるのは、1月3日〜7日生まれの同性のあの人。

長所と短所のまとめ

魅力ある意見と説得力で、人を変えていくことができる。しかし、言語の力を使いこなせる人だからこそ、言葉には気をつける必要が。

心に湧きあがってくる否定的なエネルギーに任せて暴言など吐けば、否定的な現実となって返ってくる。「言葉は武器である」ことを再認識しよう。

ヴィーナス（金星）のささやき

休憩は消極的な行為ではない。その優雅な時間は、明日の勝利への栄養だ。

June Sixth

6月6日

社交術に長けた、工夫好きで賢い人

あなたの誕生日力

あなたの純粋なる魂は、環境を打破する勇気ある一歩を求めている。迷いが生じるのは、あなたが知的である証(あかし)だが、考えすぎて身動きが取れなくなるくらいなら、動いてから考えるクセをつけること。それをあたりまえの日常にできた時、求める道の扉は開いていく。

あなたの性格

あなたの楽しむ人生とは、ある日突然やってくるインスピレーションによって導かれていくものである。

この生まれは、6月生まれ特有の「知りたい、やりたい」衝動を色濃く持っているが、何をやりたいのか今一つハッキリと自覚していないこともあり、「自分には取り柄がない」と感じていることが多い。

それは、あなたが周囲からの影響を受けやすいところに理由がある。人の話が心に強く印象づけられ、いつの間にか自分の考えのように感じてしまう。

また映画やニュースを見れば、そこに示される考えと本当の自分の考えを混同したりする。だから、いちいちそれに振り回されるのだ。しかし、自分にとって最も重要なものを見つけたら、突如迷いは吹っ切れて、一筋の道に向かって邁進(まいしん)するのである。

仕事の適性

社交術に長けており、人に好かれる話しかたができるので、仕事としては「人間相手」のものがよい。たとえばガイド、セールス、インストラクター、外交などでは、あなたの生まれ持った美点が輝くはず。

人間関係の傾向と相性

人間関係は、かなりベッタリ感覚になりがちで、人に干渉したりされたりということが多くなる傾向に。人との距離感は的確に。

10月6日～10日の人とは、年齢、性別を問わず、よいキャッチボールができる関係。この相手が異性なら、恋愛相性もバッチリ！ 12月上旬生まれは、あなたに厳しい態度も取るけれど、主張は的確なので、ためになる人。

長所と短所のまとめ

基本的には、工夫のきいた賢い人。しかし、日常生活においても周囲の人の意見や気持ちに振り回されてしまうのは、損なところ。

迷った時は、頭で考えず、とりあえず、自分がいいと思う方向に行動しよう。そうすれば自分の身体でしっかりと悟ることがあるはず。

ヴィーナス（金星）のささやき

自信がない時は、声に出して肯定的な言葉を！ 声は人に聞かせる前に、自分に響く。

June Seventh

6月7日

意志力は抜群、情に厚く知的なみんなの人気者

あなたの誕生日力

あなたの持ち前の好奇心は、日常の中では収まりきらない。いくつもの「気になったこと」や「気がついたこと」は、分析したり知識を足したりして、時間を惜しまずに研磨していこう。どんなに小さなことであっても、あなたにとっては一つの無駄もなく、力となるのだから。

あなたの性格

あなたの楽しむ人生とは、気のおけない仲間と催すパーティのようなものである。

この生まれは、他の6月の生まれと同じく好奇心旺盛で、人やものにあくなき興味を抱いている。会話力もあり情に厚いので、「私たちの中にあなたがいなければつまらない！」と言われるほど、人気の高い人物である。

しかし、あなたが活発に楽しく交流するのは限られたメンバーとだけ。知らない人には無愛想、初対面の人の中に入る時などは、かなり緊張するはず。

それはあなたが「本当にやりたいことだけしたい、本当に大切な人とだけいたい」と思っているからで、身の回りに集まってくるたくさんの人や事柄の中から、よいものだけを選んで守りたい、という強い思いの裏返しなのである。心に決めたことをやり抜く意志力は抜群。

仕事の適性

この生まれは、コツコツと一人で知的な作業をこなすのに向いている。

あらゆる分野の教師、講師、執筆、インターネット関連の仕事で頭角を現わす。また、生来のイメージの力を生かして芸術方面に心血を注ぐのもよし。

人間関係の傾向と相性

チームワークが得意なので、たくさんの協力者に恵まれる傾向が。

特に6月5日〜9日生まれの人は、あらゆる場面においてフォローし合えるありがたいパートナー。10月7日〜11日生まれの人は、一緒にいるとなぜかおたがいの運がよくなる相手。恋人としても好相性。11月上旬生まれの人は、間違いを正してくれる相手。

長所と短所のまとめ

知的な人なので、いろいろ興味を持ったことには研究の手をゆるめない。

ただし、いったん「一つのもの」に強く囚われると、「それだけをやっていたい」と他の要素を全て排除するので、自分だけの「オタク」世界へ直行。世界が狭くなる傾向が。

ヴィーナス（金星）のささやき

気持ちが揺れる時は一人になろう。内から真実の歌が聞こえてくる。

June Eighth

6月8日

高い人間性と深い知識で信頼を集める

あなたの誕生日力

あなたが自分のことをどう見て、どう捉えるか、それ次第であなたを取り巻く環境は一変する。たとえば目の前にある事柄を、「与えられている」と感じるのか、ただ「やらされている」と思うのか、ちょっとした心の持ちかたの違いで、人間としての器に格段に差がつくので心して。

あなたの性格

あなたの楽しむ人生とは、その知識の深さと人間性の高さで人々に貢献する道である。

この生まれはしっとりと落ち着いたムードを持ち、音楽ならJ-popよりクラシックといった感じで、趣味はどちらかというと古風。

何でも知りたがる6月生まれの中でも、特別に知識欲が旺盛で精神性も高いので、興味の方向も表面的なものでなく、より深い「知識の源流」へと向かう。

そこで、社会情勢や流行に左右されることなく今日に影響を与え続けている、揺るぎない思想・文化を楽しもうとするのだ。

そんなあなたは、心が高度に養われ、深く人間を理解できる信頼性の高い人物として、周囲から愛されることになるだろう。他人には言えないこともあなたには相談できると、人が集まってくるに違いない。

仕事の適性

知力の他に、おだやかに物事を人に伝えるコミュニケーション力も備えているので、それを生かした科学者、教師、著述家などが適職。

その他、社会福祉関係、カウンセリング関係でもあなたの能力が生きる。

人間関係の傾向と相性

公平で、気持ちのよい人間関係が、あなたの周りに展開する傾向に。

6月初旬生まれは、あなたの好奇心を刺激し、元気にしてくれる人。10月8日〜12日生まれの人は、同じ意識で一緒に行動できる楽しい相手。恋愛でもよきパートナーに。おたがいの心を鍛える一種厳しさのある関係が、12月6日〜10日生まれの人との間に結ばれそう。

長所と短所のまとめ

知識の確かさと意識の高さは大したもの。あなたは何か役に立つ大きなことをやってみたいという志があり、実際にできる人である。

しかし、盛んすぎる好奇心から、物事を一つに決められないのが欠点。心を定められれば、大きな力が出せるはず。

ヴィーナス（金星）のささやき

興味のあることは、どこまでも追いかけよう。たとえ外国でも。

June Ninth

6月9日

優秀な調整役として存在感を発揮

あなたの誕生日力

あなたが感じている不満とは、あなたが決め込んだカテゴリーの中に、自らを閉じ込めたからこそ生じる現象。自分を小さな枠の中に完全に封印していては、光を感じられないのは当然。一見つまらないと感じる日常の中にも、あなたを喜ばせるたくさんの種が芽吹きを待っている。

あなたの性格

あなたの楽しむ人生とは、あらゆる事柄を調和させる、バランス感覚を武器とするものである。

この生まれはそもそも、優先順位をつけるのがうまく、上手にタイムマネジメントしてスマートに物事をこなしていくタイプ。また、対人関係においても、メンバーの力関係をうまく読み取って、みなの中を飄々(ひょうひょう)と泳ぎ渡るのを得意としている。

あなたは物事を「広く浅く」極めるという特性があり、はるか全体を見渡す意識が発達しているので、絶妙な均衡を保ちながら物事を進めていくことができるのである。そういった能力は周囲からも高く評価され、特にトラブルが生じた時など難しい状況下で重宝されるだろう。

一方、人の評価を気にするところがあるので、見栄からストレスをため込むことも。

仕事の適性

洗練された知性と、何よりも中立的な立場を貫く姿勢でもって、マスコミ関係に適した資質がある。しかも、「広く浅く」、できるだけ大衆的なもの、年齢や性別にかかわらず楽しめるテーマのものを選択できれば、最高のやりがいを感じられるだろう。

人間関係の傾向と相性

驚くほどたくさんの人と知り合いになる傾向が。しかし、八方美人的な要素も否めない。

そんなあなたを惹きつけて離さないのが、10月9日～13日生まれの人。あなたの絶対的な憧れになり得る。異性ならば激しい恋の対象に。また、全く異質で、おたがい一目置き合い、大いに触発されるのが、12月中旬生まれの人。

長所と短所のまとめ

客観的で、人を一方的に裁くことはしない。

しかし、自分が他人から裁かれるのを恐れるために、ある場面で自分を型にはめたりすることが。そうなると、あなたらしい自由なムードがなくなってしまい、魅力ダウンに。

日和見主義より冒険主義でいこう。

ヴィーナス（金星）のささやき

人生は、人がOKと言えば成功なのではない。自分で自分を褒められることが大事なのだ。

June Tenth

6月10日

アクティブにチャレンジし続ける実務肌

あなたの誕生日力

　どこか醒めたところがあるあなたの内は、実はあふれんばかりの好奇心と遊び心でいっぱいである。いつもクールでありたいと無意識のうちに思っており、そのスタンスは支持できなくはないが、沈黙だけでは金にはならない。好戦的ではない態度で人と関わっていった先で、あなたの宝庫の扉は開く。

あなたの性格

　あなたの楽しむ人生とは、有意義な活動に満ちたハイパー・アクティブなものである。

　６月生まれ特有の「知りたい、やりたい」衝動が最高潮に達した観があるこの生まれは、興味のあることに片っ端からチャレンジしていく。知力・体力ともにすぐれているから、活動することに全く苦はないだろう。

　性質としては実務肌なので、衝動に任せて複数の責任ある仕事を同時進行させることもある。必要だと思えば寝る間もないほどにスケジュールを詰め込むこともあるが、本人はそれに充実感を見出し、大いに活躍している自分に満足を感じるのである。もちろん、社会的成功は約束されたようなもの。

　しかし、身体が持っている「休め」の信号に無頓着なために体調を崩しやすいので、十分に注意しよう。

仕事の適性

あなたには商才が備わっている。人を説得する力と物事を推進する力をフルに発揮して仕事にあたれば、販売に関わる仕事なら、どんな職種にも適性が。

また、コミュニケーション能力を生かして外交官、ジャーナリストにも。

人間関係の傾向と相性

性別、年齢、立場を超えたおつき合いや、場合によっては国境を越えたおつき合いも。とにかく広い人間関係が展開する傾向。

そんな中で、6月8日〜12日生まれの人とは、末永く一緒にやっていけるパートナー相性。10月10日〜14日生まれは、飽きずに深く濃くつき合える人。恋愛においては、12月8日〜12日生まれの人と激愛の暗示が。

長所と短所のまとめ

スーパーな活動力は、あなたの長所。実際、バリバリと仕事をこなしていくが、ジタバタとした姿は決して見せない。なぜなら実は"格好つけ"で、常にクールに振る舞いたいから。

そのクールさのために人との間に壁をつくると、せっかくの活動力に水がさされてしまうので、格好をつけるのも、ほどほどに。

ヴィーナス（金星）のささやき

身体はあなたの心の現われ。身体を壊すとは、心の使いかたを誤っているということであり、実は恥ずべきことだ。

June Eleventh

6月11日

のびやかで多芸多才、自由を愛する人

あなたの誕生日力

　ストイックな見かたと判断力は、あなただからこその、なせる業。でも、あなたが身体と思考を反比例させたままでは、何も広がらない。あなたは多面体だからこそ、人生を大いに豊かなものにしていける。多感で囚われない心に、存分に栄養を与えてあなたの道を生きよう。

あなたの性格

　あなたの創る人生とは、のびやかで活発、自由な行動に特徴づけられたものである。
　そもそもこの生まれは、好奇心旺盛、あらゆるものを学んで自分のものとする器用さを持っている。そんな物知りなあなたは、周囲に興味深い話題を提供して「ユニークで面白い人」と思われていることだろう。
　しかしあなたは、自分のペースを一番に大切にする傾向があり、基本的に時間やスケジュールに縛られることを嫌う。多方面の才能を持ちながら、何ごとも無理をせず「適当」でいこうと決めているようなのだ。
　だから時に、周囲には「気まぐれな人」と映ることも。実際には約束を守ることもできるし、いくつかの実務を並行させることもできるので、時と場合で自分のペースを使い分けるとよいだろう。

仕事の適性

多芸多才なあなたは、どんな職業でも見事にこなしてしまう人。会話能力を生かして、政治関係、法律関係、聖職者を選ぶのも一つ。

また、会社員、公務員としては、マルチで器用な人材として重宝がられる。

人間関係の傾向と相性

ゆったりと肩肘張らない関係をつくり、どんな人がそばにきても、それなりに受け入れる傾向が。

10月11日～15日生まれの人とは、活発な交流があり、有益な人間関係が広がる間柄。4月中旬、8月上旬生まれの人は、同じ感性を持っていて気楽な相手。恋愛の相性としては、12月9日～13日生まれの異性とは、がっしりと噛み合った関係になる。

長所と短所のまとめ

あなたにとってマイペースとは、虚飾を捨てて自然体でいるということ。ところが、大切な人から世間体を保つことを強く求められた時、何かのはずみでそれ一方に走ることが。そうなると生きかたに精彩を欠くので、自分の心に忠実に振る舞うことも忘れずに。

ウラヌス（天王星）のささやき

迷った時は、自然に還れ。そこから受け取ったものは人のために役に立つ。

June Twelfth

6月12日

てきぱきと何でも上手にこなす、合理的な人

あなたの誕生日力

何かに夢中になっているかと思えば、その興味の対象は次から次へと移行。一つのことにとどまってなどいられないあなたは、想像を超えた創造のできる人。自分の可能性を信じ、人生を楽しむ過程の全てが、あなたの可能性を無限に拡大させる、あなたの生きた財産に。

あなたの性格

あなたの創る人生とは、合理的な行動によって成功に導かれていくものである。

この生まれは、6月生まれ特有の「知りたい、やりたい」衝動を色濃く持っている人。若い間はその衝動に従ってさまざまなものに興味を持ち、クルクルと動き回っては収穫を得るものだが、逆に「いろいろやりすぎて、何をしているかわからない人」と見られることも。

しかし、長じるにつれて自分の能力を客観視することや、行動を整理することがうまくなり、「今やるべきこと・今やらなくてもよいこと」「できること・できないこと」の見きわめができるようになるだろう。

また、物事を順序立てて進めていく力も養われてくるはず。器用貧乏に陥ることなく、目標に最短距離で近づいていける頼もしい人となる。

仕事の適性

人や動物を育てるのがとても上手。特に幼い者を育成することに適性がある。

人間相手なら保育士、幼稚園教諭、託児所スタッフ。動物ではペットブリーダーや訓練士など。情報関係の仕事もあなたの知的能力にはピッタリ。

人間関係の傾向と相性

いろいろな分野・立場の人と交流があり、人間関係には雑多な感じが漂う傾向。

その中で10月12日〜16日生まれの人とは、身の上にどんな変化があっても変わらず、親しくできる。8月12日〜16日生まれの人も、いつまでも魅力が褪せない人。12月10日〜14日生まれの人は、あなたに強烈な刺激をくれる相手。ライバルかも。

長所と短所のまとめ

てきぱきと何でもこなし、よく役に立つ人。しかし、ちょっとスピードが速すぎて周りがついていけないかも。あなたは別に、他人に「自分と同じようにしろ」と要求したりはしないけれど、相手はひたすら目を白黒……ペースを読み取ってあげよう。

ウラヌス（天王星）のささやき

イライラは、頭の回転が遅い時のサイン。もっとペースアップして脳を満足させよう。

June Thirteenth

6月13日

どこに行っても歓迎される手腕と前向きキャラ

あなたの誕生日力

　一瞬の集中力で、どんな状況をも打破できるあなた。かといって、そこに全く執着などしない。あなたは何の打算もなく、見返りも考えず、目の前のことを淡々とこなしていく。その純粋な精神に基づいて歩んでいれば、あなたは道を迷わないし、間違えることはないはず。

あなたの性格

　あなたの創る人生とは、よく働くすぐれた頭脳によって設計されていくものである。

　そもそもこの生まれは、「キレ者」と呼ぶにふさわしい人。ちょっとした工夫で面倒なことも簡単に片づけたり、アイディア一つで問題を一瞬にして解決する、できたアタマの持ち主なのだ。

　それは、生来の合理的な精神に加え、ふだんからいろいろなことに興味を持ち、物事の法則を学んだ結果でもある。あなたは、「重要なものから処理する」「余計なものは排除して優先順位の高いものから着手する」など、物事をシステマティックに進めるのが得意。

　否定的な条件に遭遇しても、それを有利な条件として視点を転換していく力も抜群。どこに行っても歓迎される手腕と、前向きなキャラクターを持った人なのである。

仕事の適性

　頭のよいあなたは、商業方面で卓越した手腕をふるい、活躍する。また、経営者になると独自のシステムと研究・開発力で、他に大きく抜きん出ることができる。

　また手先が器用でアイディアもあるため、ものづくりで成功する可能性も大。

人間関係の傾向と相性

　人づき合いは気軽で、たとえ気が乗らない時でも、相手の気分を害さず上手にＮＯを言える傾向。

　6月中旬生まれの人とは、活発な会話で楽しく情報交換できる間柄。10月13日〜17日生まれの人とは、年齢・性別にかかわらず絶対的な協力関係に。相手が年上の場合は、大きな引き立てがある。12月中旬生まれの人とは、恋愛面で特別な縁を感じるかも。

長所と短所のまとめ

　あなた自身は、物事が合理的に片づけられていくのが心地よいから、がんばるだけ。

　しかし、あなたがつくるシステムはあまりにすばらしいので、それを「利用」しようとする人の陰謀や損得勘定に巻き込まれることが。実務面に細心でいること。

ウラヌス（天王星）のささやき

不運なことが起こった時、それはそれまでの「否定的な思い」が現実化した時だ。

June Fourteenth

6月14日

チャレンジ精神豊かで失敗から多くを学ぶ

あなたの誕生日力

　自分らしく生きたいと願った時、あなたの歩む道は、明るい光に照らされる。あなたはその光り輝く道をまっすぐに進んでいけばいい。時には止まらない好奇心に駆られ、横道にそれたとしても、瞬間的に湧き出たインスピレーションに素直に従うことができれば、あなたの世界は、崩壊しない楽園となる。

あなたの性格

　あなたの創る人生とは、組み上げることと解体することのくり返しによって発展するものである。

　そもそもこの生まれは、刺激に敏感で、それらを楽しもう、理解しようとする知性を持っている。そのため、いろいろなことに手を出さずにはいられない。行動し、失敗したり痛い目を見たりしながら軌道修正し、歩んでいくのだ。

　つまり、あなたは経験によって大人になるのである。そうして、いったん人生の価値観を築いてしまうと、あなたは突然「父親」のようになり、「私のマニュアルに従うのが最も正しいのだ」と言い始めるだろう。それはある意味大きな影響力を持つことなのだが、あなたはどこまでいっても自由な気質の6月生まれ。

　そんな価値観はすぐに放り投げ、また違った人生を夢見て冒険に踏み出すのである。

仕事の適性

人にしっかりとした型を教え込むという点では、教育者などに適性がある。

運動神経に自信があれば、スポーツ選手やスポーツ指導者もバッチリ。鋭い知性を学術調査や研究などに生かすのも、一つの道。

人間関係の傾向と相性

人を上から見た関係になりやすい。人に厳しいので引かれることもありながら、頼られやすい傾向。

10月14日～18日生まれの人は、よく気が合って無二の親友のようになれる関係。6月12日～16日生まれの人とは、よきライバル。また12月中旬生まれの人とは、こちらが相手を立てれば、他になくすばらしいパートナーに。

長所と短所のまとめ

失敗をくり返しても軌道修正し、その結果、ソツのない人生を歩んでいく。

そのようにして自分は「好きな道」を行くくせに、人のことは心配して、自分が「よい」と思う理想の型にはめようとするところがある。その"ちょっとおせっかいな感じ"が、周りの顰蹙(ひんしゅく)を買うかも。

ウラヌス（天王星）のささやき

あなたに心の平安をもたらす周囲の人を大切にせよ。そうして初めて大きな試練に耐えられる。

June Fifteenth

6月15日

鋭い知性とまっすぐな気性で本質を追求

あなたの誕生日力

　たとえ、あなたの中だけでゲームを完了させたとしても、現実は何も変わらない。もし、あなたが辛い状況に包まれているとしたら、それは誰のせいでもなく、あなた自身が招いていること。想像の世界から脱出し、リアルな世界で得られた経験こそ、あなただけが身につけられる最大の力。

あなたの性格

　あなたの創る人生とは、孤独や逆境を克服して大いに輝くものである。この生まれは、人なつっこい雰囲気を持ちながらも、周りからは「何を考えているか、ちょっとわからない人」という印象を持たれることが多い。

　あなたは、鋭い知性とまっすぐな気性の持ち主であるがゆえに、物事の本質を追求しようとして日常的な感覚から離れてしまうのである。一つのことに魂を捧げきるので、いわゆる俗な楽しみや親しい人とのつき合いがおろそかになり、周りから浮くようなことも起こる。

　しかしそんな孤独の中で、誰も経験したことのないような境地に至ることは間違いないだろう。

　またあなたは、人生の一時期に逆境を経験することが多いが、「窮地を越えてついに成功する」というのが、あなたのドラマなのだ。

仕事の適性

有形でも無形でも、よいと思ったものを情熱的に売り込むことができるので、販売関係の仕事にはとても向いている。

状況の変化に対する対応の速さも生かして、広報・広告関係の仕事もよし。「人を相手にする」仕事であれば、大きなやりがいを感じられるはず。

人間関係の傾向と相性

人当たりはよいので友人知人が多く、周りには多彩な人間関係が築かれる傾向がある。

そんな中でも4月中旬、8月中旬生まれの人は、あなたの感性をとても尊重してくれる。6月13日〜17日、10月15日〜19日生まれの人とは、心底わかり合える。この生まれの異性と恋に落ちたなら、それは運命。末永い関係に。

長所と短所のまとめ

生きることの本質に、一筋に向かおうとする。その学びとしての逆境を、辛いと捉えるか、変化のためのチャンスと捉えるか。それによって痛みも、成長の速さもずいぶん違ってくるものだ。

物事をプラスに捉える訓練をすることが大切。

ウラヌス（天王星）のささやき

混乱した時は本を捨て、人から離れて一人きりになれ。直感が応えてくれる。

June Sixteenth

6月16日

進取の気性にあふれた自信たっぷりの実力者

あなたの誕生日力

ちょっとやそっとでは、太刀打ちできないほどの大いなる知恵は、あなたの中で確実に息づいている。どんなに忙しくとも、あなたの卓越した瞬発力を存分に生かせたなら、目の前に現われるチャンスをいくらでもつかめるし、信じて向かった先には、安住の地が待っている。

あなたの性格

あなたの創る人生とは、思いきった行動によって飛躍するものである。

そもそもこの生まれは、鋭敏な知性と「新しいものにチャレンジしよう」という進取の気性にあふれており、何でも学んで自分のものにしてしまう。実力も自信もバッチリだから、その先には「自分の力を発揮できるところをさがしたい」という願いがあるのみ。

だからあなたは、安定した場所を捨ててでも、もっと可能性の広がる場所を求めて旅立とうとするだろう。もっとノルマや競争の多い場所に飛び込むとか、故郷を離れて裸一貫、己の技術だけを頼って生活を始めるとか、また突然フリーランスになるとか……。

そうして実際、思いきった大転換を実行して環境を変えるのだ。新しい刺激が何より生きる力になる人である。

仕事の適性

人をその気にさせるツボをよく心得ているので、セールス全般に適性がある。

製品を売り込むだけでなく、アイディアや企画、人材の能力や新しいサービスなど、さまざまなものがあなたの手によって広く紹介されていくだろう。

人間関係の傾向と相性

あなたを取り巻くメンバーは、その時々によって変化する傾向が。

でもその中で、6月中旬生まれの人はあなたが迷惑がらない限り、ずっとツーカーの仲でいてくれそう。10月16日～20日生まれの人は、楽しい「腐れ縁」。また12月14日～18日生まれの人は、おたがいに不可解ながら、たまらない個性にゾッコン。恋愛の相性としても強烈。

長所と短所のまとめ

恐れず、常に新しい世界にチャレンジするあなたは、まぶしいほど。

しかし、古いものをかなぐり捨てて別世界を目指すということは、それなりの犠牲を払うということ。「飛ぶ鳥あとを濁さず」で、さよならすべきものにも、今一つの感謝を込めよう。

ウラヌス（天王星）のささやき

チャンスは突然やってくる。それをつかむ準備を怠らない者が、必ずそれを手に入れる。

June Seventeenth

6月17日

頭の回転が速く、しがらみに囚われない人

あなたの誕生日力

　あなたは持って生まれた才能を、過小評価していないだろうか。ことの重要性を理解していたとしても、面倒だとか煩わしいとか横着していては、本来のあなたが活躍できる場所を狭めるばかり。目の前にある課題に正面から取り組めば、望んでいる自由を満喫できる。

あなたの性格

　あなたの創る人生とは、転機を経るごとに活性化されるものである。この生まれは、好奇心が旺盛で頭の回転が速く、状況に合わせて動くのが得意。また、他人とも如才なくつき合い、意外にチャッカリしたところも見せるだろう。

　全体的に言えば、状況によって立場を変える「変わり身が早い」タイプ。

　そんなあなたは、社会的には早いうちから「おいしい位置」をうまい具合に占めるが、そもそも執着しない性質が強いため、社会のしがらみには重苦しさを感じてしまう。

　そこでフリーとして独立するとか、脱サラして事業を始めるなど、社会的責任や義務から逃れて「自由な立場」を選ぶことになるのだ。

　人生のうちに何度かは、大小含め、本来の自分になる「転機」が訪れるのが、あなたの特徴である。

仕事の適性

どんな職場でも、またどんな職種でも器用にこなすことができると言える。ただし、最終的には自由業につなげていくのがよい選択に。

翻訳、執筆、研究、教育など頭を使う仕事、それから法律方面の仕事に適性あり。

人間関係の傾向と相性

人間関係は広く浅くながら、それでも一人ひとりと誠実に向き合おうとする傾向がある。

6月15日〜19日生まれの人とは、シンパシーを感じ合って、なぜか愛着のある関係に。10月17日〜21日生まれの人とは、鋭い意見を交換して物事をプラスに変えていける発展的な関係に。また12月中旬生まれの異性とは、衝撃的な印象から恋愛に。

長所と短所のまとめ

転機を経ることで、より自由に自分らしくなっていくあなたは、いわば出世魚。しかし、立場を変えたいと思う時、そこに自信がなければ行動には移せない。

自分の才能や運を信じて常に磨いてこそ、可能性が広がるということを肝に銘じよう。

ウラヌス（天王星）のささやき

否定的な状況を恐れるな。それは大きな可能性をつかむチャンスである。

June Eighteenth
6月18日

人を喜ばせる才能が光る生来のエンターテイナー

あなたの誕生日力

新たな状況に向かい、新たな状況をつくり、過去の関係や立場を捨てること。その頭の回転の速さゆえ、小手先だけで物事をこなしていくことはできるが、次第に自分の中で不満が膨らみ、手を抜いた分以上の反動がある。一瞬の真剣さを忘れないことで、ストレスは吹っ飛び、人生は高速に展開していく。

あなたの性格

あなたの創る人生とは、人々に楽しみを与えるエンターテイナーのそれのようなもの。面白い話しかた、ちょっと笑いを誘うようなしぐさ、ユニークな立ち居振る舞い……。この生まれにはまた、漫画を描くなどの特技があるかもしれない。

あなたは根本的に「ウケるか、ウケないか」にこだわるところがあり、無意識に周囲を引き込み、楽しませてしまう人なのだ。また、共感能力に恵まれているので、相手が何を要求しているか察することができ、「こうすれば絶対相手が喜ぶ」というポイントを外すことはない。

また、みなを喜ばせるための技術を喜んで磨くこともする。そんなあなたは、幼い時なら文化祭実行委員長、長ずれば全国を股にかけるイベンターなどとして、人の気持ちを代弁し、形にする役割を担うのである。

仕事の適性

マスコミ関係やショービジネス、娯楽関係に適性あり。「楽しませる」ことへの飽くなき意志を満足させられる分野なら、たいていのことをこなすことができる。タレントなど、自分が舞台に上がるのもよい選択。

人間関係の傾向と相性

人間関係には変化が多く、やってくる人、去っていく人をいちいち気にしていられないほど賑やかな傾向。

そんな中でも、10月18日〜22日生まれの人とは、コンビを組むことで、ますます有益な人脈を広げていくことができそう。4月下旬、8月下旬生まれの人は、あなたの頼れるサポーターになってくれる。12月16日〜20日生まれの人は、アドバイザーとして有能。

長所と短所のまとめ

そもそも才能に恵まれているので、小手先でごまかしながらこの世を渡ることも簡単。

しかし、既存の組織やスタイルに縛られない活動を目指すあなただから、真剣勝負をし、世間の逆風に打ち勝ってこそ、生きがいと成功を手にすることができる。

ウラヌス（天王星）のささやき

変わっていることが個性ではない。普遍的であろうとして、なおにじみ出る固有の型、それが個性である。

June Nineteenth

6月19日

人の気持ちに敏感でタレント性を備えた人

あなたの誕生日力

　時に衝動的だったりする他人の感情に直面すると、混乱してしまうあなたがいる。人々の粘着的な気持ちにあなたが無頓着なのは当然。傑出している部分があるからこそ、どこか欠けている、あなたしか持ち得ないそのキャラクターは、羨望されるくらいの価値がある。

あなたの性格

　あなたの創る人生とは、人気を得ることで輝きを添えられるものである。

　そもそも、「人目を気にする」性格なのが、この生まれ。自分で自分に納得がいき、人からもOKをもらえるありかたをさがして、日々奮闘しているのでは？

　あなたの根本には「周囲からの要求をかなえることが使命」という信念があるので、誰にでも満足され、愛されなければならないと考える傾向に。

　そんなあなたは、多少周囲に流されやすいけれど、万人向けのいわゆる「タレント性」は開発されていく。熱しやすく冷めやすい人々の興味をうまくキャッチし、「かゆいところに手が届く」アクションを心がけるにつれ、人気者になっていくことだろう。ただ、とても淋しがりやで、時に依存的になるため、そのあたりのコントロールは必要。

仕事の適性

世間一般の動きにシンパシーを感じ、デモンストレーションも上手なあなたは、人前に出て情報発信する仕事に適性あり。

特にマスコミ関係には、抜きん出た運と才能がある。好きであればダンスや芝居、タレント業も◎。

人間関係の傾向と相性

人が大好きなので、いつも人の中にいるが、時として、その中心にいないとヘソを曲げてしまう傾向も。

6月中旬生まれの人は、そんなあなたを甘やかさず、でも末永く見守ってくれるパートナー。10月19日〜23日生まれの人とは、文句なしに楽しめる相性。12月17日〜21日生まれの人は、頑固だけれど、あなたを引き立ててくれそう。特に年上の人であれば、◎。

長所と短所のまとめ

人の気持ちがよくわかる。ただ、他人のことを考えすぎて近視眼的になり、逆に相手の感情を深読みしすぎて距離感を誤ることも。

そこは紛れもない短所だけれど、しかし、そんなポカでさえ、あなたの天然の魅力となることがあるから、不思議なものである。

ウラヌス（天王星）のささやき

ここぞという時は、自分の価値観と直感を大切に。人はそれについてくる。

June Twentieth

6月20日

二つの相反する考えかたが同居している人

あなたの誕生日力

ある時は凪のようにおだやか、またある時は嵐のように揺らぐ感情。この感情のぶれをコントロールできない限り、あなたは危険な暴走から免れられない。そのアップダウンを自身で掌握できた時、これまでの経験全てが豊かで深い魅力へと転化、次なるあなたが誕生する。

あなたの性格

あなたの創る人生とは、二つの価値観のせめぎ合いから磨き出されてくるものである。

この生まれは「考えがまとまらない」と感じることがよくあるだろう。なぜなら、あなたの中には、二つの相反する考えかたがいつも同居しているから。

6月生まれ特有の「自分の性質に従って自由に振る舞いたい」という気持ちと、もう一つ「周りの意見や流れを大事にして従っていきたい」という気持ちである。

その時々で、この極端な考えかたの片方が顔を出すので、結果的に第三者から見るあなたの言動は「何でそうなるかわからない」といったことになりがち。

しかし、そのギャップから出てくる苦しまぎれの選択こそ、大いに周囲を驚かせセンセーションを巻き起こす、価値ある判断であることが多いのだ。

仕事の適性

　仕事の分野を問わず、心労は伴うが、大勢の人を扱う仕事があなたを最も輝かせる。政治関係、組織の人事担当や広報担当、通信報道関係、出版、著述など広い視野を必要とする仕事もピッタリ。

人間関係の傾向と相性

　人なつっこいので、人間関系は広くなる。個性的な人が集まりやすい傾向が。

　10月20日〜24日生まれの人とは、どんな時もおたがいに味方だと思える強い絆が。12月19日〜23日生まれは、堅苦しい感じがする時もあるけれど、あなたの軌道を間違えずに導いてくれるありがたい人。この相手が異性ならば、とても頼れる恋人になる。

長所と短所のまとめ

　葛藤をくり返すあなただから、感情の波が大きく、運の流れも極端な傾向に。

　しかし、長じるに従って、そんな自分自身のコントロールが上手になることは間違いない。そして、揺るぎないバランスでスケールの大きな活動をすることが可能になる。

ウラヌス（天王星）のささやき

愚痴はある意味かわいいもの。しかし批判はトラブルのもと。何かを引き起こす。

June Twenty-first

6月21日

人を見る目があり、仲間を大切にできる人

あなたの誕生日力

　自分の持って生まれた性分を、自分自身が存分に認められた時、あなたのステージの幕は開く。自分で否定している、気まぐれなところ、好き嫌いの激しいところに、違う角度からスポットライトを当てたなら、それは誰にも真似できない感受性の強さとなり、光り輝き出す。

あなたの性格

　あなたの創る人生とは、みなで協働することに楽しみを見出すものである。

　この生まれは、6月生まれらしい「自分の興味や楽しみを追求する」意志とともに、さらにその楽しみをみなと共有したいと考える傾向がある。だから、常に人の意見を求め、調和を図って物事を進めていこうとするのだ。

　そして、みなの意見が一致しない時は、行動力と自信にあふれ、こうと決めたら引かないあなたは、みなをズルズル引っ張ってでも、それを遂行しようとするだろう。あくまで「みんなでやる」というのがあなたの喜びなので、思わずリーダーシップを発揮してしまうのだ。

　このように多少押しつけがましいけれど、他人の気持ちをとても大切にするあなたは、周囲の信頼と愛情を一身に受ける人である。

仕事の適性

人の気持ちをとても大切にするので、カウンセリングや相談業などに適性あり。

人助けをしたいという欲求を社会福祉事業に関わることで満足させるのもよい。また、組織を立ち上げて経営していく力もある。

人間関係の傾向と相性

人と心をつなぐことが無上の喜びだから、いろいろな人と縁ができやすい傾向がある。

そんな中で10月18日～23日生まれの人とは、いつも一緒にいても飽きないくらい、新鮮な関係になれる。4月下旬、8月下旬の生まれの人とは、隠しごとのない自然な間柄に。12月18日～23日生まれの人は、足りないところを補完し合えるいい関係。

長所と短所のまとめ

人を見る目があり、みなを大事にする。しかし実は、意外に好き嫌いが激しいところがあり、それが短所。

無意識に好きな人だけを身の回りに集めるので、グループがうまくいくとも言えるのだけれど……関係性の広がりに欠けないように。

ウラヌス（天王星）のささやき

いきなり行動するのでは、周囲はついてこられない。よく言葉で説明しよう。

June Twenty-second

6月22日

🔑 卓越した天性の調整力で和をもたらす人

あなたの誕生日力

あなたが不必要と感じたのであれば、無理して関わることなどない。あなたの中で活発に生まれる"あるがままの感情"は、常識という四角四面の枠組みの中へは決して収まらないのだから。時に孤独に囚われても、正直な心に蓋をしないで歩んでこそ、あなたは心底から安らげるはず。

あなたの性格

あなたの歩む人生とは、たぐいまれな調和力を武器に発展していくものである。この生まれは、置かれた環境に自分を適応させる能力が高い人。何より周囲との関わりを大事にするため、自然と「空気が読める人」であり、周りに波風を立てず、平和を保つ力に恵まれている。その調整力たるや、あなたの右に出る生まれはないほどである。

しかし、6月生まれには「自由に生きたい」という願望もあるため、あなたは当然、「周囲と手をつなぎながらも自由になりたい」という葛藤を持っている。

そして、「周囲と調和していきたいという意志」が「自由への意志」をやや上回る結果、自己主張をしたくてもできないキャラクターをつくってしまうことが多い。

あなたが真に「これだ」と思うことについては、強く押し出すようにしよう。

仕事の適性

　全貌を見渡し、細部を調整していく能力は卓越しているので、どんな業種に就くにしても、監督、プロデューサー的な役割が最もあなたの性に合っている。

　人をまとめるのにも向くので、組織を指揮する役割にもチャレンジしよう。

人間関係の傾向と相性

　類は友を呼ぶように、あなたの周りには協調性に富んだ人が多いので、とても平和な人間関係が築かれる傾向が。

　その中で、10月19日〜24日生まれの人は、あなたの同志のような間柄。12月19日〜23日生まれは、敵対するけれども、あなたを刺激して可能性を広げてくれる相手。恋愛面では4月下旬、8月下旬生まれが好相性。

長所と短所のまとめ

　周囲と調和して進んでいける。わがままを抑えたり、誰かのために多少の我慢をしたりするのはしかたがないけれど、個人的なYES・NOまで言えないとすると、それは気の遣いすぎ。

　自分の素直な気持ちが出せてこそ本当の仲間であるということを、再認識しよう。

ルナ（月）のささやき

気持ちより論理が大事な時もある。相手を傷つけずに自分の理屈を通すための「言葉」を鍛えよ。

June Twenty-third

6月23日

どんな環境にもスッとなじむ柔軟性の持ち主

あなたの誕生日力

ふと感じる迷いや悩みは、あなたの心を成長させてくれる。それは人と関わるから生じることで、一人遊びの中では決して体感できないもの。あなたを不安にさせる「戦うべき対象」とは、自分自身。他人ではなく、自分自身を心底理解すれば、心身ともに解放されて昇華する。

あなたの性格

あなたの歩む人生とは、周囲の波に乗ることで開けるものである。どんな環境に置かれても、そこにすんなりと順応できるこの生まれ。

6月生まれは、突出した知性と表現力とによって自分の存在を周囲に認めさせる人が多いものだが、あなたはそれとは逆のやりかたで、自ら周囲になじむほうを取るのだ。

直感力に恵まれ、空気がよく読めるので、たとえ周囲が嵐のようでも、その場に合った言動でスイスイと乗りきれるし、急な環境の変化があったとしても、柔軟に対応して自分の力を発揮することができる。

また、偶然やってきたチャンスをひょいとつかむことから、ラッキーな人生が展開することもあるだろう。このように外界のリズムに乗ることで、あなたの成功は形づくられるのである。

仕事の適性

みなが幸せでないと落ち着かないという感性を持つあなたは、社会福祉的な視野を持つ仕事に魅力を感じる。ＮＰＯなどの組織でスタッフみんなが心を合わせて仕事ができれば、無上の幸福を感じられること請け合い。

人間関係の傾向と相性

人生の中で、「この人に出会ったのは大きかった！」という運命の出会いを何度か経験する傾向がある。

6月20日〜25日生まれの人、10月22日〜26日生まれの人から、その運命の相手が出る可能性がある。この生まれの相手は、あなたを心から尊敬し、引き立てようとしてくれる。12月下旬生まれの異性とは、意外に強い絆で結ばれている。

長所と短所のまとめ

配慮のきくあなたは、どこへ行っても親しみと愛情を寄せられるだろう。ただ、どうしても通したい意見、絶対に曲げられない立場がある場合でも、気を遣いすぎて心は千々に乱れることに。

きちんと話せば、たいていのことはわかってもらえることを知ろう。

ルナ（月）のささやき

人の喜びを自分の喜びとする人生は、真に贅沢な人生と言える。

June Twenty-fourth

6月24日

いつも腰が低く、気配り力にあふれた人

あなたの誕生日力

リーディング能力に長けているからこそ、相手次第ではあなたの豊かな心が擦り切れて消耗するだけになることも。大切な相手なら、時には痛い言葉を投げかけ、話し合うこと。それがあなたにとっては生きる糧を蓄積することに。そのプロセスはあなたに本物の愛を教えてくれる。

あなたの性格

あなたの歩む人生とは、人に対する思いやりと気配りを特徴とするものである。

この生まれは、6月23日生まれと同じく、周りのムードを読んで行動するタイプであり、人当たりがやさしく物腰もやわらかいので、めったなことで嫌われたりしない。

本来は意志が強く頭の回転も速いので、心の奥では「こうしよう」という確固とした考えを持っているのだが、かといって絶対に周囲とぶつかりたくないのである。そこで、あなたは全ての人に謙遜的態度で接し、ある時には卑屈なほど腰を低くして交渉を行なうのだ。

しかしこの態度は、あなたのことを"取るに足らない人間"に見せてしまうので、逆にあなたの考えは通りにくくなる。本来、嫌われない人なのだから、大事な時は恐れず堂々とポイントを打ち出したほうがよいだろう。

仕事の適性

人の気持ちがよくわかるあなたは、カウンセラーやセラピストなど、癒しに関する仕事に適性あり。

また、すぐれたデザイン感覚を生かした仕事も適している。組織の中で就くなら営業、宣伝など、人と関わる部署に生きがいを感じられるはず。

人間関係の傾向と相性

臆病なところがあり、なかなか腹を割って人と接することがないために、つき合いが表面的になりがちな傾向が見られる。

でも、6月22日〜26日、10月23日〜27日生まれの人とは、深い話ができて支え合う仲に。恋愛では、12月21日〜25日生まれと数奇なご縁が。

長所と短所のまとめ

周囲に合わせる能力はピカイチ。ところが、それが「争いを恐れるからおとなしくしている」という感じに出るのはマイナス。

時と場合によっては、論争でさえおたがいをより強く結びつける糧となる。水臭い関係こそ有害と考え、しっかりと自分を出していこう。

ルナ（月）のささやき

不安定な時期を乗りきる術を持っていることは、一人前の条件である。

June Twenty-fifth

6月25日

「目標に向かって一直線」の意志が強い人

あなたの誕生日力

　それがたとえ、一時の気まぐれであったとしても、心が素直に感じたままに行動を起こせた時、あなたの行く道は"次なる未知"へ向かってスムーズに転換、あなたを照らす光もますます強くなる。一瞬の出来事に、瞬時に反応するあなたであれば、何も恐れることはない。

あなたの性格

　あなたの歩む人生とは、強さと個性によって推進されるものである。

　そもそも6月生まれは「知りたい、やりたい」という気持ちが人一倍強いものだが、この生まれはそれに加え、やりかたに関して独特のこだわりを持っているのが特徴。あなたは意志が強く、目標へと一気に向かっていくタイプであり、その自分に正直でまっすぐなところはまさに尊敬に値する。

　しかし、生来のこだわりゆえに一歩も譲歩せぬ態度が生まれ、そのために周りからたたかれることがしばしばあるだろう。あまりに一徹すぎれば、自分は悪くないのに憎まれておとしいれられるなど、ありがたくない体験をすることも……。

　人の心を逆なでしないよう、わかりやすい物言い、やわらかい物腰を心がけてみよう。

仕事の適性

想像力豊かで、自分の世界を表現したいあなたは、作家、画家、音楽家、建築家、服飾関係などクリエイティブな仕事に適性あり。想像の世界をもっと身近に表現したいなら、旅行業、飲食関係なども向いている。

人間関係の傾向と相性

周りは敵ばかり……ととがっている傾向がある。それでは、お近づきになりたいと思っている人も遠慮してしまうことになるので気をつけること。

10月24日〜28日生まれの人は、あなたに絶対的信頼を置いてくれる素敵なパートナー。恋愛においても、この相手はよきパートナーに。4月下旬、8月下旬生まれも、強い友情の絆で結ばれる人。あなたの頑固なところを戒めてくれるのが、12月下旬生まれの人。

長所と短所のまとめ

願ったままを素直に実践し、目標を達成していく。ただ、うまくいかない時はかなりイライラし、人に八つ当たりをすることもありそう。

そんな時、気持ちの切り替えを素早くできるよう訓練すること。冷静になれば、物事はかえってうまくいくもの。

ルナ（月）のささやき

物事をあきらめることは恥ではない。失敗して挫けるのは恥である。

June Twenty-sixth

6月26日

知性のひらめきとあふれる情感で愛される人

あなたの誕生日力

どんなに傷ついても、まっすぐに信じる心を否定しなければ、それ以上に逞しい心へと育っていく。あなたは裏切られたわけではなく、流れている時間の経過に違いがあっただけのこと。傷つくたびにあなたの心は磨かれ、誰にも真似できないような、まばゆい輝きに包まれる。

あなたの性格

あなたの歩む人生とは、「能ある鷹は爪を隠す」を地で行くものである。

この生まれは、人に負けない知性のひらめきと完璧主義なくらいに、ソツのない仕事能力を持っているが、トップを走ることよりも、二番手を走ることを好む傾向がある。

そもそもあなたは温かい情感にあふれており、母のように人のサポートをしながら進むのが得意なのだ。「トップよりも二番手（参謀）のほうが難しい」というが、あなたはその豊かな能力を全て、そんなサポート役に使おうとする。

人が調和していくために、自分のできる手伝いをする——そこに充足感を感じ、自分をひけらかすようなことには興味がないようなのだ。

突然のチャンスが訪れることがあるが、そんな時は迷わず新しい世界に飛び込むのが正解。

仕事の適性

もてなしの心にあふれているので、お客を相手にする仕事に適性あり。レストランやホテルはもちろんのこと、何かの主宰者としても能力をフルに発揮できそう。

販売や宣伝でも力を発揮できる。また、自営業など自分が中心になってやる経営も◎。

人間関係の傾向と相性

あなたに世話になり、それからあなたが大好きになってそばにいるという人が、周りに集まる傾向。しかも、堅い絆で結ばれている。

6月下旬生まれの人とは、揺るぎない信頼関係が築かれる。10月25日～29日生まれの人とは、心から共感できて一緒にいるのが楽しい関係に。この相手が異性の場合は、ホットな恋愛関係に展開していく可能性が。

長所と短所のまとめ

情が深く、調和のために心を砕く。控えめな位置にいながら優秀なあなたは、人々の愛と信頼を一身に受けるために、しばしば他人の嫉妬を受けることが。ショックではあるけれど、それは相手の心の問題。他人からの否定的な感情はうまく受け流そう。

ルナ（月）のささやき

希望が絶たれても心配無用。あなただけは大丈夫、必ず復活の時がくる。

June Twenty-seventh

6月27日

温和な人柄で周りを「ホッ」とさせる人

あなたの誕生日力

　枯渇知らずに湧いてくる、あなたの愛を止めないで。あなたの周りをさまざまな縁が展開していくが、あなたの感じるままに、その愛を分けへだてすることなく、存分に注いでいこう。その打算のない愛情は、時に辛抱を要するしんどい重荷になることも。でも、それに負けずに進んでいった先では、自身を守る砦に。

あなたの性格

　あなたの歩む人生とは、柔和な人柄によって人を幸せにしていく道程である。

　そもそもこの生まれは、とても温和。あなたがいるだけで周りが和やかな雰囲気になるので、「あなたといるとホッとする」と言われることが多いのではないだろうか？　また、あなたはイメージの力がとても強く、常に楽しいこと、リラックスできることを考えているので、それが周りの人に影響するのだろう。

　あなたのそばにいる人はみな、創造力を刺激されたり、夢がふくらんだりして、なんとなく明るくポジティブになってしまう。しかし、反対にあなたが責任や義務に追われてストレスフルでいると、周りもなぜか、しぼんでしまう。

　そう、あなたは自分がハッピーでいることで、周囲を活性化できる人なのである。

仕事の適性

人を扱うツボをよく心得たあなたは、どのような仕事に就いても人並み以上に成果を出せる。他者の心の問題を一緒に考えられる教育者、カウンセラー、コンサルタントなどは、まさにあなたの天職と言える。

人間関係の傾向と相性

中には苦手な人がいたとしても、おおむね人間関係を安定して保っていける傾向にある。

10月25日～30日生まれの人は、よく気が合って気持ちをしっとりと通わせることができる相手。この人が異性の場合は、甘い恋の相手候補。6月下旬生まれとも、安定した関係を築ける。12月25日～29日生まれの人は、あなたの「後ろ姿」を自覚させてくれる。

長所と短所のまとめ

おだやかなムードで周りを包む、愛情深い人。こんな愛すべき人は他にいないというほどだが、とにかくどこまでもやさしくなれるので、他人の苦しみを自分で背負い込んでしまうことも。

他人を、距離を置いて見守る方法を身につけるとよいだろう。

ルナ（月）のささやき

肩の力を抜いて。淡々とやるべきことをやれば、責任は自然に果たされる。

June Twenty-eighth

6月28日

誠実で面倒見がよく、信頼のおける人

あなたの誕生日力

温かい気持ちで接する「面倒見のよさ」は誰もが太刀打ちできない、あなたの価値。でも、それと表裏一体になっている、好き嫌いの激しさからくる冷徹さは、自身を滅ぼすことに。勝手な思い込みを捨て、自他を寛大に許すことができたなら、偉大な役割に気がつけるはず。

あなたの性格

あなたの歩む人生とは、自由と規律の絶妙なバランスによってイキイキと輝くものである。

この生まれは、他からの要求に的確に応えることにこだわるタイプ。人から頼まれたことは間違いなくこなすので、周囲からの評価は「信頼の置ける人」。

しかし、実はあなたには「楽に自由に生きたい」という本音があるのだ。「決められたことなんかしたくない。本当は周りの人たちと一緒に楽しいことだけしていたい」──。しかしその本音に従えば、社会から外れてしまうことをあなたは知っている。そこで、自分を一生懸命にルールに当てはめようとするわけだ。

時々は自分を自由に遊ばせながら、規律や他からの要求に従う訓練もする。それを積み重ねることで、あなたは絶大な信頼を誇る模範的な人となるのである。

仕事の適性

決められたことをこなすのが得意なあなたは、組織に所属してミッションを明確に指示してもらったほうが能力を発揮しやすい。

生活分野に強いところから、インテリア関係や料理関係も、あなたにとってよい仕事となり得る。

人間関係の傾向と相性

「この人の全てを真似したい！」と思うような、強い愛着を持つことがある傾向に。

10月27日〜31日生まれの人の中に、そんなあなたのモデルとなる人がいる暗示。4月下旬生まれの人からのアドバイスは貴重。12月下旬生まれの人は、理解しがたいところがあるけれど、気づきをくれる人。恋愛において、この相手は麻薬のような魅力が。

長所と短所のまとめ

基本的に誠実で面倒見がよく、温厚。一方、「楽しいことだけやりたい」と考えたり、物事や人のありかたに文句をつけてみたり……意外に好き嫌いが激しく、こだわりの強いところも見え隠れする。

自他を「許す」ことを学んだら、全てがさらにスムーズに。

ルナ（月）のささやき

人の中で疲れたら、一人の時間を持とう。手先を使う作業は心を落ち着けてくれる。

June Twenty-ninth

6月29日

人の気持ちを察する共感力の高い人

あなたの誕生日力

時折、顔を見せるあなたの弱さとは、やさしさがにじみ出ている証(あかし)。でも、胸の内に秘めている、誰に何と言われようと譲りたくない信念を打ち出して戦うのも、あなたの生きる道。その芯(しん)の強さを軸として、心が開かれた時、障害なんかに負けないあなたへと大きく成長する。

あなたの性格

あなたの歩む人生とは、共感力による癒しの道である。そもそもこの生まれは、6月生まれ特有の「知りたい」欲求が「他人」へと向かう傾向がある。
「あの人はどんな人だろう」「こんな時、どんな気持ちだろう」——そんな、相手を深く理解したいという衝動から、人と同じ目線で見ること、自分が相手になりかわったがごとくリアルに相手を感じることに、あなたは長けていったのだ。

相手の気持ちを察して先へ先へと動くので、親しい友人からは「それはテレパシー!?」と言われるくらい。

すぐれた直感で相手を理解し、特別に敏感な感性で気持ちをやわらかく包むあなただからこそ、人は心を開き、秘密を話したくなる。あなたの周りは、あなたの共感とやさしさを求める人でいつもあふれるのである。

仕事の適性

人へのやさしさと知性、現実性があなたには備わっているので、人と接する仕事に向いている。教育、思想の普及、販売、宣伝などの他、奉仕の精神と知性が必要な医療の方面の仕事には高い適性があると言える。

人間関係の傾向と相性

損得問題やジェラシーで争うような、低級な人間関係はまっぴらごめんのあなたは、精神年齢の高い人とのつき合いが多くなる傾向に。

そんな中でも6月27日～7月1日、10月28日～11月1日生まれの人は、おたがいに何でも受け入れて協力していける、固い絆（きずな）で結ばれる関係。12月26日～30日生まれの人は、よい刺激を与えてくれそう。

長所と短所のまとめ

人に共感するやさしいあなただから、反面、とても傷つきやすい。

しかし、親密な関係の理解者が一人いることで、あなたは挫（くじ）けずに強さを保ち続けることができるはず。もし、実際的な人生の成功を目指すのであれば、自分をうんと押し出すくらいがベスト。

ルナ（月）のささやき

「やさしいだけ」では、いけない。「強さに裏付けられたやさしさ」が、本当のやさしさである。

June Thirtieth

6月30日

敏感な感性と器用な表現力を備えた人

あなたの誕生日力

あなたの鋭敏なる感受性は、時にあなた自身を傷つける。だからといって、周りの人とのつき合いや、状況に関わっていくことを拒んでいたなら、活躍の場は閉ざされてしまう。あなただからこそ感じ取れる、繊細な事柄を、変化する環境に応用できるのはあなただけ。

あなたの性格

あなたの歩む人生とは、あらゆる才能とあらゆる表現方法によって賑やかに彩られたものである。

6月生まれには「やりたがり」の傾向があるが、その中でもこの生まれは、いろいろなことを全てやってみようという貪欲さを持っている。

もちろん多くの才能に加えて、敏感な感性と器用な表現力をも備えているよう。それゆえに、できることが多すぎて、何か一つに絞ることが苦手。

また、何かを表現しようとした時、微妙に違った表わしかたをいろいろ思いつくために、「心を正確に表わすためにはどうすればいいか」と迷うこともしばしば。

そんなあなたは、自分勝手にやることを決めず、才能を出す方向性や表現形式を周囲の要求に合わせてみると、世の中により受け入れられやすくなるだろう。

仕事の適性

アイディアを形にしていくのが得意なので、創造的な仕事に適性あり。

芸術方面は最高で、その中でも映画など、あらゆる要素を統合するような分野に最も向いている。組織の中では企画・開発などに生きがいが。

人間関係の傾向と相性

誰とでも気軽につき合えるので、人間関係は広範囲にわたり、親しい人には「自分のことをよくわかってほしい」と願う傾向がある。

願い通りあなたを深く理解してくれるのは、10月29日～11月2日生まれの人。この相手とは恋人としても相性◎。12月27日～1月1日生まれの人は、多少頭に来るけれど役に立つ意見をくれる相手。迷いを解くカギをくれる。

長所と短所のまとめ

何でもできて、しかも努力家。しかし、心がデリケートなうえにいろいろと迷いが多いので、うまくいかないとイライラしたり、周囲の反応に傷ついたり。問題にドップリつかりすぎず、自分の気持ちを突き放して考えるようにしよう。すると逆に、うまくいくはず。

ルナ（月）のささやき

ハートは熱く、頭はクールに。頭に血が上ったら、その血液の栄養を思考に回そう！

Column 3

「占星術のカレンダー」で
生活してみる面白さ

　占星術では、「太陽が春分点に到達した瞬間」を年の始まりと考える。だから、占星術を使ってカレンダーをつくるとなると、春分の3月21日前後がお正月ということになる。
　もともと占星術は、天体などの位置によってつくられた体系なので、それは自然界のリズムを示している。そして、人間の生体リズムは、たいていの場合、この自然界のリズムに適合していることが多いので、占星術のカレンダーで生活すると健康によいと言える。

　今日使われているカレンダーは、グレゴリオ暦と呼ばれるが、人間が自然界のリズムに従属しないように、自然界のリズムに合わせない形でつくられたもの。
　これは西欧のキリスト教会が、「人間は神の子であり、

自然界に迎合するような存在ではない」という考えを打ち出し、故意に、季節のリズムには適合しないような暦を設計したから。

そのため、グレゴリオ暦の通りに生活をしていると、自然リズムに合致した生命の呼吸を持つ身体は、調子を崩しがちになる。

また今日の科学者の間でも、今のカレンダーには不合理なことが多いので、改変したほうがよいという意見も根強くある。しかし、私たちの社会習慣では、このような改変をすることは大変な労力がかかるので、とうてい無理だと思われている。

江戸時代など、古い時代の日本では、この占星術の年のスタートと、比較的近い時期をスタートにしていることも多かったようで、たとえば、寺子屋は初午（2月の最初の午の日）に始まっていたが、これは旧暦での初午のことなので、今で言えば、3月の半ばから後半にあたり、春分点に比較的近いのだ。

私たちにとって理想の生活とは、社会集団での予定を合わせる時にはグレゴリオ暦を使い、個人としての生活リズムには占星術のサイクルを入れて、併用すること。

年の始まりは1月。でも、私たちの生体サイクルとしては、実はエンジンがかかってやる気になるのは3月の

春分の頃から。

つまり、年の始まりから仕事はするが、本気で何か新しいことを考え始めるのは、3月。その成果を刈り取るのは、秋分の9月21日あたりから。

9月後半から10月は、春から始めたことの結果が見えてくる時期なのだ。

実は、世界中には他にも無数の暦があり、それによって違う生活リズムがある。農業専門の暦もあるし、また古い時代には、神官のための13カ月の暦などもあった。

いろいろな"生命リズム"が錯綜した波の中を生きているようで、たくさんの暦を使うと、あなた自身のリズムや自分のライフスタイルに合った流れが見えてくるかもしれない。

July First

7月1日

仲間を大切にするシャイでやさしい平和主義者

あなたの誕生日力

あなたの使命へとつながる、たぐいまれなる能力の開花は、何気ないふとした日常から始まる。その時に感じた気持ちを無視せず、心の内に向けて徹底的に「なぜか」を問うこと。そしてそこから導き出した解答を、社会の中で行動として生かすことで、あなたの存在はいっそう光る。

あなたの性格

あなたの歩む人生とは、どこまでも平和主義を貫くもの。そもそも7月生まれは気持ちが繊細で、人との距離の取りかたが絶妙だが、この生まれも人を思いやり、仲間を大事にする人である。

あなたの中には、「人間はみな平等であり平和に共存できるもの」という考えが根強くあるため、人の立場に上下があることや、社会の中で一定の人だけが権力を持っていることに、納得できないことが多い。だから上から支配されるなどはとことん嫌いなのだが、かといって、やさしくてシャイな部分が、面と向かって権力に反抗することを拒んでしまう。

ゆえに、上下関係の中で潤滑油的な働きをして間接的に争いを鎮めたり、逆に孤独でいることで支配を避けたりする、穏便な人となるのである。

仕事の適性

相手の立場に立ってものが考えられるので、あなたの調整能力は抜群。人と人とを結びつける役割には最高の適性がある。共同事業にも向いているが、遠慮しすぎるきらいが。管理職や幹部という位置でも、あなたのよさが発揮できる。

人間関係の傾向と相性

仲間や親しい周囲の人を心から大切に思うあなたなのに、1対1となると、好きだからこそ意地を張ってしまうという構図になる傾向が。

それでも6月29日〜7月3日、10月30日〜11月3日生まれの人とは、素直につき合える間柄。この相手が異性なら、恋愛において甘い関係に。12月28日〜1月2日生まれの人とは切磋琢磨し合えるよきライバル。

長所と短所のまとめ

全てを愛で統治したいというくらい、人間としてのやさしさを持った人。それゆえに日常の中で人間関係のゆがみや社会の不均衡を見ては、傷ついたり悲しんだり。

その問題意識を、実際の行動に結びつけることで有益な結果が出ると知ろう。

ルナ（月）のささやき

人からどう評価されるかではなく、人をどう評価するかによって、その人の値打ちが決まる。

July Second

7月2日

先見の明があり少々マニアックなセンスの持ち主

あなたの誕生日力

　ご都合主義的な考えには決して至らない性分こそ、あなたの最大の魅力。でも、いたずらにあなたのもとに飛び込んでくる快楽は、あなたの行く手を邪魔する邪念に。あなたには、ステレオタイプの成功などは全く無用。自分が目指す成功の果実を手に入れる過程で味わう苦悩こそ、高みへと導く原動力となる。

あなたの性格

　あなたの臨む人生とは、先見の明に照らされたものである。あなたは人の心を読み取る力が強く、周囲に調和をもたらす。「合わせるべきところ」はしっかり合わせられる、常識感覚の高い生まれ。

　にもかかわらず「個性的」と思われているのは、これと思ったことに取り組む時の非常な粘り強さゆえ。しかも、他の人から見てあまりにも異なものに血道を上げるので、ちょっと変な人という印象になるのだろう。

　でも実は、あなたには先を見越せる力があり、あなたがよいと思ったものは、あとになって必ずメジャーになる。あなたのすることは時代の先を走っているので、最初は誰にも理解されないのだ。

　自分のセンスを信じることが成功の秘訣。マニアックにやるくらいでちょうどよいのだと心得よう。

仕事の適性

感情が豊かで人の気持ちを動かす力もあるので、それを生かして芸術分野で活躍できる。美術、演劇、音楽など幅広い分野に適性がある。

ただし、恵まれすぎた環境にいると才能が伸びないので、自分に厳しくすること！

人間関係の傾向と相性

人間関係はおおむね順調で、人生の節目に、大きな影響をおよぼす人に出会う傾向がある。

10月31日〜11月4日生まれの人とは、深い情で結ばれ末永くつき合える相性。5月上旬と8月上旬生まれの人とは、いろいろな場面でフォローし合える関係に。12月29日〜1月3日生まれの人とは、ふだんできない体験を共有できる。

長所と短所のまとめ

独特のセンスで時代の先を行く。人に理解されにくく、孤独を感じやすいところは、ちょっと辛いところ。

しかし、だからといってその姿勢を崩して楽になろうというのは、あなたの個性と使命を捨てること。貫くことで本物になることを忘れずに。

プルート（冥王星）のささやき

人の考えを変えようと思うな。自分がひたすら喜んでいれば、人はそれに染まってくる。

July Third

7月3日

内に秘めた芯の強さで意志を貫徹する人

あなたの誕生日力

あなたの中には、無垢なる真理が息づいている。しかし、そのやさしさゆえの弱さから、目の前に起こる道理の通らない現実を、見て見ない振りをすることがある。あなたが本気で自分の本音を伝え、本物の絆が築かれれば、自分をいかんなく発揮できる領域が待っている。

あなたの性格

あなたの臨む人生とは、内面の強さによってつくり上げられていく芸術である。

人はあなたを、物腰のやわらかい、おとなしい性格だという。たしかにあなたは仲間を大切にし、いつも親切、さらに「守ってあげないと崩れてしまう」と思えるほど、弱々しいところも見せる。

しかし、この生まれは意志を内に秘めていて、とてつもなく芯が強いのである。静かな態度ながら、決めたことはなんとしても貫く。また、人が何と思おうと、自分がよいと思ったことはあくまでも守り通すだろう。「大切なものほど人に触れられたくない」と、本当に自分が価値を置いているものについては、誰にも話さないことも。

このように、実は強情なくらいなのだ。押しの弱さを克服できれば、人生はさらに輝くだろう。

仕事の適性

お金やものの価値を見分ける能力が卓越しているあなたは、「売れる、売れない」の感覚も確かなもの。その特性を生かし、ビジネスに関わると成功が望める。

古物商や美術商など、高い審美眼が求められる分野でも活躍できること間違いなし！

人間関係の傾向と相性

自分からはあまり他人とアクセスしないので、向こうから寄ってきた人と主につき合いを始める傾向に。

そんな中、自分からアタックしていきたいほど魅力を感じるのは、11月1日〜15日生まれの人。この相手が異性なら、間違いなく恋の予感。12月30日〜1月4日生まれの人とは、ケンカもするけど「雨降って地固まる」の相性。

長所と短所のまとめ

人知れぬ強さを秘める。ただし、あまりに守りが固いので、その強さも本音も、めったに人に見せることはない。だから他人の悪や世の不正を目にしたり、被害を受けたりしても、グッと我慢し、呑み込んでしまう。

もう少し、自分の本心をオープンにすれば、気持ちが楽になるだろう。

プルート（冥王星）のささやき

あなたの壁が破られた時、苦痛はあるが、それは世界が広がる兆(きざ)しである。

July Fourth

7月4日

豊かな知性で物事を深く捉える高尚な哲学者

あなたの誕生日力

「わかる人だけにわかればよい」という心に秘めたセリフは、あなたが現実の痛みを知ってこそ真に響く。誰にも負けない感受性の強さを内にとどめたままにしていては、どこにも誰にも「真実」は伝わらない。その「殻」を破る覚悟を決めた瞬間から、あなたは光を放つ。

あなたの性格

あなたの臨む人生とは、豊かな知性と探究心に導かれていく旅である。

この生まれは、ものを深く考え本質を捉えること、物事の真の意味を見つける力にすぐれているため、スピリチュアルな問題などについて腰を据えて語り合えば、周囲の人はあなたのことを「哲学者や聖女みたいに深い考えの持ち主」と言うに違いない。

また、豊かな創造性に恵まれているので、その考えを文章や芸術の形に表わそうとすることも。

ただ、精神が高尚すぎて一般の話題についていけず、孤独を感じることがあるかもしれない。あまりに深い思索の世界に入ってしまうと、それこそ仙人。他者との関わりが薄くなって世間から浮いてしまわないように、できるだけ周囲との交流を持とう。

仕事の適性

知性、カリスマ性、統率力にすぐれたあなたは、どのような仕事でも十二分に務まるはず。特に、人を相手にする仕事では特性が光り輝く。たとえば、同じような内容について話しても、あなたの言葉は他の人とはまた違った形で相手の心に響き突き動かす。

人間関係の傾向と相性

根本的にあなたは一度仲よくなった相手とは、ずっとつき合いを続けるタイプなので、ご縁が長続きする人間関係を育む傾向に。

とりわけ11月2日〜6日生まれの人は心を変えないので、この人とは一生もので続く仲になりそう。5月初旬、9月初旬生まれの人とは、価値観が似ているため、一緒にいて楽しい関係。異性の場合は、恋に発展するかも。

長所と短所のまとめ

本質を突くあなたの精神は、大いに役立てられるべき貴重なもの。しかし、周りの人がバカに見えたり、はなから大衆的な価値観を認められなかったりするのなら、それはただの偏屈さと言われてもしかたがない。自分をさらけ出して人と対話してみては。

プルート（冥王星）のささやき

とことん「聖なること」を目指すのであれば、とことん「俗」であれ！

July Fifth

7月5日

衣食住にこだわりを持つセンスのよい優雅な人

あなたの誕生日力

　エキセントリックなテンションの高さは、あなたを崇高なる使命へと導く原動力。ゆえに感情は常に大きく波打ち、喜びと苦しみを行ったり来たりしてしまう面がある。上下する気分を手玉に取り、心のありかたをうまくコントロールできた先で、偉大なる道への扉が開く。

あなたの性格

　あなたの臨む人生とは、楽しく豊かな日々の積み重ねである。
　そもそも、この生まれが大切にするものは、ズバリ、現実生活。あなたは、毎日の生活を快適に、平安に暮らすことに非常な重点を置く傾向があるので、いろいろなことにこだわりがあり、衣食住のために大きなエネルギーを消費するだろう。
　発達したセンスに従い、上等なもの、値段の高いものでも、必要とあらば迷わず手に入れるし、また、そういった上質の生活を支えるためにこそ、自分自身の能力を最大限に生かして仕事をし、糧を稼ごうとするわけだ。
　人柄はゆったりのんびり。ガツガツ生きることを好まない。そこで不思議と「楽で、なおかつ収入のよい仕事」に就き、優雅に仕事をしつつ、その日を贅沢に生きるのだ。

仕事の適性

ズバリ、実務に向いている。たとえば銀行家、会計士、起業家などは、あなたの効率的な仕事能力を大いに必要とする職種。

また、セールス、飲食店経営、販売促進関係の仕事は、物を速やかに流通させるという気持ちよさであなたを満足させてくれる。

人間関係の傾向と相性

あなたは人間関係でさえも、自分の持ち物の一部であるとみなす傾向があるので、人の外見や社会的地位などにこだわりすぎないようにしたいもの。

7月初旬生まれは、趣味がよく合いおしゃれなので、一緒に行動したくなる人。11月3日〜7日生まれは、心の底から信頼できる相手。また1月上旬生まれの人からは、教訓が得られそう。

長所と短所のまとめ

現実生活に恵まれ、逞しく生きる。おおむね元気でハイ・テンションだが、感情豊かな7月生まれらしく、起伏の波は激しいほう。

その気まぐれさがあらゆる事柄において邪魔をしないよう、心をコントロールする術を身につけること。

プルート（冥王星）のささやき

あなたが恵まれていること、その恵まれた運を与えてくれた全てのものに感謝せよ。

July Sixth

7月6日

感情が豊かで、芸術的感性にすぐれている

あなたの誕生日力

「継続こそ力なり」という言葉は、あなたには当てはまらない。次から次へと新しい経験をたくさん積み重ねていくことこそ、飽きっぽいあなたの大いなる力になる。創造の世界に打ち込む過程で生まれる不安に打ち勝った時、あなたが活躍できる、あなたが真に求めた自由がある。

あなたの性格

あなたの臨む人生とは、受け取ったビジョンを芸術にまで高める道のりである。

あなたは精神性が非常に高く、また、人の気持ちを察するのがとてもうまい人。感情も豊かだがナイーブなので、ちょっとしたことで傷ついたり、神経質に考えたり。当然、慣れない人や物事には警戒心を抱いてしまい、なかなかなじめないかもしれない。

しかし、そんなあなたの中には強力な"イメージの力"が脈打っており、それはあなたにしかない才能として、世に出るのを待っている。

あなたは最初、仲間の内で遠慮がちにその才能を披露しているが、そのうちもっと広い世界に出て自分の才能を世に問おうとするだろう。芸術や創造の才能を引っさげ、社会的にも信頼を得て、スマートに生きていくのである。

仕事の適性

　感性を生かして、芸術・芸能活動をするのが、何よりもあなたに合っている。

　会社勤めなども職種にかかわらずうまくこなしていけるが、できれば自分の思い通りに動けるフリーな立場、あるいは指導的立場を確立したいもの。

人間関係の傾向と相性

「人と感覚が違う」というだけで裏切られたような気持ちになるなど、あなたは人間関係で悩みがちの傾向がある。

　そんな中でも7月4日〜8日生まれの人とは、心底信頼してずっとつき合える相性。1月3日〜7日生まれの人は、おたがいに励まし合えるよきパートナーに。この人が異性ならフィーリングもピッタリ、阿吽（あうん）の呼吸でやっていける理想の恋人になれそう。

長所と短所のまとめ

　何しろ感情の動きが大きいタイプなので、それがひらめきにもなり、ムラッ気にもなる。

　あなたは気持ちがコロコロ変わるゆえに、一つのことを思い続けるのは苦手。むしろ、自分の気持ちの流れに添って行動したほうが、運に乗れるはず。

プルート（冥王星）のささやき

他人に「こうあってほしい」と望みすぎるのは、一種の支配。人は自分と違って当然だ。

July Seventh

7月7日

おもちゃ箱のようにキラキラした夢がいっぱいの人

あなたの誕生日力

あたりまえの日常の中で、あなたが抱く疑問や直面する不条理には意味がある。自分の「感性」をとことん承認し、できること、やれることを行なっていくこと。どんなに小さなことでも、それらを積み重ねていけば、あなたにしかやり遂げられない、大役が用意されている。

あなたの性格

あなたの臨む人生とは、たくさんの夢と希望がきらめくおもちゃ箱のようなもの。

常に快活に動き回るこの生まれは、人から「いつも楽しそう」と言われるだろう。興味のあることがそれこそ山ほどあるので、それら全てをやってみようと貪欲に行動するのである。習得力も高いので、たいていのことはすぐに上達する。

たまに、あれこれ手を出しすぎて気力、体力、経済力が不足し、中途半端なことをして人に迷惑をかけることもあるが、7月生まれ特有の繊細な心遣いと絶妙な対人的勘を働かせて対応するので、あまりひどい文句が出ることはないだろう。

そう、むしろ、周囲にわがままだと非難されても、壁や不条理に出くわしても、妥協せず好きなことをして成功を手にするだろう。

仕事の適性

転職を人生の中で何度か経験しながら、最も自分に合った仕事を見つけることになる。

最新の情報にアンテナを張る力を必要とするような仕事に適性あり。たとえば出版、宣伝、エンターテインメント、研究など。

人間関係の傾向と相性

あなたは、基本的には人を大切にする性格。しかし、どうにも忙しすぎてダブルブッキングや約束忘れが増えるため、「いいかげん」「誠意がない」という評価も出る傾向に。

11月5日〜9日生まれ、9月上旬生まれの人は、そんなあなたを見守り、常に信じてくれる相手。1月4日〜8日生まれの人は、あなたの欠点をズバリついてくるが、それによってあなたは成長することに。

長所と短所のまとめ

チャレンジ精神旺盛で快活。しかも独り善がりでなく、対人的にはとても思いやりがある。

自分は人のサポートをするのが向いている、と思ってしまうことがあるようだが、それは間違い。あなたは「自分の夢をかなえる人」だということを忘れずに。

プルート（冥王星）のささやき

ギリギリまでがんばったところで、このうえない助けが得られるものだ。

July Eighth

7月8日

敏感な感覚の持ち主で好き嫌いのハッキリした人

あなたの誕生日力

あなたが瞬時に感じる"なんとなく好きな人"や"好きなこと"は、大切なメッセージ。時々迷ったり揺れたりしながらも、あなたの内側で日々生じている喜怒哀楽の感情を偽らないこと。あなたの心を正直に育み、伝えていくことで、大きな幸せを実感できる世界へと、たどり着けるはず。

あなたの性格

あなたの臨む人生とは、自分の価値観にあくまでこだわる道である。

そもそもこの生まれは、敏感な感覚を持っているがゆえに快・不快を感じやすく、いつも本能的に「好き」と「嫌い」を選り分けて生きているようなところがあるだろう。そこで、好きなこと、気持ちのよいことだけをやり抜き、嫌いなことには見向きもしない、ということが多い。

そんなあなたに周囲からは「わがまま」との声が。また、人を選ぶ時も、好き嫌いや、「自分に役立つ人かどうか」で決定しがち。

それはそれでシンプルな価値観で、無駄のない人生をあなたに約束するが、それに対して人から「冷たい」と文句を言われると、悲しくなることも……。「たまには人の価値観に添う」ことを覚えよう。

仕事の適性

その仕事が好きか嫌いか、趣味に合っているかいないかで、あなたの適性は大きく左右される。

成功を望むなら、自分の好きなことの中から職業を選ぶべき。最初は収入も少なく希望がないように見えても、心血を注ぐうちに必ず発展するはず。

人間関係の傾向と相性

競争やポジション争いといったようなことに多く遭遇する傾向にあるが、基本的に人が好きで親切なあなたは、11月6日〜10日生まれの人とは、何があってもおたがいに好きでいられる関係に。

5月中旬、9月上旬生まれの人とは、喜びをたくさん共有できる仲。そして1月生まれの人とは、おたがいを切磋琢磨できる、よきライバルとしての関係になりそう。

長所と短所のまとめ

自分の好き嫌いの感情だけで動く傾向があるので、わがままとも冷たいとも捉えられる。また、喜怒哀楽を隠さず表現するので、子どもじみて見えるかも。

しかし、その素の感情を尊重することで心がノビノビ成長し、運勢が上がるのである。

プルート（冥王星）のささやき

あなたが人を判断するように、人もあなたを好きに判断する。人の評価は知っておけ。

July Ninth

7月9日

気配り上手でみんなを明るく元気にする人

あなたの誕生日力

　あなたの活躍する場は、あなたが描いている枠組みとリンクしている。世間や人と自分のことを比べたりすることは決してマイナスではないが、自分が活躍できる場の範囲を狭めたなら、プラスへはつながらない。決めつけず、どんなことにも挑戦してこそ、可能性は無限大に。

あなたの性格

　あなたの臨む人生とは、やさしさと誠実さによって支えられたものである。

　7月生まれは、人との距離の取りかたがうまく、こまやかな性質の人が多いものだが、この生まれは輪をかけて気配り上手、人からの信頼が特別に厚いタイプである。

　あなたは他人の辛い体験や人情話を聞いて涙するような感情豊かな人だから、誰もがあなたの共感を求めてそばに寄ってくるだろう。

　また、相手の気持ちを汲み取りつつも自分の意見を聞かせたり、難しいことを相手に合わせてうまく噛み砕いて話したりすることにも長けているよう。

　そんなわけで、みなの中にいるとリーダーや幹事役を任されたりすることに。話を大きくするクセがあるが、それも周りを明るく元気づけるのに一役買ってくれる才能。

仕事の適性

他人の世話をするとか相談を受ける仕事に適性あり。カウンセラー的な役割で満足感を得られる。

また、相反するものを融合して新しいものをつくり上げる力もあり、創造的な職業の中で、その資質はあますところなく発揮される。

人間関係の傾向と相性

人間関係の中で仲介役・潤滑油役を演じることが多い傾向がある。他人同士の関係のカギをあなたが握っているという状況も経験しそう。

7月7日〜11日生まれは、あなたと似た体験を持つので、心底共感し合える仲に。11月7日〜11日生まれは、あなたのよさを自覚させてくれる相手。恋愛においても素敵なパートナーになれる可能性が。

長所と短所のまとめ

意外に欲がなく、庶民的。自分をただの一般人と認識しており、あまり自分の能力に信頼を置いていないところがありそう。人を優先するあまり、自分を下げるクセを持つ人もいるが、それだとあなたの可能性が育たない。まずは自分を尊重することが大切。

プルート（冥王星）のささやき

とことん人のために尽くせ。人に愛を注ぐ者には、どんな不幸も近寄らない。

July Tenth

7月10日

平穏無事を愛し、やさしいオーラをまとう人

あなたの誕生日力

あなたが感じるままに動いた瞬間から、可能性やチャンスは次々と生まれてくる。可能性に向かって現実にチャレンジしていくことであなた自身が試され、向かう未来の扉は大きく開く。それがどんなに辛くても、一度きりの人生を思う存分、正直に生きてみる価値がある。

あなたの性格

あなたの臨む人生とは、心の余裕に満ち満ちたもの。

この生まれはいつもおだやかな笑顔を絶やさず、あなたを見ている人までがハッピーな気分になるようなやさしいオーラに取り巻かれている。

それは環境に順応する力が高く、自分が置かれた立場や環境にいつも満足しているから。自分のことは自分で考えて行動し、たとえ逆境に置かれていようとも、そのうちに必ず納得できる状況をつくれることを知っているので、不足を言わず、ひたすら今を楽しめるのである。

日々の平凡な営みを大事にし、目の前に起こっている問題をも余裕で楽しむその姿勢が、人を幸せにするオーラとなってにじみ出るのだろう。

ただ、平凡さに安住しすぎて、可能性へのチャレンジを忘れないように！

仕事の適性

現実性と想像力をうまくバランスさせる能力に恵まれたあなたは、俳優、美術家、写真家など、実生活を作品に写し取る作業に適性あり。

カウンセリングやヒーリング、代替医療分野では、あなたの人間性が歓迎される。

人間関係の傾向と相性

仲間内ではムードメーカー的な存在で、自分では特に何もしなくても、人が向こうから寄ってくる傾向がある。

7月中旬生まれの人とは、行動パターンやペースが似ていて、特につき合いやすい仲。11月8日〜12日生まれの人とは、日常生活の現実的な部分で協力し合える関係。1月上旬生まれは、心をかき乱すように気になる人、恋の相手かも。

長所と短所のまとめ

いつもやさしくおだやか。人から愛されて平和な毎日を過ごせるのは恵まれたところ。

しかし、どうしても引けないと思う事柄に直面した時でさえ、人に流され、自分を貫けなくなる傾向が……。

常に、主張を前に出すトレーニングを自分に課そう。

プルート（冥王星）のささやき

人をたくさん惹(ひ)きつける魅力というものは、意識して使おうとした時、消えてなくなる。

July Eleventh

7月11日

思いやりのあるリーダーシップで人々を魅了

あなたの誕生日力

　頭の中で考える"愛"とは、あなたがつくり出したカテゴリーの中だけに存在している。だから、いつまでも「満たされない気分」から抜け出せないのは、誰のせいでもなく自分がそうした状況を好きで選んでいるから。それを手放せば、濃霧が晴れたように心は「安泰の境地」へ。

あなたの性格

　あなたの臨む人生とは、周囲の人の気持ちを汲んで、人とともに歩む道である。

　7月生まれ特有の繊細な感覚と、人との絶妙な距離感覚。この生まれは思いやりたっぷりなので、人の立場をよく考えたうえで、しかも自分の主張ができるタイプ。基本的にまっすぐなので、嘘は言えないし、また、まっすぐだからこそ何ごとにも一生懸命、大変な努力家でもある。

　そう、あなたの心の温かさと何でもこなす根性に、独特のリーダーシップが加われば、鬼に金棒！　周囲の人を魅了してやまぬ人になるだろう。

　ただ、とても気持ちがデリケートなために、人の感情に神経質になりすぎる傾向が。特に親しい人、重要な人を相手にした時ほど、些細なことでその人の真心を信じられなくなることがある。

仕事の適性

人が幸せになるのを見て、自らも幸せを感じるあなたは、直接他の人のためになる、福祉関係やコンサルタント業、これと思う商品のセールスなどに生きがいを感じることができる人。また、お金を扱う、銀行、外国為替取引などにも独特の才覚が発揮できる。

人間関係の傾向と相性

あちこちから声がかかり、人間関係は賑やかで慌ただしいくらいになる傾向が。

11月9日～13日生まれは、静かながら深い友情で結ばれた人。年齢・性別にかかわらず、7月中旬、9月上旬生まれはあなたのファンか、後見人になりたがる人であり、強力なサポーター。また、1月8日～12日生まれの人とは、おたがいに足りない部分を補完する関係。

長所と短所のまとめ

すぐれた人格と実力を持つあなたは、人気者。いずれ人の上に立つ人であることは間違いないだろう。

しかし、仲間や集団を大事にする気持ちが行きすぎて、かなり強引になることが。リーダー的立場になった時こそ、周りの気持ちを聞こう。

プルート（冥王星）のささやき

愛と執着の違いを理解せよ。この二つは似て非なるものである。

July Twelfth

7月12日

心豊かに生きることを目指す崇高な理想家

あなたの誕生日力

あなたが抱く世界観や価値観は、とても崇高であるがゆえ、周りからは理解不能と思われるかもしれない。かといって内にこもっていては、手がけるべき使命へと展開しない。難解なパズルを解くように、丁寧に自分の思いを伝え、相手の反応を知ることで見た夢は完成する。

あなたの性格

あなたの臨む人生とは、崇高な理想に向かって飛翔しようとする心によって導かれるものである。

この生まれは精神性が高く、社会的成功よりも心を充足させて生きることのほうが大切だと考えるタイプ。だから物質欲もさほどなく、息苦しい生活をしてまで人より偉くなろうとは思わないだろう。

ふだんは周囲の人の中で、相手の気持ちをよく考えておだやかに生活しているが、「人間として心豊かに生きる」という理想があまりにも大きい場合は、人生の一時期、他人と離れて一人、仙人のような生活を始めることがあるかもしれない。

しかし、そうして現実生活から離れて自分を見つめ直すことで、あなたは本当の愛のありかたや自分のかなえたい大きな理想への道すじを学ぶことだろう。

仕事の適性

人としての理想の姿を追求するあなたは、聖職者や慈善活動家、または福祉関係の仕事に生きがいを見出せそう。社交性と、経済の流れを読むのに敏なところをジョイントさせれば、ビジネス関係にも卓越した能力を発揮する。

人間関係の傾向と相性

たとえ恋をしても、その相手がちょっと理想から外れた行動をすると、一気に冷めてしまうといった極端なところがある傾向が。

そんなあなたでも5月中旬、7月中旬生まれの人となら、格好のよくないところを見せ合いながらも友情を保っていけそう。11月10日～14日生まれは、自然体でつき合える人。異性ならば温かい関係が続く可能性あり。

長所と短所のまとめ

人に対して大きな愛を持ち、夢や理想を大切にする。

しかし、あなたの描く理想はあまりに高尚すぎるので、現実生活にすぐに移し変えられるようなものではないことを理解したいもの。長い時間がかかることを覚悟して、ゆっくり進んでいこう。

プルート（冥王星）のささやき

壁にぶつかるのは、人のせいではない。全て自分の思いから出たことだ。

July Thirteenth

7月13日

感性と知性をフル活動させて成功をつかむ人

あなたの誕生日力

"愛"を与えることはあなたの喜び、それなのに、ちょっとした言葉の行き違いから、奪うだけの行為に陥ることがある。傷つきたくないからと、人間関係にメリット、デメリットという尺度を持ち込んでしまえば、あなた自身が不本意のはず。心の大きさを信じることこそ真の道。

あなたの性格

あなたの奏でる人生とは、豊かなひらめきによってもたらされるハーモニーである。この生まれは、感性も豊かならば、物事を捉える視点も多彩。

たくさんのインスピレーションとそれに対する検証で、頭の中は「るつぼ」のように混乱状態だが、それを一つひとつシミュレーションし、冷静に検討して、あなたは結論を引き出していく。

その内面の混乱にかかわらず、あなたがあまりにも冷徹なので、周りからは「的確に判断して何でもさっさとできる人」と見られるだろう。

周囲からの信頼は厚く、成功もお金もほしいままなのに、あなたが本当にわかってほしい肝心のところ――人間らしい迷いや、人恋しさ――を理解してもらえないのが、唯一あなたの辛いところと言えるかもしれない。

仕事の適性

あなたは自分自身がハマった商品やこれと惚れ込んだものを人に話したりすすめたりするのがとても上手なので、その才能を生かしてビジネスの世界に飛び込むのがベスト。

特に、セールス、広報分野などでは重宝がられ、活躍できるはず。

人間関係の傾向と相性

積極的に刺激を求めて人間関係を広げ、個性的な人をたくさん周囲に集める傾向がある。しかし、深くつき合うことは少ないよう。

そんな中でも、11月11日～15日生まれの人とは、何でも言い合える無二の親友に。1月10日～15日生まれの人は、新しい世界に案内し、あなたの壁を破ってくれる。恋愛では9月中旬生まれの人が好相性。

長所と短所のまとめ

感性と知性をフル活動させて成功をつかむ。しかし、感情的に未熟なところがあるため、人の「気持ち」に関することには、ぎごちなさが。相手とうまく意思が疎通できないと、なぜかケンカモードに入ったり……それで自分が一番傷つくのを忘れずに。

ネプチューン（海王星）のささやき

一人で考えず議論せよ。個性的な人の意見は、解決への決定打となるだろう。

July Fourteenth

7月14日

使命感が強く仲間とともに夢を実現していく人

あなたの誕生日力

どれだけ自分に正直に生きていけるか、それがあなたの人生のカギ。それがたやすく小さなことであろうと、足がすくむほどの大きなことであろうとも、恐れずにチャレンジを。たくさんのチャレンジを経験し、一通りの泣き笑いを越えたあと、夢見た場所へとたどり着く。

あなたの性格

あなたの奏でる人生とは、仲間とともに夢や理想を追求していく道程である。

夢に向かって飛ぶ力に満ちたこの生まれに、7月生まれ特有の「人とともにやっていく」という性質がブレンドされているので、結果としてあなたは、自分の夢に向かって同じ志を持つ人々と一緒に進むことになる。

行動するエネルギーは強いので、人生のある時期には全てのものを振り切って大胆な行動に出るかもしれない。しかし、残念ながら初対面の人や多くの人のいる場所では不安が多く、自分を出せないことに気づくことになる。そういう、本質的な繊細さからも、仲間と全てを共有する道を取りたがるのだ。

人とともにありながらも、人を隠れみのにせず自分を主張できた時こそ、光への扉が開く。

仕事の適性

あなたの繊細な感性を創造的な分野に役立てるのも一つの道。また、思いを現実に表わす力を生かして政治家、活動家、起業家、経営者なども適性あり。

また、リーダー的な役割に就いた時には、相談役を隣に置いて臨むと失敗がない。

人間関係の傾向と相性

本当に信頼できると思う仲間数人といった小さなグループ内で、まったりしたがる傾向が。

7月中旬生まれの人とは、安心できる関係。11月12日〜16日生まれの人といると刺激もあり、深くつながりながら、たがいに発展できる関係。恋人としてもよい相性。また、1月中旬生まれの人は、ケンカ腰になることもあるけれど、最終的によき相棒に。

長所と短所のまとめ

夢の実現力に恵まれ、憧れと使命感で道を歩んでいく。しかし、人の怒りや悲しみや裏切りに直面すると、情けなくもすぐに方向転換、軋轢(あつれき)のない安易な道を選んでしまいがち。

それでは遠い回り道になるので、「人は人」と突き放すことが大切。

ネプチューン（海王星）のささやき

慣れ親しんだものにプラスアルファ。その融合からどんなものも発展する。

July Fifteenth

7月15日

俊敏かつ的確な判断力で有能なリーダーに

あなたの誕生日力

　どんなことからも、大切な人を守ろうとする人間的な大きさや深さは、誰にも真似できないあなたの美徳。しかし、打算などない純粋な愛だからこそ、その反動として敵もつくりやすい。自身は犠牲となったつもりでも、マイナス事象は絶ってこそ、真に大役が果たせる。

あなたの性格

　あなたの奏でる人生とは、俊敏な判断力によってつくり上げられた芸術である。

　この生まれは直感と経験から、一瞬にして本質をつかんでしまう能力がある。つまり「よくわかっている」人だから、的確な判断力であっという間に大きな成果を上げてしまうのだ。

　困った時も、何のその。現在の状況と、過去の知識・経験とを組み合わせて考え、うまく切り抜けていくだろう。

　そんなあなたは社会的にはとても有能で、リーダーシップも取っていけるはず。ただ「不言実行」なところは、長所であり短所でもある。あなたは黙々と最短距離を進むだけだが、周囲の目にはそれが謎の行動と映るのだ。

　理解されず損をすることにならないよう、自分の行動の意味を周囲によく説明しておこう。

仕事の適性

指導力と責任能力に恵まれているあなたは、何を天職と定めても成功するに違いない。すぐれた知性を生かして教師、講師、医療関係者として活躍するもよし、言語能力と想像力を駆使して文筆家、歌手、俳優でいくのもよし。

人間関係の傾向と相性

自分を引き立ててくれる人、可能性にかけてくれる人との出会いが多い傾向がある。

特に、11月13日〜17日生まれの人とは、おたがいに尊敬し、引き立て合う関係に。また、この相手が目上の人なら、ビッグチャンスをくれそう。7月中旬、9月中旬生まれの人は、ざっくばらんにつき合える楽な相手。恋愛では1月中旬生まれと好相性。

長所と短所のまとめ

スマートなリーダーであっても、7月生まれの「人にやさしい」性質を多分に持っている。そんな、いつも穏便なあなたなのに、守るべき人を持ったとたんに敵をつくったり、ことを荒立てたり。

「保護欲」を刺激されると、頭に血が上ってしまうので要注意!

ネプチューン(海王星)のささやき

自分一人では無理な時は、人材を集めてやらせればよい。管理役もおつなものだ。

July Sixteenth

7月16日

社交的で、上品で豊かなセンスを持つ勉強家

あなたの誕生日力

あなたは、与えられた環境の中で、求められている道を突き進む。そして、自分の真理を貫くために、目の前に立ちはだかる壁を次々と乗り越え、困難と戦うことで、あなたは人生の領地を拡大していく。時には不本意であっても、嘘偽りなくその戦いに臨んだのであれば、勝ち負けを超えた「偉大な功績」となり、光明を放つ。

あなたの性格

あなたの奏でる人生とは、上品さと豊かさに満ちたものである。この生まれは、やわらかいムードを持ち、社交的。7月生まれ特有の「他人の心を敏感に察知する能力」を大いに生かして、周囲に調和をつくり出すのが得意。

また、生活を向上させようという欲求があるため、常にノーブル。持ち物や生活環境にはハイグレードなものを好み、センスのよいものを身の回りに集めるだろう。

知識もより深めたいと、たくさん本を読んで勉強する。こうしてかもし出されたあなたの豊かなムードは周りから愛され、他とは一味違った位置を与えられていくのである。

ただあなたは、「保護されている」と実力を発揮できるけれど、「背水の陣」といった状況になると、意外な弱さを見せる傾向も。

仕事の適性

あなたには、指導者としての資質がある。どんな分野に職を得るにしても、トップを目指そう。深い精神性から法律、宗教、哲学方面に惹かれ、専門家として活躍する場合も。またビジネス関係の仕事でも、その人柄が重宝される。

人間関係の傾向と相性

ハイソサエティな人との関係が広がる傾向が。「偉い人」好きではないけれど、あなたの周りにはかなり高名な人も集まりそう。

7月14日〜18日生まれの人とは、対等の立場で本音をぶつけられる関係に。11月14日〜18日生まれの人と一緒にいると仕事、人間関係の運が上がりそう。また、1月中旬生まれの異性は、熱愛のお相手候補。

長所と短所のまとめ

豊かなセンスと知性を、周りのために役立てようとする。時には、もっと自分勝手でありたいと思う時も……。

しかし、周囲の人の「信頼」という守りの外に出るのは恐いと感じるはず。本来の自分の欲するところをよく感じながら行動しよう。

ネプチューン（海王星）のささやき

もともと自分と他人は一体である。しかし個人であることも尊重しなければならない。

July Seventeenth

7月17日

努力家でやさしいヒーロー気質の持ち主

あなたの誕生日力

　真実の理解者や進むべき道の前にいつも立ちはだかるのは、つまらない情に縛られてしまう弱い自分。それが安全だからと、偽りの言い訳で逃げようとする自分から、恐がらずに抜け出そう。不安の中でチャレンジすることはあなたを大きく育てると信じ、無限大なる可能性に挑戦を。

あなたの性格

　あなたの奏でる人生とは、冒険に満ちたロールプレイング・ゲームのようなものである。

　この生まれはそもそも、目標に向かって努力を積み重ね、突き進んでいく力を持っている。また7月生まれらしく、その力を周囲のために役立て、大切な人を守っていこうという意識もある。真面目で地味だけれどやさしいヒーロー、という感じだろうか。

　しかし、この生まれは使命のスケールが大きいため、試練も多い。目標に突き進むものの、大きな力から抵抗にあったり、守ろうとしたものが失われたり。それに耐えながら使命を全うするだけの強さと賢さを身につけていこうとするあなたを、人は「タフな人」と呼ぶ。

　その時々の選択が正しいかを常に考え、慎重に進むことで成功できるはず。

仕事の適性

広い舞台で活躍することに向いている。政治家、運動家、また、会社やＮＰＯを立ち上げて独自の主張の下に活動を展開するなど。自分の周囲に信頼できるスタッフを置くことで、安定した仕事ができる。文筆業も◎。

人間関係の傾向と相性

幅の広い層と交流を持ち、人の集合や離反をいくつか経験する。

そんな中で、7月15日～19日生まれの人は、末永くあなたの味方でいてくれる人。おたがいをパワーアップさせる関係。11月15日～19日生まれの人は、癒し癒される関係で恋愛にも最高相性。1月中旬生まれの人は、よきにつけ悪しきにつけキーパーソンに。

長所と短所のまとめ

努力家で我慢強く、試練に耐える強さを持っている。

しかし同時に、繊細な感覚も持ち合わせているために、昔の辛い記憶に囚われ、恐怖を感じて逃げ腰になることが。そうなるとあなたの輝きは急速に失われる。

不安や恐怖を友にしよう。

ネプチューン(海王星)のささやき

自分のことで行きづまったら、他人のためになることをせよ。それで運は転換する。

July Eighteenth

7月18日

視野が広く心も雄大、豊かな感性を持つ人

あなたの誕生日力

あなたはとまどうたびに成長していく。たとえ物事にストップがかかったとしても、本当の気持ちが伝わらなくても、それがどんな形で起ころうと、その全ては、あなたがもっと大きく成長するために必要な、運命からの合図。思いきり悩んで混乱するほど、大きな幸せをつかむ。

あなたの性格

あなたの奏でる人生とは、視野の広さと心の雄大さから創造されるものである。

この生まれはそもそも、面白がりや。幅の広い豊かな感性を持っており、多種多様なものを受け入れることができるので、何を見ても面白いし、人が「信じられない」というような価値観に出合っても、それを興味深く検証する余裕がある。

だから、些細なことで動いたり、異質な人を排除したりすることは全くない。むしろ価値観のぶつかり合いを喜ぶだろう。紛糾した場をほぐし、みなの心を一つの方向に向けていくことを楽しめる人なのだ。

わざと古い習慣を破ってみせたり、閉鎖的なグループに風穴を開けるためルールを無視したりして、新しい方向に周囲を導くのも大の得意だろう。

仕事の適性

あなたの持つ深みのある知性は、教育関係や哲学、宗教方面で生かされる。人に指図されるのを嫌う指導者の性質もあり。スピーチも上手なので、講師、活動家、政治家など、できるだけ人を教え導く仕事に就いたほうが、あなたの意欲が増すこととなる。

人間関係の傾向と相性

誰とでもつき合うけれど深入りはしない、それがあなたの人間関係の傾向。

そんな中でも5月中旬、7月中旬、9月上旬生まれの人とは、腹を割ってつき合えそう。11月16日～30日生まれの人は、あなたのよさをさらに磨いてくれる相手。恋愛においても最高の相性。1月15日～19日生まれの人とは、反省材料を提供し合う関係に。

長所と短所のまとめ

新しいもの、なじまないものも取り入れて、環境を新しくしていく。

しかし、物事の刷新は、反対や抵抗に合いやすいもの。手強い反対勢力に対しても決して負けない姿勢を貫くことが、あなたの成長と成功につながっていく。腹を据えていこう。

ネプチューン（海王星）のささやき

人を引っ張るのではない。そこにいる人たちの考えを尊重し、整理するだけで人はついてくる。

July Nineteenth

7月19日

ピカイチのファッションセンスとバランス感覚

あなたの誕生日力

あなたの感受性の強さは天下一品、そこがよくも悪くもあなたの魅力になっている。いつも何かを感じながらまっすぐに突き進んでいく姿勢は、実にお見事。でも時には、意地を張らずに寄り道をする勇気と余裕を持つことが、「偉大なる場所」を確保することにつながる。

あなたの性格

あなたの奏でる人生とは、直感と知性の調和を特徴としたものである。

この生まれには、海外の小物を自分のインテリアの中にうまく溶け込ませたり、流行のファッションを自分らしい組み合わせの中に取り入れたりする才能が見られる。

また、日常の中で何気なく選んだ行動が、その状況の中で的確で、格好よかったりするだろう。それは、考えすぎることもなく、かといってひらめきだけに頼ることもなく、右脳と左脳をうまく働かせて物事を判断しているから。そのバランスこそが、全体的なセンスのよさへと結びついているのだ。

またあなたは、好奇心が旺盛で異質なものを恐れずに自分に取り入れるため、新しい価値を生み出すことができる。その創造の力は、まさに無敵である。

仕事の適性

　思いやりにあふれているあなたは、人を扱う仕事が大好きであり、特に人の世話をする職業に向いている。

　また、自分の考えを表現したいという欲求は、イラスト、デザイン、音楽、詩作、演劇などの方面でかなえられるに違いない。

人間関係の傾向と相性

　やさしい雰囲気にファンがつき、相談役として頼られることが多い傾向に。

　7月17日〜23日生まれの人とは、以心伝心。あなたの悩みを相談することもできる関係に。11月17日〜21日生まれとは、おたがいの地位や性別などにかかわらず、純粋な友情と結束が結べる間柄。1月中旬生まれの人との間では、価値観の違いがよい刺激になる。

長所と短所のまとめ

　抜群のセンスで周囲を楽しませ、影響を及ぼしていく。

　しかし、7月生まれ特有の「周囲に貢献したい」という思いが強く、どちらかというとお人好しなあなたは、利用されやすいところが玉に瑕（きず）。何のためにそれをするのかを、よく考える習慣をつけよう。

ネプチューン（海王星）のささやき

自然の力に触れること、それが外れぬ直感力を磨いてくれる。

July Twentieth

7月20日

「理想」と「現実」をともに大事にする人

あなたの誕生日力

あなたはあなた自身をだませない。もし、自分の本意でない道を選んだ時には、たとえ周囲が賞賛しても、それはあなたの中では"逃げ"と感じられて気持ちが濁る。向かう道がどんなに険しくつくとも、心に抱いた大義のもと進めば、心輝く楽園に到達できる。

あなたの性格

あなたの奏でる人生とは、理想と現実をともに大事にしようとする努力の道である。

そもそもこの生まれは、理想を追い求めて高く飛翔したいと思い、そのためには新しい情報と刺激を手に入れなければならないことを知っている。実際あなたは、広い感性を備えており、あらゆることに触れて「物事」を把握するのに敏感で、吸収力にもすぐれている。

だが、実はこの生まれは、無意識に「今の状況」に満足し、なじんだ環境に強い思い入れを持つ傾向もある。

つまり、夢に向かって走ろうとしながら、実際は現状も維持したい……ということになりがちなのだ。

それが、夢を現実に結びつける原動力になることもあるが、その夢や理想を、現実生活とは別に芸術の中でのみ、かなえようとすることもある。

仕事の適性

創造的な仕事に適性あり。絵や音楽、詩作や文芸の他、料理の分野にもオリジナリティを発揮できそう。また、平面だけでなく立体的なセンスがあるので、彫刻、写真、映画、建築デザインなどの分野でも活躍の可能性あり。

人間関係の傾向と相性

同級生、同僚、同じ趣味の持ち主などと好んでつき合う傾向が。

その中でも、11月18日〜22日生まれの人とは、年齢や性別、社会的立場を問わず、喜びを共有し深くつき合える関係に。5月中旬、7月中旬生まれの人とは言葉がなくても通じ合う仲。この相手が異性なら、おだやかな恋が芽生える可能性もあり。1月下旬生まれの人は、よきライバル。

長所と短所のまとめ

あなたは何でもできる人。現実を変えるも変えないも、どのように変えるかも自由自在。だからこそ、さまざまな選択肢があり、迷いが深いとも言える。

「本当はどうしたいか」を考えてその時々に納得して進めば、自分なりの成功が形づくられるはず。

ネプチューン（海王星）のささやき

いつもの時間、いつもの場所で、いつもの人と。それが疲れを癒す三拍子。

July Twenty-first

7月21日

高い学習能力で成功をたやすく手に入れる

あなたの誕生日力

　あなたは他人の気持ちがわかりすぎてしまうから、本当は伝えたい言葉を相手に投げかけずに、自分の心へとしまい込む。その究極のやさしさは、時に不必要な誤解を招く。たとえ煩わしいと感じていても、人と関わるたびに感じる思いは、あなたを至福へと上昇させる力に。

あなたの性格

　あなたの奏でる人生とは、自分の力を広げよう、認めさせようという努力が刻まれたものである。

　この生まれは新しもの好きで、これまでと違った世界にどんどん踏み込み、自分の力を広げようとする人。実際、学習能力は高く、人よりも先に上達してしまう「使える人」である。

　人間関係においても友好的で、あらゆるシチュエーションに対応できる柔軟なタイプ。そんなあなただから、いわゆる"成功"は比較的たやすく手に入るだろう。

　しかし、そんなあなたが「これができて何になる？」と自問し始めると、多少醒めた感覚に。それはあなたの奥に、「自分が達成したことは万人に受け入れられて初めて価値がある」という思いがあるから。あなたの満足は人から評価された時に得られるのだ。

仕事の適性

議論好きで、論理的な説明能力の高いあなたは、それを生かせる職業、たとえば政治家、セールスマン、講師などが適職と言える。

組織を統轄し、運営することにも適性があり、起業などしてみるのも◎。

人間関係の傾向と相性

相手の職業や社会的立場などに左右されず、いろいろな人に興味を持ち、人間関係を広げていく傾向がある。

特に7月18日〜24日、11月18日〜22日生まれの人とは、いつまでも新鮮さが消えずに末永くつき合える関係。1月下旬生まれの人は、理解しにくいけれど気になる人。つき合いが深まるにつれて有益な議論ができるようになる。

長所と短所のまとめ

何でも柔軟に受け入れられるあなたは、どんな人をも受け入れる。しかし、それは「見守る愛」。

そんな大きな愛は、時に理解されず「相手に無関心」「意地悪」と誤解されることが。

たまには人に、注意や励ましの言葉をかけてみよう。

ネプチューン（海王星）のささやき

人のために何かした時の、頭でなく心に響く喜びを感じてこそ、生きる意味がある。

July Twenty-second

7月22日

囚われない心で自由自在な人生を生きる

あなたの誕生日力

あなたはとても正直だから、心底敬意を感じる人以外の意見や指示は受け入れない。わがままと言われても、自分の気持ちに嘘はつけないことを自覚して、何と言われようとも動じない力を身につけよう。逆境であろうと、ひるまず進んでいったなら、すばらしい世界がある。

あなたの性格

あなたの奏でる人生とは、自由な気風に満ちたものである。

この生まれは純粋に魅力的なもの、これこそ善だと直感したものに向かって、何ものにも縛られずに走り出そうとする。常識や損得などは全く眼中になし。人の気持ちは大切にするものの、自分がどう思われるかなどは関係なし。だから、あなたを規制するものはなく、全く自由に、自分の意志通りに進もうとするのである。

だからこそ、ある時は強烈な個性を放つ怪傑に、そしてある時はとんでもないトラブルメーカーにと、あなたを取り巻く人々の中で評価は変化するだろう。

あなたの場合は、孤立することがあっても、心のままに振る舞うのが正解。小さくまとまると、あなたのよさが全く生きてこないということを知ろう。

仕事の適性

あなたは、おしゃべりに始まり、とにかく表現することが大好きな人。当然、アナウンサー、キャスター、俳優、声優、外交官、政治家、弁護士、セールスマンなどに適性がある。

自分の好みに合った分野で「話す」ことを仕事にするのがよい。

人間関係の傾向と相性

おたがいの境遇や社会的立場にこだわらず、広い人間関係を築いていく傾向がある。

11月19日〜23日生まれの人は、一緒にいることで、おたがいの人間関係がさらに広がる楽しい間柄。5月下旬、7月下旬生まれの人は、あなたのファンに。1月下旬生まれの人は、恋人相性。好みとは違うけれど、つき合ううちにやみつきになる関係。

長所と短所のまとめ

縛りのない、自在な人生。しかし、好きなようにしているのがよいと自分でわかってはいても、「世間に認められなかったらどうしよう」と、つい自己を曲げて生きることを選んでしまうことも。

ゆめゆめ、評価に対する恐怖に負けないように！

ネプチューン（海王星）のささやき

適材適所。どんな人も必ず、その人を最高に輝かせる場所に巡り合えるもの。

July Twenty-third

7月23日

自分の思う道を驀進するパワフルで個性的な人

あなたの誕生日力

「お山の大将」と言われようが、人から指図されることをとにかく嫌うあなたは、あなた自身の才覚、力で勝負する。実はそれは、生まれてくる時に自らが選んでいる「使命」とも呼べる道。望んでいないハプニングさえ、あなた自身を究めるのに必要不可欠な研磨剤になる。

あなたの性格

あなたの奏でる人生とは、何においても「特別」な音色で彩られている。

あなたは7月生まれの特徴である「周囲への気配りと思いやり」を色濃く持っており、周りの人のことを第一に考え、自分の才能や運を彼らのためにこそ役立てたいと思っているはず。

そしてこの生まれは、誰よりも魅力的、なおかつ実力者でありたいと願い、ひたすらに努力する根性も持ち合わせているだろう。

だから、その情熱のままに突き進むことで、あなたは抜きん出た個性を育てることになる。そう、誰にも真似のできない特殊で重要な存在になるのである。

時には、周囲のために役に立とうと一肌脱いだことが、逆に彼らを超越する結果となり、浮いた存在として孤独を感じることも。

仕事の適性

やる気にあふれ、評価されることを望むあなたは、一つの道で大成する。一社員よりも経営者タイプなので、分野は問わずトップというのが◎。

多才でフットワークが軽いので、スピーディで型にはまらない仕事に適性あり。

人間関係の傾向と相性

多少の打算もありながら、興味を持った人にはどんどん近づいて、ユニークな人脈をつくり上げる傾向がある。

そんな中で、7月19日〜25日、11月19日〜23日生まれの人とは、損得感情や下心のない、純粋な友情を結ぶことができそう。この相手が異性なら、純愛を捧げ合う恋人に。1月18日〜22日生まれの人は、あなたの欠点を克服するきっかけをくれそう。

長所と短所のまとめ

思った道を驀進（ばくしん）する、パワフルな個性派。きかん気のあなたは誰の言葉にも従わずに突き進むので、当然あちこちで壁にぶつかるだろう。

それはなかなか辛い体験ではあるけれど、味方を増やしながら一つひとつクリアしていけば、我が世の春に。

ネプチューン（海王星）のささやき

絶対正しいと思ってやっていることに水を差されたら、自分の思いが幻想かもしれないと一度疑ってみることだ。

July Twenty-fourth

7月24日

周囲を巻き込むパワーを持った目立つ人

あなたの誕生日力

　表にこそ出さないかもしれないが、持ち前の短気は損気である。自分の感じたこと、判断は正しいからと、常に正攻法で押し通してしまったなら、あなた自身は何も学ばない。どうして自分の思った通りにならないのか——そう感じた時は、天から試されているのだというくらいの思いで挑もう。

あなたの性格

　あなたの行く人生とは、常にドラマティックな事件に彩られたものである。自分の恋愛に他人の事情が絡んできて大騒ぎになったり、自分の趣味的な活動が急に世間から大きく注目されたり……。

　それは、本人がパワフルなだけでなく、その興奮を周囲に伝播させる力を持っているため。あなたの何気ない言動に刺激されて周りが反応し、ハッと気づいた時には収拾がつかないほど大きな動きになっているというわけなのだ。

　ある意味、イヤでもことの中心に立ってしまう、目立つ人と言えるだろう。

　この性質は、あなたが「よい動機」をもって行動するように意識すれば、成功へのカギとなる。面白い流行や平和的な活動を巻き起こすことで、あなたの人生は光り輝くに違いない。

仕事の適性

責任感と臨機応変に対応できる柔軟性が、あなたの武器。若い時はあまりそれを発揮できなくても、管理職、重役と昇進しリーダーシップを取るようになると、実力を発揮する。マスコミ関係など流行をつくり出す仕事は、最適職。

人間関係の傾向と相性

思わぬ人と「ご縁」ができたかと思うと、惜しい人とケンカ別れすることになったり……といった流れで、なかなか賑やかな人間関係の傾向に。

7月20日〜25日生まれは、つかず離れず、でも刺激し合いながら長くつき合える人。11月20日〜24日生まれの相手は、年齢によらず大親友。異性の場合は、素敵な恋の対象に。また、1月下旬生まれの人とは、「宿敵であり、理解者でもある」といった関係。

長所と短所のまとめ

あなた自身は積極的で、周囲を巻き込むパワー十分。しかし、日常的な部分ではワンマンや短気として出ることがあり、それは欠点。

自分の判断を押しつけることによって起こってくる軋轢の中から、もっと違うやりかたを学び取ることが大切。

ヘリオス（太陽）のささやき

あなたは、あなたの思った通り、行動した通りの人間になる。

July Twenty-fifth

7月25日

既成概念に囚われず破天荒に生きる人

あなたの誕生日力

あなたの描く夢、その壮大なる頂(いただき)には、一足飛びにはたどり着けない。そこへと続く道へは、いくつかの分岐点や上ったり下ったりする行程があり、そこであなたの「本気度」や「技量」が試される。そしてその全ては、あなたが上昇していくための燃焼エネルギーとなる。

あなたの性格

あなたの行く人生とは、際立った個性によって鮮やかにつくり上げられるものである。
「え、あなたが主婦？」というように、見た目からして破天荒なあなただが、実際、既成概念に自分を従わせるということが一切ない。

7月生まれ特有の「人を大事にする性質」を残し、他人に迷惑はかけないけれど、何しろ一般的な価値観に当てはまらないことで人を大いに驚かしはするのである。

そう、ファッションをはじめ、しぐさや言葉遣い、趣味、仕事のしかたなど、全ての面において自由気まま。当然、周囲から浮くほど際立った存在となるだろう。

時には「異端児」扱いされ居心地のよくない思いもするが、あなたの、その「囚われのなさ」は新しい道を他に示すことにもつながるはず。

仕事の適性

大胆に仕事に取り組めるあなたは、たいていの職種で成功することが可能。

できれば専門職を持ち、確固とした自信のうえで仕事を行なうことで、あなたのよさは最大限に発揮される。人を相手にする職種にも生きがいを感じそう。

人間関係の傾向と相性

いいと思えばつき合うし、気に食わなければ放っておくといった具合に、人間関係にはわりと無頓着な傾向がある。

でも、11月21日～25日生まれの人とは、おたがい他にない魅力を感じ合って、ずっと一緒にいることになりそう。この相手が異性の場合は、激しい恋愛関係に。7月22日～25日、9月下旬生まれの人とは、感性を刺激し合える間柄。

長所と短所のまとめ

一般的な価値観からフリーなあなたは、「育児は女がするもの」などといったこの世の通念を超えて、自分の道を決定していく。

だから夢をかなえるためには、いくつもの障壁をクリアする必要があり、それに挑戦することでこそ人生は充実していくだろう。

ヘリオス（太陽）のささやき

自分の味方は、最終的には自分一人である。せめて私一人くらいは、私を認めよう。

July Twenty-sixth

7月26日

人を巻き込みながら上昇するパワフルな人

あなたの誕生日力

あなたは賞賛を浴びるほどに成長していく力が備わっていくからこそ、見栄や体裁を取り繕うためだけに、あたふたと走り回っていないか、常に自問自答すること。つまらないプライドに振り回されていたなら、あなたの望んでいないイミテーションの満足しか味わえない。

あなたの性格

あなたの行く人生とは、実力主義で走る道。

この生まれは、自分の心身の力を極限まで振りしぼり成果をつかみ取ろうとする、パワフルで野心的なタイプ。周囲の人はそんなあなたを「上昇志向の強い人」「グレードの高い人」と見るし、実際、あなたは人がうらやむような社会的地位に就くだろう。

しかし、あなたが本当に望むものは、金銭や権力ではない。あなたは7月生まれらしい「自分の得たものを人のために役立てたい」という衝動とともに、「みなのために尽くしている自分を認めてもらいたい」という切なる願いを持っているのだ。

つまり、他から「認め愛されること」にとことんこだわるのである。人から評価されて初めて、自分の価値を自覚し、生きがいを得る人と言えるだろう。

仕事の適性

あなたは理想的なリーダーであり、どんな職種でも活躍できる。特に、大きな組織に所属して行なうビジネスは、あなた自身の満足度が高いはず。人のまとめ役や戦略的な部署に配属されれば、あなたの右に出る人はいない。

人間関係の傾向と相性

自分磨きを怠らないあなたは、やはり努力する実力者に興味があるようで、有名人、美人や美男子、お金持ちなど、特別な人に近づきたがる傾向が。

そんな中で、7月24日～28日生まれ、11月22日～26日生まれの人とは、社会的な立場や才能でなく人間的魅力に惚れてつき合えそう。1月下旬生まれは、あなたに反省材料をくれる厳しい人。

長所と短所のまとめ

人を巻き込んで上昇していくような、パワフルさを持つ。努力家なのは本当だが、時々、認められたい思いが先走って自己アピールのほうが過剰になりがち。

あなたの値打ちを下げないためにも、達成する前から「すごいだろう」と口にすることは控えたほうが。

ヘリオス（太陽）のささやき

プライドが傷ついた時。それは自分自身の弱さを洗い出すチャンスである。

July Twenty-seventh

7月27日

やる気と行動力にあふれた天真爛漫な人

あなたの誕生日力

　誰よりも強気ながら、無神経ではいられない、そしてそれが自信へとはつながらない。あなたからすれば、「鬱陶(うっとう)しい」と持てあます自身の欠点は、あなたを照らす「武器」であり「長所」でもある。その無垢なる慈愛に満ちあふれた心を忘れない限り、あなたの輝きは曇らない。

あなたの性格

　あなたの行く人生とは、周囲を引き込んで夢を現実にしていく過程である。

　この生まれの人の考えることはスケールが大きく、それに見合うだけの行動力も影響力も持っている。それなのに、なぜか夢への道を閉ざされるという経験が多く、成果をつかんだという記憶は少なくなりがち。

　というのも、あなたは情熱に任せて「見切り発車」をする傾向があるから。なまじ行動力と人脈に恵まれているがために、機の熟さない段階で暴走してしまうのを引き止める要素がないのだ。

　そこで、この生まれは挫折を感じた時が要注意となる。打たれ強くタフになって夢をつかむか、自信をなくして卑屈になるか——。あきらめなければ道は必ず開かれるもの。常に行動を反省して、次に続けていくことが大切。

仕事の適性

社会的価値よりも内面の価値を評価するあなたは、色、音、造形などを扱う、芸術関係など美的な要素のある職業に適している。

ビジネスを志したいのであれば、自分が中心となれる管理職や自営業が向く。

人間関係の傾向と相性

人間関係は変わりやすく、その時々で気の合う相手の予測がつかないので目が回りそうな傾向がある。

それでも、11月23日〜27日生まれの人とは、おたがいに心の底までわかり合い、安定した関係が築ける相性。7月下旬、9月下旬生まれの人は、サポートし合える相手。ケンカをすると派手だけれど、どうしてもその人の意見が貴重だと思えるのが、1月下旬生まれの人。

長所と短所のまとめ

やる気と行動力に恵まれた、元気な人である。しかし、その自己中心的なくらいに強烈な意志や爆発的な情熱と、7月生まれ特有の「他人に気を遣う性質」とがぶつかり合って、行動にぎごちなさが出ることが。

バランス感覚を育てよう。

ヘリオス（太陽）のささやき

ちょっとくらい格好が悪いのは、しかたがない。ぎごちない愛情でも周囲に表現しよう。

July Twenty-eighth

7月28日

流行に敏感で個性的な世界を目指す人

あなたの誕生日力

あなたの本領を覆い隠している正体とは、傲慢なエゴ。それは、「一方的な正義」のもとに暴れ出す。怒りはあなたを成長させる必要不可欠なエネルギー。でも、その身勝手な部分をあらためなければ、毒にしかならない。そのエゴを完全燃焼できた時、あなたは真の光に包まれる。

あなたの性格

あなたの行く人生とは、流行のものを身につけ人に見せていく花道である。この生まれは非常におしゃれで、個性において誰よりも際立っていたいという願いが強い。時流に乗った生活をする、鮮やかな人である。

一方で、7月生まれ特有の「人に合わせて進みたい」「人と一緒でいたい」という性質も備えているために、時に自己矛盾を起こすことがあるだろう。

もし、あなたが何か行きづまる体験をしたならば、それは自分からの警告だと思うべき。自分のこだわりを通せばよいのか、周囲に合わせてともに進めばよいのか、そのあたりの調整が取れていない証拠だからである。

常に、「自分が本当はどうしたいか」を考え、頭を整理して行動のバランスを取るようにすれば、恐いものはないだろう。

仕事の適性

流行に敏感でセンスを常に磨こうとするあなたは、情報を扱う能力が抜群。マスコミ関係や執筆業などでは、楽しんで仕事に励める。

また、天性の芝居っ気を生かして、俳優、声優、演出家などとして活躍する可能性もありそう。

人間関係の傾向と相性

知的な人、ユニークな才能を持った人、著名な人など、さまざまな毛色の人が集まって、賑やかな人間関係となる傾向。

7月26日～30日生まれの人は、あなたが落ち込んでいる時もずっと評価を変えないでいてくれる、本物の友人。11月24日～28日生まれの人とは、成長し合える仲に。これらの人が異性の場合は、絆の固い恋人に。

長所と短所のまとめ

周囲を気にしつつも、自分の個性的な世界を目指し、ひたすら努力する。

そんなあなたに大切なのは、わが道を行くことと周囲に合わせることとのバランス。しかし、あなたはどちらかというとこだわりが強すぎて周りを無視し、一人取り残されることが多いので注意。

ヘリオス（太陽）のささやき

才能は見つけたらすぐに磨き出せ。早ければ早いほど大きく育ち、輝く。

July Twenty-ninth

7月29日

常識を疑ってかかるアウトサイダー的存在

あなたの誕生日力

あなたの素直さや正直さは、あなた自身のプライド。だから、自分のことは誰よりも知っておきたいと願う。自己解決を求めるゆえに、慰めの言葉をかけられることは心の毒に、弱みを見せることは最大のストレスに。そんな心を自分で鍛錬できれば、おだやかにくつろげる世界が存在する。

あなたの性格

あなたの行く人生とは、ユニークでユーモラスな旅である。そもそもあなたは「ちょっと浮世離れした人」というイメージを持たれている。

というのも、この生まれにとっては「何ものにも動かされない絶対的な価値」こそが重要であり、世の中に受け入れられている常識を全て疑っているから。世間で"ふつう"と思われていることに疑問を投げかけ、そんな不安定な基準には絶対に従おうとしないのだ。

気ままな生活を楽しむか、趣味やアフター5に独特の奔放さを発揮するか——あなたはそんなアウトサイダー的な面を、生活のどこかに表現していることだろう。

人と違った個性的な生活をしつつ、「自分は誰で、何をするために生まれてきたのか」と、一人で厳しく内省する真面目なところも。

仕事の適性

人の生活の安定のために絶対に必要とされる分野に身を置くと、大きな満足が得られる。

たとえば医療関係、社会福祉関係、宗教・精神世界関係など。また、人を教化していく教師や執筆者などにも生きがいを感じそう。

人間関係の傾向と相性

職業や社会的地位にかかわらず、自分なりのペースでゆったりと過ごしているタイプの人と縁がある傾向が。

5月下旬、7月下旬生まれの人は、よきパートナー。11月25日〜29日生まれの人とは、おたがいに心の底を見せ合ってつき合える間柄。1月中旬生まれの人とは、たがいの意見が食い違うことによって逆に視野が広がる関係。

長所と短所のまとめ

たくさんの人に愛され、恵まれた人間関係の中にありながら、絶対的な価値を求めて一人苦闘する。

何でも自分一人で抱え込む時期があっても当然だが、たまには人とシェアしたり心をゆるめたりしたほうが、かえって物事がクリアに見えるはず。

ヘリオス（太陽）のささやき

何かを得るにはいろいろな方法があるが、自分でつかみ取ったものが真にあなたのものとなる。

July Thirtieth

7月30日

新しい世界づくりに燃える革命家

あなたの誕生日力

　誰からも文句など言わせない、言われたくない、どんなことでもひるまず臨める芯の強さ。自分のプライドにかけて「正直でありたい」がために、誰に対しても自分を偽らないその厳しさは、あなたのやさしさ。その孤高を飼いならせれば、心底から安らげる城が築ける。

あなたの性格

　あなたの行く人生は、革命を巻き起こすエネルギーに満ちている。

　昔からの伝統やしきたりを大事にする7月生まれながら、この生まれは同時に、「それを壊して新しい世界をつくりたい」という強い衝動を持ち合わせている。古いものの影響力を知るがゆえに、それをなくしたあとの世界がどれほど新鮮か思い描くことができるのだ。

　あなたはいわば革命家。実際、決まりや暗黙のルールを破り、勝手に変更してしまうようなことがあるだろう。学校や会社の規則に物申すことも……。

　それがみなの意見であり、誰かがやらねばならないことだとしたら、あなたは社会悪に負けず戦った勇者ということになる。しかし、もし自分の都合で単にゴリ押ししただけだとすると、モンスターと呼ばれることに。

仕事の適性

大きなビジョンを描き行動していけるあなただからこそ、その持ち前の能力を実社会で役立てていくのがよい。ビジネス関係の仕事や経営などは、バッチリ適性がある。人をもてなしたり面白がらせたりするのも好きなので、イベントや娯楽関係も適職。

人間関係の傾向と相性

あなたの考えかたに同調する人か、騒ぎを好むタイプの人が周囲に集まり、とても賑(にぎ)やかな傾向に。

7月28日〜8月1日生まれの人は、あなたを冷静に見守り、間違いがないように導いてくれる。11月26日〜30日生まれの人とは、年齢・性別にかかわらず同じ価値観を共有できて盛り上がる関係に。1月下旬生まれの異性とは、ひょんなことから運命的な恋が。

長所と短所のまとめ

あなたの「物事を刷新していく力」は、集団の中では貴重。でも、この生まれの人が考えていることは、一般の人にはすぐには理解できないことが多いので、孤高の人として人知れず輝くのである。

淋(さび)しくても誇りを忘れないでいこう。

ヘリオス（太陽）のささやき

自分本位なことと、自信を持つこと。その二つの意味の違いをふまえよ。

July Thirty-first

7月31日

パリッとした振る舞いが際立つ華やかな人

あなたの誕生日力

どんな時でも怖気づかず堂々と、逆境さえも楽しんでしまえる、太っ腹な心意気とスケールの持ち主。もし、物事が進展していかないと感じるなら、それはあなたの自信が過信となり、傲慢になっている証拠。それを壊して進むほど、あなたのステージは無限に広がっていく。

あなたの性格

あなたの行く人生とは、そこはかとない華やかさに彩られた道である。

あなたの華やかさとは、派手ということではなく、どこかしらしゃれたところがあり、「パリッとした振る舞いが際立っている」ということ。だからあなたは、生活スタイルの素敵な見本として周囲から憧れられているかもしれないし、また、独特のキャリアがアクセサリーのようにあなたを輝かせているかもしれない。

この生まれは、自分の周囲を自らのセンスで一からつくり上げたいという衝動を持っている。その創造の力は、日常の小物を自身でつくるというようなことから、自分らしい仕事のしかた、人真似でない生活の型をつくるところにまでおよぶ。そのことがあなたを他の人とはひと味違った、おしゃれな人に仕立て上げるのである。

仕事の適性

ズバリ、創造・創作活動に適性あり。

手芸、料理、園芸、工芸、デザイン、アートなど、どういった分野でも、持ち前のセンスと情熱、延々と作業に打ち込めるひたむきさを生かして取り組めば、その道の第一人者になれることは間違いなし。

人間関係の傾向と相性

交友はあまり広くないけれど、ファンは多く、人間関係はおおむね平和な傾向がある。

7月下旬、9月下旬生まれの人とは、おたがいに尊敬し合える温かい関係。11月27日〜30日生まれの人とは、元気を与え合い、楽しんでつき合える間柄。また、1月26日〜30日生まれは、少し煙たいところはあるけれど、協力して目標達成できる関係に。

長所と短所のまとめ

創造の力を発揮して、瀟洒(しょうしゃ)な生活をつくり上げる。こだわりのある職人気質な面は魅力だが、それが行きすぎて自信家で頑固者の顔も見え隠れする。

一つところに固執すると、どこまでも意固地になるところは、人を困らせるあなたの欠点と言えそう。

ヘリオス（太陽）のささやき

精神の疲労、身体の限界など、追いつめられた時こそ、あなたの実力が輝き出す時。

The Encyclopedia of Birthdays

August First

8月1日

どんな苦境も笑って吹き飛ばす明るい人

あなたの誕生日力

　他には類を見ないほど、誇り高いあなた。ただ、その大義はあなた次第で諸刃の剣になる。何を見て、どんな基準で決めるのかを自問自答し、時には「許す」という情けを学んで。あなたの誰にも負けない「意志の強さ」を建設的に扱えたなら、周りから絶大な支持を得る。

あなたの性格

　あなたの行く人生とは、自分も人も楽しむお祭りのようなものである。この生まれの人は、8月の盛夏を謳歌する生命のように「明るく楽しく、華やかに生きたい」という思いがあふれている。

　だから、あなたは毎日の生活を遊びかゲームのように捉え、仕事も家庭も趣味も、喜んでイキイキとやりきっていく。「苦境も挫折も何でも来い」——どのような窮地でも楽しんでしまえるあなただから、自分の悩みを吹き飛ばすだけでなく、他人を苦悩から救い出すこともできるのだ。あなたの迷いのないポジティブな働きかけによって、相手は不思議ほど前向きな気持ちになれるだろう。

　また、この生まれは大のイベント好き。面白いアイディアともてなしのセンスで、大勢の人を楽しませることができる人なのである。

仕事の適性

天性のリーダーシップと管理能力に恵まれたあなたは、統括職や、自分の裁量でできる仕事に適している。仕事の内容は、どんなものでもOK。知性と創造力が問われる研究、開発分野でも業績を残せそう。

人間関係の傾向と相性

楽天的なあなたの周りには、やはり発想のユニークな面白人間がたくさん集まり、個性的な彼らと刺激に満ちた関係が展開する傾向に。

7月30日〜8月3日生まれの人は、あらゆる意味でよき相棒。異性ならもちろん恋の相手。11月28日〜12月1日生まれの人も、あなたの繊細な部分をよくわかってくれる親友。1月下旬生まれは、よきライバル。

長所と短所のまとめ

「人生はゲーム」と言いきるということは、それをクリアする策もあるということ。

そう、あなたは自信とプライドに満ちている。常に強気、何でも面白がってすごい勢いで突き進むので、周囲が萎縮してついていけないほど。お手柔らかに！

ヘリオス（太陽）のささやき

辛い試練も、一つの「物語」。主人公はひたむきに生きるものだ。

August Second

8月2日

おしゃれで目立つ姿と派手なオーラの持ち主

あなたの誕生日力

どこにいても目立つ自分のことを、今以上に自覚して。自覚というのは、自分を信じて覚悟を決めること。それを本気で理解し、自分にしか与えられていない役割に果敢に挑もう。目先の安易な楽しみに流されていては、大いなる輝きは手に入らないという真実を知ろう。

あなたの性格

あなたの行く人生とは、旺盛な想像力によって輝き出すものである。

8月生まれの「明るく楽しく生きたい」という願いと、冴え渡った頭脳をあわせ持ったこの生まれは、ちょっと目にした情景や読んだ本、人と交わした言葉などから、まるで滾々と湧き出る泉のように、たくさんのアイディアが思い浮かぶことだろう。

面白いことを思いつくと興奮し、夜に眠れなくなることもしばしば。なのに、それを実行する段になるとプレッシャーでいっぱい……。実現までに必要な手間や、実行したことで生じる責任を思うと、急に楽しさが感じられなくなってしまうのだ。

そんなわけで、ワクワクすることは考えるけれど、それを現実の形にするまでには至らないことが多いかもしれない。

おしゃれで目立つ姿と、派手なオーラの持ち主。

仕事の適性

人との交流が多く、豊富なアイディアを必要とするマスコミ、広報、広告などに適性あり。

実務は部下に任せて、主にビジョンを描く組織のリーダーや会社経営者も、あなたのやる気を刺激。イベントや舞台の仕事も適職と言える。

人間関係の傾向と相性

多才な人、ユニークな行動をしている人などと縁がある傾向がある。

7月31日～8月4日生まれの人とは、話がよく合い、同じ視点でものが見られる同志のような関係。11月29日～12月2日生まれの人とは、年齢・性別にかかわらず「癒し合い」の関係に。この相手が異性なら、離れられない魅力を感じそう。1月下旬生まれは、あなたのお目付け役。

長所と短所のまとめ

想像力が豊かで、人を楽しませる話術もある。外部にはあまり自分のアイディアをアピールしないけれど、実は内輪ではかなり自慢げに披露しているよう。

自分のフィールドの中ではノビノビと才能を発揮できる「井の中の蛙」的な面あり。

ヘリオス（太陽）のささやき

心を決めるというのは、大事なこと。決めたとたんに現実が動き出す。

August Third

8月3日

プライドと華やかさをあわせ持つ貴族のような人

あなたの誕生日力

　周囲の噂話や情報に翻弄されて、真実の自分を見失わないこと。興味本位のゴシップにつき合うことや、人と比べることには、何の価値もない。それは、あなたも理解しているはず。つまらない見栄や無用のプライドを手放した時、真実へと向かうあなたの運命の輪が回り出す。

あなたの性格

　あなたの広げる人生とは、競争によってインスパイアされるものである。そもそも人間が大好きで、人なつっこいこの生まれ。あなたにとって楽しい人生とは、たくさんの人と会話し、その輪を広げていくことなのだ。

　しかし、単に知り合いが増えれば満足というわけではなく、自分がその輪の中心にある、ということが大事なよう。そう、「集団の中でいかに注目されるか」があなたにとっての焦点なのである。

　そんなプライドの高いあなただから、誰にも引けを取らないようにと自分のセンスや知性を磨き、たくさんの人の中で華やかに振る舞い、輝こうとするだろう。

　しかし、グループ内での勢力争いや見栄の張り合いに血道を上げることにもなりやすいので、時には自分を突き放して見ることも必要である。

仕事の適性

生まれ持った魅力と、上昇しようという野心を持つために、どんな仕事に就いても、相当できる人になれる。

作業を人に任せ、自分は指揮を執るという位置に思い入れがあるため、管理職やトップに上りつめるためには努力を惜しまない。

人間関係の傾向と相性

自分から「話題の人」「大活躍の人」に近づいていき、交流するといった賑やかな人間関係となる傾向が。

8月1日～5日生まれの人とは、「貴族」仲間。次々に人脈と活動が広がる関係。11月30日～12月3日生まれの人とは、おたがいに欠点を克服し合い、成長していける間柄。1月29日～2月2日生まれの異性には運命を感じるかも。

長所と短所のまとめ

プライドと華やかさをあわせ持つ、貴婦人のような人。でも、やさしいスマイルの裏で「この人はつき合う価値がある人？」と、他人を値踏みするクセが。

そんなことばかりしていると自分も純粋な愛情から遠ざかるので、人の本質を見るように努力しよう。

ジュピター（木星）のささやき

十分にプライドを満足させることは必要だ。しかし分不相応に望んではならない。

August Fourth

8月4日

ユーモアにあふれた言葉を話すマイペースな人

あなたの誕生日力

　あなたの人生は、まるでアミューズメントパークのように、遊び心と刺激に満ちた毎日の連続である。もし違うというのなら、あなたが今、平穏無事という偽りの世界に身をゆだねてしまっているから。心おだやかに生きるのも悪くないが、創造力を発揮することで、あなたは自分の使命に出合えるだろう。

あなたの性格

　あなたの広げる人生とは、心のこもった言葉から発展していくものである。

　そう、この生まれが語ることは奥が深く、周りの人を魅了する。ちょっとした体験談でも、たとえ相手にとって耳の痛いことを話している時でさえ、その言葉にはユーモアがあり相手を納得させてしまうのだ。

　それはあなたが、物事をいろいろな角度から捉えて、自らの心に深く問う人だから。周囲に言わせると、あなたは「マイペースすぎて、のろい」のかもしれない。でも、あなたは自分のペースで考え納得することで、他の人にも楽しく役に立つ言葉を紡ぐことができるのである。

　万事がこの調子。人に合わせず一つのことに十分に時間をかけることで、天性の創造力が発揮されてくる人だとも言えるだろう。

仕事の適性

奉仕の精神が豊かなあなたは社会福祉関係や、人にアドバイスをするコンサルティング関係の仕事に適性あり。

また、先読みの力と状況判断力に恵まれたところを生かして、金融、株式、不動産に関連する仕事に就くのもよい選択。

人間関係の傾向と相性

人が好きだけれど調子よく振る舞うのは苦手なことから、少数の人と充実した人間関係を結ぶ傾向。

11月30日〜12月4日生まれの人とは、ディスカッションすることによって、新しい生産的な考えが生まれそう。6月、8月上旬生まれの人とは、年齢・性別にかかわらず、同志のようなパートナーシップが望めるはず。12月下旬生まれは、よきライバル。

長所と短所のまとめ

本来は8月生まれらしく「楽しく生きたい」と願い、創造力を発揮していろいろな刺激に満ちた活動をするタイプだが、一方で非常に思索的、深い人間性を持っている。そのため、「動」より「静」でいることが多くなり、そのためにイキイキとした魅力が半減することも。

ジュピター（木星）のささやき

このスピード時代に、リラックス感を持つことがどれほど貴重か。人のオアシスとなれ。

August Fifth

8月5日

ほとばしるような創造力に恵まれた、魅力的な人

あなたの誕生日力

　その華やかなオーラは、見る人をくぎ付けにしてしまうほど。一方で、必要のない人まで惹(ひ)きつけてしまう危うさも、背中合わせに存在。それがあなたの魅力の一つでもあるが、無自覚なままでは罪を生む。その屈託のなさに「強い意志」が芽生えれば、真のあなたが輝き出す。

あなたの性格

　あなたの広げる人生とは、すさまじい創造力によってリードされるものである。この生まれは、時に湧いて出る熱い衝動や、イメージの奔流にとまどうことがあるに違いない。

　何かはわからないけれど、心の奥底から湧いてくるもの。実は、あなたの奥にはすさまじいエネルギーが渦巻いており、それが表に出ようとあなたの意識を揺り動かし、自己主張しているのである。それは、誰にも負けない「創造力」のほとばしりなのだ。

　だから、あなたは非常なおしゃべりになったり、ファッションにこだわったり、派手に遊んだりして、何とかしてその衝動を形にしようとする。

　あなたが自身の力を自覚し、きちんとした自己表現の技術を持てば、そのエネルギーはよい創造物となり、世の人の賞賛を集めることになるだろう。

仕事の適性

 感動やロマンを追い求める資質は、イメージを扱う仕事全般に適性あり。

 ダンス、演劇、パントマイム、エンターテインメントのショーなど、身体全体で表現する分野には、特に才能を発揮。文章や講演など、言葉で勝負する世界も◎。

人間関係の傾向と相性

 ノリがよく、軽い人間関係を好む傾向。ただし、深くつき合うと、ついつい要求がうるさくなりがちな面も。

 そんな中、8月3日〜7日生まれの人とは、かなり濃密につき合いながら、サッパリと気持ちのよい関係が持続できる。12月1日〜5日生まれとは、とことん盛り上がれる関係に。1月31日〜2月4日生まれの人は、闘争心をかき立ててくれる相手。

長所と短所のまとめ

 創造の力に恵まれた、魅力的な人。しかし、おいしいものには虫が寄るように、あなたが楽しく価値あるものを提供すれば、同志やファンだけでなく、あなたを利用しようとする人も集まってくる。

 慎重さと、振り回されない強い意志を持とう。

♃ ジュピター（木星）のささやき

得しても損してもよし。その選択をした時の動機のみが価値を持つ。

August Sixth

8月6日

人を愉快にさせる才能と華のあるムード

あなたの誕生日力

あなたの偉大なる「人生の目標」とは、目の前に見えているような山ではない。相手が何者であろうとも、決して媚びることも動じることもないあなただからこそ、存分に自身を磨きあげること。いずれ登頂するであろう場所は、高い低いでなく、あなたにしか登れない。

あなたの性格

あなたの広げる人生とは、ステージの上のスターのそれのようなものである。この生まれは8月生まれ特有の「楽しく生きたい」という願いを強く持っている。

そして、人を愉快にさせる才能や華のあるムードが、生まれながらの大きなオーラと相まって、あなたのいるところをどこでも、大いに盛り上げることになる。特に、大きな舞台、派手な状況の中でこそ、あなたの輝きは増すだろう。

しかし、そんなスター性も、単に決められたことだけをこなす生活の中にいて自覚することがなければ、目覚めてこないもの。

安易に流れることなく、自ら積極的に人の前に出て行くこと、そして自己表現することを忘れないようにしよう。あなたの真価を発揮するには、思いきった行動が必要になると覚えておくこと。

仕事の適性

際立った魅力と根回しする力、調整力があなたの武器であり、たくさんの人のいるところで仕事をするのが向いている。

また、情報や人やものがひっきりなしに動く活気ある場所が好きなことから、大企業での勤務などには適性があり、起業もいける。

人間関係の傾向と相性

協力者が多いのと比例するように、ライバルも相当数できる傾向に。

8月上旬生まれの人は、あなたのやる気をアップしてくれる貴重な相棒。12月2日〜6日生まれの人は、何があってもあなたの味方。末永く尊敬し合っていける仲に。この相手が異性なら、温かい愛が育まれそう。2月上旬生まれは、限界を突破するきっかけをくれる人。

長所と短所のまとめ

華やかな場所でひときわ輝く星。そんなあなたを、いろいろな人がすばらしいと賞賛し、また場合によってはひどくけなしたりするだろう。しかし、そんなことに左右されているのは損なこと。何があっても動じない心こそ、人の中心にいる者の美徳である。

ジュピター（木星）のささやき

高く遠く飛んでいくためには、家族や今の環境が強固な土台とならなければならない。

August Seventh

8月7日

のんびりした人柄と達観した人生観

あなたの誕生日力

あなたが求める人生は、自分だけを頼りに生きていく道。そう、あなたは己の力を信じ、何の装備もないヨットで大海原に乗り出したいと望んでいるはず。成功のカギは自分の「動機」を探ること。心に混在している見栄とプライドを見きわめた時、あなたの真の航海が始まる。

あなたの性格

あなたの広げる人生とは、シンプルさと健全さが特徴になっている。

この生まれは、他の8月生まれと同じように人を惹きつけるオーラを持っていて、才能にも人一倍恵まれている。もちろん華やかな場所に縁のある人である。

しかし、有名な俳優にたまにあるように、「みんなが自分を持ち上げてくれるけれど、自分は本当は目立つのが好きではない」と、あなたは言うだろう。そう、それは一種の達観である。

人がどれだけすごかろうと、もしくはひどかろうと、そんなことはあなたには関係がない。あなたにとっては、日々のおだやかな楽しみこそが大事。のんびりと好きなことをして、健全に生きることこそが喜びなのである。

本当に満足な人生のためには、見栄やプライドはいらないと考える人なのだ。

仕事の適性

人を扱う仕事には、あなたの華やかでやさしいムードが大いに役立つ。

販売、営業、広告、宣伝、医療福祉関係、相談業などでは成功間違いなし。また、人を楽しませるエンターテインメントの分野にも適性あり。

人間関係の傾向と相性

聞き役、気持ちの受け取り役を上手にこなすあなたの周りには、自然にいろいろな人が集まってくる傾向がある。

8月上旬、10月上旬生まれの人とは、おたがいに友情の輪と活動の場を広げ合うことができる関係。2月上旬生まれの人とは、おたがいに「気づき」を与え合う関係。また、12月3日〜7日生まれの異性は、あなたと不思議なほど気持ちが通じ合える恋人候補。

長所と短所のまとめ

のんびりとした人柄が親しみを呼ぶ。達観した人生観も天晴（あっぱ）れである。

しかし、そののんびりぶりゆえに、しばしば周囲の望む方向性からずれてしまい、人から「協調性がない」「やる気がない」「冷たい」と受け取られて辛い思いをすることに。たまには周囲に乗ってあげよう。

ジュピター（木星）のささやき

気持ちさえ明るいほうに向けておけば、災いも転じて福となる。

August Eighth

8月8日

楽天的で前向き、人に親切な幸せ上手

あなたの誕生日力

あなたは自分に嘘がつけない。いつどんな時でも、堂々と大手を振って歩く存在でありたいと願っているならば、光が射せば、当然影ができることを理解し、恐れないことが大切。その偉大なる意志を貫けば、闇さえも照らす「おだやかな楽園」があなたを待っている。

あなたの性格

あなたの広げる人生とは、徹底的なポジティブ・シンキングを強みとするものである。

この生まれは、とても「幸せ上手」。楽天的で前向きな人だが、ある程度の年齢になると、ますますポジティブ思考に磨きがかかり、物事のよい面を捉えるのが非常に得意になってくる。

そもそも親切な性格で人をとても大切にするので、人間関係は円満である。つまり、あなたの周囲の環境は平和であり、しかも本人はどのような時でも「今」を肯定できるのだから、幸せでない瞬間はないということ。

常に人のぬくもりややさしさを感じ、生活を感動で満たしていくのが、あなたの一生なのだ。

ただ、小さな幸せに満足するあまり、大きな目的意識を持たないのは残念なところ。チャレンジ精神を忘れずに！

仕事の適性

柔軟に変化に対応する能力があるあなたは、どんな職場でも重宝がられる。

旅が嫌いでなかったら、旅行を伴う仕事は天職に。また、イメージを扱うのが得意ならば、デザインや写真、広告などの分野でも活躍できる。

人間関係の傾向と相性

周囲の人と深くつき合い、そこから徐々に人間関係の輪を大きく広げていく傾向が。

8月6日～10日生まれの人は、年齢・性別にかかわらず、一番深くつき合う相手になりそう。12月4日～8日生まれは、最高のパートナー候補。異性の場合は、言葉がなくてもわかり合えるような恋人に。2月上旬生まれとは「ケンカするほど仲がよい」関係。

長所と短所のまとめ

毎日をおだやかに生きていけるあなたは、本当の幸せ者。しかし、ぬるま湯につかった状態をよしとするなら、それは短所。苦しいこともイヤなこともあるけれど、目標に向かって進む体験は、あなたの「生きる力」を養うのだと知ろう。

ジュピター（木星）のささやき

大きな役目は、人を選んでやってくる。得がたい役得を引っさげて。

August Ninth

8月9日

自信たっぷり、底力があり駆け引きもうまい

あなたの誕生日力

　あなたの中には、あり余るパワーがみなぎっている。自分でもそうと意識しないままに、傲慢とも受け取られるような言葉を発し、どこか投げやりな面も。小手先だけですませようとしてしまうから、達成感も喜びも味わえないことに気がつこう。もっと自分の価値を知り、心底大切に扱えた時、真に愛されるあなたが生まれる。

あなたの性格

　あなたの広げる人生とは、すさまじい「底力」に導かれるものである。この生まれは、人に負けない程度には何でもできるし、人の中に行けばとりあえず注目もされる。

　そこであなたは、「自分はちゃんとやっている」と自信を持って言うだろう。ところが周りの人はすでに、あなたがまだ自覚していないアンビリーバブルな力に気づいていて、「あなたはもっとやれる」と言うかもしれない。

　そう、あなたには「転換」の力が備わっているのである。

　よくない条件を自分に有利になるように逆転する力。起こった問題の要所をつかみ、適切に対処することで問題そのものを変化させる力。これらの力によって、あなたは窮地で、人生を「化学変化」させるのである。それによって、あなたに不可能はなくなるのだ。

仕事の適性

いくつもの案件を同時進行させる器用さがある。そのため、内容が多岐にわたりペースの速い仕事こそ、あなたにはしっくりくるはず。

駆け引きもうまいので、交渉ごとの多い職種にも適性がある。単純作業や持久戦は不得意なので、避けるのが賢明。

人間関係の傾向と相性

欲しいご縁を引きつけることができるので、そうそうたる人脈が周囲にでき上がる傾向に。

その中でも12月5日〜9日生まれの人は、おたがいの運を上げながら長くつき合える相手。8月上旬生まれの人は、よきサポーターに。10月上旬生まれの人は、ご意見番として優秀な相手。2月4日〜8日生まれの異性は、あなたにやる気の炎をつける恋人候補。

長所と短所のまとめ

がんばりやで、自信もたっぷり。しかし、その段階で威張っていてはもったいない。あなたの中には、まだまだ力があり余っていることに気づかなければならない。自分を信じて追いつめた時、思いもよらない力が湧き出てきて、予想以上の結果を生み出せるはず。

ジュピター（木星）のささやき

何人を支配したかではなく、何人を喜ばせたかによって、その人物の偉大さが量られる。

August Tenth

8月10日

🔑 いつもご機嫌でおおらかなマイペースの人

あなたの誕生日力

　いつだって「ピンチ」は「チャンス」に変えられるのだから、自分の「内なるパワー」を信じること。破天荒とは、あなたに向けられた最上の褒め言葉、我慢していては身体に毒。自分を偽らなくてはならない枠組みを思いきりよく突破して、思う存分、楽しく暴れること。

あなたの性格

　あなたの広げる人生とは、おおらかで自由な行動力によって推進されるものである。

　いつもご機嫌で、周囲をリラックスさせるこの生まれ。それもそのはず、「人生を楽しみたい」という8月生まれの中でも、あなたはとりわけ自由に楽しみたいと思うタイプであり、対人面でも金銭面でも、はたまた日常の行動面でも、自分の気持ちに忠実に、好き勝手に楽しんでいるのだから。

　ルール破りを辞さない相当なマイペースぶりも、あなたが本当に幸せそうな顔をすることによって、周りから許されてしまうだろう。むしろ周囲の人こそ、そんなあなたを見て癒されてしまうのだ。

　また、勝手な行動がいつの間にか、周囲を巻き込んだ一大ムーブメントに発展する、ということも。どんなことでも、とことんやることが成功の秘訣。

仕事の適性

自分の考えで物事をつくっていくことが、あなたに満足をもたらす。

たとえば、企画、商品の開発、製造、自営など。また、どんな組織でも、新しいことを推進していく部署や、改革を進めていく部署にはあなたの力が必要。

人間関係の傾向と相性

感性の合う人が少ないというあなたなので、あまり広い人間関係は望まない傾向に。

でも、7月下旬、4月上旬生まれの人は、あなたの言動に深いシンパシーを抱きそう。12月6日〜10日生まれの相手とは、老若男女を問わず、協力できる関係。2月5日〜9日生まれの人は、あなたの間違いや過ちなどを勇気を持って正してくれる相手。

長所と短所のまとめ

あなたはマイペースでスケールの大きな自由人だから、ありきたりの生活や考えかたには、猛烈に反発を感じ、反抗することがありそう。

しかし、社会から外れることがあなたの最終目的ではないはず。「ここ」にとどまり、みなに自分を認めさせる方へと情熱を振り向けよう。

ジュピター（木星）のささやき

欲しがるのではまだ弱い。与えられるのが当然と思えた時、チャンスはやってくる。

August Eleventh

8月11日

パワフルで自信がみなぎる「不死身の実力者」

あなたの誕生日力

存在自体がパワフルで、いつでも強気な発言をくり出すところはあなたの魅力。ただし、自分の言葉にきちんと責任を持っているかどうか、日々、自己チェックすること。人から批判を受けると、誰より傷つく誇り高いあなた。だからこそ、自信に基づいた謙虚さは最大の防御に。

あなたの性格

あなたの広げる人生とは、汲んでも尽きない泉のようなエネルギーによって発展していくものである。

この生まれはそもそも、人から「なぜそんなに元気でいられるの？」と聞かれるほどパワフル。そしてあなたは、8月生まれ特有の「人生を楽しみたい」衝動を色濃く持っており、面白いことやみんなが驚くようなことをやり遂げて注目を浴びたい、と望んでいる。

そんなあなたは、「これ」と思い込んだら信じられないくらいの粘り強さを発揮、どんなことも最終的には実現させてしまうだろう。そして、まるで特別な「パワー回復回路」が備わっているかのように、その活動で枯れ果てた気力・体力を、あっという間に取り戻すこともできてしまう。

だから、あなたは「不死身の実力者」として名が通るに違いない。

仕事の適性

成功したいという気持ちが強く、がんばりやなので、どのような業種、立場に就いても成功できる。

目標を設定すると、がぜんやる気が出る性格なので、営業職として商談・交渉に当たるのに向いており、成績をどんどん上げるはず。

人間関係の傾向と相性

誰かが仕組んだとしか思えないような「ご縁」を体験することが多い傾向に。

8月9日〜13日生まれとは、どんなことでもわかってくれる親友の相性。12月7日〜11日生まれの人とは、行動パターンをシンクロさせられる珍しい関係。いつもはバラバラでも、「ここぞ」という時に結束できるのが、2月6日〜10日生まれの人。

長所と短所のまとめ

パワフルで自信がみなぎっている。そんなあなたは影響力が強く、あなたの言動は周囲の人々をもろに動かしてしまうだろう。

否定的な言葉は徹底的に人の力を奪い、肯定的な言動はみなを輝かせて、結果的にあなたの価値を上げることになる。

ジュピター（木星）のささやき

人の評価は気にしなくてよい。しかし自分が他人に対してしたことは気にすべきだ。

August Twelfth

8月12日

スリルある冒険を求める、面倒見のよい親分肌

あなたの誕生日力

　あなたはいつでも太っ腹。人に頼られたら、放ってはおけない親分気質。目立ちたくはないが、ないがしろにはされたくないあなたは、「影の権力者」となるだろう。そして、そんな自分を否定しないこと。頼られて面倒を任される、あなたが味わう喜びは計り知れないのだから。

あなたの性格

　あなたの広げる人生とは、たとえばヒロイックファンタジーの主人公のようなものである。なぜならこの生まれは面倒見がよく親分肌で、人からの信頼も絶大。しかも自らの人生をスリルあるものにするため、とてつもない冒険へと踏み出すからである。

　あなたの心はワクワク、ドキドキするものを追い求めることでいっぱいで、安全なこと、結果が決まりきったことには、その活発な心は耐えられない。

　そこで、面白そうなことを思いつくとすぐに行動に移したがるのだが、それも十分に準備をしないうちに見切り発車をするため、大きな失敗をすることもある。

　その失敗は、あなたにとってはスパイスだが、あなたを信頼してついてくるたくさんの仲間が大きな迷惑をこうむることも忘れないようにしよう。

仕事の適性

刺激こそ、「欲しいものの全て」というあなたは、一つの職になかなかとどまれない。だからこそ、若い頃はいろいろな仕事を経験するとよいと言える。

自信がついた頃に、学んだことの粋を集めて、自分で事業を始めるとうまくいくはず。

人間関係の傾向と相性

年齢や立場の違う人たちと広くつき合う傾向に。ただし、出会いが多いからこそ、中には信用できない人も混ざっているので慎重に。

12月8日〜12日生まれの人は、本音で語り合える数少ない相手。10月中旬生まれの人は、あなたを援助してくれる相手。2月7日〜11日生まれは、一緒にいると、ますますテンションが上がる関係に。

長所と短所のまとめ

何かをやりそうな、大きな可能性を感じさせる。やり手の匂いを発散させているから、人から頼りにされることもしばしば。役員やリーダーなどは、堅苦しくて冒険からは程遠く、気の重い役割かもしれないが、引き受けることによってあなたの評価はうなぎ登りに。

ジュピター（木星）のささやき

どんな時も陽気でなければいけない。しかし、繊細に感じていなければならない。

August Thirteenth

8月13日

自分も人も楽しめる華やかな人生を目指す

あなたの誕生日力

あなたが否定している「平凡な生活」とは、実は簡単には手に入れられない「特別な暮らし」のこと。ボーダーラインを高く設定し、自分に厳しく生きるのはプラスでも、物事の本質を見抜けなかったとしたら、意味がない。ありのままでいられる、あなたの場所こそ贅沢の極み。

あなたの性格

あなたの挑む人生とは、「誰かのためにがんばる姿勢」に貫かれたものである。

この生まれは、楽しいことや明るくてよいことは、自分でつくり出していくものだと考えているよう。華やかなイベントも、責任を持って準備してこそ盛り上がる、だから自分はしっかり準備する──そういう人なのだ。

そうして実際、目標を大きく設定してコツコツと努力を重ね、手を抜かずに最後までやり遂げてしまう。

あなたは基本的に善意の人であり、ふだんから人への気遣いを忘れない。あなたが「大きなことをやろう！」という時にも必ず、誰かのためという動機が入っているものだ。

人を喜ばせ、癒す……そういう要素があってこそ、あなたは楽しいと思えるし、やったことに関して「喜び」を感じられるのである。

仕事の適性

奉仕的な職業に就き、社会に尽くしていくことがあなたの天職と言えそう。

国際的なNGOに協力したり、社会福祉関係で活躍したりと可能性はさまざま。医師や法律家、教師など、高い人間性を要求される仕事にも適性あり。

人間関係の傾向と相性

あなたの人生哲学や、人柄に共鳴した人たちが、あなたの周りに集まる傾向に。

8月11日〜15日生まれの人は、あなたのよき理解者であり、よきライバル。12月9日〜13日生まれは、あなたを徹底的に信じて協力してくれる相手。異性なら信頼できるパートナーに。2月8日〜12日生まれは、刺激を与えてくれる相手。

長所と短所のまとめ

8月生まれらしく「自分は特別だ」という感覚を持っている。そして、自分も人も楽しめる華やかな人生を目指して、中心に立って物事を達成していくだろう。

しかし、ホッとできる平凡な時間もあなたにとってまた貴重。余裕を持つようにしよう。

マーズ（火星）のささやき

トラブルは、あなたの運の悪さをではなく、果たすべき使命がそこにあることを示している。

August Fourteenth

8月14日

情熱と現実性のバランスで目的を達成していく人

あなたの誕生日力

あなたは、疲れを知らないバイタリティで人生を切り開く。その行く手を阻む敵とは、時折、顔を見せる自身の横柄さ。そして、そんな心を鍛錬し、謙虚さを身につければ、あなたの最大の武器となる。いくつもの変化を味わった先には、あなたの満足のいく安定がある。

あなたの性格

あなたの挑む人生とは、情熱と現実性のバランスによって発展するものである。

そう、この生まれは、夢を持ちつつも、現実的な部分の計算も怠らない。ソツなく目的を達成していく「賢い人」と言うことができそうだ。

といっても、あなたが達成したいことは、お金儲けや仕事で一番になることではなく、「周囲を喜ばせること」や「人にウケること」。派手なイベントを真面目にこなす──まさにそんな感じの人なのだ。

あなたの生活は賑やかで刺激が多く、若い時には情熱を制御できずに無茶をすることも。無理なことに挑戦し、結果、盛大に失敗することもあるだろう。しかし、年齢を重ねるごとに情熱を扱うのがうまくなり、冷静さを身につけて物事を達成するのである。

仕事の適性

商才があり、統率力にも恵まれているあなたは、面白いビジネスを次々に考えて世に出していく会社の経営者などに最も適性がある。

また、政治家や教師、宗教家など、人を新しい世界に導く仕事も、あなたに生きがいを与える。

人間関係の傾向と相性

人を巻き込んで夢を実現しようとするあなたは、人脈がどこまでも広がる傾向に。

そんな中でも、12月10日〜14日生まれの人とは、いつも新鮮な情報と変わらぬ友情を交換できる間柄。8月中旬、4月中旬生まれの人は、頼りになる協力者。あなたの欠点をハッキリと指摘し、やりかたを修正してくれるのが、2月9日〜13日生まれの人。

長所と短所のまとめ

人を楽しませ、自分もウケるという目的に向かって、努力を怠らない。しかし、本来は善意にあふれた人なのに、特に若い時には、やりかたが多少、強引な傾向が。気短でワンマンにすぎると、周囲の人が恐がって引いてしまうことに。お手柔らかにいこう。

マーズ（火星）のささやき

どんな小さなことでもよい。あなたにしかできないことをさがしておこう。

August Fifteenth

8月15日

一点集中、「やる」時は猛烈にがんばる人

あなたの誕生日力

あなたの存在は、澄みきった夜空にまばゆく光る星。その存在を輝かせ続けることと、あなたの心のありかたは比例する。気持ちがゆるんだとたんに曇りの兆し、横着したなら天候は悪化して輝く星は見えなくなる。心を磨き続けるのは、あなたにしかできないことを知ろう。

あなたの性格

あなたの挑む人生とは、人の扱いを学ぶことで成功に導かれるものである。そもそも、やる・やらないの切り替えがハッキリしているこの生まれは、関心事がない時にはとことんゆるみ、本当に興味を持てるテーマに出合うとがぜん張り切り出すタイプ。

もともと真面目で猛烈にがんばる人だが、あれもこれもというわけではなく、ターゲットを絞り、エネルギーをためて一点に集中し、それを確実にものにするのである。

それ自体はすばらしいことであるが、興味のない人やものは完全無視、一瞥もせずに通り過ぎる冷たさは、ちょっと問題。特に人間関係においては、あなたは役に立つ人や優秀な人が好きで、彼らばかり優遇する傾向に。そこに反感を持たれて失敗することがあるので、公平な人間づき合いを学ぶことが必要である。

仕事の適性

カリスマ性に恵まれ、ビジネスセンスもあるので、それらの才能を生かしてセールス、マーケティング、宣伝などでは成功できる。

問題解決にスリルを感じる性質もあり、相談業や探偵、刑事、弁護士としても才能を発揮。

人間関係の傾向と相性

わかり合える人とだけ、自分が好きな人とだけ、いられればよいと考えるあなたの人間関係は、深く狭い傾向。

8月13日〜17日生まれの人とは、同じ視点・同じペースでいられて快適。また、12月11日〜15日生まれの人には、弱点をさらけ出して甘えることができそう。2月10日〜14日生まれの人とは、おたがいに切磋琢磨できる間柄に。

長所と短所のまとめ

やる気があることに関しては、百発百中でクリア。しかし、特に若い間は、「やるべきこと」でも、やる気がないからやらない、決めたことが続かない、ということにも。

ムラ気では自分自身が磨かれないので、よき人生を送るためには根気を養う必要が。

マーズ（火星）のささやき

たまには元気にカンシャク玉を爆発させるのもよし。後味がよければ、誰もあなたを嫌わない。

August Sixteenth

8月16日

どんな逆境もハンデも乗り越え道を開く人

あなたの誕生日力

あなたのスタンスのありかたは、とても潔く美しい。人の意見や思惑に惑わされない潔癖な自尊心で、自身の心に忠実に挑んでいく。あなたの精神が成長するのとともに、ますます高潔な視点を手にすることができる。完璧を求める気持ちを手放せたら、さらに雄大な自分へと進化する。

あなたの性格

あなたの挑む人生とは、強い信念によって開かれていくものである。この生まれは、たとえ逆境に陥ってもすさまじい忍耐であきらめず前進していく強い人。また基本的に、自分が確固として信じる自己の力を人にも賞賛されたいほうなので、格好悪いことはごめん。

このように、もともと忍耐力があるうえに、他人に弱みを見せたくないという意識も働くので、あなたは周囲の人に協力を求めることはない。逆境にあって辛い時にも、たった一人で目的に向かうのだ。

そのように人をあてにせず、人に惑わされることもなく、自分の運と力を頼りに進んでいく姿は高潔である。しかし、あなたを理解し、ともに進みたいと思う人にとっては、その姿勢はあまりにも冷酷。せめて自分の考えくらいは伝えよう。

仕事の適性

とてつもない推進力を発揮できるあなたは、活動のフィールドができるだけ広い職場を選ぶのがよいと言える。たとえば、大企業や公務員関係。また、マスコミ関係も、あなたのその力を大いに必要としている。ただし、命令されるのを嫌うので、指導的立場を狙おう。

人間関係の傾向と相性

人生の節目ごとに、人生観を鮮やかに変えるようなご縁がいくつもある傾向に。

8月14日〜18日生まれの人は、あなたの腕と才能を買って引き立ててくれる。特に年上の人はありがたい存在。12月12日〜16日生まれの人とは、おたがいに気楽でホッとできる関係に。2月中旬生まれの人は、気に食わないけれど、気づきをくれる相手。

長所と短所のまとめ

どんな逆境にもハンデにも負けず、自分一人で道を切り開いていけるのはすばらしいところ。しかし、成功するかしないかという微妙な状況においては、周囲の人のちょっとした協力が大きな力になるもの。

人の好意には敏感でいよう。

マーズ（火星）のささやき

にっちもさっちもいかない時は、内面の直感に頼るしかない。自己と対話せよ。

August Seventeenth

8月17日

特別な使命と特殊な能力に恵まれた「直感」の人

あなたの誕生日力

あなたが好むと好まざるとにかかわらず、その意志を貫こうとする姿勢は、行きすぎると尊大に映る。また、素直なのに言葉を選ばないゆえに、傲慢とみなされる。人の評価に左右される必要はないが、不本意な気持ちを抱いたままでは、迷いからの脱出は不可能。己との戦いを抜けた先に暁が待っている。

あなたの性格

あなたの挑む人生とは、直感によって勝利に至る道である。

この生まれには、自分では気づかないが、人から見るとかなり変わった特技や、面白い行動パターンがあるだろう。なぜならあなたは、理屈でなく、一種の直感によって物事を決めているところがあるからだ。

内なる声に忠実に振る舞えば、当然、他人には理解のできない行動になってしまう。しかし、科学的根拠はないものの、その直感はあなたの、いわば「生きる力」そのものからのメッセージ。そしてある日突然、この直感は、あなたの特別な使命をささやくのだ。

「これこそ、自分のやるべきことだ。なんて楽しそう！」

そう思えるものが見つかった時、あなたは圧倒的に自分を押し出し、社会のスポットライトを浴びるのである。

仕事の適性

派手に人の前へ出て行く要素のある仕事が、あなたの適職と言える。

たとえば、演劇やエンターテインメント関係、ビジネス、政治、組織のリーダーなど。好きであれば、芸術など創作的な分野でも活躍の期待が大。

人間関係の傾向と相性

一生を通じて、崇拝者や協力者に恵まれる傾向がある。

そんな中でも8月中旬、10月中旬生まれの人は、あなたがどん底にいる時でさえ見捨てずに、力を貸してくれる人。12月13日～17日生まれの人とは、おたがいに可能性を広げ合う関係。また、2月12日～16日生まれは、無視できない魅力を感じてしまう相手。異性なら衝撃の恋の相手に。

長所と短所のまとめ

特別な使命と、特殊な能力に恵まれている。「自分は特別な人間」と思って然(しか)りだが、言動の端々に偉そうな感じが出てしまいがちなのは欠点。

自分でも「いけないな」と思うことは素直に改め、周囲に愛されるようにすることが成功の秘訣。

マーズ（火星）のささやき

スランプの時には、今持つ考えを全て捨ててみよ。そうして見えてくるものが解決のカギ。

August Eighteenth

8月18日

戦車のような迫力とバイタリティで突き進む人

あなたの誕生日力

人のためにしてあげること、その全てが、あなた自身のためとなる。でも、周りからの評価を意識し、打算的な行動を起こした時には、相当のダメージを受けることになる。怒りも哀しみもエネルギーであり、愛なのだから、それに値する相手に注げば、豊かに燃焼する。

あなたの性格

あなたの挑む人生とは、無尽のバイタリティにあふれたものである。ふだんから元気で目立つこの生まれ。思いを定めて行動し始めると、それはまさに戦車の迫力。輝きを増して周囲を圧倒し始めるだろう。

しかし、あなたが目標としていることは、しばしば独り善がりにすぎて、それを実行しようとすると激しい抵抗や無視に合うことが多く、ともに行動してきた人を傷つける結果に終わることもある。

あなた自身は革命者、扇動者として注目されることを、むしろ喜ばしいと感じるかもしれないが、その一種、子どもじみた行動によって周囲の信頼を失うのは痛いこと。

何かに夢中になるのは大いに賛成だが、その行動の動機に「人々のため」という視点を入れよう。そうすればあなたは間違いなく成功するはず。

仕事の適性

人を善なる世界に導きたいという願望があるあなたは、政治、法律、ビジネスの世界で才能を発揮。また、脚光を浴びたいという強い衝動から演劇関係の道に進む人も。

意外なところでは、人を癒す仕事にも適性があり、医療や健康分野も有望。

人間関係の傾向と相性

賛同者と反対者の両方が周囲にたくさん集まるので、活気に満ちた賑やかな人間関係が展開する傾向に。

8月16日～20日生まれの人は、あなたを心から理解してくれる相手。12月14日～18日生まれの人とは、ペースを合わせて愉快に行動できる関係。異性であればツーカーの恋人に。2月中旬生まれは、暴走したあなたを止められる稀有な人。

長所と短所のまとめ

強い意志と行動力で突き進む、元気な人。しかし、人を無意識に自分の無謀な夢に巻き込んでしまうのが短所。自分の影響力を十分に自覚して周囲に対応しよう。

基本的には人に親切だが、時に打算的になるので、その点も注意したいものである。

マーズ（火星）のささやき

絶体絶命の中にチャンスがある。目を凝らせ！

August Nineteenth

8月19日

幹事役としてのセンスが光る戦略家

あなたの誕生日力

　栄光や名声とは、自分が目指したり求めたりするものではなく、気がついた時に包まれているもの。雑音に惑わされていては、本物の能力は開花しない。あなたの本領発揮を邪魔しているのは、心の中の自尊心。それを上手に手放せた時、あなたが行く道は大きく開けていく。

あなたの性格

　あなたの挑む人生とは、すぐれた参謀として活躍する花道である。

　この生まれは、8月生まれ特有の「楽しく生きたい」という欲求とともに、それを目指して具体的に計画を設計する力を持ち合せている。理想を実現するために誰をどう動かせばよいか、どこを攻めれば事態が発展的に動くのかを、克明に描くことができるのだ。そこで、日常、幹事役や役員を仰せつかったりすることが多いだろう。

　しかし、この生まれはかなりプライドが高く、なりふりかまわず動き回ることが得意ではないし、重い責任に長期間耐えるほどの持久力には欠ける感がある。そのため、ちょっとしたリーダーは別として、大きな活動においては指導的な立場に就くよりも、ブレーンとして能力を発揮することで大いに輝くのである。

仕事の適性

野心があり、議論にすぐれたあなたは、それを生かした仕事が最適。たとえば政治家、法律家、それから営業職など。

また、新しいものを広めていく企画・開発などの部署も有望。手先が器用であれば、技術職もピッタリ。

人間関係の傾向と相性

プライドは高いけれど、人には親切なので、周囲にはあなたを頼ってくる人がたくさん集まる傾向が。

6月中旬、10月中旬生まれは、そんな中でもあなたをとても尊敬し、協力を惜しまない人々。12月15日〜19日生まれは、対等な立場で夢を追っていけるパートナー。異性の場合は甘い恋人に。2月中旬生まれは、よきライバル。

長所と短所のまとめ

戦略を立てて、内側からみなをまとめていくタイプ。一方、あなたは8月生まれの目立ちたい衝動も色濃く持っていて、ナンバー2に満足せず、名声を欲しがる傾向も。

しかしあなたの場合は、できることを淡々とこなすことが成功への早道となることを忘れずに。

マーズ(火星)のささやき

頼まれたことは何でもチャレンジ。躊躇(ちゅうちょ)はあなたに似合わない。

August Twentieth

8月20日

鋭いひらめきとうれしい偶然でいっぱいの人

あなたの誕生日力

黙っていても存在感は絶大なのに、必要以上に大きく見せようとする。相手に望まれていない行為は、「よけいなお世話」と化して、あっという間に暴走する。「どう思われたいか」ではなく、「どうしたいのか」を自分に正直に考える。そこに決着をつけた瞬間から、世界は限りなく広がっていく。

あなたの性格

あなたの挑む人生とは、本能や直感による神秘的な巡り合わせに満ちたものである。

この生まれは、日常パッとひらめいたことが現実になったり、ヤマカンが当たったりといったシンクロニシティをたくさん体験するだろう。あなたは心の中に広がる無意識の世界にアクセスする、パイプのようなものを生まれつき持っており、そこに潜んでいる知識、情報、美を拾い上げては、現実に表現しようとするのである。

実際に芸術を志す場合もあれば、実社会の仕事の中にそのエッセンスを取り入れようとすることもあり、また精神世界や占いなどにハマる場合もあるだろう。

また、クールに見えても、思い込んだらせっせと世話を焼く傾向がある。しかし他人へ過剰に干渉し、迷惑がられることがあるので注意。

仕事の適性

クリエイティブな能力が高いので、それを生かした仕事で成功する。音楽、芸術、エンターテインメント、執筆業や出版、マスコミなど。ただし、自立心が旺盛なので、組織に目的もなく属するのはNG。自信を持てるようになった頃に独立するのが賢明。

人間関係の傾向と相性

あなたの神秘的な雰囲気が救世主のように見えることがあり、悩んでいる人がよく周囲に近寄ってくる傾向がある。

8月18日〜22日生まれの人は、おたがい強いシンパシーを感じる相手。12月16日〜20日生まれの人とは、情熱を持って語り合える仲に。感性が違うので、会うたびに新しい刺激を与え合えるのが、2月15日〜19日生まれの相手。

長所と短所のまとめ

鋭い直感、霊感があり、芸術的感覚も備えている。この力はよく使えば人に対して大きな恵みとなるが、とりとめのないことにばかり使っていたりすると、あなた自身、精神的に不安定になる恐れが。肉体感覚と知性も同時に使い、直感だけを暴走させないこと。

マーズ（火星）のささやき

気が済むまで考え、こだわったら、次は手を放せ。メリハリが心の健康のもとである。

August Twenty-first

8月21日

人を共感させ感動させる「面白い人」

あなたの誕生日力

　誰よりも正義感の強いあなた。そんな一本気なあなたが何より傷つくのは、周りから非難を浴びせられること。好きでしていることなのだから、評価は関係ないと納得しているのに、心のどこかで賞賛を望んでいる。そのジレンマから脱出できれば、光を放つあなたが誕生する。

あなたの性格

　あなたの挑む人生とは、情報発信することで活気づくものである。

　そもそもこの生まれは人なつっこく、淋(さび)しがりや。多くの人と思いをともにしたいという欲求を持っている。それが8月生まれ特有の「楽しく生きたい」という衝動とも相まって、人を楽しませたりウケをねらったりすることが大好きな性格となっているようである。

　自分の体験や感動を悲喜こもごもに語るのが上手で、みなを共感させてしまうあなたは、「面白い人」として周囲の人から人気抜群。社会にもそのような自己表現によって貢献したいと考えているだろう。

　そう、情報を楽しげに発信することがあなたの使命。しかし、道は平坦ではないことを知っておこう。人々に支持を受けるまでには、どうしても努力と時間が必要なのだ。

仕事の適性

とにかく自分の感性を前に押し出し、感情を人々と共有できるような仕事に適性あり。たとえば、音楽、美術、デザイン、建築、ファッション、エンターテインメントなど。スポーツの好きな人は、その道も生きがいを感じさせてくれる。

人間関係の傾向と相性

人の中に出ると人気がうなぎ登りとなる傾向。また、その一方で、妬みや搾取の気持ちから近寄ってくる人もいるので注意は必要。

8月19日〜23日生まれの人とは、志が同じでとても気の合う間柄。いざという時に頼りになるのが、12月17日〜21日生まれの人。また、印象はよくないのに、じっくりつき合ってみれば発展的な相性なのが、2月中旬生まれの人。

長所と短所のまとめ

多くの人を、感動させることができる。しかし、自分の理想の姿を実現するためには、長い修行と失敗の体験が必要であるのに、淋しがりやな性格も手伝って、すぐに他人からの賞賛を求めてしまう。

また、「相手のこと」より「自分の都合」を優先してしまう「甘さ」も欠点。

マーズ（火星）のささやき

納得できないことは、そのままにしてはいけない。とことん確かめて進め。

August Twenty-second

8月22日

何気ないことから「本質」をズバリ見抜く人

あなたの誕生日力

あなたの考えかたや捉えかたは、ある方向から見た場合はいつも正しい。しかし、それが通用するのは、とても小さな枠組みの中だけのこと。本来のあなたの可能性は、もっと大きな場で見事に花開く。真理が一つだけでないことを理解できた時、人生の旅立ちが待っている。

あなたの性格

あなたの挑む人生とは、観察力と直感力によって深みを増していくものである。この生まれには、目に映るものの印象から、本質的な特徴や性質を捉える稀有な才能が備わっている。つまり、何の変哲もないシーンから人の本質をズバリ見抜くことができるということだ。

それはあなたが、ものや人に興味のある共感的な性格で、いつも対象を一生懸命に見つめているということである。ある意味、嘘をつくことが不可能な相手と言えるかもしれない。

しかしあなたは、どちらかというと自分の興味のある部分だけを見つめすぎ、全体性を意識しない傾向が。だから、自分に「見えた」ものが完璧であると思うのは間違いである。判断基準はいくつもあることを忘れずに、謙虚にいこう。

仕事の適性

肉眼で観察し、特徴を捉えることが得意な性質を生かし、漫画家やイラストレーターとして活躍する人が多いのが、この日生まれの特徴。

芸術関係は適職であり、計画力、統率力が要求される仕事にも、難なくなじむことができる。

人間関係の傾向と相性

外見にこだわる面がありながらも人間関係は広く、あらゆるタイプの人と交際する傾向に。

あなたと同じフィールドでものを感じ、理解してくれるのは8月下旬生まれの人。12月18日〜22日生まれの人とは、おたがいに親身になって協力し合える仲。2月17日〜21日生まれは、おたがいに新しい考えかたを提案できる相手。異性なら恋人相性。

長所と短所のまとめ

観察力によって、隠れた可能性を見つけ出すことができる。基本は人なつっこく広い心の持ち主だけれど、「観察すべき対象」がなくなって退屈すると、勝手気ままな判断をまき散らし始めることが。

いつも目と心を何かに集中させておくようにしよう。

マーズ（火星）のささやき

正義の怒りは大事である。ただ、それをどこにぶつけるかを考えよ。

August Twenty-third

8月23日

いつも「真・善・美」を追い求める高潔な人

あなたの誕生日力

懐の深さと鋭い直感力は、あなただけに与えられた宝物。しかし、その長所の裏には、あたりまえのことだが欠点も存在し、あなたの生きかたをそのまま映し出す鏡になる。自分に自信があるために、時に見え隠れする傲慢な心をいなせたなら、どこまでも高く羽ばたける。

あなたの性格

あなたの挑む人生とは、「真・善・美」を追い求める旅のようなものである。この生まれは潔癖で、人に変なことは言わなかったか、自分の行動は正しかったのかと、いつも気にするところがある。

というのもあなたは、8月生まれ特有の「人より抜きん出ていたい」という願望に加えて、「本当に正しくありたい」という思いが強いから。だから、"絶対的に正しい価値"をさがし求め、自分をそれに完璧に近づけようとがんばるのだ。

そんなわけで、とりあえず人が守るべきだと言われている規範や、世の中で常識とされている慣習を大切にし、きっちり守るはず。そう、とても真面目な人なのだ。

しかし、社会的地位や外見など、世にまかり通る価値観だけで人を判断することは、間違いの原因になるので注意。

仕事の適性

多才で器用なあなたは、どのような職業に就いても活躍が約束されている。

ただし、決められた作業を単純にこなすタイプの仕事のほうがやりやすく、緻密さを生かしたエンジニアリングやIT関連などの仕事は、特に最適。

人間関係の傾向と相性

カリスマ性のある人や、すぐれたボスとの出会いが、人生のうちに何度かある傾向に。

8月21日～25日生まれの人とは、気が合ってホッと癒しが生まれる関係に。12月19日～23日生まれの人は、あなたを鼓舞して最高に能力を発揮させてくれる相手。恋人としても好相性。2月18日～22日生まれの人は、よき論敵となる。

長所と短所のまとめ

あなたは「正しさ」を重要視する高潔な人。完璧な人間を目指すという気概があり、8月生まれのプライドの高さも持っている。

しかし、威信と自信がありすぎて、それが一種の「傲慢さ」につながることに。一般の感覚を理解し、目線を下げることが必要。

マーズ（火星）のささやき

成功者には、必ず寛容さが備わっている。鋭さの中にもおおらかさを意識せよ。

August Twenty-fourth

8月24日

たくさんの味方を得て穏便にことを運べる人

あなたの誕生日力

たぐいまれな存在である、あなたの視点で抱く価値観とは、世間の常識には当てはまらない。アップダウンの大きい生きかたは、刺激的ではあるにしろ、心の安らぎがなければ、何ごとも維持継続は不可能。さがし求めていた「幸せの青い鳥」は、あなたの心にきちんと存在している。

あなたの性格

あなたの描く人生とは、二つの価値観を使い分けることで、絶妙なバランス感覚を得るものである。

この生まれの人は、大胆に好きなことをしてたくさんの人に影響を及ぼす人生を取るか、人に見られて恥ずかしくないきちんとした生活をするべきか、という二つの生きかたが常に戦っている。

あなたの最終的な望みは、「人から褒めてもらえること」。だから、破天荒なことをしてでも注目されるべきか、それとも堅実に人の信頼を勝ち得るのが早道なのかを、いつも考えているというわけだ。

そのため、時に心が混乱してしまうことがある。そして結局、心に個性的なストーリーを描きながら、実際には常識に従うほうが多くなるようである。しかし時々、大胆な行動に飛び込むと、心が非常に活性化されるだろう。

仕事の適性

あなたの資質に最も合うのは、緻密さが要求される、科学者、研究者、会計士、分析家。手先が器用であれば、職人も有望。コンサルティング業、特に心理カウンセラーや不動産仲介業、医療関係の仕事もピッタリ。

人間関係の傾向と相性

あまり自分からは人に近づかないのに、向こうからやってくることは多い傾向。

6月下旬、8月下旬生まれの人は、あなたのやりかたに共鳴してくれる気楽な関係。12月20日〜24日生まれの人とは年齢・性別によらず、一緒に活動する「同志」の相性。2月中〜下旬生まれの人とは、ライバルでありながら仲のよい間柄に。

長所と短所のまとめ

あなたの長所は、世間の価値観に添うことで、たくさんの味方を得ながら穏便にことを進めることができる点。しかし、常識破りでダイナミックな動きへの希求も捨てがたく、ともすると心が足踏み状態になってしまうのが辛いところ。

日々、頭を整理して進もう。

マーキュリー（水星）のささやき

「これさえやっていれば心が落ち着く」という、何かを持っていると強くなれる。

August Twenty-fifth

8月25日

誰とでも分けへだてなくつき合う平和主義者

あなたの誕生日力

凡人には真似のできないセンスと観察眼がキラリと光るあなた。でも、生きる糧(かて)には不自由をすることも。ストイックなくらいのロマンを求めているあなたにとっては、どんな日常でも満足できない。想像と現実に折り合いをつけた時に、あなたにしかできない大役に気がつける。

あなたの性格

あなたの描く人生とは、平等精神に美しく彩られたものである。

この生まれはそもそも、8月生まれ特有の「楽しく生きたい」という願望を根強く持っており、その基盤には「みなが同じように平和でなければ楽しくない」という考えがある。

だから、あなたは差別や争いが大嫌い。誰とでも分けへだてなくつき合い、心を通わせることだろう。そして、「世の中の人々もそのようにあってほしい」と、正義感に押されてちょっとした社会運動のような、実際の行動に出るかもしれない。

しかし、その信念は周囲の人に伝わらないことも多く、すんなりとはいかないはず。

あなたはそれでも主義主張を曲げることなく、苦境に立たされた時ほど奮起して、本当に大事なことをみなに浸透させるためにがんばるのである。

仕事の適性

あなたには、社会を変えていくのは教育や宗教であるという信念があるので、教師的な立場に身を置くことに適性がある。頭がよく、知識を愛するゆえに、研究者にも向いている。専門知識を活用する仕事も、満足感の高い選択。

人間関係の傾向と相性

人間関係はあまり広いほうではない傾向ながら、外国の人や大きく年の離れた人とのユニークなご縁があるのが特徴。

8月23日〜27日生まれの人とは、ツーカーの仲。一緒に行動すると盛り上がりそう。12月21日〜25日生まれの人からのアドバイスは貴重であり、あなたのよきサポーター。2月下旬生まれの人とは、おたがいに新鮮で、なぜか気になる関係。

長所と短所のまとめ

本当の意味で人へのやさしさを持つ人物であり、正義を通すその姿には神々しいものがある。

そんなあなたは、ある意味、自分にとても厳しい人。しかし、その厳しさを他人にも要求すると、周囲の人は耐えられなくなるかも。「それは、あなただからできる」ということを自覚しよう。

マーキュリー（水星）のささやき

ストレスは一日では発散できない。どうすればリラックスできるか、常日頃から研究しておこう。

August Twenty-sixth

8月26日

遊び心と想像力で日常に彩りを添える人

あなたの誕生日力

　自分の気持ちに率直に、行動を起こす。誰よりもシビアな考えを持ちながら、自身が鬱陶（うっとう）しく思うほどの「慈悲深さ」を捨てられないあなた。自身の心のありかたが源となる、「不本意な争い」を「建設的な和解」へと導くことができた時、あなたの活躍する大舞台の幕が開く。

あなたの性格

　あなたの描く人生とは、遊び心によってユーモラスな色が添えられるものである。この生まれは、豊かな想像力を持っており、退屈な日常に心の力で彩りをつけて楽しさを演出してしまうタイプ。

　8月生まれ特有の「楽しく生きたい」という願いも手伝って、あなたは子どものように、ちょっとしたことでも面白がって遊ぶことができるのである。イラストや詩を書いたりして、創造力を満足させることにも時間と手間を惜しまない。

　そんなあなたがファンシーなもの、おしゃれなものを好むところを見て、周囲はあなたを「かわいい」と言うだろう。

　しかし、そんなやさしげなあなただが、意外に行動力がある。本気で物事をやり出すと、厳しく周囲に切り込んでいくので、それが原因でトラブルにも……。

仕事の適性

執筆業、イラストレーター、デザイナー、アニメーター、フードコーディネーターに雑貨スタイリスト、ゲームクリエーターにキャラクター開発など、多彩な業種で活躍できる。

とにかく、イマジネーションと表現力を生かした仕事はどれも適職。

人間関係の傾向と相性

いろいろと雑多な人が周囲に集まり、とても愉快な人間模様となる傾向に。

ただ、あなたはだまされやすいので注意は必要。8月24日〜28日生まれの人は、あなたに絶対の友情を注いでくれそう。12月22日〜26日生まれの人とは、おたがいに弱いところをフォローできる関係。恋愛もバッチリ。2月下旬生まれの人とは、よきライバルに。

長所と短所のまとめ

想像力と行動力の両方を備えている。責任感も強く、リーダーとしても有能だが、知っておきたいのは、「あくまでも、あなたは繊細なアーティスト・タイプである」ということ。重い責任を長期間背負うことは大きなストレスになるので、それは避けるのが無難。

マーキュリー（水星）のささやき

行きづまったら、逆に人のために尽くせ。そこから道が開ける。

August Twenty-seventh

8月27日

多彩な人生と何でも「面白がれる」才能

あなたの誕生日力

　知性に富んだ感性を持ち、どこにいても人気者。屈託のない無垢な精神は、あなたをどこまでも上昇させる力となる。そのピュアな心を磨き上げ、極めるほどに、よりどりみどりに進む道がいくつも開けていく。唯一欠けているのは、周囲に嫌味とも取られかねない自覚のなさ。それを意識して。

あなたの性格

　あなたの描く人生とは、物事をとことん楽しもうという意識で色づけられたものである。

　この生まれは、8月生まれ特有の「楽しさ」への欲求と、「動きと変化のある人生」というキーワードを持っている。だから、平凡な日常に手を加えることで、アップダウンのある多彩な人生をつくり上げようと努力するだろう。

　たとえば、面白いこと──それがトラブルであっても──に時には首を突っ込み、意見し、そして周囲に吹聴して回る。決して悪意はないが、一つの事柄をあらゆる方向からいじくっては、面白がるのだ。

　もちろん、自分に降りかかった苦難でさえも、笑いながら切り抜けるのだから天晴れ。そんなあなたに「重み」「真剣さ」が加われば、さらに支援者が増えて、成功することは間違いないだろう。

仕事の適性

キレイなものを扱うセンスと、対人センスをあわせ持ったあなたは、芸術品、アンティーク、工芸品などのディーラーとして大成する。

人に対する思いやりを必要とする医療、カウンセリング、公共サービスも有望。

人間関係の傾向と相性

あなたにはファンが多く、相手が好意を持って近づいてくる傾向がある。

そんな中で、8月下旬生まれの人は、一緒にいると大いに盛り上がる相手。12月23日〜27日生まれの人とは、老若男女を問わず啓発し合える「相棒」の関係。また2月22日〜26日生まれの人は、仲はよくないのに、なぜか刺激し合う相手。

長所と短所のまとめ

物事を何としても楽しもうという、明るく前向きな姿勢は好感度抜群。

しかし、他人の身の上に起こったトラブルに嬉々として介入し、暴れ回るとあっては、迷惑以外の何ものでもないだろう。誠意と常識をことさら意識して、行動することが大切。

マーキュリー（水星）のささやき

周囲に「意に染まぬこと」が起こったら、一人の時間を持ってみよ。エネルギーの不均衡が正される。

August Twenty-eighth

8月28日

駆け引き上手、天性の嗅覚で人に好かれる

あなたの誕生日力

　生まれながらの臆病さは、あなたを守ってくれる武器。そして恐れを知っているのは、本物の勇者である証(あかし)。そこから目を背け、自分を否定している限り、他者に向けた批判は、そのままあなたに戻ってくる。自分の中にある「小さな決めつけ」の枠を外せた時、あなたは大きく成長する。

あなたの性格

　あなたの描く人生とは、他人との壁のなさを特徴としたものである。この生まれは、誰とも分けへだてなく接し、どんな場面であっても上手に周囲の人に近づき親しくなっていく。

　また、駆け引き上手なので協調して他人と動くのは得意だし、交渉やクレームごとにも見事に対応できる。あなたは、天性の嗅覚で何をすればよいかを察知し、他人からの信頼や愛情をうまく引き出す人なのである。

　8月生まれらしく、華やかに生きたいという願望もあるけれど、人の恐さというものも同時に知っているあなたは、あまりリーダーとして人の上に立つことを好まないかも。

　実際この生まれは、自分一人で人生を切り開くというより、誰かの協力と引き立てを得て成功していくタイプと言うことができるだろう。

仕事の適性

人と接する天才であるあなたは、優秀なビジネスマン、ビジネスウーマン。独特のコミュニケーション術で周りを納得させながら、仕事を遂行していける。

芸術、PR業、出版、執筆など、人に影響力を持つ仕事にも適性あり。

人間関係の傾向と相性

誰からもかわいがられ、嫌われるということはあり得ないので、人間関係はおだやかで発展的な傾向に。

8月26日〜30日生まれの人とは、抜群のパートナーシップを組むことができそう。異性ならツーカーの恋人に。12月24日〜28日生まれの人とは、おたがいに引き立て合い、運を開いていける関係。2月下旬生まれの人には、見習う点がいっぱい。

長所と短所のまとめ

協調性が高く、人の面倒見がとてもよい。しかし、8月生まれの「目立ちたい、みなの上に立ちたい」という意識が強くなると、サポート的な自分の位置が不満に……。

しかし、周囲への感謝と自己肯定感を養って進むことで、あなたの理想は達成されるはず。

マーキュリー（水星）のささやき

物事がうまくいかない時は、独り善がりになっていないかをチェックせよ。

August Twenty-ninth

8月29日

遊び心でいっぱい、愉快な気持ちにさせる達人

あなたの誕生日力

あなたの内に秘められたマグマのような「熱い思い」に、スポットライトを当ててみよう。強気なのか弱気なのか、自身でも理解不能な相反する性分をあわせ持っているのが、あなたのすごいところ。その力を信じて願う世界へと一歩を踏み出せたなら、間違いなくうまくいく。

あなたの性格

あなたの描く人生とは、余裕に満ちた優雅なものである。

この生まれは、8月生まれ特有の「楽しく生きたい」という願望を最高度に持っており、遊び心や息抜きといった人生の余裕を、何よりも重要だと考える傾向がある。

だからあなたは、自分の趣味や道楽を大切にし、それを周囲にも広げることによって、多くの人を愉快に心明るくさせることができるのだ。

しかし、自分のやりたいことを何よりも優先するために、逆に周囲に迷惑をかけたり負担を負わせたりすることがあるため、実際以上に「遊び人」に見られることがあるかもしれない。

また、現実生活においては、意外と気弱で、ぎごちないところを見せる。そこが自分でも迷い多く、他人からも理解しづらいところなのである。

仕事の適性

想像力と創造力に富んでいるため、芸術関係は全般的に適性あり。どんな職種に就いたとしても、あなた自身が個性的なので、単調でなく、しかも自分のやりかたを守れる自由度の高い環境で働くのがベスト。

人間関係の傾向と相性

何でも自分から始めるあなたは、人間関係も積極的に自分でつくり上げていく傾向に。

4月下旬、8月下旬生まれの人とは、強い絆で結ばれ、おたがいの世界をより広げ合うことのできる関係。12月25日〜29日生まれの人とは、サポートし合え、貴重な意見を交換できる相手。恋愛においては、2月下旬生まれの人に一目惚れの可能性が。

長所と短所のまとめ

自分の世界を持っていて、いつも楽しく過ごせる人であり、周囲のみなを楽しませる才能も半端ではない。

しかし、ともすると趣味的世界に夢中になり、マニア化して、通常の生活からアウトすることも……現実生活とのバランスを大切に。

マーキュリー（水星）のささやき

どんな好きなことでも、道を究めるには正念場がある。根性を持てるかどうかが明暗の分かれ目。

August Thirtieth

8月30日

センシティブでエキセントリックなムードが満点の人

あなたの誕生日力

磨かなければ光り輝く宝石にならないように、あなたは自分の弱さを認めるたびに、強くなれる。心の扉を閉ざしている限り、あなたの輝きは半減する。恥や心の傷を乗り越えて、「過信」を「本物の自信」へと転化させることができたなら、あなたの活躍を待つ、大きなステージへたどり着ける。

あなたの性格

あなたの描く人生とは、エキセントリックなムードに満ちたものである。そもそもこの生まれは、とてもセンシティブ。8月生まれらしく華やかな世界を夢見るけれど、性格的にはおとなしく自信のないタイプである。

小さな頃は見た目も地味なことが多いが、成長するに従って、ありきたりのものに満足しないアバンギャルドな性質が顔を出す。

未来に大きな理想を持って、そのやむにやまれぬ衝動を何とかして表現しようと努力するようになるのだ。

その段階であなたが選ぶのは、自分の衝動を忠実に芸術や生活様式に映し出すという方向性である。衝動をそのままぶつけるために、表現は独り善がりで奇抜な感じになりがちだが、それを人に理解させることができれば、必ず世に出る人となるだろう。

仕事の適性

感性と、天性の創造力に恵まれたあなたは、クリエイティブな分野で活躍できる。芸術関係一般、芸能、ファッションなど何でもござれ。園芸、手芸など職人的仕事にも適性あり。

何をするにしても、自分が究めたものの専門家として活動するのが◎。

人間関係の傾向と相性

人なつっこいわりに個性が強すぎて、相性の合う人が少ないために、人間関係は狭く深くとなる傾向に。

8月28日〜9月1日生まれとは、おたがいをよく理解して、よきアドバイスを送り合える間柄。12月26日〜30日生まれの人は、性別・年齢にかかわらず、一緒に行動して発展性のある相手。2月下旬生まれの人とは、「ケンカするほど仲のよい」関係。

長所と短所のまとめ

自信にあふれた性格でなくとも、あなたの中にはビッグ・アーティストに匹敵する強烈な個性が眠っている。その個性に誇りを持って、たとえ「空元気(から)」でも元気を出して進めば、必ず道は開かれるに違いない。

人を味方につけることを忘れずに！

マーキュリー（水星）のささやき

言葉は人生に大きな力を及ぼす。人にはどんなことも丁寧に伝えよう。

August Thirty-first

8月31日

自分の限界に挑戦し、トントン拍子に上昇していく人

あなたの誕生日力

「素直じゃない」という評価は、あなたにとっては褒め言葉。逆境の時に味わう辛さやほろ苦さは、成長過程に欠かせないスパイスとなり、打たれることで心は奮い立つ。他の誰とも比べず、人と違った視点でものを見たり、考えたりすることのできる力があるから、天高く飛翔できる。

あなたの性格

　あなたの描く人生とは、自分の限界に挑戦する勇壮な物語である。この生まれは、燃えるように華やかな8月生まれの性質を最高度に宿している。だから、あなたは「何かやってみよう」「もっとワクワクしてみよう」と、自らを奮い立たせ勇気を持って行動するだろう。

　うんと上を目指すし、実際にさまざまな才能が備わっているので、周囲に認められてトントン拍子に物事はうまくいく。そうしてあなたは忙しくなり、過酷なくらいにハードな状況に追い込まれていくのである。

　しかし、そんなありかたは、社会への貢献度は高いけれど、周囲の人にはとても負担。突っ走るあなたについていけない人が続出すると、穏便な関係を保てなくなるので、ペースには注意。また、プライベートな時間がなくなると心の余裕もなくなるので、忙しい時ほど、心身を休めること。

仕事の適性

どのような職種、どのような環境においてもがんばり通し、最高の地位に上りつめる。協調性を養えば、自営業や起業にも適性あり。

資格や技術を持ち、フリーとして活躍するのもあなたらしい選択。

人間関係の傾向と相性

支持派と反対派の二派に分かれ、下克上などもあり、人間模様が賑(にぎ)やかに変化する傾向。

そんな中、12月27日〜1月1日生まれの人は、あなたの味方を最後まで貫いてくれる人。6月下旬、11月初旬生まれの人とは、おたがいがよきサポーターに。2月26日〜3月1日生まれの人は、耳が痛いアドバイスもしてくれる、あなたのご意見番。

長所と短所のまとめ

限界を超えるまでがんばって頂点に立つ。しかし、その分、頑固でワンマンなところも。打たれるほどにやる気を出すのはすごいところだが、周囲が競争や陰謀、駆け引きで埋めつくされる傾向があるので、心がすさんでしまわないよう自分を大事にしよう。

マーキュリー（水星）のささやき

心は燃えていても、神経と肉体は消耗するもの。効果的な休息を。

September First

9月1日

計画力と継続力が抜群の真面目な人

あなたの誕生日力

研ぎ澄まされた思考力、そして誰よりも強い独立心、勇敢な心の持ち主。だからこそ、自分の環境を取り巻くもの全てがくだらないと感じてしまうはず。さあ、自分の心をふさいでいる偽善者から卒業を。そして、あなた自身の正直でまっすぐな気持ちや願望のままに、素直に進もう。

あなたの性格

あなたの描く人生とは、緻密に計画され狂いなく実行されるプロジェクトである。

9月生まれが持っている最も大きな願いは「完全でありたい」ということだが、この生まれはそれを色濃く宿しており、とにかく完璧主義。

一つのことを最後までやり抜くことで実力はパーフェクトになると考えるので、継続力は抜群。毎日、決まったノルマを自分に課していることも多いだろう。特に「自己管理」という言葉には弱く、健康法やエクササイズにせっせと励んでいるかも……。

そんなあなたには独特の緊張感と厳格さが漂い、周囲からは「窮屈な人」という評価が。自分を縛って苦しくなることがあるので、もっとおおらかに！　思いきり笑ったり泣いたりして、感情を解放するのも大切である。

仕事の適性

管理能力に恵まれたあなたは、大小を問わず、組織を統(す)べる役割に適性あり。

ビジネスの世界なら取締役やマネージャー。その他、監督、プロデューサーと呼ばれるような仕事。知的作業も得意なので、研究者も向くはず。

人間関係の傾向と相性

基本的に親しみの気持ちを持って人に接するが、人のあらさがしをするクセがあるため人間関係は広くない傾向に。

それでも、8月30日〜9月3日、12月28日〜1月2日生まれの人とは、引っかかりなしに寄り添っていける親友の相性。異性の場合はフィーリングがピッタリの恋人に。2月下旬、3月上旬生まれの人とは、たがいに一目置く気になる関係に。

長所と短所のまとめ

真面目なのはあなたの美点。しかし、完璧を求めるあまり失敗を恐れるところは損な性質。

ミスやハプニングは、決まりきった事柄に新しい風を通してくれるものだから、「新たな可能性は失敗から生まれる」と、ポジティブに考えて進もう。

マーキュリー（水星）のささやき

周りがみんなバカに見える時、それでも自分はみなと一体だと謙虚に感じたいもの。

September Second

9月2日

🔍 クリアな頭脳と何でも見通す目の持ち主

あなたの誕生日力

鋭い洞察力、的確さゆえの手厳しさ、それらが引き金となる孤独との戦い。独創的な価値観や生きかたにより、どうしても感じてしまう疎外感。誰にも理解できるはずがない、でも一人で生き抜くほど強くなれない。ならば、言葉を用いて相手に自分の真意を伝えよ。その先で至福が待っている。

あなたの性格

あなたの描く人生とは、クリアな頭脳によって特徴づけられるものである。そもそも9月生まれは「完全になりたい」という願いを持つが、たとえば、一つでもわからないことがあれば、それは「完全」ではなく、この生まれにとってとても落ち着かないこと。

この生まれは特に「謎を明らかにしたい」という意識が強く、探究心が非常に旺盛なので、疑問に対しては手間を惜しまず、徹底的に追究することになる。熱心に研究し、また直感力と洞察力もフル動員して、ついに「物事の本質」を解明してしまうのだ。

もちろん周囲からも「頭のよい人」「何でも見通す人」と大絶賛である。ただ、人の気持ちを読み取るのはちょっと苦手。感情より理性が優先するところは、強みでもあり、弱みでもあると言えるだろう。

仕事の適性

知的な仕事、集中力が必要な仕事に適性あり。たとえば、研究者や学芸員、教師、執筆者などはバッチリ。また、奉仕精神を生かし、癒しと人助けに関する仕事でも活躍できることは、間違いなし。とにかく若い時は、いろいろ経験するのが◎。

人間関係の傾向と相性

ちょっと億劫(おっくう)でも、できるだけ人の誘いに乗ることで、そこから人間関係が大きく広がる傾向に。

8月31日～9月4日生まれは、年齢・性別にかかわらず助け合って一緒に行動できる人。12月29日～1月3日生まれの人は、おたがいに情報交換し、とても知的好奇心をくすぐられる相手。3月上旬生まれの人とは、よきライバルとして切磋琢磨(せっさたくま)できる。

長所と短所のまとめ

探究心と知性に恵まれたあなたは、物事をクリアに見通せるがゆえに、「間違いを一つも許さない」という厳しい態度になりがち。

それが原因で周囲が反抗的になる場合があるので、人にはいろいろな考えかたがあることをふまえ、もう少し寛大に。

マーキュリー（水星）のささやき

人から理解されないことを誇りに思うな。知識もアイディアも受け入れられてこそ華。

September Third

9月3日

迷いを克服しパーフェクトを目指す努力家

あなたの誕生日力

　社交的ながら、心の中に潜む表と裏。好きだけど嫌い、嫌いなのに好き、常にその狭間にいるあなた。自分の「正直な感情」と「理性的な思考回路」で、その心の葛藤はやむことがない。でも瞬時に両極に働く二面性、そのどちらもが自分の姿と認め、気持ちを消化しよう。

あなたの性格

　あなたの刻む人生とは、自分の迷いを克服していく道程である。

　この生まれは完璧を求めるあまり、一つの決定を下すたび、相反するもう一つの価値観に苦しめられる傾向にある。「ホントに◇でいいの？　○という道もあるけど？」——若い時は特にその葛藤に大変悩まされるが、そのうち、自分なりに両者に折り合いをつけて意思決定できるようになるものだ。

　そうなった時のあなたは、まさにパーフェクト。パッと決断し、一度決めたら目標達成のために努力を惜しまない。そしてもう、急な番狂わせや困難にも全く動じない。危機管理能力も育ち、パニックも容易に鎮めることができるだろう。

　あなたは「頼りがいのあるリーダー」として、絶大な信頼を得るのだ。

仕事の適性

あなたは、自分に合った権力や組織というものにはよくなじむので、大小を問わず組織に所属し、その中で管理職や役員として活躍するのが最も向いている。と同時に、独立心も強く、上から命令されることが嫌いなため、自営業なども気性に合う仕事である。

人間関係の傾向と相性

慎重なところがあり、新しい人間関係をむやみに広げるタイプではないので、少数精鋭の傾向に。

その中でも9月11日～15日生まれの人は、あなたの立場をよく理解し、同じフィールドで活動してくれる。12月30日～1月4日生まれの人とは、おたがいのよいところを引き立て合う関係。2月上旬生まれの異性は、なぜか強く惹かれ運命を感じる人。

長所と短所のまとめ

実は、すさまじいほどのカリスマ性と指導力を秘めている。それが9月生まれ特有の潔癖さと相まって、「邪魔するものは何としてでも排除して」進もうという冷酷な性質にもなる。

包容力に欠けるものは、指導者として失格。「情」を尊重しよう。

クロノス（土星）のささやき

どんな人も大事にせよ。たとえ現在、役に立たないと思われる人も。

September Fourth

9月4日

窮地に追い込まれるほど努力と強運が光る

あなたの誕生日力

勤勉で崇高なまでの夢追い人。恩義を重んじ、人を信じる心。周囲の人たちへの慈悲深いやさしさを自己犠牲とは思わず、与えていく努力も惜しまない。でも、自分を責めているだけでは、いつまでも一方通行のまま。保守的だからこそ、誠実であるあなた自身をもっと信頼して。

あなたの性格

あなたの刻む人生とは、努力と運によってコツコツ積み上げられるものである。

この生まれは、そもそも目立つような動きはせず、誰も知らないところで勤勉に実力をつけるタイプ。どちらかというと保守的で、いろいろ工夫して合理的なやりかたを編み出していくよりも、伝統的に決められたメニューをこなしていくほうが得意だろう。

人に対しては、いつも変わらず安定した気持ちで義理堅く接し、周囲からは大きな信頼を寄せられているに違いない。この生まれは家族や周囲の人、それから先祖といった「ルーツの力」に守られているのが特徴で、自分に実力があるのは当然ながら、その上に別の守護の力が働いているものだ。

窮地に追い込まれても、なぜか成功するといった強運の持ち主である。

仕事の適性

間違いの少ない誠実な人柄と持ち前の商才とを生かしたならば、どんなビジネスでも成功できる。全く新しいビジネスに船出するのもよし。技術や実利的技能をもって活躍するのもあなたに合った道。また、思いやりの心から、カウンセラーや治療家にもピッタリ。

人間関係の傾向と相性

一度知り合いになった人はずっと忘れずに、息の長いつき合いをする傾向が。

5月初旬、9月初旬生まれの人は、そんな中でも特に深く長くつき合える人。1月1日〜5日生まれの人とは、何かと協力し合える、おたがいになくてはならない関係。3月1日〜5日生まれの人とは、折り合いが悪くてもすぐ仲直りする、気になる関係に。

長所と短所のまとめ

基本的に努力家で誠実、信頼感にあふれている。

しかし、周囲の助力や先祖の見えない力を得てラッキーが重なるために、一時的に助けをあてにして依存的になることも。それではあなたの魅力が開発されてこないので、とにかく自力を出すこと。

クロノス（土星）のささやき

うまくいかない原因を自分のせいばかりにしなくてよい。時期がこないから、かなわないものもある。

September Fifth

9月5日

あくせくしなくてもお金と人脈が転がり込む人

あなたの誕生日力

　生まれたての赤ん坊のような無垢で邪気のない心。目の前のことをありのままに感じ、取り組める純粋さ。そして、あなた自身の興味や疑問を追い求めればこそ、描いた理想と、現実の狭間で常に揺れてしまう。でも、そこで傷つくのではなく、人生の謎解きにたとえて、喜びに転化させよう。

あなたの性格

　あなたの刻む人生とは、非常に純粋な意識に支えられたものである。

　そもそも9月生まれは「完全になりたい」という願いを強く持っているが、この生まれでは「本当に大事なことにおいて完璧でありたい」という望みとなる。

　それが、もともと持っている高いプライドと相まって、「人生の最大の目的」以外のつまらないこと——お金や肩書きなど——のためによけいな努力はしない、という生きかたをつくるのだ。

　そうしてあなたは、仕事をせずに趣味の生活に身を置いたり、お金もないのに余裕で好きなことに没頭したりする。

　もちろん、理想と現実の狭間で悩み苦しむこともあるのは必定。しかし、あくせくしなくてもお金と人脈が転がり込んでくる幸運があり、なぜか全てがうまくいくだろう。

仕事の適性

技術力と、それを支えることにこだわりを持っていることから、科学、工学、ITなどの分野で活躍できる。明晰な知性を生かせば、法律、執筆、批評の方面にも才能を発揮。

また、持ち前の純粋さを生かして、教師や聖職者にも適性がある。

人間関係の傾向と相性

人間関係にはマメなうえ、丁寧につき合うので、ゆっくりと人間関係は広がり続ける傾向に。

9月3日〜7日生まれの人は、おたがいにしかわからない感覚を共有できる相手。1月2日〜6日生まれは、老若男女を問わず一緒に理想を追っていける人。3月2日〜6日生まれの人は、いざという時に背中を押してくれる。

長所と短所のまとめ

純粋に大事と思えることに邁進する。

しかし、あまり世間の波に揉まれるのを好まないので、たとえすごく得意なことがあっても、偉くならずアマチュアで抑えておくような面がある。あなたの才能は万人に役立てられるべきだと自覚しよう。

クロノス（土星）のささやき

我慢ばかりではいけない。しかし我慢のないのも絶対によくない。

September Sixth

9月6日

目標を決めたら最後まで突き進む純粋さ

あなたの誕生日力

ハイパーな頭脳と分析力があるうえ、生真面目で責任感が強く、いつも真剣。常に「最悪の事態」を想定して行動する、あなたの仮説には価値があるが、全てを一人で抱え込み、解決するのは不可能なこと。誰よりも臆病なあなただからこそ、備わった察知能力。自己解決したことも周りとシェアして。

あなたの性格

あなたの刻む人生とは、驚くべき我慢強さによって形づくられるものである。

この生まれは、もともと純粋で生真面目。「何ごとも地道に努力し、計画通りやれば達成できる」とは誰もが知りながら、実際にはなかなか実行できないこと。しかし、この生まれは、いともたやすくそんな継続的努力ができてしまう。だから、安定感があって失敗することはないし、たいていの物事はうまく運べる。

しかし、人生では不測の事態が起こるもの。そんな時、ふだん失敗なしのあなたは、思いがけぬ弱さを見せるかもしれない。トラブルに際してパニックに陥ってしまうのだ。

結局、失敗を含めた多くの経験を積み、常にあらゆる状況を想定してシミュレーションを行なった末に、隙のない人として輝くことができるのである。

仕事の適性

明晰な頭脳の持ち主なので、特に分析力が必要とされる科学分野の研究に、適性あり。また、視覚的センスが抜群なので、イラスト、デザイン、グラフィックデザイン、建築、写真、広告、ファッション、ヘアメイクなど、さまざまな分野で活躍が可能。

人間関係の傾向と相性

人に対しては「食わず嫌い」なところがあり、人間関係は好きな人とだけ一緒にいるといった傾向がある。

9月4日〜8日生まれの人とは、一緒にいてホッとできる関係。1月3日〜7日生まれの人とは、協力して建設的な行動が取れる間柄に。3月上旬生まれの人は、最初の印象はよくなくても、そのうちによさが心に染みる相手。

長所と短所のまとめ

何でもコツコツと計画通りに物事を進めてものにする、自己管理能力にすぐれた人。どんな辛い時も文句を言わずに、機械のように自己をコントロールするけれど、それがために緊張が心身に蓄積してしまいがち。

時々は感情の解放を試みよう。

クロノス（土星）のささやき

自分に厳しいのは悪くはないが、他人には寛容であれ。

September Seventh

9月7日

人を見抜く目はピカイチで洞察力にすぐれた人

あなたの誕生日力

　鋭敏な洞察力を持ち、人を見抜く才に長けている。人と人の絆を何よりも大切にしたいと感じる心の持ち主だからこそ、時には必要以上に過敏に反応してしまい、そんな自分に疲れてしまうことも。完璧な人間は存在しないことを、頭だけの理解を超えて心底受け入れてこそ、あなたは輝き出す。

あなたの性格

　あなたの刻む人生とは、繊細な対人センスによってきらめきを添えられるものである。

　9月生まれ特有の「完全でありたい」衝動は、この生まれにおいて「人間関係に完璧でありたい」という願いになっている。そこであなたは、人の表情を読んで言外の気持ちを知り、それに上手に対応することで、たくさんの人の愛と信頼を勝ち取る人となるだろう。

　あなたの「人を見る目」は確かであり、経験を積めば、百発百中で相手を見抜くこともできる。

　あなたは、性根をすえて我慢強く物事を達成するタイプだが、実は気づかないうちにストレスや不満をため込んでいるかもしれない。

　「たまには好きにしたい！」といった人間らしい気持ちを抑圧していると、思わぬ事件に遭遇するので注意しよう。

仕事の適性

実利的で洞察力にすぐれたあなたは、現実生活に即した仕事で真価を発揮する。科学系の研究、ビジネス、商品の開発、販売、飲食業など。また、手先の器用さに自信のある人は、芸術家や職人として独特のセンスを表現すると、人気を博す可能性が大きい。

人間関係の傾向と相性

スケールの大きな人、人生経験が豊富でユニークな人が周りにたくさん集まる傾向が。

そんな中で、1月4日〜8日生まれの人は、あなたと意気投合、末長いつき合いに発展する予感。5月初旬、1月初旬生まれの人とはツーカーの仲、おたがいに阿吽(あうん)の呼吸でやっていけそう。異性の場合は素敵な恋愛の対象に。3月上旬生まれは、よきライバル。

長所と短所のまとめ

人間関係をうまく導く対応力と、物事を達成する辛抱強さが長所。

しかし、我慢によって自由な心を抑圧するのは短所。たまったストレスによって身体に不調を感じることがあるが、逆に、それをきっかけに自分の正直な気持ちに気づくことも。

クロノス（土星）のささやき

「〜でなければならぬ」と自分を縛るより、「〜でありたい」と希望に満ちた動機を持て。

September Eighth

9月8日

もの静かに賢く堅実な人生を歩む倹約家

あなたの誕生日力

奥ゆかしさと静かなる野心、すぐれた統率力と指導力。興味を抱いたことに生真面目に取り組んでいくあくなき探究心と、確固たる真理を求めようとする己への厳しさ。そして自分の描く理想を追求することで起こる摩擦。表裏は一体だと知り、あなたの人生は変化こそ安定なりと信じて。

あなたの性格

あなたの刻む人生とは、最短距離をスマートに走るランナーのようなもの。

この生まれは静かでいながら探究心と根性を備え、賢く、力強く歩んでいくことができる人である。あなたは合理的に考え、物事の最も大切な部分をキッチリ受け取るので、何をするにしても「最小の手間」で「最大の成果」を上げることができるだろう。生活もシンプルで無駄遣いをしないから、かなりの倹約家なのでは？

さて、そんなふうに現実生活を堅実にやっていても、意外にもあなたの中には「目に見えない世界」へのセンスが眠っている。それは一種の直感や霊感、またはオカルトや精神世界への興味という形で出るかもしれない。それは無意識からのメッセージであり、そこから現実生活に役立つひらめきが得られるだろう。

仕事の適性

鋭い知性を生かして、研究職や教職で活躍できる。長い間勉強する必要のある専門的な資格を取得し、それを武器に世の中を渡っていくのもよい。たとえば、弁護士や医師など。組織の中では、事務職に適性あり。

人間関係の傾向と相性

警戒心が強く、じっくりと相手を見定めようとする傾向があることから、狭いけれど平和に満ちた人間関係に恵まれる傾向がある。

9月6日〜10日生まれの人とは、おたがいが苦しい時のお助け相性。1月5日〜9日生まれの人は、一緒にいると盛り上がり、自分の限界を突破できる関係。3月初旬生まれは、理解しがたいけれど、いざという時に頼りになる人。

長所と短所のまとめ

安定感があり、どんな時にもおだやかさを失わない。唯一、あなたに欠点があるとしたら、それは物事の突然の変化に弱いところ。人との摩擦や試練を嫌うことも……。

状況が変わっても何とかなる！ とおおらかに考えるクセをつけよう。

クロノス（土星）のささやき

心が頑固に凝り固まる時は、先に身体を動かしてゆるめてやればよい。

September Ninth

9月9日

人に親切で、心底相手を大切にする人

あなたの誕生日力

あなたはいつも、何かに駆り立てられるように生きており、常にある葛藤と格闘心は、正義へとひるまず臨む力へとつながる。同情心を抱きながらも同調できない自分、人を無視できない気持ちと同時に生まれてしまうあきらめ。そんな自分に一つひとつ折り合いをつけていくことで、揺るがない自分になる。

あなたの性格

あなたの刻む人生とは、同情心とやさしさで輝くものである。
9月生まれ特有の「完全でありたい」という欲求が、この生まれにおいては「人と完璧にわかり合いたい」という願いとなって現われている。
だから全身全霊を込めて人に親切にしようとするのだが、それと裏腹に「結局、他人と心の底からわかり合うのは不可能なのかもしれない」と、深い疑いを持つことも。
そこであなたは心理学や精神世界の勉強をし、情熱を持って人間研究に取り組むことになる。そう、あなたはどちらにしろ人の相談に乗ることが多くなるので、しっかりと「人間学」に取り組む必要があるだろう。
中途半端に他人の問題に立ち入るとトラブルに巻き込まれることがあるので、ぜひとも性根をすえてことに当たること。

仕事の適性

人の気持ちを読み、ネットワークをつくるのが得意なので、人を相手にする仕事は全て、あなたの適職と言える。プレゼンテーションや会議の機会が多ければ、あなたの輝きはなおのこと増すだろう。

また、宣伝、広告、販売、執筆は、満足感の高い仕事となる。

人間関係の傾向と相性

今ある環境に満足し、安住する傾向がある。できれば自分から人間関係を広げてみよう。

9月7日〜11日生まれの人は、そんなあなたに刺激を与え、人の輪を広げてくれる相手。1月6日〜10日生まれは魅力的であなたを引きつける相手。異性ならば強い恋心をかき立てられるかも。2月上旬生まれは、厳しいけれど役立つ意見を交換できる相手。

長所と短所のまとめ

人に親切で、心底人間を大切にする。自分なりの「人間把握」ができていれば問題ないのだが、その途上では、人に気を遣いすぎて自分の意見がどこかへ行ってしまうことも。

自分をないがしろにしないように、しっかり意識していこう。

クロノス（土星）のささやき

自分で「決める」ことをすれば、物事はその時点で動き始める。

September Tenth

9月10日

🔑 人をまとめる力、才能を引き出す力に恵まれる

あなたの誕生日力

いつも自分に正直で純粋な心を持つあなたは、思ったことはすぐに口に出すし、行動に移す。しかし、それは時に周囲には驚愕であり突飛に映る。あなたのことを理解する人、しない人がいることは自然の摂理、でも自己中心的との評価は不本意のはず。他者とは違う独特な考えかたが、常に自分の中に息づいていることを自覚して。

あなたの性格

あなたの刻む人生とは、人を助け、人に助けられることによって発展するものである。

この生まれはもともと個人プレイよりも、仲間を集めてみなでことに当たって成功するタイプ。あなたは人の才能を見きわめて引き出したり、相手をベストなコンディションに持っていくのがとても上手。しかも人をまとめる力も抜群なので、周囲からは愛と信頼を集めることだろう。

しかし一方、あなたはプライベートな部分ではけっこう個性的。しかも飾らない性格で思ったことを素直に言動に移すため、たまたまあなたの素顔を見た人は「あの人があんな言動を!」と驚き慌てることがしばしば。

無用な誤解を受けないためにも、あなたがどうしてそうするのか、考えや気持ちをきちんと伝える習慣を。

仕事の適性

コミュニケーション能力が抜群なので、それを生かした職業で成功する。ビジネス関連は、ほとんどの職種でこの能力を必要としているはず。

また、教師、弁護士、コンサルタント、芸能人、ミュージシャンなども、あなたにとってのよい仕事。

人間関係の傾向と相性

広く深い人間関係が華やかに展開するものの、あなたの本質を理解してくれる人は、あまり多くない傾向。

その中でも、11月初旬、8月初旬生まれの人は、あなたのリーダーとしての素質を引き出してくれる相手。11月7日〜11日生まれの人は、あなたの個性を何より愛でてくれる相手。また3月7日〜11日生まれの人とは、おたがいに足りないところを補完できる関係。

長所と短所のまとめ

他人を引き上げながら自分も一緒に成長していける、人間味あふれる人である。しかし、その分、孤独に弱く、一人でいるとどんどん落ち込む傾向に。

何かあった時は自分一人で対応しないで、周囲にSOSを。必ず助けがやってくるはず。

クロノス（土星）のささやき

人間は、人によって苦しめられ、その人によって成長する。

September Eleventh

9月11日

直感が発達、独特な感性で本質をつかむ

あなたの誕生日力

ハイレベルな探求力、潜在意識からのメッセージは、あなたに正しい心と真実の道を教えてくれる。そのうえで成り立つ独特な感性の持ち主。表面に映る事柄で悩むより、まずは内なる声に耳を傾け、再び現実を直視して回答を導き出そう。目先のことで迷うのは、とても無意味なこと。

あなたの性格

あなたの刻む人生とは、仲間との共同作業によって光に近づいていくものである。

この生まれはある種の直感が発達していて、そこから本質をズバリつかむことができる。

あなたが何か考えている時に突然ピピッと思い浮かぶ答えは、潜在意識からのメッセージであり、かなり信憑性のあるもの。その情報をもとに行動するので、あなたは周囲の人から「ちょっと独特な感性で動く人」と思われていることだろう。

しかしこの直感は、人の気持ちや状況への洞察力にもつながり、人間関係のうえでも大いに役立つのだ。あなたは仲間の気持ちを読んでみなをまとめ、みなで気持ちを一つにして物事に取り組んでいく。そうして、あなたはいつの間にか、大きな成果を手にするのである。

仕事の適性

バランスよく物事を見る目としっかりとした実務能力で、あなたはどのような分野の仕事でも、ソツなくこなしていくことができる。

また、注目を引きつける性質もあるため、指導者や看板役にも適任。自営業もピッタリ。

人間関係の傾向と相性

人が人を呼び、どんどん人間関係が広がる傾向に。

そんな中でも、9月9日〜13日生まれの人は、あなたと同じ価値観を持ち、ずっと固い友情をキープできる相手。1月8日〜12日生まれの人は、絶妙のパートナーシップを組める貴重な関係に。この人が異性なら、甘い恋が待っている。3月8日〜12日生まれは、目からウロコの意見をくれる人。

長所と短所のまとめ

すばらしいひらめきの持ち主なのに、もともと頭のよいタイプであるために、周囲の人の影響で、つい知識に縛られて考えるクセが。そうなると枝葉に引っかかってなかなか答えが出せないもの。

迷った時は直感に任せてみるのが正解。

クロノス（土星）のささやき

同じことのくり返しに思えても、必ず日々変化している。励め。

September Twelfth

9月12日

「好きなこと」を追求するうち周囲のモデルに

あなたの誕生日力

指導力にすぐれ、魅力的。いつでも人の視線を引きつけ、周囲の注目の的。しかも、とても献身的であるがゆえに頼りにされるため、常に他人事で忙しく、あなた自身も波瀾万丈気味。あなたがあなたを確立するためには、あなた自身の経験こそ力。頭で理解することより身体で鍛錬を。

あなたの性格

あなたの刻む人生とは、上品さと余裕に満ちたものである。

そもそも9月生まれは「完全になりたい」という願望が強いものであるが、それがこの生まれでは「物質的にも完全でなければ」という思いとなり、実際に、ものや人や地位を引きつけるのだ。

だから、あなたはあまり生活にガツガツせず、おっとりと構えることができる。周囲の人のように焦って就職したりせず、好きなことだけをしてそれなりに生活していける幸運があるのだ。

もちろん、好きなことで一人前になるまでは苦労もあるけれど、適当な時期に適当な地位が引きつけられてくるので、心配はいらない。

そう、好きなことをして、好きなライフスタイルを追求するうちに、あなたの個性は周囲のモデルとなっていくだろう。

仕事の適性

知性と言語能力が発達していることから、それを生かした執筆、教育、マスコミ、コンサルティング、宣伝などの分野は最適。

また、現実的なセンスがあるので、金融関係、商品販売、製造などの分野でも輝けるに違いない。

人間関係の傾向と相性

来る者は拒まず、去るものは追わずの傾向から、人間関係は賑やかながらも、あなた自身はよくも悪くも動じない。

7月初旬、9月初旬生まれの人とは、おたがいに本音を言い合える気楽な仲。1月9日〜13日生まれの人とは、刺激を与え合ってブラッシュアップできる間柄。3月中旬生まれの人とは、第一印象の悪さにもかかわらず、やみつきになりそうな関係に。

長所と短所のまとめ

やさしく包容力があるので、リーダーとして頼りにされる。あなたの豊かな雰囲気が人を安心させるのか、世話を焼いてほしい人が周囲にたくさん集まる傾向。

意外に神経が繊細なので、面倒ごとを抱え込みすぎないように注意したい。

クロノス（土星）のささやき

壁は、それを壁と認めるところからできる。苦しいことは人生における遊具と思え。

September Thirteenth
9月13日

ポジティブな流れを生み出す稀有な力の持ち主

あなたの誕生日力

怒りや憤りなど、ネガティブなエネルギーを活力へと変化させる転換力があなたの持ち味。あなたにとっての人生とは、破壊と創造の連続。歩む道は、常に未知であり、それはまるで晴れのち曇り、時には嵐のように転機が訪れる。不安こそ力と知り、使命感を抱いて進もう。

あなたの性格

あなたの刻む人生とは、無価値を価値に変える奇跡に彩られたものである。

たとえばこの生まれは、周囲から嫌われている「気難しや」がいるとすれば、その人に共感してよい面を最大限に引き出してあげることができる。その「気難しや」の変身ぶりに周囲の人たちはビックリ――そんなふうにあなたは、人の心や物事をよい方向に転換する稀有な力を持つのである。

あたりまえの見かたを捨てて、本質的な価値観で徹底的に物事を見つめるところから、ポジティブな変化を起こすのだ。

だからあなたの人生は、価値観の転換で忙しく、目先はせわしなく変化するかもしれない。しかしその作業によって、あなた自身のゆがみやこだわりもうまく矯正されて、完璧な人間に近づくだろう。

仕事の適性

ポジティブな面を見つけられる持ち前の能力に、人を説得する力が加わって、宣伝・広報、セールス、政治活動、法律、教育、相談などに実力を発揮する。

また、独特のお金へのセンスを持っているので、金融関係やビジネスも◎。

人間関係の傾向と相性

個性的な人がたくさん周りに集まる傾向。その中で、尊敬が恋に変わるという体験も。

9月11日〜25日生まれの人は、あなたの力を増幅してくれる貴重な相手。1月10日〜14日生まれは、どんな時も変わらずあなたの味方。異性の場合は、言葉がなくてもわかり合える恋人同士に。3月中旬生まれの人は、刺激を与えてくれる。

長所と短所のまとめ

あなたの長所は、どんな人や物事にも共感し、そこからポジティブな流れをつくれるところ。しかし唯一気にかかるのは、諸刃の剣となるその言葉。頭がよいために、時に切れ味のよい言葉をズバリ言ってしまう。

やさしいあなたのイメージを崩さないよう、お手柔らかに。

クロノス（土星）のささやき

新しいと思ったものも、時間がたつと安定する。新陳代謝を活発にせよ。

September Fourteenth

9月14日

🔍 物心両面の豊かさを追いかけるピュアな人

あなたの誕生日力

一般的なものの見方に惑わされず、決してステレオタイプにならない、独自の美学と崇高な審美眼を持つ。そしてその知的行動力に、周囲は惹きつけられる。ただしそれは、エゴなき時こそ。自身の美学に当てはまらなくても、バッサリと切り捨てたり批判的になったりしないよう注意。

あなたの性格

あなたの味わう人生とは、物心両面の豊かさを兼ね備えたものである。

そもそもこの生まれには、9月生まれ特有の「完全でありたい」という欲求があり、それが「精神世界」も「現象世界」も、ともに完全にしたいという欲求に発展している。物質的な豊かさを追い求める一方で、人間として精神的、スピリチュアル的にどこまでもピュアでいたいのだ。

それゆえにこの生まれは、がむしゃらに夢に向かって走りながら、ふと立ち止まったり、「本当に大切なものって？」と、自問したりする。

人一倍成功しながら、時にその成功を捨てて、何より素朴な人間性を尊ぶあなたを、周囲は「ちょっと変わった美学を持っているけれども、よい人」と評するに違いない。他人に対しては温かい人である。

仕事の適性

管理能力にすぐれているうえに、危機管理力も備わっているので、どんな仕事であっても責任者や指導的立場に就くと本領を発揮する。

また、天性の分析力と文章力を生かした分野でも活躍は間違いなし。ライター、研究家などでも成功できる。

人間関係の傾向と相性

常識的でおだやかな人との縁に恵まれ、人間関係は順調な傾向に。

9月12日〜19日生まれの人は、あなたの複雑な個性をよく理解してくれる相手であり、親友相性。1月11日〜15日生まれの人は、夢を追う時の同志として、一緒に活動すると発展する。3月11日〜15日生まれの人とは、おたがい癒され元気の出る関係に。異性の場合は恋人相性。

長所と短所のまとめ

社会的立場も、人間としての究極の美しさも、両方手に入れようと努力する。

どちらかに価値観が片よってしまうと、微妙なバランスによって維持されているあなたのよさが出てこなくなるので、「お金の亡者」にも「仙人」にもなりきらないように。

ヴィーナス（金星）のささやき

立派な人間は、それが外にも現われている。心の目で相手の美しさをさがそう。

September Fifteenth

9月15日

熱くトップを走りながら冷静な目で分析

あなたの誕生日力

頭の回転の速さと周囲への気配り。そして「気がつきすぎること」が引き金となる出会いと別れ――それらの経験を経て成長する。心の迷宮を抜け出し、湧き上がってくる創造性を信頼して。あなたの卓越した危機管理能力、とっさの指導力は、包容力があってこそ生かされる。

あなたの性格

あなたの味わう人生とは、明晰な頭脳とクリアな判断力によって、特別なスパイスを添えられたものである。

9月中旬生まれはそもそも、人を巻き込んでバリバリと世の中に出ていく「成功者」の性質だが、この生まれのあなたには、それに加えてクールな切れ味も備わっている。

熱くトップを走りながらも、冷静な目で仲間の動きや活動内容をチェック、時には人や物事を有無を言わせずバッサリと切ったりする。

それは、定期的にやってくる心の節目にあたって、自分に関わるものを整理し直し、また新しい気持ちで突き進もうとするから。

そう、サバサバとして古いことにはこだわらず、未来を見据えて賢く生きられるところが、あなたの美点。ただ、人の「情」を理解すれば、もっと輝けるはず。

仕事の適性

あなたの鋭い知性は、科学の分野で生かされる。数学、医学、生物学に関わる仕事で大活躍の可能性あり。

また、一般の企業勤めでも、科学的根拠を持った商品などの宣伝、販売においてはピカイチ。執筆業にも独特の才能が発揮される。

人間関係の傾向と相性

たくさんの人とつき合いながらも警戒心が強いあなたは、自分の心の中を打ち明けるのは、ほんの少数の人にだけといった傾向に。

5月、9月中旬生まれの人は、そんなあなたをまるごと理解し、ついてきてくれる。1月12日～16日および3月中旬生まれの人とは、よきパートナーの相性で、対等に行動してくれる相手。異性の場合は、息がピッタリの恋人に。

長所と短所のまとめ

実務的で非情なあなたは、間違いなく冷徹なやり手。しかし、あなたの優秀さに目を引かれて集まってきた人も、気持ちが満たされないと去っていくことに。

包容力と思いやりを持ってこそ、リーダーとして尊敬されることを忘れずに。

ヴィーナス（金星）のささやき

そっとそばにいて言葉を聞こう。「聞く技術」は相手の心をつかむ。

September Sixteenth

9月16日

生真面目で誠実、純粋さで人の心を癒す

あなたの誕生日力

あなたの鋭いリーディング能力、そこから導き出される推理推測。その繊細な神経ゆえ、プラスとマイナスの両面を抱え込む。読解に長けているがゆえに生まれてしまうストレスは、メリット・デメリット的な考えかたを捨てることで消化して。プレッシャーを越えた先には、本物の喜びと感動が。

あなたの性格

あなたの味わう人生とは、哲学的な深い問いに向かっていく旅のようなものである。

この生まれには「生きることと死ぬことの全てを知りつくしたい」という、大きな願望が根づいているため、あなたは考えても仕方がないと思われるようなテーマを、延々と一人で考える。あるいは、人生哲学や精神世界の本を読みふける習慣があるかもしれない。

そんなあなたは、人の生命や運命というものに対する蘊蓄も深いので、人から見ると、とても神秘的に見えるだろう。

どんな人からでも真理を学ぼうと、人の話をまっすぐな姿勢で聞き、嘘の話にも生真面目に感動したりするので、笑いを誘うことが。

でも、その純粋さこそ「現代のオアシス」として人を癒すのである。

仕事の適性

人当たりもよく管理能力にも恵まれているあなたは、ビジネスの世界全般にピッタリとはまる。

また、深い思索と直感から新たなアイディアを得て、それを発展させていけるので、カウンセラーやヒーラーにも、この上ない適性あり。

人間関係の傾向と相性

目に見える部分で人を判断せず、相手の本質を知ってつき合うあなたの周りには、温かな交流が生まれる傾向に。

9月14日〜18日生まれの人には、ソウルメイトのような縁を感じる。1月14日〜18日生まれは、あなたの弱点をフォローしてくれる人。最初は気に食わなくても、のちに非常に通じ合える仲に発展するのが3月13日〜17日生まれ。

長所と短所のまとめ

人生について真面目に考える、神秘的な人。人の運命や物事の関わりをリーディングするようなところがあり、常に神経を使っているようなところが。それで疲れてしまうこともしばしばあるので、自分のエネルギーを消耗しないやりかたを工夫しよう。

ヴィーナス（金星）のささやき

心に元気がなければ、身体も消耗する。心のエネルギーは楽しいことから生まれる。

9月17日
September Seventeenth

「ごまかしは一切なし」の潔癖な人

あなたの誕生日力

　好きなこと、嫌いなことへの、潔癖なくらいの心の明確さ。そこから生まれるオリジナリティの可能性は無限大。好きな人にだけ見せる辛抱強い献身ぶりと、好きではない人への短絡的な冷淡さ。こうした両極端な心情は、あなたをピンチへと追い込む。無意味に敵をつくらず、自分を信じて。

あなたの性格

　あなたの味わう人生とは、完璧主義によって美しく統制されたものである。

　そもそも9月生まれには「完全でありたい」という欲求があるものだが、この生まれにおいては、それが潔癖さという形で現われている。

　とにかく白黒はハッキリつけ、「よいものはよい、悪いものは悪い」と物事を二極に分けたがる。

　正確さにこだわるので嘘やごまかしは一切しないし、間違ったことは誰に対してもズバリ指摘。きっぱりとした態度が保てるのは見事なところだが、その潔癖さが好き嫌いへのこだわりに転ずると困ったもの。

　好きなことならどんな苦労も厭（いと）わないが、嫌いなことは一分も我慢できない、などということになると、周りから反感を買うこともあるので、余裕のある考えかたを。

仕事の適性

独特の感性があるので、あなたにしかできない仕事を選んで。たとえば、チェック機能を発揮できるような仕事に適性あり。評論、ディベート、事務、番組プロデュース、校正などは最高。また、几帳面なところは、研究職や金融関係の専門家に向く。

人間関係の傾向と相性

人間関係そのものはそう広くないながらも、知り合いの中から見直す人が出てきたりして、なかなかドラマティックな傾向に。

9月13日〜17日生まれは、あなたをずっと変わらない友情で見つめ続けてくれる人。1月12日〜16日生まれの人とは、ケンカもするけど頼りになる関係。3月12日〜16日生まれの人は、見ているだけで悟ることのある相手。

長所と短所のまとめ

ハッキリとしていて迷いのない性格は賞賛に値する。しかし、物事に対してだけでなく、人に対しても好き嫌いが激しいのは欠点。

せっかく全てがうまくいっていても、嫌いな人一人を攻撃すれば、即、周囲からの信頼を失うことに。寛容さを身につける努力をしよう。

ヴィーナス（金星）のささやき

自分が最も輝いている。そう信じられる者は誰に対しても寛容だ。

September Eighteenth
9月18日

リラックスしたムードで、周りを和ませる人

あなたの誕生日力

　献身的で、意識せずに自分のことより他人を優先、気がつけば周囲のまとめ役になっている。他人が喜んでくれることが喜びであり、それは個人的な欲望の一つでもある。自己愛を確立することで、心は解き放たれて、迷いは吹っきれるはず。そして、与えることが開運へとつながる。

あなたの性格

　あなたの味わう人生とは、余裕に満ちた、居心地のよい時間である。

　この生まれは「自分は全てに恵まれて完璧だ」という意識を根底に持つので、決してあくせくせず、やることなすことに余裕がある。いわばあなたは貴婦人というところ。おっとりとして、どこか上品な雰囲気を漂わせているだろう。

　実際、苦労知らずで育ったか、苦労が多くてもそれを苦労と感じずに、楽天的に乗り切ってきたのではないだろうか。

　あなたのリラックスしたムードは周囲の人の大いなる癒し。あなたのそばにはたくさんの人が集まるに違いなく、あなたは持てるものの全てを彼らに与え、できる限りの力を注いであげようとするだろう。

　好んでサポート役に徹するが、実はまとめ役も見事にこなせる人である。

仕事の適性

仲介役、紹介役には、すばらしい才能を発揮する。不動産の仲介をはじめとして、人材派遣や仲人、お見合いパーティ主催などはまさに適職。

喫茶店やバーのマスター、マダムも◎。訓練すればヒーラーの素質もあり。

人間関係の傾向と相性

あらゆる層のあらゆる年齢の人との交流があり、華やかで楽しい人間関係の傾向に。

7月中旬、9月中旬、11月中旬生まれの人とは、特に気が合って親しくなれそう。異性の場合は、強い絆（きずな）で結ばれた恋人に。1月14日〜18日生まれの人とは、さらに発展的な人間関係を広げ合える関係。3月中旬生まれの人は、いざという時のキーパーソン。

長所と短所のまとめ

上品で、愛情豊か。献身を喜びとした高潔な人生だが、「なりふりかまわず働くことは自分の美学に反する」と言わんばかりに、がんばることを拒否する姿勢は、怠惰に見られるもと。

自分自身の向上のためには、時にはみっともないと思えることを受け入れる勇気も必要である。

ヴィーナス（金星）のささやき

緊張と意地は、あなたの運を上げはしない。ただ、実力を上げる。

September Nineteenth
9月19日

義理人情に厚く、意思も態度もストレート

あなたの誕生日力

いつも真剣な慈悲深さを心に宿し、弱き者を放ってはおけず、常に誠心誠意で臨む。仲間への義理堅さは天下一品。そして、生きることへの向上心から真摯に学ぶことを怠らない。生真面目さゆえに、尊敬する人には夢中になり惑わされる。冷静さを取り戻し、自分の磁力に気がついて。

あなたの性格

あなたの味わう人生とは、人に対する鷹揚さと潔癖さの、絶妙のコラボレーションである。

この生まれは基本的に仲間意識が強く、周囲の人を大切にするタイプ。義理堅く、人が困っていると手を差し伸べずにはいられない性格で、あなたの弱点は仲間だというくらい、周囲を気にかけているだろう。

しかしこの生まれは、一方で意思のハッキリしたまっすぐな性質も持っている。無駄を嫌い、物事を最短距離でこなす合理主義とも相まって、人間関係においてもストレートな態度が特徴に。

ただ、たとえ正しいことであっても、あなたがズバリと指摘すると、核心をつくのがうまいだけに、相手は「自分が悪かったんだ」と思って追いつめられてしまう。言動にソフトさが出るように心がけよう。

仕事の適性

器用なうえに、どんなことも人より早く習得し、敏捷性もあるので、変化のある仕事、動きのある仕事で本領発揮。旅行関係、マスコミ関係などは適性あり。また、組織に属するなら専門職でなく、いろいろな仕事を経験できるポジションを目指したいもの。

人間関係の傾向と相性

自分から人間関係を広げていきたいと思いながらも、実際には向こうから近寄ってくることが多い傾向に。

9月16日〜21日生まれは、あなたの性質を理解し、愛してくれる相手。1月15日〜19日生まれは、心から守ってあげたいと思える人。異性なら恋焦がれる関係に。3月15日〜19日生まれの人とは、ある種のインパクトを与え合う間柄。

長所と短所のまとめ

仲間が大好きで、人のことを大事にする。身近にいる友だちの言葉に左右されやすいところがあるが、特に尊敬する人物には弱い傾向。相手と自分を同化しすぎてのめり込むことが……。

どんな時も相手の意見を鵜呑みにせず、持ち前の冷静な頭で判断を。

ヴィーナス（金星）のささやき

好きな歌のワンフレーズ。言葉を出す前に口ずさめば、トラブル知らず。

September Twentieth

9月20日

雑学好きで情報を集めるセンスはピカイチ

あなたの誕生日力

あなたが動く時、あなたは不思議なくらい周りの"気"を集め、その"気"は渦となり、あなたはその中心にいる。あなたが無意識に自分に課すハードルはとても高く、見事に飛べても、決して満足できない。今、起きていることをありのままに受け入れ、自己犠牲という苦悩との決別を。

あなたの性格

あなたの味わう人生とは、「一を聞いて十を知る」賢さから風味が生まれるものである。

そもそもこの生まれの特徴は頭のよさにあるのだが、それは目から鼻へ抜けるような知性のことではなく、ちょっとした話から、ことの全体をつかむような勘のよさのことである。そう、あなたは人の言葉や本の行間から、大事な情報を汲み取るのがうまいのだ。

また、この生まれには「生きかたにおいて完璧でありたい」という欲求があるので、自分の人生に役立つ知識を集めるセンスもあり、経験から学ぶ力も抜群。このように、あらゆるところから蓄積を得る人なので深みがあり、人に対する影響力も大きくなる。

そんなあなたが何か行動を始めたら、人が集まり活動は広がって、ついにリーダーを任されることに。

仕事の適性

お金に対するセンスがよく、ビジネス的なアイディアがたくさん湧いてくるタイプなので、起業家への道は最高の適性あり。また、組織に所属する場合は、企画、開発、新規事業を担当する部署で大活躍の可能性がある。統計、調査にも才能あり。

人間関係の傾向と相性

一度仲よくなれば一生仲よしでいるといったタイプなので、新しい人間関係に加えて、昔の仲が復活するといった人間関係の傾向がある。

中でも、9月中旬、11月下旬生まれの人とは、あなたが心からシェアしたい話題で盛り上がれそう。1月16日〜20日生まれの人は、年齢・性別にかかわらず一緒に理想に向かって歩める相手。恋愛相性もよく、ベストな相棒に。

長所と短所のまとめ

賢いあなたは、9月生まれらしく潔癖で、自分に対してとても厳しい性格。だから、物事を成功させてみなに尊敬されても、まだまだ自分に対してOKを出せないよう。

自己卑下とも取れるほどの厳しさをゆるめ、もう少し自分を褒めてあげよう。

ヴィーナス(金星)のささやき

義理人情の他に、人と人とを結びつけるもの。それは楽しみの共有だ。

September Twenty-first

9月21日

楽天的でパワフル、魅力的な愛されキャラ

あなたの誕生日力

　いつも楽観的で、プラス思考、柔軟な心の持ち主だが、それゆえに危険とは常に背中合わせ。たとえ落とし穴にはまったことがなくても、自身の見通しの甘さは知っておくべきこと。幻想と現実とを直視して、動き出す前に立ち止まり、つまらないこだわりを捨て、しっかりと足元を見据えて。

あなたの性格

　あなたの味わう人生とは、自信と楽天性でふくよかに香るものである。
　９月生まれ特有の「完全でありたい」という願望が、この生まれにおいては「自分はすでに完全で、何でもわかっている」という思いへと変貌しており、それがあなたを積極的で能天気な性格にしている。
　ちょっとばかり危なっかしいところはあるが、あなたはパワフルでかわいいキャラクターとして、みなに愛されていることだろう。
　しかし、自分が完全であるという幻想は、しばしば砕かれる。あなたは急所を突かれたり他人の言動に混乱させられたりして気持ちが揺れると、そこばかりが気になって、まさに「細部にこだわって大局を見失う」という結果に陥りやすいのだ。
　自分の弱点をよく知り、広い視野をキープして進もう。

仕事の適性

言葉を扱う仕事に適性あり。作家、放送作家、シナリオライターをはじめとして、詩人、俳人、歌人など、あらゆる「筆を持つ」仕事は満足度が高いはず。

また、セールスやカウンセリングなど、人に言葉を伝える職業にも向いている。

人間関係の傾向と相性

人間関係に関して理想が高く、自分より「上の人」とつき合うことを望んでいながらも、人はそんなことにはこだわらず近寄ってくる傾向に。

9月19日〜23日生まれの人は、あなたの真の理解者。1月17日〜21日生まれの人は、あなたの弱点をフォローしながら、もっと発展的に導いてくれる相手。異性なら頼りがいのある恋人に。3月下旬生まれは、よきライバル。

長所と短所のまとめ

ポジティブで力強い性格は、周りのみんなの憧れ。しかし、気になることや強い印象の事柄に心を奪われると、そのこだわりから失敗を招きやすくなる。

心を空っぽにする時間を持つと、自然にバランスが取れるようになるはず。

ヴィーナス（金星）のささやき

スランプや迷いも、自己の最終進化型をイメージして喜んで精進すれば、それは霧消する。

September Twenty-second

9月22日

愛嬌があり、誰からも親しまれるアイドル的存在

あなたの誕生日力

常に時代を一歩リードした、人と違う見かたや考えかたを、直感的に自然と身につけている。いつでも未知との遭遇を求め、生きることは自分との戦いと考える。しかし、もともと強靭ではなく、やさしいからこそ、身勝手にはなれない。そのジレンマを認識し、勇気を持って臨んで。

あなたの性格

あなたの味わう人生とは、まさにアイドルの役割そのもの。

この生まれは、個性的で鮮烈な印象を与えるため注目されやすい傾向にあり、しかも時代をリードしたセンスで、ファッションから生きかたに至るまで自分流を通すので、それが憧れを集めて人々のモデルとなることが多い。

また、場の雰囲気を素早くつかみ機敏に反応するために、どんな人や環境にも難なくなじむことができる。

さらに、この生まれには「みなから最も親しまれる人でありたい」という欲求があるために、他者に目線を合わせて物事を語る人となる。

そんなわけであなたは、大変愛嬌のある、親しみやすいキャラクターを形成しているのだ。包み隠さず自分の感性を表現することが、あなたの成功の秘訣である。

仕事の適性

対人関係に独特の能力があることから、人を扱う仕事全般に適性あり。

販売、営業はもちろん、組織の渉外担当、ガイド、フライトアテンダントなど。また、技術があれば美容師、エステティシャンでも個性が輝く。

人間関係の傾向と相性

たくさんの人に出会う運があり、人間関係を広げる中で、運命の人と出会うチャンスもふえる傾向に。

9月20日〜24日生まれは、あなたのよいところをどんどん見つけてくれる人。1月18日〜22日生まれは、一緒に活動することで不思議と物事が発展する相手。恋愛も◎。3月下旬生まれとは、おたがいに本質を突いた意見交換ができそう。

長所と短所のまとめ

大勢の人々にウケる、独特のセンスを持つ。だから自分の持ち味を大いに表現してこそ、たくさんの人の中で輝くことができる。

他人から拒絶されることや、身勝手だと嫌われることを恐れず、「自分全開」で自信を持って行動しよう。

ヴィーナス（金星）のささやき

最初は単なる好み。しかし、それを貫けば信念となり、生きるスタイルとなる。

September Twenty-third

9月23日

🔍 どんなことにも「可能性」と「いいこと」を見つける

あなたの誕生日力

　超柔軟な思考力で、自分の価値観以外は、全くこだわらないといったおおらかな心。あらゆる角度から物事を捉え、見ることのできる繊細な寛容さ、それは異端児を庇護できるほど逞しい。自分の判断から目を背けず、言葉にした約束は責任を持って実行に移すことで道は広がる。

あなたの性格

　あなたの味わう人生とは、公平さと善良さによって導かれるものである。

　この生まれはそもそも、あらゆるものを楽天的かつ平等に見るので、どんなことが起こっても、それを「可能性を宿したもの」「よいこと」と捉えることができる。

　そのような観点から見れば、あなたの周りには悪いということがなく、よい選択肢ばかりが広がっていることになるのである。

　しかもあなたは根底に「完全になりたい」という願望を持っているので、目の前に開かれた多くの選択肢の中から、最高のものを選び取ろうとするだろう。

　じっくり時間をかけて楽しみながら自分の方向性を探り、それからあなたは一気にその世界に飛び込んでいく。そして、持ち前の行動力でぐいぐい成功に向かって進んでいくのだ。

仕事の適性

柔軟なうえに、コミュニケーション力も高いあなたは、たくさんの人を相手にした職業で成功する。

販売、宣伝、広報、マスコミ関係、ジャーナリズム、旅行業など。また、センスを生かして、エンターテインメントの世界に飛び込んでもよし。

人間関係の傾向と相性

基本的に受身ながらも、強く心惹かれた人には自分から巧みに近づく傾向がある。

9月21日〜25日生まれの人とは、話がよく通じ合う仲。異性なら、言葉がなくても心が伝わる恋人に。1月19日〜23日生まれの人は、心を揺さぶるようなアイディアを交換できる相手。3月19日〜23日生まれの人とは、刺激し合えるよきライバルの相性。

長所と短所のまとめ

頭がやわらかく、どんなこともチャンスと捉えるあなたは、全てのことに「イエス」とうなずいてしまって何か一つに決められないことが。

途中での変更は、中途半端だとして信用されなくなるので、いったん決めたら迷わないで全うしよう。

ヴィーナス（金星）のささやき

最高のものに至る道は、一つではない。とりあえず手の届くところから始めよ。

September Twenty-fourth

9月24日

時代の波に巧みに乗り、成果を手にする人

あなたの誕生日力

　無意識のうちに生かしているバランス感覚こそ、あなたの価値。ＮＯという意識自体がストレスで、人間関係から生じる摩擦など、あなたは望んではいないし、不本意なこと。それは、決して自己犠牲ではなく、自分の役目ということに気がつけば、輝く未来への展開が始まる。

あなたの性格

　あなたの楽しむ人生とは、時代の波に乗っていくサーフィンのようなものである。

　そもそもこの生まれは、「自分の進むべき道は、周囲の環境や人間関係によって導かれるものだ」と考える。だから、一人で勝手に振る舞うより、周囲の流れに沿って動くほうが得意。

　自分の我のために人とトラブルを起こしたり、頑(かたく)なにＮＯと言ったりすることはなく、ただ静かに周囲の流れに身をゆだねるのである。

　そう、物事というのは意外な展開を通じて思わぬ方向に進むものだ、といった「人生の仕組み」をよく知り、バランスを取る人と言うことができるだろう。

　素直な姿勢になり、必ずよいものが導かれてくるという信念を持つことで、あなたは必ずや幸運を手にすることができる。

仕事の適性

寛大で実務能力にもすぐれたあなたは、組織の中では人のまとめ役として重宝がられる。職種としては、どのようなものでもソツなくこなすことができるはず。ネットワークの力を必要とする分野にも適性あり。

人間関係の傾向と相性

不思議な縁で、まさかと思うような人と出会い、別れ、再会を経験する傾向に。

そんな中、5月21日～25日生まれの人とは、おたがいに「一目惚れ」。9月下旬、11月下旬生まれの人とは、安定して末永くつき合える関係。1月20日～24日生まれは、年齢・性別にかかわらず、何があっても信頼が切れない相手。相棒として最高の関係に。

長所と短所のまとめ

大きな流れに乗り、予想以上の成果を手にすることができる。けれど、物事や人間関係にバランスの取れていない状況では、からっきし弱気に。それは、安心して流れに乗ることができないという理由からだが、そんな時こそより強くプラスのイメージを描こう。

ヴィーナス（金星）のささやき

困難は貴重なレッスン。そこから何を学んだか、それがあなたの宝となる。

September Twenty-fifth

9月25日

仲間を大切にし、協力しながら成長していく

あなたの誕生日力

あなた独自の視点はいつも正解であって、安定した関係とは、あなたに安心感を与えるが、同時に制限をもたらすこともある。それを知ったうえで、心の充実を目指すこと。あなたにとって周囲との協調はたやすいことでも、自由を求める心は止められない。心に抱く目的は世俗的ではないので、他者と比較することには意味がないことを知ろう。その先に、あなたの真実の道がある。

あなたの性格

あなたの楽しむ人生とは、グループの中心にいることによって成り立つものである。

この生まれは、特に目立った行動は取らないものの、各自の気持ちや都合を配慮し、それに合った流れをつくることができるので、自然に、中心人物になっていく。そして、周囲に展開するこの人間関係は、運命共同体であると言ってよいほど親密である。

その人たちと一緒にいることは安心だけど窮屈、かといって自由を求めて離れるにはあまりにも愛着がありすぎる。つまり、あなたは自由に広い世界に飛び立つことを考えながら、周囲の仲のよい人たちと一心同体なのだ。だからもし「変わりたい」「方向性を変えたい」と思ったら、しばしばつき合う人を全て入れ替えて進むことになるだろう。

仕事の適性

芸術的才能と審美眼に恵まれたあなたは、美術方面で才能を発揮する。

たとえば、美術館関係、画廊関係、骨董商、ファッション関係や小間物商などが適職。また、人を癒す治療家、看護師などにも適性あり。

人間関係の傾向と相性

人間関係は広くないようでいて、本質的には公正で、誰にでも順応できる性質を持つ傾向に。

9月23日〜27日生まれの人とは、同じ価値観を持ち、面白いつき合いができそう。1月21日〜25日生まれの人は、あなたに貴重なヒントを与えてくれる。恋愛相手としても好相性。3月21日〜26日生まれの人とは、元気を与え合える関係。

長所と短所のまとめ

親しい人と協調して進み、その中で成長していく。しかし、あなたは基本的に「人との比較」において自分を認識するところがあるので、下手をすると表面的な比較の結果に囚われてしまうことが。

比較における相対化でなく、仲間との一体感に発展のカギがあると知ろう。

ヴィーナス（金星）のささやき

自分の思いを美しいものに託そう。言葉より雄弁に物語ってくれる。

September Twenty-sixth

9月26日

素直で人なつっこい、親しみやすい人柄

あなたの誕生日力

　人をあてにせず、心のままに独歩を好む。でも、世の中は自分一人のものではないからこそ、生きる知恵が生まれる。あなた自身が引き金となる流動的な変化は成長する糧(かて)であり、対人関係などがきっかけで起こる動揺は力の源となる。保身に走れば、常に心は満たされない。

あなたの性格

　あなたの楽しむ人生とは、素直さと人なつっこさとのコンビネーションから創造されるものである。

　この生まれは、まず、自分の思いを飾らない正直さが特徴。あたりまえのように本音で語り、心の深い部分までさらけ出すので、周囲もあたりまえのようにそれを受け入れ、あなたが望むようにしてあげたいと思ってしまう。

　と同時に、親しみのある温かな人柄、その印象も周囲の協力を得るのに大きく貢献する。

　そんなわけで、あなたが願ったことは、周りからお膳立てされる形で実現されるのである。

　ただ、あなたはちょっとわがままなところがあり、本当に大切な時に自分をうまくコントロールできないこともある。自分を押し出すところと、他人の判断にゆだねるところのバランスを大切に。

仕事の適性

社交的でおおらかな性格を生かして、営業や顧客サービスなどで活躍できる。

コミュニケーションの力と商才を組み合わせて、カフェ、レストラン、クラブ、バー、その他の社交的な店舗のスタッフも、抜群に適性あり。

人間関係の傾向と相性

自分をまるごと受け入れてくれる、少数だけれども信頼できる人間関係に恵まれる傾向に。

特に、1月22日～26日生まれの人とは、言葉がなくても気持ちを通じ合える仲に。5月下旬、9月下旬生まれの人とは、一緒にいるとホッとする癒しの関係。異性なら、ほんのり憧れが漂う間柄。3月22日～27日生まれとは、活発に意見を交換できる相手。

長所と短所のまとめ

おおむね思うように夢が展開するが、長い人生の中では、うまくいく時もあれば、うまくいかない時もある。そんな時、人のせいにしたり逃げたりすると、面白くない結果に終わることを知ろう。

何ごとも責任を持って自分で決着をつけること。

ヴィーナス（金星）のささやき

白もあれば黒もある。敵対者と対峙することもまた、この世の美である。

September Twenty-seventh

9月27日

🔑 サポーターに恵まれ夢をかなえる強運の持ち主

あなたの誕生日力

　知性的なストイックさと、いたって寛容に振る舞ってしまう自分がいるという、理想と現実の狭間で揺れる。常に迷い、振り子のように大きく行ったり来たりする心の振動こそ、生きている証拠。そこから真実の自分が生まれてくるはず。自身に潜む虚飾からの脱皮・脱出を。

あなたの性格

　あなたの楽しむ人生とは、大勢のサポーターとともに夢をかなえる道程である。

　そもそもあなたは、9月生まれ特有の理想の高さを色濃く持っており、人一倍意志が強い。そのうえ、他者や仲間に対しては「おたがいさま」の心を備えているため、味方も多い。

　そんなあなたは、自分が描いたプランを力強く推し進め、みなの協力を得ながら次々に具体的な形にしていくことができる。他から見れば、まるで希望をかなえる強運を持つがごとくである。

　気をつけたいのは、調子が悪くなると「自分の意思を通すところ」と、「仲間の意見に従うところ」、その二つの判断が甘くなること。自分の考えに執着して自分の世界に引きこもっても、何も考えず仲間の意見に従うだけでも、目的は達成されないのだと肝に銘じよう。

仕事の適性

高い達成イメージと、決断力とに恵まれたあなたは、経営者や管理者といった立場に適性あり。組織の中でも管理する立場に立つと、あなたの存在はいっそう輝く。

相手の気持ちを引き立てる才能があるので、福祉、看護関係の仕事なども◎。

人間関係の傾向と相性

自分の注目する人に確実に近づいて、上手に人間関係を広げていく傾向。

9月25日〜29日生まれの人は、あなたと同じ目線・ペースで動ける、またとない相棒。1月23日〜27日生まれの人とは、老若男女を問わず尊敬と愛情で結ばれる関係。異性の場合は最高の恋人相性。3月下旬生まれの人とは、おたがい学び成長し合える仲。

長所と短所のまとめ

夢を実現する力に恵まれている。しかし、思いが次々に実現するということは、それに合わせて自分をステップアップさせていくべきだということ。

周囲の環境変化の大きさについていけるよう、自分を信じて心を高めていこう。

ヴィーナス（金星）のささやき

人間関係は魔法にも等しい。それによって、あなたの運命は変わる。

September Twenty-eighth

9月28日

社交性にあふれ、素直で愛くるしい魅力

あなたの誕生日力

　自分の意図する思いと同時に、無意識に生まれてくる周囲への気配りと思いやり。何かを求める時に生じる摩擦や衝撃は、あなたというクッションがおだやかに緩和。自身の魅力を振りまきながら、周囲を巻き込む磁力は本物。自分の力を自覚、確認したら、慢心せず前に進むこと。

あなたの性格

　あなたの楽しむ人生とは、生来の人間的魅力によって発展していくものである。

　9月生まれ特有の「完全でありたい」衝動が、この生まれにおいては「何も失うことなく、さらに望むものを手に入れて完璧になりたい」という貪欲な形になっている。あなたはそんな願いに対してまっすぐに努力し、さらに持ち前の社交性をフルに発揮して人を巻き込んでいくだろう。

　そう、あなたの思いやりあふれるやさしい人柄と、素直で愛くるしい魅力は味方や協力者をたくさん呼び、あなたをどんどん豊かにしていくのだ。

　ところがあなたは、欲するものが手に入ると次第に守りに入り、それが奪われやしないかと戦々恐々とし始める。

　ケチな意識はあなたの豊かさを阻害するので、注意が必要である。

仕事の適性

　正義感が強く奉仕を厭わないあなたは、福祉関係、サービス関係などで腕をふるう。政治・法律関係も適性あり。また、人の相談に乗るのにも巧みなので、カウンセリングやコンサルティングを職業としても大成功間違いなし。

人間関係の傾向と相性

　あなたのやさしい魅力は、たくさんの人を惹きつけて、広く深い人間関係が望める傾向に。

　その中でも、7月下旬、9月下旬、11月中旬生まれの人は、いろいろな面で協力し合える最もあなたと縁の深い人。1月24日〜28日生まれの人とは、心温まる交流がありそう。3月下旬生まれの人とは、議論が楽しく、学ぶことが多い関係。

長所と短所のまとめ

　周囲を巻き込んで努力し、願いを何でも達成できる。しかし、いったん得たものを奪われるかもしれないという恐れは、逆に障害を引き寄せることに。

　注意深くはありたいものだが、あまりにも疑いが強すぎると自分を苦しめる。徹頭徹尾、おおらかに。

ヴィーナス（金星）のささやき

言葉をやさしく、振る舞いはマイルドに。それで敵は半減する。

September Twenty-ninth

9月29日

たとえ失敗してもリカバリーできる運の持ち主

あなたの誕生日力

　大切にしていることは、自己ビジョンの追求と周囲との調和。他人の思いがわかる分、自身の意思や考えかたを伝えること自体に躊躇、他者との気持ちの狭間で揺れる。頭の中で悩むだけの状態から、汗をかいて苦労することへとシフトできたなら、あなたの美的感覚はよりいっそう輝き出す。

あなたの性格

　あなたの楽しむ人生とは、迷いにハマってみるという遊びに満ちたものである。

　この生まれは、そもそも大きな理想を持っており、それに向かってまっすぐジャンプしたいと考えている。一方で、人の気持ちにピッタリと寄り添って進んでいきたいという依存的な願いも……。

　そんなわけであなたには、「自己の理想に至るユニークな道を取るか、みなに合わせてとりあえず無難に過ごしておくか」という迷いが常についてまわるのである。

　そこであなたはつい深刻に悩んでしまうのだが、解決策は簡単。その都度、無理やりにでもどちらかを選ぶことで、体験からバランスを取る方法を学べるのだ。

　あなたは一度しくじっても必ず最後には思いを達成できるという運があるので、失敗を恐れず進んでみよう。

仕事の適性

何か大きな目的のためにみなで働く、そういったムードを持つ組織で、最も力を発揮する。たとえば、政界や公共施設、またNGOやNPOなど。

また、対人センスのすぐれた点を生かして、ビジネスの世界でも活躍が期待できる。

人間関係の傾向と相性

突然仲よくなったかと思えばケンカ別れをするなど、人間関係にはアップダウンが大きい傾向が。

そんな中でも、9月27日～10月1日生まれの人とはシンパシーを感じ、長くつき合えるはず。1月25日～29日生まれの人とは、目指すものが似ていて、お互いに発展できる相性。3月下旬生まれの人からは、目からウロコのヒントが得られそう。

長所と短所のまとめ

自分の理想と周囲の期待。そのどちらに応えるか、そのバランスはあなたが体験して学ぶしかない。

一度何かで失敗しても、リバイバルの可能性が常にあるという恵まれた運を信じ、とにかく何かしら動いてみるのが成功の秘訣となる。

ヴィーナス（金星）のささやき

インスピレーションや夢のお告げ、そうしたものの中に真実が含まれている。繊細であれ。

September Thirtieth

9月30日

遊び心と冒険心に富んだ明朗快活な人気者

あなたの誕生日力

　楽しさを追求し、そこに向かうために行動を起こし、実現させる能力にすぐれたあなた。新しい環境にも自然に溶け込む社交性も身につけている。その一方で、いつまでも一定の場所や仲間だけにとどまってはいられないという衝動を持つ。別れから次なる出会いの喜びが生まれるからこそ、無謀な行動は自ら慎んで。

あなたの性格

　あなたの楽しむ人生とは、オープン・ハートでいることから味わいの深まるものである。

　明朗快活なこの生まれは、常に楽しいことを追求しており、喜びにあふれたムードゆえに人気も抜群。遊び心と冒険心に富み、あれこれ手を出す傾向があるだろう。

　しかし、気まぐれなようでも「これ」と思ったことにはけっこう根気よく取り組み続け、最後に達成するあたりは天晴れである。

　あなたは自分の成果をより完璧なものにするため、他者の意見に耳を傾け、書物をひもといて物事の意味をよく考えるので、どんどん心を深めていくことができる。

　そんなあなたが古今東西の偉人・巨匠たちの人生に触れ「時代を超えた普遍的な生きかた」へのヒントを得れば、さらに人生は輝くだろう。

仕事の適性

社交的で楽しいムードを持つあなたは、ズバリ、娯楽や趣味的要素のある職場に適性あり。アミューズメントストア、テーマパーク、趣向の変わった喫茶店やレストラン、趣味の店など。

また、組織の中ではトップに上りつめることで生きがいを感じる。

人間関係の傾向と相性

話し上手で聞き上手なあなたのそばには、人がたくさん集まる傾向に。

9月下旬生まれ、12月上旬生まれの人は、心の奥の深い話をシェアできる貴重な相手。1月26日～30日生まれの人は、年齢・性別にかかわらず気のおけない仲間。異性なら信頼の深い恋人同士に。3月下旬生まれの人とは、「雨降って地固まる」といった関係。

長所と短所のまとめ

遊び心があり、いろいろなことを試して楽しむ。一方で普遍的な生きかたを探る、深い心も。

あなたは、人にも物事にも、刺激と知的興奮を求めて行動する傾向にあるが、時に動きが激しすぎてストレスから消耗することも。気力、体力には気を配ること。

ヴィーナス（金星）のささやき

自分らしい言葉と外見。それが本当の美と品とを養う。

Column 4

「運気のバイオリズム」と うまくつき合うには

　たかが占い、されど占い。
　知らないよりは、知っているほうがいい。
　私（來夢）は、小さい頃から自分探求や自己発見のツールとして、「占い」は使える！　と思って活用してきた。
　ただ、いわゆる当たる、当たらないの「占い」には興味がなかったし、自分が「占い師」と呼ばれる立場になった現在もそれは変わらない。
　「占い」は、あくまで知らないよりは知っておいたほうがいい情報であり、先人の知恵。それ以上でも以下でもなく、たとえるなら、それは天気予報のようなものだと思っている。

　天気予報を見て雨が降りそうだとわかっていれば、予

定を変更したり、カサを持って出かけたりという対処ができるようになる。でも、天気予報を知らなければ、突然の雨に慌ててしまうだけ。

　もちろん、雨に濡れたい気分の時もある。でも、雨に濡れたくないようなおしゃれをしている時に、突然雨に降られてしまったなら、気分は落ち込み、マイナスへと向かうはず。

　人生もそれと同じで、ちょっとした情報を知っているか知らないかで、大きく流れが変わってしまうことがある。

　ただ、ここで誤解してほしくないのは、「占い」は絶対的なものではないということ。
「占い」が好きという人の中には、「占い」の結果に振り回され、がんじがらめになって、逆に生きにくくなってしまっている人もいる。

　でも、それでは本末転倒。何のための「占い」なのかわからなくなる。
「占い」でどんな結果が出ても、最終的に決めるのは自分自身。自分の「気」の持ち方や行動で、運気なんてどんどん変わっていくものだから。

　特に、「占い」に頼りたくなる時って、何かに迷っていたり悩んでいたりする時が多いもの。でも、そんな時だからこそ、自分の力を信じることが一番大切。

「占い」から生きるヒントや気づきを得るのはいいけれど、自分自身で行動しないと意味はない。

どんな人にも、運気のバイオリズムは必ずある。人生、上がりっぱなしも、下がりっぱなしもないのだ。

ただし、運気がいい時にはいい時の、悪い時には悪い時の過ごしかたがある。そして、それぞれの時期に合った過ごしかたを知っている人が、「運がいい人」と呼ばれるのかもしれない。

だから、あなたも「占い」に依存するのではなく、活用してほしいと思う。自分自身のこと、運気の流れのこと……「占い」を知っていることで、生きるための情報は確実に増えていく。

また、「占い」は気分転換を促す「心のメンテナンス」としても使える。ポイントは、「占い」の選びかた。少なくとも、不幸予測ばかりの占いは避けたほうがいい。「占い」は自分を信じて、肯定して、元気になるためのもの。そこにマイナス要素がある時でも、「転ばぬ先の杖」になってくれる。

本当の「占い」は、人生の「見かた」を変え、強い「味方」になってくれる……そのことを忘れないように。

10月
October

The Encyclopedia of Birthdays

October First

10月1日

切れのよい思考力と冷静な判断力の持ち主

あなたの誕生日力

「運命とは、人と関わることにより展開してゆく」この意味のとおりに生まれてきているあなた。どんな逆境に陥ったとしても、自分への信頼を抱き続けることにより、必ず救いの手が差し伸べられる。そして、そのピンチを乗り越えるたびに、あなたの人間力は深まっていく。

あなたの性格

あなたの楽しむ人生とは、人に対する垣根のなさによって広がりを見せるものである。

そもそもこの生まれは、10月生まれ特有の「人の中で輝いて生きたい」という願望が強いので、人との関わりを重視し、どんな人とも分けへだてなくつき合う傾向がある。

一方であなたはとても冷静。物事を過小評価もせず、また過大評価もしない。何ごとも自分を勘定に入れずに突き放して見るので、たとえ自分が不利なこと、自分の気持ちが痛いことであっても、いったんそれを度外視して客観的に考えることができる。そして、それが切れのよい判断を生み出すのだ。

このように、いろいろな人間とつき合いつつ、時に冷静かつ辛辣(しんらつ)な顔を見せるあなたは、敵も多くなるが、そこからたくさんのことを学ぶのである。

仕事の適性

如才なさと判断力のよさは、大きな組織の管理職に向いている。組織に所属したら、できる限り上のポストを目指そう。自営業もベストな選択。

他人の望みや希望をうまく読み取る能力で、相談役を担う仕事で成功の可能性も大。

人間関係の傾向と相性

いろいろな人とバラエティに富んだ人間関係を結ぶ傾向がある。

9月29日～10月3日生まれの人は、あなたと阿吽(あうん)の呼吸で行動してくれる相手。異性なら心がピッタリ寄り添ったカップルに。1月下旬生まれの人とは、老若男女を問わず協力して運を上げていける関係。4月下旬生まれの人は、あなたの課題を認識させてくれる相手。

長所と短所のまとめ

切れのよい思考力と判断力の持ち主。一見冷たそうに見えるが、実は内面には、冷静沈着で独断的な部分と、何よりも協調を望む部分との葛藤がある。こうした傾向は、ある程度経験を積むと、うまくバランスを取ることができるので、めげずに人の中へ入っていき、自分を鍛えよう。

ヴィーナス（金星）のささやき

どんなにいびつに見えるやりかたでも、それが確固としたポリシーに支えられていれば美しいものだ。

October Second

10月2日

テレパシストのような共感力と観察力が光る人

あなたの誕生日力

　この時代に、あなたが今生きているという現実。そこに、確固たる自信を抱こう。あなたの中にあるネガティブさを抹消し、度のすぎた利他主義を捨て、中庸な精神のもとで、あなたの人生は満たされる。そして、意欲と依存とを履き違えないことで、時代のリーダーとしてのあなたの使命に気がつける。

あなたの性格

　あなたの楽しむ人生とは、協調性と、相手の立場に立って考える思いやりによって光が灯されるものである。

　この生まれには、10月生まれ特有の「みんなの中で輝いて生きたい」という願望が強くあり、そこからあなたは周囲の人々と結びつくための共感力や観察力を無意識に身につけていくのである。

　人の特徴や今の状況をよく見抜き、その人に合わせる力は、まるでテレパシストのよう。知識をこよなく愛し、とても研究熱心な部分もある。

　この生まれの飛びぬけたところはもう一つ、自分の考えを相手に伝える時の伝達のしかたである。相手の状況や理解力に合わせてわかりやすく話すことができるので、あなたは多くの人から「頭がよくて信用のおける人」として認められることになるだろう。

仕事の適性

人にものを教える職業に適性あり。教師、インストラクター、それからカウンセラーやアドバイザーといった立場で活躍できることは間違いない。

好きなことや特技を持っていれば、ぜひとも教えることを仕事にできないか、考えてみよう。

人間関係の傾向と相性

親しい人には自分のこだわりを押しつけることもあるが、基本的に人間関係は活発で平和な傾向に。

9月30日～10月4日生まれの人と一緒にいると、人脈が広がる。7月初旬、12月初旬生まれの人は、あなたのファン。1月28日～2月1日生まれの人は、年齢・性別にかかわらず、どんなことでも話せる親友相性。異性なら素敵な恋人に。

長所と短所のまとめ

相手の気持ちを受け取ったり、自分の考えを伝えたり……そんなコミュニケーションの力は抜群である。

しかし、相手の気持ちを大事にしすぎるため、ややもすると決断力は鈍りがちに。大切なことを決める時には、努めてクールになることが必要。

ヴィーナス（金星）のささやき

生きる姿勢の美しい人間であれ。飾り立てるのでなく、背筋を一本通しただけでオーラが輝く。

October Third

10月3日

軽やかなフットワークと自在な発想力が光る人

あなたの誕生日力

あなたの気持ちが揺れるのは、あなたが自由になりたいと願っている証(あかし)であり、その道への合図。あなたが求めている安定した立場や環境とは、実際には不自由なものであることを知ろう。持ち前の探究心と行動力を生かしきり、変化に対応しながら、迷わず方向転換することで夢は現実のものに。

あなたの性格

あなたの楽しむ人生とは、面白い発想で軽やかに動くことから活気が生み出されるものである。

この生まれは、自慢のフットワークで自由に動き、社会に貢献しようとする人。フリーな感性で物事を見、考え、そして最後には直感に従って行動。直感に引っかかってきたことを素直に取り入れて動くうちに、思わぬ方向に導かれ、結果として予想以上の成果が得られるということが多いのだ。

またあなたは、物事に対する探究心がとても旺盛。時間のかかる研究も、集中力を高めて自分を困難な状況に追い込み、自分の納得がいくまでとことん取り組んで、ついに成果を出してしまうだろう。

自分自身のアイディアと研究で、全ての人々に貢献できるあなたは、社会から高い評価を受けるはず。

仕事の適性

アイディアを現実に変える力を生かして、研究・発明、商品開発、起業などに携わると、能力を発揮できる。直感力を生かせば「人の求めていること」がわかるので、セールスも得意。趣味的な世界で活動を始めても、いい結果に。

人間関係の傾向と相性

人間関係はどこまでも果てしなく広がるが、親しくつき合うのは限られた人のみ、という傾向に。

10月1日〜5日生まれの人とは、同じ感性の持ち主なので話していて楽しく、安心できる相手。1月29日〜2月2日生まれの人とは、おたがいに発展していける関係。3月上旬生まれの人は、最初はピンとこなくても、一種の刺激があって離れられない人。

長所と短所のまとめ

直感力と、一つのことを究める探究心を持ち合わせているあなた。自分の感性と実力で自由にこの世を泳いでいくことができるが、意外に安定を欲しがる面も。

しかし、安定はあなたに不自由さを強く感じさせるはず。やはりフリーな環境を第一に尊重しよう。

ヴィーナス（金星）のささやき

困った状況やストレスに遭遇したら、ユーモアで乗り切ろう。心の闇は、明るい光を当てれば消えていく。

October Fourth

10月4日

頭と心が柔軟、アイディアも豊富な楽しい人

あなたの誕生日力

　エゴとは違う意欲と意思こそ大切なカギ。そして、あなたの思考を多くの人とシェアすべく、コミュニケーションの場を積極的に持とう。説得することよりも、聞く耳を持つことで、あなた自身も広がっていく。持ち前の理解力と伝達能力をいかんなく発揮できたなら、あなたの可能性は無限大に広がる。

あなたの性格

　あなたの創る人生とは、優秀な頭脳が発展のカギとなるものである。

　この生まれは、頭と心が柔軟で、いつも謎解きやクイズを楽しんでいるような人。常に情報をあちこちから引っぱってきてはそれを組み合わせたり、いろいろな角度から分析してみたり。そのため、アイディアがたくさん生まれ、話題も豊富で楽しい人となるのである。

　そのうえに生来の活動力と、予期せぬ事態に対する臨機応変さも持ち合わせたあなたは、情報と行動力の枯渇せぬ宝庫となるわけだ。

　しかし、たくさんの発想を得ても、どれも深みに欠けるというのが残念なところ。自分一人の頭で考えるだけではなく、他人とアイディアをシェアしてみることで、深みと実現性が増した案にバージョンアップできるはず。

仕事の適性

多才で有能なあなたは、これといった職業を定めるまでに、あらゆる職をたくさん経験する。

最終的に何を選ぶにしても、単調な作業や、命令されてするようなオリジナリティのない仕事は避けよう。専門の資格を持てばベスト。

人間関係の傾向と相性

限られた人と深くつき合うほうが得意な傾向。しかし、世の有名人、著名人についての情報はたくさん持っていそうな気配あり。

そんなあなたに最もやる気を与えてくれるのが、1月30日〜2月3日生まれの人。異性なら楽しい恋人候補。10月上旬生まれの人とは、何があっても信頼し合える関係。4月上旬生まれの人は、よきライバル。

長所と短所のまとめ

発想力と行動力は誇るべきところだが、あなたは自分一人の世界でそれを使っていることのほうが好きなよう。

もっと人の話を聞き、自分が得たアイディアについて話すことで、あなた自身の可能性がさらに広がるに違いない。人の中へ出て行くようにしよう。

ウラヌス（天王星）のささやき

考えたことをメモするとよい。それは発明ノートか、あなたの運命転換ノートとなる。

October Fifth

10月5日

本質を求め自分の知的スタイルを築く

あなたの誕生日力

あなたの抱くビジョン、それを実現させるために、日々研究して現実に動ける力の持ち主。ただし、そのビジョンを実現させるために、どうすれば人間関係がスムーズにいくのか、頭を使う努力は必要。あなたの心の中に潜む敵とはプレッシャー。「他人がどう思うか」より、「あなた自身はどうしたいのか」に正直になり、オリジナリティを追求しよう。

あなたの性格

あなたの創る人生とは、物事の本質を見ようとする姿勢に貫かれたものである。そう、この生まれにとって、日常の雑事や義務はさして興味のないこと。事柄に潜む本質をつかみ、そこにアタックしていくというような壮大なビジョンが、あなたの心を占めるのだ。

それを実現すべくあなたは日々努力するわけだが、悲しいかな、周囲にはその高尚さがわからないために「日常やらなければならないことの手を抜いて遊んでいる優雅な人」と見られてしまうことが多いだろう。

それでもあなたは気にせずに、時間をかけて考えごとをし、行きづまると気分転換をしながら、自分なりの知的スタイルを築いていく。そしてあなたはついに、どんなことに対しても的確なアドバイスができるリーダーとなるのだ。

仕事の適性

本当に世の人々のためになる仕事がしたいというのが、あなたの心底からの願いなので、人道的活動を行なう団体に所属するとか、社会正義に取り組む活動に参画すると生きがいを得られる。

好きならば、芸術、特に音楽方面で活躍する道もあり。

人間関係の傾向と相性

基本的に一人でいるのが好きなのに、いつもあなたを慕ってくる人たちに囲まれてしまう傾向に。

あなたが一緒にいて一番ホッとできるのは、6月初旬生まれの人。1月31日～2月4日生まれの人は、新しい世界への目を開いてくれる相手。引き立ててくれることも。4月初旬生まれの人とは、おたがいを厳しい目でチェックできる関係。

長所と短所のまとめ

高い精神性の持ち主。孤独好きに見えて、実は人をとても大切にする性質を持っている。

他人から理解されないことや、孤独の中で重い責任を負わされることにはストレスを感じるが、そんなプレッシャーに負けず使命を追求したいもの。

ウラヌス（天王星）のささやき

発想の転換が訪れるのは、昼寝でもしようと全てのことから手を放した、その瞬間だ。

October Sixth

10月6日

勝算ゼロでも、なぜか失敗知らずの人

あなたの誕生日力

　現実を見ない危うさともろさ、だからこそ深刻にならずに進んでいける可能性、そこがあなたのすごいところ。そこで必要となるのは、日々のフラストレーションの解消。そして、問題を独りで抱え込まず、協力者を見つける力。義務やら責任やらを軽視せず、あなたの夢見る能力を人生で発揮して。

あなたの性格

　あなたの創る人生とは、不思議な流れによって成功に導かれていくものである。ロマンティストでアイディア豊富、しかも軽いフットワークにも恵まれたこの生まれ。思い立ったことは見通しがなくても、すぐ着手して、まさに恐いものなしで進んでいく人である。

　しかし、勝算がなくても、どういうわけか、たいていのことは失敗を知らず、むしろ大成功となる。これは、10月生まれ特有の「人の中で輝いて生きたい」という願いが、あなたにおいては「輝くためには今、やることをやらねば」という形になっているので、あなた自身が、必要な積み重ねの作業を無意識に続けているからだ。

　それは人の心の観察かもしれないし、その他の研究かもしれない。この日々の精進が「成功する流れ」を作り出しているのである。

仕事の適性

　発想力豊かで多才なあなたは、自分のアイディアを仕事に結びつけていくのが得意。

　自身の発想を商品づくり、サービスづくりに結びつけていける、自営業に適性あり。組織に所属する場合は、企画、開発に携わる部署であれば満足できる。

人間関係の傾向と相性

　誰に対しても公平で、周囲の人に分けへだてなく愛情を注ぐのに、人間関係の輪を広げることには消極的な傾向。

　10月4日〜8日生まれは、あなたをよく理解し、悩みから救ってくれる人。2月1日〜5日生まれの人は、温かい関係が長続きする相手。異性の場合はやさしい恋人候補。4月2日〜6日生まれは、大事な時にあなたの背中を押してくれる人。

長所と短所のまとめ

　夢に向かってまっすぐ突き進んでいく。しかし、何しろロマンティストなので、走り出すと目的以外の義務や責任をすっかり忘れていることがあり、そこが短所に。

　日常生活をきちんと整えることは夢の実現にも大事なので、その点は注意しよう。

ウラヌス（天王星）のささやき

夢をかなえる時、物事を変える時、「あきらめない」が最も大事な要素。

October Seventh

10月7日

思いやりと共感力に富む心やさしい人

あなたの誕生日力

あなたは、人間関係の摩擦によって成長していく。だからこそ、いつまでも過去にこだわらず、学び反省したなら、素直に次へと向かおう。ただし、たとえ裏切られたとしても、あなたからは裏切らないで。真剣にあなたと向き合おうとする人との絆を大切にすることで道は開く。

あなたの性格

あなたの創る人生とは、人への深い思いやりと共感力に彩られたものである。

この生まれは、悲しんでいる人がいればその悲しみを半分背負い、悩んでいる人がいれば一緒に悩んで解決法を見出そうとする、周囲の人にとっては「オアシスのような存在」。言うなれば、仲間うちでのカウンセラーである。

しかし、それだけ他人の世界の深部に入り込めるのは、逆に自分が確固としておらず、流されやすいということ。だからあなたは、親しい人の言葉に影響を受けてすぐに考えを変えてしまうし、強い人を相手にすると不本意なことでも押し切られてしまうのだ。

そんな性格からあなたは、時に人との関係からダメージを受けることが。しかし、それを乗り越えてこそ、本当の自分の生かしかたを体得するのである。

仕事の適性

共同でする仕事に向いている。チームを組んでプロジェクトに当たるといった場面では、あなたの持ち味が最高に発揮されるはず。

教育やカウンセリングなど、人を育て導く分野での成功も間違いなし。

人間関係の傾向と相性

アップダウンは大きく、千変万化の人間関係なので、楽しいながらも身辺はかなり賑(にぎ)やかになる傾向に。

6月上旬生まれの人は、ずっとあなたの味方。10月上旬、12月上旬生まれの人とは、おたがいに刺激を与えて運を活性化する関係。2月2日〜6日生まれの人とは、ベストパートナーの相性。異性なら素敵な恋の相手に。4月上旬生まれの人とは、ライバルの相性。

長所と短所のまとめ

思いやりとやさしさが、あなたのすばらしい長所。しかし、他人に揉まれ、時には傷ついて、そこから人間への理解を深めていくのが、人というもの。その時点であなたが心を閉ざしたり無関心を装ったりすると、いつまでも学びがなく人間関係は改善しないまま。逃げないで。

ウラヌス（天王星）のささやき

人に信用されようと思ったら、自分が人を信用するしか道はない。

October Eighth

10月8日

内なる「熱さ」を解放すれば、さらに輝く人

あなたの誕生日力

自分の内に秘めているパワーの存在を、あなた自身が認めるのが恐いから、無理やり淡々と生きようとする。そう、あなたの敵はあなたの心の中に存在している。「自分の人生はこんなもの」とあきらめることなく、退屈という贅沢（ぜいたく）を飼いならせたなら、あなたの人生は光り輝く。

あなたの性格

あなたの創る人生とは、内なる「熱さ」と勇気を持って表現することで完成するものである。

そもそも10月生まれは「人の中で輝いて生きたい」という華々しい願いを持っているものだが、この生まれは「では、輝くためには何をすれば？」と考え込んでいる感じ。

実際あなたは、何かにつけて考え込むクセがありそうだ。心の中が考えごとだらけでパニックになっていても、周囲の人にわからないよう一歩引いた表現をするので、一見冷静に見えるようだが……。

あなたは実際、パワーも才能もやる気もあるのに、葛藤のために行動になかなか移れないので、開き直ってわざと無関心を装ったりするかも。見かけのクールさを捨て、迷いながらも熱を込めて生きてこそ、本来のあなたが輝き出すと知ろう。

仕事の適性

正義と公正を愛するあなたは、弁護士や裁判所職員などに生きがいを見つけられそう。公的機関や政治の世界にも適性あり。また、心の微妙な部分を扱うのが上手なところを生かして、芸術関係で活躍するのもあり。

人間関係の傾向と相性

人は大切にするし、気配り上手。でも、一人で過ごすことのほうを好む傾向が。

10月6日〜10日生まれの人は、そんなあなたが文句なしに心を開ける相手。2月3日〜7日生まれの人とは、一緒に理想の実現に邁進(まいしん)できる。4月上旬、5月上旬生まれの人は、シンパシーは感じなくても、なぜか気になる相手。気づきを与え合う関係になる。

長所と短所のまとめ

冷静でおだやか、信頼を寄せられやすい人だけれど、内面では自信がなく、クヨクヨと考え込んでしまう傾向が。みっともないと思っても、とりあえず行動してみれば道は開けてくるもの。

「ここまではやってみよう」といった目標を設定してみれば、思わぬ成果が。

ウラヌス(天王星)のささやき

自分自身との戦いに勝利するには、自分自身を愛し認めるほかはない。

October Ninth

10月9日

マニアックなこだわりで自分の道を行く人

あなたの誕生日力

逆境さえ自分の血肉とする、勇気ある強い魂を持って生まれたあなた。傷ついた分だけ、あなたは人を癒せる力が湧く。ただし、無神経は争いのもと。気持ちを伝えることに対してコントロールは必要。日常の奉仕活動を通して人の役に立つことで、あなたの気持ちは満たされ喜びに包まれる。

あなたの性格

あなたの創る人生とは、地道にこだわって行動する中から徐々に道が開かれていくものである。

そもそもこの生まれは、自分なりの価値観を持っており、誰が何と言おうと自分が正しいと思うほうへ進んでいくタイプ。

たぶんあなたが「よい」と思うものは、まだあまり世に知られていないことか、今はまだ全く人から評価されていないことだろう。それをどんどん押し出していくと、あなたは周囲から変わり者、もしくはマニアとして扱われ、活動の場所もアンダーグラウンドな部分へと追いやられていく。

こだわりのためなら他人との争いも辞さないあなただが、しかし根底には「周囲を大切にしたい」という願いを持つので、争いは結局、悪循環に。淡々と息長く取り組み、花開くのを待つのが賢明。

仕事の適性

社会をよい方向に改革していこうという高い意識を持っているので、政治、法律、教育、調査研究、報道、執筆などの分野で活躍できる。

ビジネスの世界でも、他の真似できないユニークなアイディアで成果を上げるはず。

人間関係の傾向と相性

「類は友を呼ぶ」の言葉通り、あなたの周りには、またあなたと違った意味で個性的な人がたくさん集合、全く退屈しない傾向に。

10月上旬生まれの人は特に、あなたとのフィーリングがピッタリ。2月初旬、6月初旬生まれの人は、あなたを支持し元気をくれる相手。4月5日〜9日生まれは、あなたを違う地平に導いてくれる人。刺激的な恋の相手かも。

長所と短所のまとめ

ちょっと変わり者で、自分のよしとする道を一心に歩んでいく。人から理解されにくく、周囲と交流できず辛いところはあるが、その分あなたは日々、周囲の人に対する奉仕に励むところがある。それがみなから認められ、幸せを感じることは多いだろう。

ウラヌス（天王星）のささやき

出来事が運命を変えるのではない。日頃積み重ねてきたものが、出来事をきっかけに発動するだけだ。

October Tenth
10月10日

🔮 人と同じが大嫌いな"革命的センス"の持ち主

あなたの誕生日力

　あなたの抱く不安とは、あなた自身の力の源であり、日々抱く感謝の気持ちは、あなたを成長させる。だからこそ、目の前のことにしっかり取り組んだ先で起こることは全て、あなたの人生における必要事項。「喉もと過ぎれば熱さを忘れる」ではなく、ぎりぎりまで踏ん張ることで常に輝く未来の幕が開く。

あなたの性格

　あなたの創る人生とは、革命のドラマそのものである。

　10月生まれ特有の「人の中で輝いて生きたい」という欲求が、この生まれにおいては「ひときわ輝くには、人と違ったものを持たないと」という意識になっているよう。

　だからあなたは"人と同じ"が大嫌い。一風変わったものを好み、そして流行にも自分なりのひと手間を加えて、全てをオリジナル化してしまう。

　また、まだ知られていない価値あるものや、これから売れ出す可能性のあるものを見つけては、誰より先に手を出すだろう。社会的な風潮に対しても一家言あり、新しい動きを起こそうとするのもあなたの特徴。

　人に理解されずマイナーと言われるかもしれないが、あなたは自分のセンスを貫くことで、社会を変えていく人なのである。

仕事の適性

多才で有能なあなたは、こだわりのある世界に飛び込みさえすれば、自然にそれなりの地位にたどり着くはず。組織をまとめる力があるので、面倒でもリーダー的役割を振られた時には、ぜひチャレンジを。成功間違いなし。

人間関係の傾向と相性

主義主張をハッキリと押し出すような個性的な人に魅力を感じるあなたの周りには、ユニークな人が集まり、人間関係は百花繚乱な傾向に。

そんなあなたのことを最もよくわかってくれるのは、2月5日〜9日生まれの人。6月6日〜9日生まれの人は、年齢・性別にかかわらずツーカーの親友相性。恋人としてもベストな相手。4月上旬生まれの人は、耳に痛いことを言うけれども意見は確か。

長所と短所のまとめ

新しいものを取り入れる、革命的なセンスの持ち主。しかし、「人と違うことをする」ことは、人を大切にしてともにありたいと願うあなたとって、一種のストレスになることも。

しかし、それを乗り越えた先には、もっと大きな調和の世界が待っているのだと知ろう。

ウラヌス（天王星）のささやき

ユニークさは、平凡なものと比較されることでますます際立つ。一般の感性を知ることも無駄ではない。

October Eleventh

10月11日

おだやかな社交センスをまとった信念の人

あなたの誕生日力

自分の行動と言葉に責任さえ持てたなら、あなたは常にピンチをチャンスにできる。天晴れ（あっぱ）な政治力の持ち主で、だからこそ根回しも上手なのだが、負けん気から来る闘争心も強い。短絡的で無意味な争いは避け、「果報は寝て待て」的な忍耐心で方向転換することで開運へと導かれる。

あなたの性格

あなたの創る人生とは、揺るぎない信念によって築かれるものである。

この生まれは、思い込んだらテコでも動かず、頑固に自分の考えを押し通すタイプ。10月生まれ特有の社交センスを身につけているため、表面はおだやかだが、どんな抵抗にも回り道にもくじけず、根本の考えかたを変えないだろう。

もともとよく知恵が働く戦略家なので、押しの手腕も見事なもの。ただ、そのような独特の生きかたを通すため、当然のごとく敵は多く、あなたは満身創痍（まんしんそうい）──しかし、そんなことにくじける人でもなく、結局、戦い続けて最後は勝利を勝ち取るのである。

あなたは自ら社会におもねる考えかたはしない人だが、もしあなたの考えと社会の風潮が一致した時には、すばらしい評価を得ることになるだろう。

仕事の適性

説得力においては、あなたの右に出る者はいない。そこを生かして、セールス、宣伝、広報、政治、執筆、教育、公共サービスなど、多くの職種で活躍できる。

好きであれば、美術、デザイン関係の仕事もあなたに合っている。

人間関係の傾向と相性

自分からは人に近づくことはあまりしないけれど、たくさんの人があなたを慕ってくれる傾向に。

10月9日〜13日生まれの人とは、いつまでも変わらない友情で結ばれる関係。2月6日〜10日生まれの人とは、ペースを合わせてパワフルに活動できる間柄。4月7日〜11日生まれの人は、合わないのになぜか惹かれる人。激しい恋の相手かも。

長所と短所のまとめ

確固たる信念を持ち、頑固にそれを貫く。その信念は物事を変えていく大きな力となるが、争って貫こうとすると、人からの信頼を失うことになる。

無意味な戦いは避け、もっと別の戦略を練って進んだほうが早いことに、気づくべきである。

ウラヌス（天王星）のささやき

最初から真実というものはない。信念を貫けば、それが真実になる。

October Twelfth

10月12日

人脈の力で次々と希望をかなえていく人

あなたの誕生日力

　生まれながらの反骨精神と願望への執着には、底知れない力がある。ただし、現実逃避の傾向も。湧き起こるロマン、そこに向かうための知恵や知識、情報を駆使して人間関係を育てる努力を。そこから生まれる議論や批判こそ、あなたを活性化するエネルギーの源に。

あなたの性格

　あなたの創る人生とは、人脈の力ではるか高みに導かれるものである。

　この生まれは、10月生まれ特有の「人の中で輝いて生きたい」という願望を強く持っており、そのために、「どんな人とも平等に、気軽に楽しくつき合おう」と常に努力しているのだ。

　だから、あなたは人に対して垣根がなく、かなりクセのある人物を相手にしても、スムーズにコミュニケーションを図ることができる。

　一方、あなたには実現したい希望が多く、際立った知性でもって願望達成に必要な情報や知識を集め、行動に移そうとする。

　このように万人へのフレンドリーさと願望達成への意志が結びついているあなたは、築いた人間関係が人脈の力となって、希望がかなえられることになるに違いない。競争や議論も成長の糧。

仕事の適性

知性にすぐれ、コミュニケーション能力の高いあなたは、外交官や弁護士といった職種で重宝がられそう。公的機関やビジネスの世界にも適性あり。

また、カウンセラーや心理学者など、人の心を扱う分野でも活躍すること間違いなし。

人間関係の傾向と相性

自分から進んで人間関係を広げ、また、紹介でますます輪が広がる傾向に。

10月10日〜14日生まれの人は、フィーリングがピッタリで心底好きになれる相手。6月8日〜12日生まれの人とは、おたがいに協力関係。2月7日〜11日生まれの人は、よきパートナー。異性なら阿吽（あうん）の呼吸の恋人同士に。4月中旬生まれの人は、あなたのよきライバル。

長所と短所のまとめ

誰とでも気軽につき合える、人なつっこいあなた。しかし、人当たりがよいために、ちょっと気を抜くと頼られすぎたり、踏み込まれすぎたりすることも。

人に振り回されないためには、どこまで人の世話を焼くか、その基準を決めておくのがよいだろう。

ウラヌス（天王星）のささやき

思いつきは天からの贈り物。気になるひらめきは、実現を待っている夢の種。今動け。

October Thirteenth

10月13日

困っている人を放っておけない癒しパワーの持ち主

あなたの誕生日力

　自分だけで全てを解決しようとする心はすばらしく勇ましいのだが、人は人と支え合い、人と関わることによって人生が開けていくと知れば、あなたの本物の能力は発揮される。そして弱きを助け、どんなことでも「未知との遭遇」と感じられたなら、自分の中にある精神的価値に気づき、真の幸せを味わえる。

あなたの性格

　あなたの創る人生とは、他人を癒すことで自分もますますハッピーになる「魔法の舞台」である。
　そもそもこの生まれは、独立精神旺盛で何でもできるしっかり者だが、人をも助けようというやさしい心を持っている。
　実際あなたは、ドラマや漫画の登場人物の気持ちにハマり込み、泣いてしまうことがあるのでは？　特にかわいそうな場面に弱く、日常生活の中でも困った人、泣いている人を見ると放っておけないタイプなのだ。
　そんなあなただから、周囲の人はあなたに相談を持ちかけやすいし、あなたはそれに対して誠心誠意で対応し、奉仕しようとするだろう。もちろん、「かゆいところに手が届く」対応に、相談した人は大満足。
　このように、人を癒す場に身を置くことで、あなたは輝くのである。

仕事の適性

一人でする仕事より、人に関わる仕事、それもたくさんの人に関わる仕事に適性あり。

福祉関係、相談業、公共サービスなどは、あなたの資質に合っている。知性が高いので、チームで研究・開発するような仕事でも意欲を持って取り組める。

人間関係の傾向と相性

あなたの周りにはバラエティ豊かな人間関係が築かれる傾向に。

たくさんの友人・知人の中でも最もあなたにフィットするのは、2月8日〜12日生まれの人。年齢・性別にかかわらず親友相性。6月中旬、10月中旬生まれの人は、一緒にいると活動が活発になる発展的な相手。4月中旬の生まれの人とは、気づきを与え合える関係。

長所と短所のまとめ

自分のことは自分でやる、さらに人も助けてあげたい——それはとても立派な心持ちだが、あなた自身が辛い時のことも考えておくべきだ。

一人になるとか、気のおけない人に気持ちを話すなど、自分自身にやさしい時間も常に持ちたいものである。

ウラヌス（天王星）のささやき

気持ちは途切れずに人に向かって流れていく。でも、たまにはスパッと忘れてリフレッシュ！

October Fourteenth
10月14日

🔑 流行に敏感、「おいしいとこ取り」の人生を歩む

あなたの誕生日力

あなたの最大の魅力は、いつもいつだって活力に満ちあふれ、どんな時であっても上昇志向の強いところ。あなた自身が愛され人気を得ることで、活躍のステージはさらに上がっていく。だからこそ、空気を読み、自己主張をコントロールしたうえで、そのまま元気に楽しさを追い求めて。

あなたの性格

あなたの彩る人生とは、最新のものを扱うことできらめきを増すものである。

10月生まれ特有の「人の中で輝いて生きたい」という願望が最高度に表われたこの生まれ。あなたは流行に敏感で、時代の中に何か変わった動きを察知したとたん、それに乗る新しいもの好きだが、それは「新しいものをいち早く取り入れることで、並み居る人の中で一番に輝こう」という意識があるから。

実際、よい情報を真っ先に手に入れて幸運を手に入れるので、人からは「おいしいとこ取り」とうらやましがられることもある。

もちろん、それを可能にするのは強烈な好奇心とフットワーク、新たなものを取り入れる柔軟な頭脳。

あなたは、物事が新しく変化する場に身を置く時に、最も才能を発揮できる人とも言えるだろう。

仕事の適性

新しい発想を自らつくり出すことができるあなたは、美術・デザイン関係、写真関係、スタイルづくり、イメージづくりといった分野で大いに活躍する。

俳優や映画製作者もよし、レポーターやジャーナリストとして知性を発揮するもよし。

人間関係の傾向と相性

いつの間にか人の中心に立っているような人気運があり、人間関係は広くなる傾向に。

10月12日～16日生まれの人は、あなたの心の裏まで知りながら、ずっとつき合ってくれる人。2月9日～13日生まれの人は、たくさんのチャンスを運んでくれそう。恋の相手としても抜群。4月10日～14日生まれの人は、優秀なご意見番として尊重して。

長所と短所のまとめ

流行に乗り、最先端のセンスで走り続ける。物事を切り開いていく力もあり、人に憧れられたり尊敬されたり。

しかし、あまりにも突き抜けたハイカラさを強調することは、嫌味にも受け取られかねないので、周囲の空気を読んだ行動が必要。

マーキュリー（水星）のささやき

ケイタイ、パソコン、口コミ。しかし、生きた情報を受け取るには行動あるのみ！

October Fifteenth

10月15日

強烈な直感力と活動力で突き進む人

あなたの誕生日力

あなたの元気の源、生きる力の糧とは、小さなことで満足しないこと。常に活性しているあなただから、自身の心の静寂こそカギ。目の前で起こる「人との摩擦」は自分が生み出していることを知り、調和を図ることから真の喜びは生まれる。心配は合図とし、受け取る準備を整えることで大きな満足が待っている。

あなたの性格

あなたの彩る人生とは、魂からのメッセージによって強烈な色に塗り替えられるものである。この生まれはそもそも、活動的で野心もあり、情報収集力もあれば行動力も備えており、とにかく何でもできてしまう人。

そして面白いのは、そこへ強烈な、ある直感力が働いているところである。その直感は魂の叫びのようにあなたの心を揺るがし、わしづかみにし、あなたを従わせてしまう。

つまりあなたは、自分ではどうしようもない無意識の促しに駆り立てられ、持てる能力の全てを使って行動してしまうというわけだ。

まるで本能のままに暴れる獣のよう……人は、そんなあなたを「衝動的」と評価するが、あとになれば、それがよき変化のカギであり、正しい促しであったことに気づくのである。

仕事の適性

知性とやる気にあふれたあなたは、出版、広告、報道、情報関係等の仕事でイキイキとする。また、文才や音楽の才能に恵まれていることも多いので、文筆家や音楽家として身を立てる道を選ぶのもよい。

人間関係の傾向と相性

人間関系では、最高の愛情と最低の裏切りなど、あらゆるシーンを体験しそうな傾向がある。

6月中旬、10月中旬生まれの人は、そんな中でもあなたをいつも見守ってくれる究極の味方。2月10日～14日生まれの人は、おたがい困った時のお助けマン。4月中旬生まれの人は、いざという時にその生きかたが参考になる相手。異性なら衝撃の恋に発展する可能性も。

長所と短所のまとめ

強烈な直感力と行動力。まるで巫女(みこ)のようにインスピレーションに従ってわけもわからず動き、周囲を混乱させることが。しかし、無理して「まとも」に振る舞うのではなく、むしろ心を澄ませて直感の声を聞いたほうが、あなたにとってのよい結果にたどり着く。

マーキュリー（水星）のささやき

トラブルを避ける最善の方法は「そこにいないこと」。雲行きが怪しくなったら逃げるが勝ち。

October Sixteenth

10月16日

ポジティブさと冷静な観察力の光る人

あなたの誕生日力

あなたは常にポジティブで、創造するパワーに満ちている。いつでも新しいことと充実感を探求し続けているのだから、手放す勇気と気配りは重要なカギ。人生、時には時間をかけて検討することも大切だが、そのことさえ知っていれば、あなたの望んでいる道は開けていく。

あなたの性格

あなたの彩る人生とは、注意深い選択眼によって間違いのない道に導かれるものである。

そもそも10月生まれには「人の中で輝いて生きたい」という願望があるが、この生まれにおいてはそれが「輝くためには最高の選択をしたい」という形になっている。

だからあなたは、鋭い観察力で物事をあらゆる面から捉え、その全貌を知りつくそうとする。いろいろな角度から分析するので、偏見や好みに支配されることなく常に公平、ベストな選択ができるというわけだ。

そもそも、あなたはとてもポジティブで上昇志向の強い性格。壮大な計画に向かってひたすら進んでいくが、その性質にこのような公平かつ注意深い目が加わるので、成功の可能性はとても高くなるだろう。ややワンマンだが有望な人。

仕事の適性

人間の本質を突きつめること、物事の法則を究明することに情熱を燃やすあなたは、研究者や教育機関の職員などに適性あり。

人間の深みや面白みを表現するのが好きなら、広告、テレビ、出版などの業界も合う。

人間関係の傾向と相性

人を一面から見てきめつけたりしないので、たくさんの人から愛される傾向に。

10月14日〜18日生まれの人とは、おたがいサポートし合える仲。2月1日〜15日生まれの人とは、心の底をさらけ出し、ありのままでつき合える関係。そして4月12日〜16日生まれの人は、新鮮な気づきを与えてくれる相手。異性ならインパクトのある恋へ。

長所と短所のまとめ

ポジティブさと観察力、分析力をも備えたあなたに、もしケチをつけるとしたら、もっと周りを見て、損得を計算して行動してほしいということ。

選択も方向性も間違っていないのに、身近な部分に戦略がないために回り道をすることが……。

マーキュリー（水星）のささやき

忙しければ忙しいほど、こま切れ時間の有効活用を。できることが確実に増える。

October Seventeenth

10月17日

頭がよく多才、バランスのよさも秀逸

あなたの誕生日力

たとえネガティブ思考に陥ったとしても、それを内的成長へと転換し次を目指せるあなた。だからこそ、あなたが描く真の幸福論とは、シンプル・イズ・ザ・ベストだと知ろう。あなたの純粋さを生かし、環境や周囲へのやさしさを忘れず、現実から逃げずに立ち向かうことで、豊かな人生への幕が開く。

あなたの性格

あなたの彩る人生とは、頭の回転の速さを特色とするものである。

そもそもこの生まれは、「主張することと聞くこと」「行動と休止」「意志と理解」というような、正反対の力を上手に使い分けられる能力を持っている。両極にあるものを使いこなせれば、物事は偏らず中庸で、どこにも引っかからずスムーズに進むものである。

つまりあなたは、何ごともバランスよくこなす「頭のよさ」を持っているということだ。もちろん情報や知識を得るスピードは速く、人が何年もかけて習得したことを、その半分の期間で習得することができる。

また、ネガティブな思いを転換して力にしたり、不利な状況を有利に盛り返したりといったことも得意。キャラクター的には素直で親しまれやすい人。

仕事の適性

どのような仕事にもなじめるかわりに、すぐに飽きるので、単調な仕事やスピードの遅い仕事は、刺激が足りずにイヤになってしまうはず。

知性とコミュニケーション能力を武器に、変化の大きな忙しい仕事に就くのが一番。

人間関係の傾向と相性

どのような人とでも仲よくできるのに、だいたいは少人数でいることが多い傾向。

その中でも、10月15日〜19日生まれの人とは、同じ感性を持っていて息がピッタリ。2月12日〜16日生まれは、刺激的でおたがいに一目置く関係。パートナーとしてもよい相性。4月中旬生まれの人は、あなたの足りないところをフォローしてくれる相手。

長所と短所のまとめ

頭がよく多才、そしてどんな状況であっても、物事をポジティブな方向に変えていくことができる。

しかし、できるがゆえにハードな環境に身を置く傾向が。本来あなたは、ノビノビと自由な環境において実力と運を発揮しやすいということを、覚えておこう。

マーキュリー（水星）のささやき

はじめは思い込みでよい。思い込んでいるうちに、自分はその通りの人間になる。

October Eighteenth

10月18日

斬新なセンスで生活を面白く彩っていく

あなたの誕生日力

あなたは生粋のクリエイターであり、常に新しいことへの好奇心は止まらない。持ち前の意欲と思考で進歩する技術を絶え間なく身につけ、あなたならではの専門領域の確立を目指そう。打算を超えた確固たる意志を抱き、感情の揺れに耐えることを学んだなら、あなたの能力は無限大に開花する。

あなたの性格

あなたの彩る人生とは、斬新なアイディアによって、みなの生活を楽しく面白く塗り替えていくものである。

さて、どんな物事も角度を変えて見ると全く違って見えるものだが、この生まれはとにかく、いろいろな切り口で物事を考えるのが得意で、ありきたりの現象の中に新鮮で洒脱なシーンを捉えることができる。

また、そこから生まれたアイディアを現実に表わす力も抜群である。そう、あなたはとても創造的な人なのだ。

一方、キャラクター的にはおおらかで、日常の細かいことにはこだわらない傾向が。特に人間関係では人の細かい事情に巻き込まれたくないため、距離を置いてマイペースで過ごすことが多い。

そのように距離を置くからこそ、人間模様を冷静に観察できるとも言える。

仕事の適性

　先駆者的な仕事なら、何でも向いている。自分の好みに合わせて専門分野を見つけ、その中で誰もやらない初めての仕事に飛び込んでみよう。

　お金儲けにつながるアイディアも豊富なので、ＩＴを活用するなど工夫次第で起業もあり。

人間関係の傾向と相性

　人脈や交遊関係をあまり広げようとはしない中、ユニークな人たちとの縁が深い。

　そんなあなたにとって、10月16日〜20日生まれの人は、貴重な親友候補。年齢・性別にかかわらず気持ちが盛り上がる関係。２月13日〜17日生まれは、おたがいにセンスが合って、何でも対等につき合える相手。４月中旬生まれはよきライバルに。

長所と短所のまとめ

　あなたは、面白いセンスを持ったクリエイター。しかし、繊細さと偏屈なこだわりは人を近づけず、あなた自身もどちらかというと孤独好き。そのために人からは冷たい、無表情、無神経などと思われることに。内なる愛情をもっと示すようにしよう。

マーキュリー（水星）のささやき

変わった言い回しにキメ言葉。そんなひと工夫から、あなたの個性は人の心に焼きつく。

October Nineteenth

10月19日

個性豊かで現実的な目標に向かって一直線

あなたの誕生日力

あなたは、たぐいまれなる魅力的なリアリスト。そんな自分を信頼して。表面だけ格好をつけようとする自分が存在している限り、どうしても真理の瞳がにごり、虚飾に振り回されてしまう。あなたが自分を信じるという強い精神力を身につけたなら、驚くほど満たされる道が開ける。

あなたの性格

あなたの彩る人生とは、いかに個性的に生きるかが発展のカギとなるものである。

この生まれは、現実に根ざした目標を持ってパワフルに進んでいくタイプ。目的達成のためにひたすら努力するが、残念ながらクセが強いために、真意をわかってもらうまでにかなり時間がかかるはず。

そんな時、個性を曲げたり受けのよい自分を演出したりしたくなるが、それは逆効果。あなたは自分自身の個性を大事にしたほうが、達成のスケールが大きいのだ。

この生まれは、小さなきっかけから今までの価値観がガラリと変わる、生きかたや目標が突然変わる、という体験をしばしばするだろう。あなたの人生の流れにはこのような飛び石が用意されていて、それを通過するたびにあなたは脱皮し、大きくなるのである。

仕事の適性

弁が立ち、筆力も高いあなたは、魅力的な会話や文章の力で人を楽しませる仕事に適性あり。マスコミ関係などはピッタリで、特に文筆には独特の才能を発揮。

ビジネスの世界では、セールスや広告・広報分野で活躍できる。

人間関係の傾向と相性

面白い人間とのご縁が数多くあり、人生観を大きく変えるような人との出会いも展開する傾向に。

6月中旬、10月中旬生まれの人は、あなたを心底信頼し、末永く友情を示してくれる相手。2月14日〜18日生まれの人とは、おたがいに刺激を与え、活性化する関係。恋人としても好相性。4月15日〜19日生まれの人は、あなたの考えかたの枠を押し広げてくれる相手。

長所と短所のまとめ

個性が豊かで、目標に向かって力強く進んでいく。しかし、全く評価されない時期もあれば、また、人生観が変化することで目標自体を見失ってしまうことも。どんな不安定な時も自分を信じること。あなたの直感に従って進むうち、あなたへの光が見えてくる。

マーキュリー（水星）のささやき

最大の決定の場面で、及び腰はいただけない。勝者らしい態度が勝利を呼ぶ。

October Twentieth

10月20日

グローバルな視野で広い世界で勝負する

あなたの誕生日力

　あなたは鋭い洞察力と広く深い見識の持ち主。エゴを押し通すのは空しいとわかっていながら、そのエゴと意欲が結びついてしまう自分から脱皮するには、揺れない心を習得することがカギ。人は人に支えられ、助けられていることを知ることで、そのあなたの意識は磁力となって限りなく広がってゆく。

あなたの性格

　あなたの彩る人生とは、広いフィールドで勝負してこそ鮮やかに輝くものである。

　この生まれは、グローバルな視野で物事を捉える傾向があり、個人的な事柄については、あまり興味を持たないタイプ。だから、一般的な雑談やうわさ話は苦手。もっと深い本質に関わった話がしたいと思っている。

　そこであなたは、10月生まれ特有の人なつっこく人間好きの性質から、日常を超えたところに話し相手を求めようとするのである。年の差のある友人、職業の違う知り合い、外国人など――あなたの周囲には、こうしてユニークな人間関係が広がっていく。

　あなたを取り巻いている狭い集団を抜けて、活動範囲を世界に広げて考えると、あなたの活躍の場がいくらでもあることに気がつくに違いない。

仕事の適性

　直感力と洞察力にすぐれ、話術と筆力に恵まれたあなたは、セールス、渉外、広報、出版、教育、講話・講演、報道などの分野で活躍の可能性が多大。

　また、カウンセリングやコンサルティングにも能力を発揮する。好きであれば、語学関係も◎。

人間関係の傾向と相性

　基本的に「来る者は拒まず、去る者は追わず」だが、興味のある人には、自分からまっすぐに向かっていく傾向。

　10月18日～22日生まれの人とは以心伝心、興味の方向も似ていて、親しくつき合える相手。2月15日～19日生まれの人とは、心の底まで癒し合える関係。異性ならホッとできる恋人同士に。4月中旬生まれの人は、鋭いご意見番。

長所と短所のまとめ

　深く広い見識を持ち、高い精神性で世界を見渡す。ただ、日常レベルで言えば、あなたはこだわりやで、けっこうしっかりした性格。

　すぐに負けん気の自我が顔をのぞかせるので、意地になったり人と張り合ったりすれば「子どもっぽい」という評価を受けるかも……。

マーキュリー（水星）のささやき

やわらかい言葉を愛らしいしぐさと笑顔で彩れば、必ず人の好意を受けることができる。

October Twenty-first
10月21日

🔑 知恵の深さと親切な人柄でファン多数

あなたの誕生日力

あなたはどんな時でも、何かと援助されるという力の持ち主。だからこそ、それは偶然ではなく必然として感謝の気持ちをきちんと伝えよう。直感や感情は、その時々の状況によって変化しやすく、それに頼りすぎることは安易すぎると学ぶこと。そこから、あなた自身の歩みによる、たしかな夢へと近づける。

あなたの性格

あなたの彩る人生とは、理想を実現しようとする意欲に満ちたものである。その理想とは「人間として完璧であること」という壮大なもの。

そもそも10月生まれは「人の中で輝いて生きたい」という願望を持つものだが、あなたにおいてはそれが「輝くためには完璧でなければ」という意識になっている。そこであなたは実際に、哲学をはじめ、その他あらゆる知識を身につけて、常に自分磨きをするのである。

多少頭でっかちで理屈っぽいところはあるけれど、その知識を伝えることで人助けになることも多そう。その知恵の深さと親切な人格に、ファンも数多くいるに違いない。

あなたには周囲から援助される「恵まれた運」があるが、それはあなたがいつも人を助けている、その徳が引き寄せる運なのだ。

仕事の適性

　知識を愛するあなたは、特に執筆業に適性あり。フィクションでもノンフィクションでも、インパクトのあるものが書けそう。

　また、知識を広める教師・講師としても有能。好きであれば、役者やタレントとして活躍する可能性も大。

人間関係の傾向と相性

　たくさんの人に愛され、人の輪の中心にいて大きな影響力を持つ傾向に。

　10月中旬、12月中旬生まれの人は、対等に議論して楽しい交流ができる相手。2月16日〜20日生まれの人とは、おたがいの魅力に離れられなくなる関係。異性なら焦がれる恋のお相手に。4月17日〜21日生まれの人は、あなたの欠点を矯正してくれる人。

長所と短所のまとめ

　人格者で、誰にでも惜しまず愛と知識を与えるあなた。しかし、あなたの理想は俗な人間にとっては、あまりにも大きすぎるもの。自分の理想と、それを理解されない現実の狭間で苦しむこともあるけれど、それでもめげずに進むことで成長できるのである。

マーキュリー（水星）のささやき

心の中にあっては無力なイメージも、言葉に乗せたとたんに現実化に向かう。

October Twenty-second

10月22日

相手を尊重し、協調しながら魂を磨く人

あなたの誕生日力

　飽くなき知的探求により、あなたはいつも潤滑な人間関係の中にいる。個人プレイではなく、グループとしての枠組みの中で、相談し相談され、教えられ教えることにより、あなたの魂は常に成長する。インスピレーションから生まれる自己の可能性の追求は、あなたの迷いを払拭（ふっしょく）し幸せな未来への道標となる。

あなたの性格

　あなたの彩る人生とは、周囲の人たちとのパートナーシップによってイキイキとした色合いに染まるものである。

　10月生まれ特有の「人の中で輝いて生きたい」という願望が、この生まれにおいては「人との協調関係が自分を輝かせる」という意識になっているので、あなたは他者との関わりを何よりも大切にし、周囲の親しい人々との信頼関係のもとで全てを進めていこうとする。

　「人が自分の不足部分を補完してくれる」と考えているため、他人を信用しやすく、ピッタリ噛み合った時には離れられなくなってしまうことも。

　また、人への影響力が大きいために、バランスを崩すと、おたがいを自分のペースに巻き込んだり巻き込まれたりし、居心地の悪い思いをすることが。一つの目標に集中して取り組む力は多大。

仕事の適性

正義感あふれるあなたは、裁判所職員、裁判官、弁護士など法律関係の仕事に適性あり。政治の世界でも、大いに活躍できるだろう。

また、人道的支援を行なっているNPOやNGO、国際的な企業では、生きがいを持って仕事ができるはず。

人間関係の傾向と相性

人間関係は広いけれど、本当に仲よくなるのは少数で、ムードに流されて恋に落ちる傾向も。

10月20日〜24日生まれの人とは、初対面から同質のものを感じて親しめる仲。一目惚れの可能性も。2月17日〜21日生まれの人とは、おたがいの目的のために尽くし合える関係。4月下旬生まれは、あなたの軌道を修正してくれる人。

長所と短所のまとめ

人を大切に扱い、尊重する。しかしあなたの場合、人と協調していくうちに相手の色に染まっていき、人の考えと自分の考えの区別がつかなくなることが。あなたには独自の使命があるのだから、そんな時は自分の本質に立ち戻るよう直感を働かせてみよう。

マーキュリー（水星）のささやき

愛とは、相手の身になり、相手と一体化したがごとくに物事をなすことである。

October Twenty-third

10月23日

一途な思い、強い信念でアタックする信念の人

あなたの誕生日力

　ある意味、古風と言えるくらいな知恵で献身的に尽くすあなたは、常に周囲から何かと必要とされている。だからこそ、心と身体を鍛えることは、自己能力の開発となり、社会的発展へとつながるカギとなる。求められるプレッシャーや進化していくことを恐れず進めば、極上の喜びに包まれる。

あなたの性格

　あなたの彩る人生とは、強い信念で一点集中する、いわばモノトーンの道である。

　10月生まれは「人の中で輝いて生きたい」という欲求を持つものだが、それがこの生まれにおいては「この人にとって、ひときわ輝く存在でありたい」という意識になっている。「この人」とは、あなたがその時に注目した人。

　あなたは、パートナーが自分の不足部分を補ってくれると考えるから、その相手はあなたの一部を埋める人であり、全ての人々へ続く扉なのである。

　その人との結びつきは全世界との結びつきにも等しいので、あなたは予想もつかないような大胆な行動で、その相手の心を得ようとするだろう。同様に、物事への取り組みも一途。

　そういう意味で「信念が固い人」「強引な人」と言うことができそうだ。

仕事の適性

敏感で責任感が強いあなたは、公共サービス、医療・看護、代替医療、コンサルティング、ヒーリングなど、奉仕的な仕事に適性あり。

また、豊かな感受性を武器に、芸術・芸能世界で活躍できる可能性もあり。

人間関係の傾向と相性

見た目よりも、実は人好きで献身的。しかし、プライベートでは頑固で融通がきかないことも多く、少数の人と深くつき合う傾向に。

10月21日〜25日生まれの人とは、おたがいに共感しやすく、一緒にいて楽な相手。2月18日〜22日生まれの人とは、刺激し合い、やる気を出させ合う間柄。4月下旬生まれの人とは、議論によって新しい道を探索できる関係。

長所と短所のまとめ

人にも物事にも一途で、これというものに関しては強い思いでアタックし、必ずそれをものにする。一方で、人には献身的に尽くすため、周囲のあなたへの信頼はとても高いはず。

頼りにされるが、何でも引き受けると大変なので、よく考えて選別しよう。

マーキュリー（水星）のささやき

友情も愛情も、相手あってのもの。おたがいの気持ちのバランスが何より大事。

October Twenty-fourth

10月24日

調和力にあふれた「縁の下の力持ち」

あなたの誕生日力

どんなに小さな事柄でも見過ごさず、ないがしろにしないで展開していける力があるあなたは、エネルギッシュに前進あるのみ。うぬぼれではなく「自分は特別」と信じ、視野を広げて思いきった道の選択を。自己責任を持ち、自分の心をきちんと扱えることができたなら、人生はダイナミックに展開していく。

あなたの性格

あなたの臨む人生とは、周囲の人々との調和を何より尊ぶものである。この生まれは、人を大切にする10月生まれの中でも特別、周りにいる人との結びつきを重視する。

誰とでもうまくつき合う協調性のある人で、みなで一つのものをつくり、盛り上げていくことに喜びを感じるタイプ。一見おとなしめで目立った動きがないように見えるけれど、それは、自分が際立つよりも、周囲との調和を図ったほうがいいと考え、計算して行動するからである。

そう、一人でいると元気がなくなってしまうあなたは、「縁の下の力持ち」のように地味な役割であっても、大勢の中で自分の責任を果たしているのが好きなのだ。

物事に対しては観察力と洞察力に長けており、小さなチャンスも逃さず生かすだろう。機を見るに敏で、逆転の可能性も持つ人。

仕事の適性

ビジネスセンスにすぐれているので、アイディア力と社交性もフルに働かせれば、どんな組織のどのような部署でも、楽にこなすことができる。

カウンセラーや医療関係、介護関係も献身的なあなたにとっては適職。

人間関係の傾向と相性

自分のことより、まず相手のことを優先させるあなたは、周囲からとても愛され、その結果、人間関係はとても広い傾向になる。

6月22日〜26日生まれの人は、あなたの大ファン。10月22日〜26日生まれの人は、あなたの気持ちをまるごとわかってくれる関係。2月19日〜23日生まれの人は、新鮮な気づきを与えてくれる相手。異性なら甘い恋の対象に。

長所と短所のまとめ

協調性があって、誰とでも上手につき合うことができる。しかし、ずっと人に心を添わせて縁の下の力持ちをしていると、自分自身の可能性を忘れてしまうことに。あなたには誰のでもない、自分の特別な使命があることを、いつも意識しておきたいものである。

プルート（冥王星）のささやき

物事の達成の奥には、たくさんの人の尽力がある。ともかく味方を募ること。

October Twenty-fifth

10月25日

気の合う人たちと深く親密な関係をつくる

あなたの誕生日力

　古い自分を壊して、徹底的に再創造するために行動できるあなた。熱中する純粋な気持ちと、感情に左右される自己犠牲的な気持ちとを混同させないことがキーポイント。後ろなんて振り向かず、負の遺産を捨てた身軽さで臨むことで、生まれ変わったような想像以上の未来が待っている。

あなたの性格

　あなたの臨む人生とは、運命のパートナーの色に染め上げられるものである。

　そもそも10月生まれは人との関わりを大切にするものだが、この生まれもまた「おたがいにないものを補い合って、ともに成長していきたい」という根本的な願望を持っている。だから自然に、特定の人と親密につき合うことになる。

　あなたは、気に入った人たちと常に行動をともにし、時には共通の秘密を持ったりして、他とひと味違う特別な関係を楽しもうとするのだ。閉鎖的な関係の中でこそ、あなたは癒され成長できるのである。

　ただ、何らかの理由で親密につき合う相手を変えなければならなくなると、その人に合わせて自分自身をも、まるきりつくり変えるほどの事態となるだろう。

仕事の適性

あなたの鋭い知性と集中力を生かせば、どんな仕事でもすばらしい成果を収めることができる。

また、動植物と心を通わせることができるので、好きであれば獣医、動物園の飼育員、ブリーダー、ガーデナーなども適性あり。

人間関係の傾向と相性

不思議なご縁で、親密になれる相手とは自然に出会うことになる傾向。

6月下旬、8月下旬生まれの人とは、話が合ってうんと盛り上がる関係。10月23日〜27日生まれの人とは、おたがい徹底して信頼し合える関係。2月20日〜24日生まれの人は、行動パターンが似ていて、同じ目標に向かって進める相手。5月初旬生まれの人は、ありがたいご意見番。

長所と短所のまとめ

人を大切にし、特に周囲のお気に入りとは親密な関係を結ぶ。相手に深く深く入っていく関係性なので、万一つき合う相手が変わったりすると、ダメージは計り知れない。新しい相手に合わせて性格も見た目も変わるほど、その自己改造は壮絶なものとなる。

プルート（冥王星）のささやき

とにかく考えよ。何度考えても同じ結論が出るなら、もう微塵も迷わず行動せよ。

October Twenty-sixth

10月26日

人が敬服するほどの責任感と勤勉さ

あなたの誕生日力

　不自由とは安定であることを知っているあなたは、制限のある中でも喜びに包まれる。あなたにとっては人間関係の摩擦こそ、人生の教科書になる。地道な努力で順応し踏ん張るあなたは、実は見事なくらい脆(もろ)くない。自分の中に存在している逞しい守護力を信じて、ひるまず転換していこう。

あなたの性格

　あなたの臨む人生とは、戦車のような強固な意志を特徴とするものである。
　この生まれは威厳に満ち、多少の困難や突発的な事態をびくともせず切り抜けていく強さを持っている。
　常識感覚は豊かだが、反面、物事を「こうあるべきだ」ときめつけると、あくまでその考えに固執する頑固さもある。融通がきかないために変化がなかなか受け入れられず、時間をかけてその事実を受け止めていかなければならないのだ。
　そんなあなただから、人間関係もちょっと不器用。初めての人や場所になじむのに時間がかかるし、また思い込みの強さから人と摩擦を起こすこともしばしば。
　しかし、地道に自分の思いを説明し、人の気持ちを受け取ろうと努力することで、親密で温かい関係が築けるものである。

仕事の適性

人が敬服するほどの責任感と勤勉さを生かし、政治、法律、公務の分野で活躍すれば成功間違いなし。人の上に立つ管理者にも適性あり。

また、人間的な温かみがあるので、医療、介護など、人の健康に関わる分野で重宝される。

人間関係の傾向と相性

固い結束が約束される傾向が。ただし、長い人生の中では、一度や二度は、人間関係が崩れるような辛い経験をすることがありそう。

10月24日〜28日生まれは、あなたを活性化してくれる、つき合って楽しい相手。2月21日〜25日生まれの人とは、おたがいにどこまでも理解、共感し合える仲。異性なら末永く愛し合える恋人に。4月下旬生まれの人は、よきライバル。

長所と短所のまとめ

意志が固く、いつも揺るぎなく進んでいける。しかし、保守的、伝統的な慣習など動かぬ壁に当たると、大胆にも社会そのものを批判し始めるだろう。

自分の力が及ばないことに文句を言っても、それは益のないこと――自分の考えのほうを変えよというサインである。

プルート（冥王星）のささやき

人の考えかたを、よいか悪いかのどちらかだけでは決められない。あらゆる方向から考えよ。

October Twenty-seventh

10月27日

ロマンあふれる冒険のために生きる人

あなたの誕生日力

あなた自身の可能性を広げるための教養を身につけることで、他人にどう思われようと関係ないと言える強さ、追いつめられるほどに次なる可能性に向かうエネルギーが無意識に湧き起こる。あなたは自分の使命を果たすためなら、ある意味、開き直りの勝利とも言える人生を歩めるのである。

あなたの性格

あなたの臨む人生とは、ドキドキ・ワクワクする体験に満ちたものである。

そもそも10月生まれ特有の「人の中で輝いて生きたい」という願望が、この生まれにおいては「輝くためには誰よりも派手なことを打ち上げなくては」という威勢のよい意識となっている。

そこであなたは、華やかで面白そうなことを求め、新しい環境に飛び込んでいくのである。そう、熱いロマンのためには、自分の全てを犠牲にしてもよいと考えるのだ。

あなたは、揺るがぬ強靭な精神で最大限の努力を払い、その冒険に具体的な戦略で挑んでいく。10月生まれらしく人は大切にするけれど、夢のためには人目は全く気にしない。そして、なりふりかまわず壁を乗り越え、逆風に打ち勝って、次々に目的を達成するのである。

仕事の適性

時代の動向を読む力があり、人に対する影響力も大きいので、マスコミ関係の仕事に最適。

この資質はビジネスの世界でも通用し、特に宣伝・広報、販売の分野で才能を発揮する。事業を興すことにも生きがいを感じられるはず。

人間関係の傾向と相性

たくさんの人を自分のペースに巻き込んで味方につけてしまうほど、賑(にぎ)やかな人間関係になる傾向が。

10月25日〜29日生まれの人は、どんな時もあなたを信頼してくれる真の友人。2月22日〜26日生まれの人とは、おたがい一緒にいるとリラックスできて、楽な関係。異性ならやさしい恋人同士に。4月下旬生まれは、成長のための刺激をくれる人。

長所と短所のまとめ

ロマンあふれる冒険のためなら、どんなことでもがんばることができる。あらゆる戦略を練って夢を実現させる手腕は見事。しかし手段を選ばないので、しばしば悪者になることが。

せめて自分が譲れない筋だけは、しっかり通すことが必要。

プルート（冥王星）のささやき

愛と尊敬の気持ちを持ち続けていれば、何年経ったあとでも関係は復活するものだ。

October Twenty-eighth

10月28日

不思議な直感で真実を鋭く見抜く人

あなたの誕生日力

あなたは誰よりも忍耐強く、夢を邪魔する現実の壁を打ち破れるファイター。自分を信頼している偉大なる包容力でもって、過去にこだわらず、新しい考えかたを抱く。ただし、常に熱心であるからこそ、状況判断はカギ。生みの苦しみを経るごとに、大きく逞しく成長し、人生の新領域を広げていける。

あなたの性格

あなたの臨む人生とは、鋭く繊細な直感のささやきに導かれるものである。

この生まれは、よけいなことはあまり話さず、雑談にも積極的には乗らないので、人からは「何を考えているかわからない神秘的な人」と思われているかもしれない。あなたは鋭い直感力を持っていて、他人に関する情報は、常にそれを通してやってくる。

つまり、あなたは人を観察し直感に耳を傾けるだけで、その人のことがあらかたわかってしまうので、わざわざ人の話を聞く必要もないのである。人への興味を外でなく内側に向けて、真実を感じる人と言うことができるだろう。

また、あなたは忍耐力にすぐれており、イヤなことがあってもそれを心の中で分析して統合し、最後には昇華してしまうので、感情を外に出さず処理することもできる。

仕事の適性

思考力と直感力が生きる仕事、たとえば哲学、科学、心理学などに関する研究職で、あなたは最高に輝く。コンピュータ関係やエンジニアリングもよし、人の心を扱う精神分析やカウンセリング、ヒーリング、占術関係もよし。

人間関係の傾向と相性

人と関係を結ぶのに慎重なため、たくさんの出会いは望まないながらも、その分、少数の相手とのつき合いは深くなる傾向に。

8月下旬、12月下旬生まれの人は、気軽に話せてなぜか幸せ感のある相手。10月26日〜30日生まれの人は価値観が同じで、おたがいにシンパシーを持ちやすそう。2月下旬生まれの人とは、深く熱い友情で結ばれる。

長所と短所のまとめ

不思議な直感で真実を見抜き、不屈の忍耐力で壁を突破して進む。

何でも自分一人の中で完結できるのは長所でもあるけれど、周囲のみながそうとは限らないし、それについてこられるとも限らない。必要な時には口に出して、内心を説明するようにしよう。

プルート（冥王星）のささやき

自分の自由に振る舞う時と、人と合わせる時。メリハリをつけること。

October Twenty-ninth

10月29日

何があっても動じない「静かなる観察者」

あなたの誕生日力

何が起きても動じない逞しさを持ち、失敗は全て栄養剤とするダイナミックな生きかたのできる人。偽善や虚栄などは排除して、周囲に囚われない本音の生きかたを追求しよう。エゴに左右されないために、不満はため込まないで。愛憎を越えて感謝し合えるような人間関係を学ぶことで、夢は実現へと向かう。

あなたの性格

あなたの臨む人生とは、冷静沈着さを勝利のカギとするものである。

そもそもこの生まれは、心を乱すこと、物事の荒立つことが大嫌い。常に落ち着いた状態でいるために、心の表面を凪のように落ち着かせて身の回りのことを冷徹に見据えるのだ。

そう、常に「静かなる観察者」なのである。そんなあなたは中心人物ではなく傍観者、たとえシビアな争いごとが起こったとしても動ずることなく、自分を勘定に入れずに仲裁役を務めることができる。

また、心の中で決めたことを確実に守ろうとするのもあなたの特徴。一人で算段し、一人で実行し、そして失敗してもそれをバネにして、辛抱強く目標を達成する。

直感やイメージ力にもすぐれているので、自然に浮かんだアイディアを生かすように。

仕事の適性

物事の隠れた本質を探究する能力を生かして、科学、哲学の研究、またその分野に関した仕事で成功する。精神分析やカウンセリングも適職。

また、正義感があり面倒見もよいので、慈善事業も向いている。

人間関係の傾向と相性

あなたの飾り気がなくシンプルな人柄に、人は尊敬を抱く。その反面、近づきがたいと思われがちな傾向がある。

そんな中で特に、10月27日〜31日生まれの人は、あなたに心からの共感を持って接してくれる。2月24日〜28日生まれの人とは、おたがいに運を活気づかせる心楽しい関係。恋愛にも好相性。4月下旬生まれは、新しい刺激をくれる相手。

長所と短所のまとめ

冷静で動じないあなた。それでは心まで冷たいかというと、全くそうではない。むしろ心の奥に人への熱い思いがあり、それが何かの拍子に浮かび上がっては深い愛憎となって、心を苦しめることが。

しかし、それ自体もあなたを鍛え、人生の幅を広げる材料となる。

プルート（冥王星）のささやき

ドロドロした感情に気づいたら、それから手を放して心に聞け。よい発想が得られる。

October Thirtieth

10月30日

成功を目指して骨太のエネルギーをフル回転

あなたの誕生日力

信じた道を突き進む、エゴではない内面を掘り出せば、あなただけの人生のゴールドラッシュが始まる。あなたの崇高な精神性は、ある意味で孤独との戦いであり、地に足をつけて裏表両面から見てみよう。自分でも持てあますほどの情熱的な感情の渦から抜け出した先で、真実が見えてくる。

あなたの性格

あなたの臨む人生とは、不可能を可能にする、スケールの大きな力に満ちたものである。

そもそもこの生まれは、10月生まれの「人の中で輝いて生きたい」という願望を色濃く持っており、とにかく輝くために骨太のエネルギーをフルに使いこなす人。思い込んだらどんなことにも勇気を持って挑戦し、多少の壁にはびくともせず、負けず嫌いを発揮して、根性で乗り切るだろう。

「自分は絶対に成功するのだ」という信念が強く、時には、社会の決まりや常識に背いてでも、やり通そうとすることが。また、思い切った行動で人を驚かせることもある。

あなたの道は孤独との戦いでもあるが、それを抜けたら大勢の人に評価され、自分が輝く瞬間がくることを知っているので、あなたはひるむことなく進むのである。

仕事の適性

できるだけ規模の大きな仕事に就くことが、あなたの成功の秘訣。組織に所属する場合も、できるだけ大きな企業へ。なぜなら、カバーする仕事の範囲が広がるほどにやる気が出るから。

起業もよし、資格を得てスペシャリストとして活躍するのもよし。

人間関係の傾向と相性

人の気持ちを自分のほうに動かすのがうまく、人間関係を結ぶのが上手な傾向に。

7月初旬生まれの人は、あなたの弱みをよくわかってくれる人。10月28日～11月1日生まれの人は、あなたの意志に理解を示し、協力してくれる相手。2月25日～29日生まれの人は、年齢・性別にかかわらず、よきパートナーの相性。異性なら甘い恋愛も。

長所と短所のまとめ

強い意志と情熱で突き進むあなた。しかし強い者には当然、社会からの風当たりも強くなる傾向。正しいことをしてさえ、自分が悪者のように扱われることもある。

だから、人に有無を言わせぬ知識と専門技術を持って、説得力を高めるようにしよう。

プルート（冥王星）のささやき

人の値打ちは、ものを断る時に出る。上手なNOの伝えかたを研究せよ。

October Thirty-first

10月31日

人との関係性の中で自分を磨いていく人

あなたの誕生日力

あなたは静かなるマグマのようなメンタリティのもと、イマジネーションが豊かにあふれ出す。表面的な現実よりも自分の喜びを探求し、望ましい環境を自ら創造できる。心の奥底に潜んでいる勝負魂は対人関係への攻撃性として使わずに、自身の真実を見抜く力を信じて、真摯なコミュニケーションを。

あなたの性格

あなたの臨む人生とは、さまざまな人間関係から自己を磨き抜く道程である。

この生まれは人が好きで、淋しがりや。もちろん協調性に富み、みんなで一つのものをつくり上げるといった場面が大好きである。

そもそも10月生まれは「人の中で輝きたい」という思いが強いものだが、あなたにおいてはそれが、「一人ひとりが自立して馴れ合うことなく、しかも深いつき合いをするべきだ」という意識になっているよう。だからあなたの理想とする人間関係は、実はとてつもなく高度な精神性を必要とするのである。

しかし、あなたは簡単にそれを自他に要求するので、結果として「裏切られた」「傷ついた」と思うことに。しかし、そういったすったもんだをくり返しながら、あなたは人の気持ちを学んでいくのである。

仕事の適性

豊かなイマジネーションと実際性を生かした職業に適性あり。たとえば、建設、手芸、園芸、商業デザイン、商品企画などで活躍できる。

また、医療や心理、介護方面もあなたの資質を生かす職種。好きならば、音楽・芸能も良好。

人間関係の傾向と相性

同じ目的や趣味を持った人たちと、たくさんの交流の輪をつくる傾向が。ただし、リーダー役を務めるのは、好みではないかも。

10月29日～11月2日生まれの人は、あなたのSOSにすっ飛んできてくれる律儀な相手。2月26日～3月1日生まれの人は、ゆったりと心を交流させられる温かい友人。5月初旬生まれは、あなたの暴走を止めてくれる人。

長所と短所のまとめ

協調性があり、人と真摯(しんし)に関わっていこうという意欲を持つ。しかし、あなたの心の中にはマグマのような情念の奔流があり、それが怒り、恨みとなって噴出することが。それに囚われず、自分の心を客観的に見つめられるようになれば、人生は変わるはず。

プルート（冥王星）のささやき

感情に蓋をしてはいけない。ただただ、そこにあることを認め、囚われないのがよい。

11月
November

The Encyclopedia of Birthdays

November First

11月1日

思い込んだら、とことん没入できる人

あなたの誕生日力

ネバーギブアップとは、あなたのためにある言葉。だからこそ、状況把握と判断は大切。持ち前の深い思考力で理解し、発想力を磨こう。あなたを育ててくれる指導者は、あなたの中で息づいている。ネガティブな心を否定しないで認め、己を責めるのではなく、己の人生を攻めていこう。

あなたの性格

あなたの臨む人生とは、一つのことを最後までやり抜く根性によって特徴づけられるものである。

11月生まれは本質的に「人や物事と深くつながっていたい」という願望が強いものであり、それを色濃く持っているこの生まれは、とにかく思い込んだことに対してとことん没入することになる。

しかし、そのやりかたは非常に冷静。慎重によく考え、コツコツと進むので、確実に成果が上がるだろう。

一方、人間関係においては多少の悩みがあるようだ。人なつっこく、他人のために尽くす愛すべきキャラクターではあるが、ともかく過剰に淋しがりやなのが問題点に。

媚びる、しつこく人の気を引くとも見える態度が、他の人からの誤解や嫉妬を招くので、その辺りは注意したいところである。

仕事の適性

探究心が強く、系統立てて物事をまとめる力を生かす仕事に適性あり。

たとえば、研究職なら、自然科学分野が特に合っているが、その他の研究、法律、金融、不動産など、現実的な分野も得意。好きなら、芸術方面も◎。

人間関係の傾向と相性

いったん親しくなった人とは、一生ものでつき合うあなたは、イヤになっても関係がまた復活するという傾向がある。

10月31日～11月3日生まれの人は、あなたに勝る愛情であなたを包んでくれるはず。同性なら無二の親友に。2月27日～3月2日生まれの人は、律儀な相棒。4月28日～5月2日生まれの人は、耳の痛いことを言ってくれるご意見番。

長所と短所のまとめ

人にも物事にもストレートにぶつかる。しっかりした判断力と回転の速い頭脳、つまり成功者としての資質を持ちながら、人に依存するクセがあるのはなんとも残念なところ。

高い理性と深い感情のバランスをどうやって取るか、そこが人生のポイントに。

プルート（冥王星）のささやき

何事も極限までやらなければわからない。感情にも、とことん振り回されてみて、初めてコントロールができる。

November Second

11月2日

やる気とバイタリティにあふれた懐の深い人

あなたの誕生日力

あなたの描いているビジョンを確立するためには、不安こそ力、挫折はエネルギー源。必要な試練しか起こらないと信じて、心を育てること。懐の深いあなただからこそ、何もかも一人で抱えてがんばらないで。人間は儚く脆く弱いものと知っているあなただからこそ、人を助けるという大きなお役目がある。

あなたの性格

あなたの臨む人生とは、より高みを目指す上昇志向に導かれるものである。

この生まれはやる気とバイタリティにあふれており、人とのつながりを大切にする11月生まれの中でも特に、ハイクラスの人や人間性において尊敬できる人との交流をことさら求める傾向がある。なぜならあなたは、人と交流すればその相手から大きな影響を受ける、と考えているから。

つまり、自分が「この人みたいになりたい」と思う相手以外のそばにはいたくない、ということなのだ。

あなたは誰に対しても物怖じせずに自分をアピールできるので、目当ての人たちの注目を浴び、自分も仲間に入れてもらうに違いない。

しかし、彼らとの交流は自分が背伸びしなければならず、ちょっと窮屈かもしれない。無理は禁物。

仕事の適性

野心と鋭いビジネスセンスを生かし、金融、セールスなどの分野で活躍する。

渉外、調停、メディアなどの分野では、あなたのソツのない性質がものをいう。また、スポーツ、レジャー関係は、活力を注ぎ込める分野。

人間関係の傾向と相性

各分野で活躍している人や有名な人との関わりも多く、賑やかな人間関係ながらも、人を外見や社会的地位で判断する傾向も。

そんな中、何があってもあなたの人間的魅力を見つめ続けてくれるのが7月上旬、9月初旬生まれの人。10月31日〜11月4日生まれの人は、対等に活動できるパワフルな相棒。5月初旬生まれの人は、間違いを正してくれる人。

長所と短所のまとめ

上向きの思考を持ち、がんばりや。だからこそプレッシャーの多い人生に。

高いハードルを自ら設定するので、不安や挫折は多いに違いない。しかし"高い"状況になじもうと努力することで、あなたは実際、"高い"人になっていくのである。

プルート（冥王星）のささやき

今あるものに、心から満足できてこそ、さらに上が目指せる。

November Third
11月3日

🔍 研究熱心で勉強家、冷静な目を持つ人

あなたの誕生日力

あなたの人生は可能性に満ちている。あなたの気弱さはやさしさの証(あかし)ではあるけれど、願望への意志の確立は重要課題。人を指導していける力を信じて、大義という名のもと身勝手な自我へと走らないで。ピンチに強い自分を信じ、上昇していけば、あなたの勢いは止まらない。

あなたの性格

あなたの奏でる人生とは、「考える力」で調和を実現するものである。そもそもこの生まれは、やさしく、弱気なくらいおとなしい傾向。

しかし、研究熱心で勉強家であり、冷静に物事を見つめる鋭い目を持っている。11月生まれ特有の「人や物事と深く結びつきたい」という願望が優秀な頭脳と結びついて、徹底的に考え、戦略的に人を動かすという「策略家的性格」を形づくっているのである。

そこで、何かの責任が生じて行動しなければならなくなると、自分から打って出たくないあなたは、人や物事を裏から「根回し」する形で対応するのだ。人脈に頼ったり、人のポジションをうまく活用したり……。

しかし、そんなあなたに関わった人は不思議と大きなメリットを受け取ることになる。

仕事の適性

　事業を興すのは最適。お金に関するセンスがすばらしく、交渉ごとにも長けているあなたは、ビジネスの世界で活躍し、大成する。

　また、組織の中ではどのような部署についても自分の役割をきちんとこなすことができる。金融関係にも縁あり。

人間関係の傾向と相性

　自分から人に近づくことは少ないけれど、人が集まってなぜか広い人間関係になる傾向に。

　11月1日〜5日生まれの人は、あなたと同類、気持ちを深いところまで理解してくれる。2月29日〜3月4日生まれの人とは、一緒にいると活性化されて楽しくなる関係。異性なら一心同体の恋人同士に。5月初旬生まれは、新たな気づきをくれる人。

長所と短所のまとめ

　おとなしいけれど、策略にすぐれている。

　しかし、気弱でどこか依存的なところがあるため、あなたをコントロールしようと目論む人に、その能力をよくも悪くも使われてしまう心配が。自分の意志をハッキリさせるよう、ふだんから努力を。

ネプチューン（海王星）のささやき

人に支配されている時は、言葉を耳に入れず、目を開いて相手の行動をよく見よ。

November Fourth

11月4日

理想に向かってわき目もふらず一直線

あなたの誕生日力

あなたの人生の目的は、自分にしかできないことの探求と追求。内に秘めたプライドで、固執よりも改革への道の選択を。そう、起こった現象にいつまでも囚われず、それを研究し、人間関係を円滑にする武器とし、次へと向かおう。上昇志向を忘れない限り、その高さに比例する喜びを味わえる。

あなたの性格

あなたの奏でる人生とは、「狭く深く」の精神が浸透したものである。

11月生まれ特有の「人や物事と深くつながっていたい」という願望が、この生まれにおいては「本当にすばらしい人や物事とだけ深くつき合いたい」という形になっているため、あなたの取り組みはなかなかシビア。

たとえば人間関係なら、本当に必要な関係だけを残し、あとの中途半端なものは整理する、といったやりかたをするだろう。あなたは、ごく少数の親しい人と心の底までさらけ出して濃密に関わることで、たくさんのことを学ぶのだ。

そして、物事に対してもまた然り、理想一点に向かってわき目もふらず進んでいく。

夢が大きいほど伸びるので、ぜひ高い目標を見つけたい。

仕事の適性

独自のアイディアで仕事のやりかたを編み出していけるあなたは、ビジネス関係や、ＩＴ、通信関連の仕事で活躍できる。また、明晰な頭脳は研究にも向き、人への興味は、医療、心理学、哲学、宗教分野の適性に結びついている。

人間関係の傾向と相性

人を厳選してつき合うので、人間関係自体は広くなく、それゆえに、「常に一緒にいる人」によって、運命が支配される傾向がある。

そんな中でも、1月初旬、9月初旬生まれの人は、末永く信頼関係を結べる相手。11月上旬生まれの人とは、話がよく通じ合う関係。3月1日〜5日生まれの人は、なぜか癒される相手。4月下旬生まれの人とは、エキサイティングな議論のできる仲。

長所と短所のまとめ

一つのものや少数の人に、集中して向かい合う。多くの人に対応するのは得意でなく不器用な部分があるため、ともすると、そこから不協和音が。

人生には広く人とつき合うことが必要な場合もあるので、体験をバネにまた人に向かっていこう。

ネプチューン（海王星）のささやき

つくり上げるよりキープすることのほうが難しい。何ごとも長続きを目指せ。

Novenber Fifth

11月5日

🔑 いつも人の輪の中心になって活動する

あなたの誕生日力

勝っても負けてもプラス展開できる力を持っているあなたは、創造への破壊をくり返すほどに大きく成長する。あなたの行きたい道のりは、己一人だけではパワー不足だと知り、短気は損気と捉え、忍耐でもって手中に収めて。あなたの中から湧き起こる義務感と正義感のもと、あなたの活躍の場は無限大。

あなたの性格

あなたの奏でる人生とは、人とのハーモニーに満ちたものである。

11月生まれは、とかく物事や人と深くかかわりたがるものだが、この日生まれは、「人が一つの目的のために結束し、団体の力でことにあたる」という図式に夢が広がるよう。

だから、あなたは何かで人が集まると、すぐに組織をつくりたがるだろう。一人ではなかなか腰の重いことも、「みんなでやればできる」とあなたは考え、実際に人をまとめて行動する。そこであなたの周りには、あなたを中心としたあらゆる人の輪ができるのである。

失敗を成功に換える逆転の運があり、不屈の忍耐力も備えたあなたは、スケールの大きな目的を達成できるはず。ワンマンにならず周囲の人への思いやりをもって動けば、未来に栄光が待っている。

仕事の適性

ネットワークをつくるのに巧みなあなたは、自営業に適性があり、特に、共同経営はやりがいのある仕事となる。

ネットワークビジネスもうまく乗ると大きく育つはず。また、相談業、とりわけ経営コンサルティングなどで活躍する可能性も多大。

人間関係の傾向と相性

たくさんの人の気を引くのがとても上手だが、他人の気持ちを力で支配しようとする傾向も。

そんな中で、11月3日～7日生まれの人とは、おたがいに誠心誠意、尽くし合える相性。3月2日～6日生まれの人とは、深い友情・愛情で結ばれそう。年齢・性別にかかわらずベストな相性。5月上旬生まれは、あなたの欠点を指摘、修正してくれる人。

長所と短所のまとめ

中心になって人をまとめ、活動できる。しかし、もともと人が集まって何かするのが好き、という動機で始まることなので、ともすると目的を忘れてしまいがち。

何のために人が集まるのか、そこをきちんとふまえて活動すれば、みんなが満足するはず。

ネプチューン（海王星）のささやき

人を自分の思い通りにするのもよいが、人のペースに巻き込まれた振りをするのも戦略の一つである。

November Sixth

11月6日

天性の"かわいがられ運"に恵まれた人

あなたの誕生日力

あなたが経験する辛い現実の全ては、自身の魂を成長させるために、自分自身で仕組んでいる。人間関係の厳しさ煩わしさこそ、あなたのパワーの源に。裏切られても裏切らず、忍耐でもって挑むこと。あなたの持ち前の明るさで周囲を照らせば、魅力は倍増し、人気の渦は拡大する。

あなたの性格

あなたの奏でる人生とは、奥ゆかしさによってますます輝くものである。

この生まれは本来とてもおだやかな性質で、一歩引いているタイプ。平和主義で争いを好まず、11月生まれ特有の「人と深いつながりを持っていたい」と願う気持ちにより、大変やさしいのも特徴である。

ところが、この生まれは特に「認められたい」という願望が強いために、ある時は衝動的に、人に対して傲慢とも受け取れる態度で接してしまう。

その態度と、いつものあなたとのアンバランスは当然、人を驚かせ、不協和音を生じさせるだろう。

しかし、その時点があなたの重要ポイントであり、速やかに心を収め、言動を改善したいもの。そうすることで、持ち前の"引き立てられ運""かわいがられ運"が戻ってくるだろう。

仕事の適性

　好きなことをしているうちにそれが職業になる、ということが多い。趣味が昂じて講師になる、道楽でそのままプロになるなど。

　また、自営業にも生きがいを感じられるが、特に人と共同で事業をすることには適性あり。

人間関係の傾向と相性

　基本的には受身で、自分からつき合いを求めていくことはないながらも、この人と思う相手が見つかると、突然、積極的になる傾向がある。

　11月4日〜8日生まれの人とは、おたがいを癒す間柄で、悩み相談にはありがたい相手。3月3日〜7日生まれの人とは、何ごともツーカーでやっていける相棒に。5月上旬生まれは、新鮮な気づきを与えてくれる人。

長所と短所のまとめ

　おだやかでやさしく、人をホッとなごませてしまう。ニコニコ笑っているだけで幸運が降ってくる、恵まれた人である。

　エゴの強さと、すぐに心を閉じてしまうヘソ曲がりなクセを修正すれば、予想外の明るい未来が約束されるだろう。

ネプチューン（海王星）のささやき

この世で何より強いのは、人を思いやる言葉とやさしい笑顔。

November Seventh

11月7日

口数が少なく神秘的なムードを漂わせる人

あなたの誕生日力

安定した精神力で目の前の現実に取り組み、壁を乗り越えることのできるあなたは、大きなことを目指すより、毎日の着実な積み重ねの中でこそ、心が満ち足りる。維持継続と忍耐こそ、あなたの生きる糧(かて)であり、あなたを育てる。頭で考え込むより現実で生かす実践こそが、あなたが宝であるという証(あかし)。

あなたの性格

あなたの奏でる人生とは、ミステリアスさの中に深い味わいを秘めたものである。

この生まれは自分の気持ちをあまり外に出さないため、神秘的なムードを漂わせているように見える。

11月生まれ特有の「人と深くつながっていたい」という欲求はあるものの、あなたは「人とつながる前に、自分は完成した個性でもある」という思いが強いため、他人とは群れないのである。

自分の気持ちをシェアしたくないあなたは、当然口数も少なく、「何を考えているかわからない人」「とっつきにくい人」「神秘的」などの評価となるのだ。

しかし、内面で徹底的に考えることから出たその数少ない言葉は、的確に本質をつかんでおり、周囲の人々をしてあなたに一目置かせることとなるだろう。

仕事の適性

真剣な仕事ぶりと責任感の強さで、どのような職場でも戦力として重宝される。

専門の資格を持てば、活躍の場が広がる。また、たとえ苦手な部署に配属されても、それを使命と受け止めて励むので、いつの間にか第一人者に。

人間関係の傾向と相性

自分からは人に近づかないし、人もあなたを尊重して遠巻きに見ているといった具合に、人間関係はごく狭いものになりがちな傾向。

そんな中、11月5日〜9日生まれの人とは、おたがいに深いシンパシーを感じられる関係。3月4日〜8日生まれの人は、あなたにポジティブな変化を引き起こしてくれる相手。また、5月上旬生まれの人は、あなたの問題点を教えてくれる人。

長所と短所のまとめ

自分で自分の全ての責任を負って生きる逞しさがある。しかし、時に自分の力を過信し、大きすぎることをなそうと考えるかも。

あなたの場合、いつものごとく毎日を地道に確実に生きることこそ、人生を開く道であることを忘れずに！

ネプチューン（海王星）のささやき

何かを得るということは、何かを手放すこと。手放すことを恐れてはいけない。

November Eighth

11月8日

一点集中の徹底した努力が持ち味

あなたの誕生日力

あなたの元気は周囲を癒せる力がある。だからこそ、湧き起こるエゴイズムをいなす気持ちのコントロールと、忍耐とは何なのかを知ることが必要不可欠。我慢はストレスを生むだけだが、辛抱はあなたを確かな幸せへと導く。小さな枠に収まらないほどの、あなた自身のスケールの大きさを信じて歩もう。

あなたの性格

あなたの奏でる人生とは、一点集中のすさまじい力によって推進されるものである。

11月生まれは、そもそも胆力と集中力に恵まれているが、この日生まれのあなたは特に、持ち前の大きなエネルギーを一点に集中するのが得意。そうして、スケールの大きな仕事を独力でこなすのである。

しかし、がんばり通しではなく、人生にメリハリをつけられるのは恵まれたところ。たとえば、目標を達成するまでは、それこそプライベートを全て犠牲にして徹底的に精進するけれど、それが終わってしまうと今度は徹底的に弛緩する、といった具合。

思い込むと周りが見えない人なので、共同作業より単独作業に向くタイプだが、「物事は人のためにしてこそ喜びである」ということは常にわきまえておこう。

仕事の適性

人の上に立つことや交流することに適性あり。野心も勘も人一倍なあなたは、ビジネスの世界に独自のアイディアを持って打って出るのがよし。

また、人にアドバイスをするセンスもあるので、教師、弁護士、カウンセラーも適職。

人間関係の傾向と相性

誰とでも如才なく交流することはできても、深くつき合う相手はよく選ぶ傾向に。

そんな中で、7月中旬生まれの人は、一生もので快い心の交流を持てる相手。何があっても離れたくないと思うほど気の合う人は、3月5日〜9日生まれ。恋愛でも激しく燃え上がりそう。11月中旬生まれは、刺激し合う相手。5月中旬生まれは、よきライバル。

長所と短所のまとめ

徹底した努力で目標に集中するあなたは、うまくいけば周囲にとって模範的な存在に。

しかし、強烈な自意識からくるエゴにとらえられると、共感が得られず真の孤独に。周囲を慮(おもんぱか)ることはストレスだが、それこそが成功へのカギと知ろう。

ネプチューン（海王星）のささやき

困難を力で砕こうとすれば、燃え尽きる。困難を楽しもうとすれば、力は無限に湧き上がる。

November Ninth

11月9日

🔑 直感からのメッセージで周囲に嵐を巻き起こす

あなたの誕生日力

　破壊と創造という言葉は、あなたに与えられた大いなるミッション。あなたに起こるトラブルの全ては、心を鍛えるために必要不可欠な栄養剤。不安や迷いを断ち切るのではなく、それらを抱えることで、あなたの求めている自由への道は開く。素直な価値観のもと歩んでいった先で、己の人生の偉大さに気づける。

あなたの性格

　あなたの奏でる人生とは、直感からのメッセージによって調べが変化するものである。

　この生まれは、11月生まれ特有の「人と深くつながりたい」という欲求に従い、境界がなく、常に人の気持ちを受け入れる準備のできたキャラクター。

　だから人づき合いがよく、みんなが仲よくしていることを快と感じる平和主義者である。

　そして基本的に受身で周囲の流れに乗っていくため、人からは「おとなしくていい人」と思われていることだろう。

　しかし一方で、あなたには無意識からハッキリとした形で浮き上がってくる強烈な直感力が備わっているため、我知らずそのメッセージに従って行動するところが。

　それがしばしばあなたの周囲に嵐を巻き起こし、あなたの世界を一新していくのだ。

仕事の適性

頭がよく、物事に対する勘所をおさえているので、学者、法律家、執筆家などは適職。心理学、医学など、見えない領域を含んだ分野の研究には、卓越した才能を発揮する。

また、"なりきり"の特技を生かして、俳優、ショービジネス関係の仕事も適性あり。

人間関係の傾向と相性

誰とでも親しくなれると考えるので、人間関係にはあくせくせず、来る者は拒まずの姿勢でいる傾向が。

11月7日〜11日生まれの人は、他人にはわからない、あなたの深層を理解してくれる相手。3月6日〜10日生まれの人は、おたがいに魅力を感じる相手。異性なら一目惚れの可能性もあり。印象は今一つでも、思いがけず展開する人間関係は、5月上旬、1月下旬生まれの人。

長所と短所のまとめ

平和主義でやさしいあなただが、その運命は大きく揺れ動く。受身なあなたは、何か起こるとつい逃げ腰になったり、辛い現実を認めまいとしたり。

しかし、そこで不安のタネとまっすぐに対峙することが、あなたの望んだ現実を引き寄せる第一歩。

ネプチューン（海王星）のささやき

主張すべきところは、断固として主張せよ。

November Tenth

11月10日

外と内の節度を保つ手堅い守りの人

あなたの誕生日力

あなたの人生は、サバイバルな冒険。だからこそ、守ってばかりでは先に進まない。待つことには意味があるが、同時に仕掛けていかないと道は開けない。方向転換を恐れずに突き進むことで、あなたの能力は開花する。変化をラッキーと楽しむことで、刺激的で歓喜に満ちた人生を約束されている。

あなたの性格

あなたの奏でる人生とは、手堅い守りの姿勢によって特徴づけられるものである。

この生まれは、11月生まれ特有の「人と深くつながりたい」という欲求とともに、「自分のプライベートをきちんと確保しよう」という意識も持っている。

つまりあなたは、オンとオフ、公と私の区別をしっかりつける人なのだ。外でのことを家の中に持ち込んだり、家の中での愚痴を外に漏らしたりということは一切なし。

そんな、一種潔癖とも言えるあなたは、実は守りが固く、周囲の物事が脅かされたり変化したりすることがあまり好きではない。

そこで外部のものを全て排除しようとして、停滞ムードに陥ることが。人生を活性化させるためには、時に冒険を覚悟して強気で仕掛けることも大切。

仕事の適性

知的な分野が性に合っている。哲学、宗教、医学、心理学などの研究や、それに関した仕事に就けば、成功間違いなし。

また、人や物事を系統立ててまとめることが得意なところを生かせば、どんな組織でもトップに立てる。

人間関係の傾向と相性

「一対一の関係」を大切にすることから、職場の人を家族に引き合わせたり、サークルの友人を同僚に紹介するといったことはない傾向に。

11月8日〜12日生まれの人は、以心伝心、似た者同士で気持ちをわかり合える相手。3月7日〜11日生まれは、絶妙の呼吸でパートナーシップを組める人。6月初旬生まれの人は、インパクトのある刺激をくれる相手。

長所と短所のまとめ

外と内の区別をつけ、節度を保って生活する。公私混同しないのは見事だが、自分のことを話さず、心を閉じて変化の風を入れない性質は、人の心を遠ざけることにも。

イキイキした人間関係は、人生の喜びのもと。周囲の波に乗る柔軟性を養うよう、心がけたいもの。

ネプチューン（海王星）のささやき

夢は大きなほうがよい。それは、その人のエネルギーのバロメーターである。

November Eleventh

11月11日

固い信念と強靱な精神力で挑戦する人

あなたの誕生日力

夢という言葉は、あなたのためにある。ただし、それは当然、自分から逃げなかった先でこそ、かなうもの。現実をしっかりと見据え、情報を駆使し、知識を得たなら、知恵を絞り、実現に向けて行動を。あきらめを知らない「たゆまぬ努力」と「タフな信念」のもと、あなたの描く人生の成功が創造される。

あなたの性格

あなたの奏でる人生とは、固い信念によって統制されるものである。

そもそもこの生まれは粘り強く、一度決めたことは必ず貫く強靱な精神力を持っている。11月生まれらしく「人と深くつながりたい」という欲求はあるが、それよりも自分が信じる「絶対善」、これをかなえて初めて人の前に出られると考えてもいるようだ。

正しいと思ったことは、全世界を敵に回しても貫こうという覚悟を持つため、思い込んだらテコでも動かない。だから逆に言えば当然、人と足並みをそろえるのは苦手で、「いつも自分は浮いている」といった感覚を持つだろう。また、周囲の人との食い違いもしょっちゅう。

しかし、それを貫いたところに本当の理解があると信じ、それでも自分を曲げない人なのだ。

仕事の適性

　集団行動の仕事より、単独行動に向いている。組織に属するより、独立してできる仕事を目指すほうが適性はあるが、どのような分野にも対応できる。特に、心理学関係やカウンセラー、アドバイザーといった人を扱う仕事には、独特の才能を発揮する。

人間関係の傾向と相性

　好き嫌いがハッキリしているので、人間関係はそう広くはないながらも、親しい人とは特別な感情でつながる傾向。
　1月上旬、9月中旬生まれの人は、あなたの崇拝者。11月9日〜13日生まれの人は、同じ信念を持つ「同志」。3月8日〜12日生まれの人とは、温かい心の交流ができる。5月中旬生まれの人は、よきライバル。

長所と短所のまとめ

　強い信念の持ち主。その信念を実現させるためなら何を犠牲にしてもよいという覚悟を持つあなたは、スケールの大きなことを成し遂げられる。
　超頑固な性質のために人間関係は波瀾万丈ぎみだが、わかってもらえるという信念であきらめず行動するので、ついには周囲が折れる。

ネプチューン（海王星）のささやき

人を納得させるものは、外見より、言葉。言葉より、生きる姿勢。

November Twelfth

11月12日

常識や限界の壁を大胆に踏み越える人

あなたの誕生日力

　保守的な心からの脱出、それは成功への扉を開くカギ。そのためには、人は支え合っているという「あたりまえのこと」に根ざした生活リズムを持つこと。相手から望まれたことをやり通すことこそ、あなた自身の望む道となる。勇気を持ってやり通し、未知へとひるまず臨んでこそ、崇高な精神性で周囲を導くことは、この上ない喜びになる。

あなたの性格

　あなたの奏でる人生とは、一線を越えることから展開するものである。

　たとえば、ふつうの人なら抵抗感を持つことだが、あなたは自他の境界線を一気に飛び越え、喜んで自分の中の全てをさらけ出す。すると、相手もまた心を開いて他の人には見せないものを見せてくれ、時には誰も知らない貴重な情報をあなただけに開示してくれることになる。

　また、自分が「欲しい！」と思ったら桁の違う金額でも支払うなど、常識を吹っ飛ばした思い切った行動をする。

　このように、よきにつけ悪しきにつけ、本来なら踏みとどまる常識の範囲を超えるのが、あなたの特性。だから、何か大きな目的に向かう場合、常識や壁を踏み越えるその「大胆さ」をいかにうまく発揮するかに、成否のカギがある。

仕事の適性

「親しげで魅力的な自分」を人に印象づけたり、アイディアを面白おかしく伝えたりするのが上手なあなたは、俳優、タレント、コメンテーター、キャスターなど、芸能関係の仕事に適性あり。

と同時に、どんなビジネスの世界でも、その才能は重宝される。

人間関係の傾向と相性

人間関係は華やかで、老若男女さまざまな人とかなり親しくなる傾向に。

そんな中で、11月10日～14日生まれの人とは、一緒に行動すると有意義な結果を得られる関係。3月9日～13日生まれの人とは、同じペースで盛り上がれる相手。6月中旬生まれの人は、困った時のお助けマン。4月下旬生まれの人は、耳の痛い忠告をくれる相手。

長所と短所のまとめ

自分の気持ちを包み隠さず、思う通りに生きる。しばしルール破りをして、自分の目的を達成することもある。

しかし、その目的が本当に必要で真に自他のためになることなのか、それとも単なる自分の気まぐれなのかを、よく見きわめる必要がある。

ネプチューン（海王星）のささやき

度の過ぎた遊びも、敢えて自分に許そう。それはカンフル剤としてあなたを元気にする。

November Thirteenth

11月13日

激しい情熱を洗練されたエネルギーに変えて進む人

あなたの誕生日力

あなたの心の中に湧いているマグマのような情熱の塊。しかし、時にはそれが傲慢なるエゴとなる。シビアな現実を直視して、心をおだやかにコントロールし、言葉ではなく行動でもって、立ち向かおう。衝動的で強烈な破壊力を創造へと転換できたなら、あなたの人生は想像を超えた熱い喜びに包まれる。

あなたの性格

あなたの歩む人生とは、あなたの中の激しい情熱をいかに手なずけるかの道程である。

この生まれが持っている荒々しいエネルギーは、幼い頃には傲慢な態度や、誰にでも刃向かっていく反抗性として表われることが多い。

しかし、成長するに従って、あなたはこの力を洗練させ、もっと平和的な表現に昇華させることができるようになる。そう、たとえば11月生まれ特有の「人と深く関わりたい」という衝動から、持てあます情熱をサービス精神に転化することが多いだろう。

人から頼りにされる人望厚い人物。人を喜ばせて幸せにし、絶大な人気を獲得する人物。あなたはそのように、誰から見ても好ましい、愛すべき人に変身していくに違いないのである。

仕事の適性

　知性と言葉の力にすぐれたあなたは、法律、教師など討論の力が試される仕事、文筆関係、研究、セールスなどにも本領発揮。

　また、エンジニアやＩＴ関係など、技術系の仕事も好きならば天職と言えそう。

人間関係の傾向と相性

　誰にでも人なつっこく対応でき、本来は「好き嫌い」がないはずなのに、時に「この人だけはダメ」という人が現われる傾向がある。

　7月10日〜14日生まれの人は、あなたの強力なサポーター。11月11日〜15日生まれの人は、心底わかり合える相手。3月10日〜14日生まれの人とは、言葉もいらないほど気持ちが通じ合う仲。異性なら、理想的な恋人に。

長所と短所のまとめ

　激しい情熱を洗練された建設的なエネルギーに変えて、人を幸せにする。

　ただ、生来の情熱を力任せに抑える方向にいくと破壊力として現われ、人間関係などを変化させることが……。心おだやかに気持ちのよい方向へコントロールしよう。

ルナ（月）のささやき

人は他人の言葉でなく、自分がぶつけた否定的な言葉によって逆上する。言葉は繊細に。

November Fourteenth

11月14日

不屈の闘志でミッションを遂行する戦士

あなたの誕生日力

動かざること山の如しとは、あなたの人生そのものであり、賞賛できる。ただし、その深い見識と意志の強さを、単なる強情さと履き違えないこと。人の意見にも耳を貸すということは課題でもある。堅実な毎日の積み重ねで生まれた揺らがない主軸は、あなた自身の豊かなる人生の道しるべ。

あなたの性格

あなたの歩む人生とは、高邁な理想に向かってわき目もふらず進む道のりである。

この生まれは、いったん走り出したら目的地に到着するまで絶対にあきらめない。あなたは、まるでミッションを遂行するために訓練された戦士のように、不屈の闘志で迫る壁を打ち砕き、どんな遠回りにもめげることなく進み続けるのである。人が耳のそばで話をしていても全く聞こえないほどの、すさまじい集中力で日々努力。

チャレンジ精神、開拓精神も旺盛で、新しい分野にも恐れずに飛び込み、それなりの成果を上げることもできるだろう。そんなひたすら純粋なあなたの行動は、それを見た周囲の人を元気づけ、「自分もがんばらねば」という心の火を灯していくことになるのである。

仕事の適性

一つの目的のために日夜励む研究職、またはビジネスに合っている。

特に、自分で会社を興して経営するのはあなたの最高の生きがいとなる。組織に所属するなら、管理職に適性あり。カウンセラーやセラピストとして活躍する道もあり。

人間関係の傾向と相性

あなたの周りにはたくさんの人が集まるのと同時に、反対者やライバルも多くなるのは、ある意味でしかたがない傾向と言える。

そんな中で、11月12日～16日生まれの人は、あなたと常に同意見の似た者同士で、気楽につき合える相手。3月11日～15日生まれの人は、一緒にいれば、ますます元気になれる関係。5月中旬生まれの人は、あなたのご意見番。

長所と短所のまとめ

揺るがぬ理想に向かって、強い意志で邁進する。しかし、意志が強固な人にありがちな、ワンマンさも持っているのは否めない。

人の意見に耳を傾ける柔軟な姿勢が、特にあなたの人生には福音をもたらすことだろう。

ルナ(月)のささやき

休む時に徹底して休めば、その次の活動はよりダイナミックになる。

November Fifteenth

11月15日

冷静かつ慎重、知性を武器に高い理想に挑む

あなたの誕生日力

あなたが選んだ人生の目的を山にたとえるなら、標高はエベレスト。しかしそれは、一つひとつの努力を積み重ねた先でたどり着けるもの。その時々の自分の感情に流されず、真摯（しんし）な直感を信じて。全てを抱え込まずに、時には手放すことも恐れず、あるがままの人生を描いて進もう。

あなたの性格

あなたの歩む人生とは、知性と洞察力を武器に高い理想を実現していくストーリーである。

そもそもこの生まれは、プライドも人生の目標も高いのが特徴。あなたは驚くほど正確な判断力で、その高い目標をクリアしていくだろう。

何ごとも慎重に観察し、全てを見通してから結論をつけるので、その決断は間違うことがないのである。

いつも冷静で、周囲が慌てふためくような非常事態にさえ全く動ぜず、的確に行動できるあたりは、他から絶大なる信頼を寄せられるポイントである。

そんなあなたは、人間関係でも冷静かつ慎重。観察力と本質を見抜く洞察力を総動員するため、人には簡単にだまされない。しかし慎重すぎて、人を信用するまでに長い時間がかかるのでタイミングを逃すことも……。

仕事の適性

知性を武器に、いつも頭を使っていなければならないような仕事に参入すれば、それが最も満足できる道。

たとえば、学問、法律、政治など。また、回転の速いビジネスも◎。自営業でやりたいことをやるというのも、あなたには合っている。

人間関係の傾向と相性

相手のことを全て知ってからつき合いを始めようといった感じなので、人間関係は少数精鋭の傾向。

そんな中、11月13日〜17日生まれの人は、おたがいに心の内を打ち明けることのできる関係。3月12日〜16日生まれは、なぜか心を強く引かれ合う相手。異性なら激しい恋の相手かも。5月下旬生まれは、価値観を変えるきっかけをくれる相手。

長所と短所のまとめ

高い理想に向かって、知性と判断力で挑んでいく。冷静に地道に進んでいけるが、プライド高く完璧を目指すその性質から、何でも一人で背負い込んで苦しくなることが。

たまには息を抜いたり人に頼ったりして、柔軟にことを運んでみてはいかがだろう？

 ルナ（月）のささやき

人の全てを知りつくすことはできないが、ほとんどは感じることができる。

November Sixteenth

11月16日

どこでも生きていける自由自在で器用な人

あなたの誕生日力

変化や戦いといったことから逃げずに打ち勝てる、あなたは生粋のファイター。だからこそ、自らの枠の中に閉じこもった閉鎖的な自我を脱出し、本物の意志の確立を目指して。人と関わることで心を育てた先に、自己ビジョンへのチャンスがつかめる。己の秀でたマインドを信じ、自由なる旅立ちを。

あなたの性格

あなたの歩む人生とは、自由自在なものである。そもそもこの生まれは、どんな場所にもなじみ、どんなことでもこなしてしまう、とても器用な人。

11月生まれ特有の「人や物事と深くつながっていたい」という欲求を、この生まれのあなたも色濃く持っており、とにかく全ての人、場所、ことに対して心を開くところから、その器用な性質が出てくるのだ。

何でもできるから、どこででも生きていける——そこであなたは、自由気まま、ふらりと旅に出るような生活もお手のもの。次々と違うことがしてみたくなったり、住む場所を変えてみたくなったりと、日常生活でも変化は多いほうだろう。

ただ、器用貧乏に陥らないためには、常に「今自分が本当にしたいことは？」と問い続けることが必要。

仕事の適性

自分のやりかたで自由に仕事がしたいと考えるので、自営業にロマンを感じる。ただし、本当に天職と思えるものに出合うまでには、いくつかの職業を経験する。営業、販売、広告などに適性あり。

人間関係の傾向と相性

広く浅くの人間関係の中で、イヤだと思っていた人と最終的に親友になるなど、どんでん返しをいくつも経験しそうな傾向に。

11月14日〜18日生まれの人とは、心の底からわかり合える関係。3月中旬、7月中旬生まれの人とは、協力し合えば不思議と物事がうまくいく相手。4月初旬、6月中旬生まれは、目からウロコの生きかたを提案してくれる人。

長所と短所のまとめ

何でもこなし、誰とでも気さくにつき合える、器用な人。身の回りの変化やトラブルにうまく対応できる柔軟さも長所だが、逆に一つ所にとどまれないのが、あなたの悩みに。

しかし、「いろいろな経験をしたのちに、やっと落ち着く」——あなたの生き方は、それでよいのだ。

ルナ（月）のささやき

苦手を克服するには、それを好きになるよう努力するのが一番の早道。

November Seventeenth

11月17日

頼まれるとイヤと言えない人情派

あなたの誕生日力

あなたの順応力は天下一品。しかも、周囲に安心を与えられる人。だからこそ、刺激を求めることはサプリメントとなるが、安定は退屈だと考えるのは、贅沢な悩みであり、慢心だと知ろう。あなたは無限なる可能性の宝庫であり、それを邪魔するのもあなた自身。常に自分に挑む姿勢で自己能力への探求を。

あなたの性格

あなたの歩む人生とは、他人と一体化する力を特徴とするものである。

人なつっこく、淋しがりや。11月生まれは「人と深くつながりたい」という欲求を持つものだが、この生まれは「人と深くつながるために、考えかたを一緒にしよう」という意識をも抱く。

そんなあなたは、人の意見をまるで自分の意見のように受け取ることができ、自分がよいと思ったものは、周囲にすすめて共有しようとする。そこであなたは、人となじみやすく高い順応力を見せる。どちらかというと受身で、頼まれるとイヤと言えない人情派でもある。

ただ、自分のよいと思ったことや考えを誰彼かまわず、すすめてまわるところは、かなり押しつけがましく受け取られるようなので、迷惑がられない範囲に自粛しよう。

仕事の適性

人と関わる仕事で大成する。特に、人に親しまれるアイディアを発想する力と言葉の力で、メディア関係、執筆、講演、営業、企画、開発などの分野で活躍できる。

政治や法律なども適性あり。派手な世界が好きならば、ショービジネスも可能性あり。

人間関係の傾向と相性

アットホームでおだやかな人間関係が展開するが、この人と思える相手には、やや依存的になる傾向が。

そんな中で、11月15日〜19日生まれの人は、あなたの気持ちにノリよく応えてくれる相手。どんなことがあっても信頼し合っていけるのが、3月14日〜18日生まれの人。異性なら甘く熱い恋人同士に。5月中旬生まれは、発想の転換をさせてくれる関係。

長所と短所のまとめ

人なつっこく、周囲の気持ちに心を合わせて平和的に過ごす。しかし、だからといってそれは、自分の個性を追求することを放棄したわけではない。

ただ、自分なりの刺激を求めて行動する時、慣れないので、暴走してしまうこともある。自分をよく見つめ、バランスを保とう。

ルナ（月）のささやき

全ては一つながり―― その視点に立てば、あからさまな束縛や依存は必要がなくなる。

November Eighteenth
11月18日

「夢見る力」が旺盛なマイペース型

あなたの誕生日力

あなた自身の学習能力と探究心。これがあれば、あなたの行く手を阻む現象は常にプラスへと転換し、感性の拡大を目指せる。虚栄心と無意味に贅沢をしたいと望む気持ちさえ打破すれば、挫折感は明日への栄養剤となる。いかなる時も謙虚さを忘れず、自分をクリエイトして芸を磨くことで、心も身体もリッチな道を歩んでいける。

あなたの性格

あなたの歩む人生とは、「夢見る力」によって輝くものである。この生まれは一見、のんびりマイペース。実際、人と争うこともなく、「周囲で起こることなど、どこ吹く風」といった超越したムードさえ漂わせている。

しかし表面のおだやかさとは裏腹に、あなたの内面には高い理想とたくさんのファンタジーが渦巻いているのだ。あなたは自分の内面生活をとても大切にするので、一人でいろいろなことを考えたり、物事のシミュレーションを行なったりするのが好き。

必死で勉強や自分磨きをするけれど、実はプライドが高く、その姿を絶対に人に見せることはない。こうして内面で忙しく作業をし、スマートに実際生活につなげていくあなたこそ、まさにクリエイティブな人と言うことができる。

仕事の適性

勉強熱心で責任感も強いあなたは重宝され、たいていの職業分野で成功する。

特に人を統率すること、教え導くことが得意なので、管理職、経営者、教師、政治家などに適性あり。好きならば、演劇関係の仕事にも生きがいを見出せそう。

人間関係の傾向と相性

基本的に孤独好きなので、人と群れることはなく、ごく少数の親しい人にだけ心を開く傾向が。

そんな中で、1月中旬、9月中旬生まれの人は、あなたのサポーター。11月16日〜20日生まれの人は、あなたのスタンスを理解し、よい距離感でつき合ってくれる相手。3月15日〜19日生まれの人は、フィーリングがピッタリ。異性ならば恋人相性。

長所と短所のまとめ

マイペースで自分の内面を充実させていく。しかしその姿勢が行きすぎれば、自分の周囲に壁をつくることにもなり、外界からのパワーが遮断される結果に。物事が滞ってしまわないためには、時に心を外に向かって開き、新たな刺激で自分を変化させよう。

ルナ（月）のささやき

価値ある自分にふさわしく装うのと、価値をつけるために着飾るのとは、別のことである。

November Nineteenth

11月19日

素直な心でエキサイティングな変化を楽しむ

あなたの誕生日力

あなたの使命は、平凡な人がうらやむほどの、ある意味贅沢なくらいの変化の先にある。だからこそ、倦怠感は注意信号。遊び心あふれた人生のサーファーであることを自覚し、何よりも自分を信じる力で迷いからの脱出を。美への感性を求め、現実を見据えた順応力を育成することで、豊かなビッグウェイブは永遠に続く。

あなたの性格

あなたの歩む人生とは、エキサイティングな変化に満ちた山道である。

そもそも11月生まれには「いろいろな人や事柄と密につながっていたい」という欲求があり、あなたはそのために心を常に開いている。

ゆえに周囲の影響力があなたに向かってほとばしり、結果としてあなたを巻き込むようにことが動いていくのだ。

あなた自身は、やさしくお人好し。人の頼みを断ることもできなければ、困っている人を見放すこともできないタイプで、まさに受身。そのために、人が引き寄せてくるさまざまな体験を拒否することは難しい。

興奮に満ちた人生ではあるが、周囲に振り回されたり、人の気持ちを優先するがゆえに優柔不断に陥ったりすることも。せめて自分の意見は明確に表現すること。

仕事の適性

仕事はソツなく勤勉にこなすので、どんな職場でも人一倍活躍できる。

お金に対するセンスがあり、変化のある職場が好きという点では、ビジネスや金融の分野に適性あり。メディア、広告、芸術方面の仕事も有望。

人間関係の傾向と相性

たくさんの人から好かれて賑(にぎ)やかな人間関係の中、優柔不断さから関係がこじれると泥沼化する傾向も。

11月17日〜21日生まれの人とは、以心伝心で通じ合える仲。3月16日〜21日生まれの人とは、心から思い合い、いざという時に助け合える関係。最初は嫌いでも、だんだんと魅力が胸に迫って離れられなくなるのが、5月下旬生まれの人。

長所と短所のまとめ

オープンマインドで人の心をよく受け取り、やってくる事柄を素直に経験することができる。

しかし、言うならば受け取るのはうまくても、捨てられない性格なので、古いものや不要な縁がたまりがち。時には思い切って手放す潔さが大切。

ルナ（月）のささやき

遊び心を持とう。困難とさえ、たわむれることを覚えれば、恐いものはない。

November Twentieth

11月20日

一瞬で明るいムードを生み出すパワーあり

あなたの誕生日力

広く深い見識を持つあなたの人生の敵は、自身の心の奥底に眠っている強情さ。そのジェットコースターのような感情をコントロールすることで、どんな困難も潜(くぐ)り抜けていけるパワーが生まれる。持ち前の洞察力と静寂な心があれば、人生の嵐をも味方につけて上昇していける。

あなたの性格

あなたの歩む人生とは、前向きな明るいムードに彩られたものである。

11月生まれ特有の「人や物事に深く関わりたい」という願いが、この日生まれにおいては「深い関わりをつくるためには、人にメリットを提供しなければ」という思いとなるため、あなたは無意識に人を励ましたり、ポジティブな言葉で周囲を元気づけたりするようになる。

そうして育てられたあなたの明るいムードは、どんな沈んだ場も一瞬にして明るくするほどの力となるだろう。

しかし、あなたには自己信頼が強く頑固なところがあるので、トラブルが起きるといつまでも感情がドロドロする傾向。また、不機嫌な時には冗談がきつく、毒舌ノリになるので、何にしても感情をうまくコントロールすることが必要である。

仕事の適性

とても魅力的に統率力を発揮することができるので、どんな職に就いても高い地位に押し上げられそう。

ネットワークづくりも巧妙で、ビジネスの世界では特に成功しやすい。派手で明るい雰囲気なら、政治家やタレントにも適性あり。

人間関係の傾向と相性

好感度バッチリでファンも多い傾向ながら、いったん人間関係の泥沼にはまると長期化するので注意は必要。

そんな中、11月18日～22日生まれの人は、一生ものでじっくりつき合える関係。7月18日～22日生まれの人は、心底楽しい時間が過ごせる相手。異性なら素敵な恋人同士になる。3月17日～22日生まれの人とは、協力して上を目指せる間柄。

長所と短所のまとめ

明るく情の深いあなたは、人の気持ちをなごませるのが大の得意。

しかし、ちょっと悪乗りがすぎて深刻なことを茶化してしまうことがあり、人からその態度を不真面目と捉えられ、信頼を失うことも。真剣な場面では軽くなりすぎないように注意。

ルナ（月）のささやき

気持ちの持ちようを変えるには、まず自分の行動を変えて毎日トレーニングするしかない。

November Twenty-first

11月21日

正々堂々と競争することで自分を高めていく人

あなたの誕生日力

　天然かつ純粋に求道的であるあなたは、他者への感情移入＝同情・同調することは、本物の愛ではないことを知ろう。あなた自身のインスピレーションを信じて、巻き込まれない、囚われない自分の軸を持つこと。ある意味、霊格が高いからこそ課題として生じる試練に立ち向かい、宇宙との呼応を信じて、あなた自身の価値観の追求を。

あなたの性格

　あなたの歩む人生とは、正々堂々と立派に戦うフィールドである。11月生まれは「みなと深いところでつながっていたい」という欲求を持つものだが、この生まれにおいてはそれが「正々堂々とぶつかって初めて本当に相手を理解し、つながり合える」という信念となっている。

　本当は「無条件に相手に同化してしまいたい」という依存的な傾向も持つが、それ以上にあなたの高い精神性が「自分の個性を大事に」「おたがいフェアに」と促す結果、同化するより対等な人間として対峙することを選ばせる。

　だから、あなたにとって人生とは戦い。おたがいに競争し合うことで自分を磨いていけると信じているので、いつも活力をキープし、自分を高めることを忘れない。スポーツマンシップの体現者と言うことができるだろう。

仕事の適性

 本当に人のためになることをしたいという欲求のあるあなたは、政治、福祉、医療、社会運動、慈善事業に関連する仕事に生きがいを見出せる。

 また、人好きで創造力にも恵まれているので、出版、広告、メディア関係にも適性あり。

人間関係の傾向と相性

 人格の高い人との交流が多く、よきライバルと協力者の両方に恵まれ、活気のある人間関係を育める傾向。

 11月19日〜23日生まれの人とは、おたがいに一目置く関係。3月18日〜22日生まれの人は、エキサイティングな議論を展開できるうえに、生きかたの参考になる相手。5月下旬生まれの人は、インパクトのある人物。異性なら、なぜか惹かれ合うことに。

長所と短所のまとめ

 公平に戦い自分を高めていくあなたは、自由で自信にあふれ、そしておおらか。

 しかし、たとえば不意をついて泣き脅しされるなど、感情を激しくぶつけられることには弱く、つい巻き込まれることに。情にほだされないよう、自分をしっかり持つこと。

ルナ（月）のささやき

熱くなりすぎた時に考えよう。何のために、この競争をしているのか？ それで、本来のあなたに戻れるはず。

November Twenty-second

11月22日

大勢の人を巻き込みドラマティックに生きる

あなたの誕生日力

根っからの幸せ体質である自分を信じ、常にラッキーなことに意識を集中し、プレッシャーをはねのけて。大勢の人を慈しめるあなたはすばらしい心の持ち主なのだから、もっと自分を大切にする気持ちを育成しよう。行く先に壁があるなら、直感に導かれるままに行動すれば、自然と物事は展開していく。

あなたの性格

あなたの歩む人生とは、大きく人を動かすドラマティックなものである。この生まれは小さな時から、コンサート会場で大観衆から喝采を浴びるというようなシーンを夢見ていたりする。

そもそも11月生まれは「大勢の人と心がドロドロに溶け合うまで一体化したい」といった欲求を持っており、たくさんの人とダイナミックな場を共有するというドラマに憧れを持つのである。

この生まれは特にその欲求が強く、実際、他人を巻き込んで濃密なフィールドをつくる才能を発揮する。

「自分は全ての人とともにある」という意識は周囲からあらゆる恵みを引き寄せることになり、あなたを幸運体質にも仕立てていくが、集団につかりすぎて自分の個性を見失うことだけには注意したい。

仕事の適性

コミュニケーションの力、特に折衝能力にすぐれたあなたは、販促、営業、広報、企画などの分野で活躍する。また、忙しいマスコミ、出版などの仕事も、うまくこなしていけそう。好きならば、スポーツの世界での成功もあり。

人間関係の傾向と相性

人を惹(ひ)きつける魅力があり、華やかな人間関係を楽しむ傾向に。

そんな中でも、3月19日～23日生まれの人は、あなたと一緒に活動し、ますます人の輪を広げてくれる。7月下旬生まれの人は、よきライバルとして、あなたをますます活性化してくれる。11月20日～24日生まれの人とは、いつまでも味方でいられる関係。

長所と短所のまとめ

大勢の人を巻き込んでドラマティックな人生を歩む。

しかし、多くの人にドップリ関わるということは、そこから大きなプレッシャーや無意識の反動を受けるということでもある。自分の世界をしっかり保って、個性を守ることも大事にしよう。

ルナ（月）のささやき

一人の時間を持ち、おだやかに過ごすことで、自分をリセットしよう。

November Twenty-third

11月23日

挑戦意欲が旺盛で戦略的に動ける人

あなたの誕生日力

　過去をすぐに消化し栄養としたなら、次へと飛び込もう。「好奇心の固まり」であるあなたの人生はサバイバル。迷いを振り切り、常に新しい世界を求めるパワーは天晴れとしか言いようがない。しかし、危険を察知したなら回避する努力も必要。エネルギッシュに行動を起こすほどに、あなたの人生はパワフルに。

あなたの性格

　あなたの広げる人生とは、戦略的に世の中に打って出るサクセス・ストーリーである。

　この生まれは、好奇心が旺盛で、挑戦意欲の高い人。闘争心も旺盛で、競争が好きである。

　そのポジティブなエネルギーと闘争心とを、あなたは第一に社会の枠の中で生かそうとするだろう。決して、世の中のルールに文句をつけるような無謀なことはせず、ただただゲームをするような気楽さで、この社会に合ったストーリーを巧みに練って世の中を渡っていくのだ。

　多種多様な人をうまく扱う才能があり、周囲のバランスを考えて頭脳的に物事を進めていけるあなたは、まさに「スマートな人」。

　ただ、自分の力を過信して強気になり、自分が劣勢になっていることに気づくのが遅いところは欠点かも。

仕事の適性

遊び心と人を魅了する才能で、音楽や芸能の世界で成功する可能性が大。

あなたのアイディアと戦略は、どのような職業分野でも生かされるので、リーダー的立場になることが多い。自営業でも、独特の展開で望み通りの結果が得られそう。

人間関係の傾向と相性

好き嫌いを言わないので、人間関係は広がる傾向に。細かい配慮が行き届けば、ますます円滑に。

11月21日～25日生まれの人とは、阿吽(あうん)の呼吸で動けるパートナー同士。3月20日～25日生まれは、あなたをサポートしてくれる人。異性なら落ち着いた愛情で結ばれそう。1月下旬、9月下旬生まれの人とは、おたがいホッとできる関係。

長所と短所のまとめ

あらゆることに挑戦し、作戦をしかけて勝利をつかむ。時にゲーム感覚で練った計画が策略のようになり、ずるがしこい人間を演じてしまうので注意は必要。

人を目的達成の駒のように扱うことにならないよう、人への純粋な気持ちを保とう。

ジュピター（木星）のささやき

あなたの成功の度合いは、どれだけのことをなしたかでなく、人にどれだけのものを提供したかによって決まる。

November Twenty-fourth

11月24日

人を巻き込むカリスマ性で、前向きに突き進む

あなたの誕生日力

「失敗は成功のもと」という言葉は、捨てる潔さとあきらめの早さを持つあなたへのエール。ただし、多忙をものともせずに行動を起こし、打開策を打ち出す勢いがあるからこそ、客観的思考は必要。純粋無垢な本能のおもむくまま、気持ちに正直に意志を持って歩めば、スペシャルリッチな人生に。

あなたの性格

あなたの広げる人生とは、前向きなチャレンジに満ちたアクティブなものである。

そもそも11月生まれは「人や物事と深くつながっていたい」という欲求を持つものだが、この生まれのあなたは「きちんとつながる方法をさがさなければ」という意識が強く、いろいろと試行錯誤をする性質がある。

さまざまにものを考え、実行し、人からのフィードバックを受けてダメなところは直す──多少あきらめの早いところはあるが、「失敗は成功のもと」を地でいく人なのである。

あなたはそうして自分がまっすぐ努力するばかりでなく、周囲のがんばる人を巻き込みながら、「みんなでよくなろう」という意志を持つ。そのため、周囲からの多大な協力を得られるはずだ。最終的に自らを中心に、大きな活動の渦を巻き起こすだろう。

仕事の適性

人を巻き込むカリスマ的性質を生かして、政治家、教育者、執筆家、社会活動家、宗教家などとして活躍できる。博愛精神に満ちており、福祉、医療、心理の分野にも適性あり。また、タレント的な仕事は生きがいを喚起。

人間関係の傾向と相性

対人関係はおだやかで、トラブルもなく、人を大事にすることで自分の運も上がる傾向に。

11月22日〜26日生まれの人は、あなたの理解者であり、強力なサポーター。3月22日〜26日生まれの人は、発展的な動きをつくっていけるパートナー。恋愛にも好相性。5月22日〜26日生まれの人は、加熱するあなたを諌(いさ)めるご意見番。

長所と短所のまとめ

試行錯誤をくり返しながら前向きに進み、たくさんの人を協力者にして成功する。

しかし、時に熱くなりすぎて、青くさい青春論を振りかざしてしまうことも。あまり熱血の度が過ぎると、逆にみなが冷めてしまう、ということになりかねないので注意しよう。

 ジュピター（木星）のささやき

物事のよいところを褒めに褒めよ。そのうちあなたは世間から大いに認められる。

November Twenty-fifth

11月25日

向上心が高く、人の心を操る特殊能力の持ち主

あなたの誕生日力

何ものをも恐れずに、次なる自分を目指すあなたは生粋なる人生のソルジャー。だからこそ、争いや葛藤はあなたの心を育成するが、常に自分を正当化しようとするエゴイズムは、あなたの成長を制限してしまう。その心の中のバランスさえ保てたならば、ポジティブな明日を創造できる。

あなたの性格

あなたの広げる人生とは、「他人をうまく操る術」によって発展するものである。

この生まれはそもそも向上心が高く、常に新しい経験を求めて積極的に動くタイプ。しかし、11月生まれ特有の「人と深くつながって何かしたい」という欲求も同時に持つため、自分の希望と他人の指向とがぶつかり、葛藤したり、トラブルを起こしたりすることが多い。

ふつうならそんな時、自分を正当化して進むものだが、あなたは他人と自分の考えを統一させる方法として、なんと、「相手の心の裏側に働きかける」という特殊能力を使うのだ。

つまり、言葉で上手に相手をなだめ、あおり、一種の洗脳状態に持っていくのである。

影の黒幕、または真の知恵者——いずれにしても、人から絶大な信頼を得る結果となる。

仕事の適性

カリスマ性があり、人からの信頼を得やすく、どのような職種、職場にあっても、必ず引き立てられてトップに上りつめる。世の中の流れを見きわめ動かすあなたは、ビジネスの世界にはなくてはならない人。

人間関係の傾向と相性

直感で人を判断しても的を射ていることから、広い人間関係を育める傾向にある。しかし、しっかりと人を観察することで、もっと相手のよさを見つけることができるはず。

3月22日〜27日生まれの人とは、特に親しく発展的な間柄。11月23日〜27日生まれの人とは、崩れぬ結束が生まれる関係。恋愛も◎。5月下旬生まれの人とは、議論が白熱して気づきを与え合う相手。

長所と短所のまとめ

人の心をうまく操りながら目的を達成していく。動機が純粋であれば、それも尊いことである。

ただ、何にしてもあなたの言葉には重みがあるので、自覚したほうがよさそう。嘘や脅し文句は思わぬ事態を引き起こすことになるので、言うべきではない。

ジュピター（木星）のささやき

強く思い込むのも大事だが、明確に思い描くほうが実現は早い。

November Twenty-sixth

11月26日

正々堂々と勝負することで活気づく人

あなたの誕生日力

心が安定することで、周囲にリラックス感を与えてあげられる人。センチメンタルとコンプレックスの克服は、あなたの人生の重要課題。人は人、自分は自分なのだと知り、その時々の感情に左右されずに自分を貫いて。あなたの心の中にある偉大なる価値は、悲しみを乗り越えた先で温かい愛に抱かれる。

あなたの性格

あなたの広げる人生とは、気持ちのよい戦いによってますます活気づくものである。

11月生まれは人との深いつながりを重視するが、人とつながろうとする先には、自分と他人との違いを認める──比較──ということが入ってくるものだ。

そこで、この生まれには他人と比べることによるコンプレックスが芽生えやすい。しかし、それは一時期のことで、年を重ねるごとに「人との違い」に興味を持つようになり、「正々堂々とぶつかって、相手の個性を見切ってしまおう」という発想に到達していく。

つまり「勝負」であるが、あなたにとっての勝負とは、おたがいの自己紹介であり、フェアに戦ったのちには相手のよさがもっとわかるという、さわやかな儀式でもある。そう、勝負してこそ、あなたの心は安定するのである。

仕事の適性

分析力と筋道を追って考える力に恵まれたあなたは、人の問題を解決に導く仕事で本領発揮。

ジャンルとしては、心理カウンセラー、探偵、医師、コンサルタント、裁判調停員、ソーシャルワーカーなど何でもOK。経営にも、適性あり。

人間関係の傾向と相性

人間関係はあまり広くはない中で、たとえ争いがあっても常に心はさわやかで、温かい関係を育める傾向に。

7月26日～30日生まれの人は、いつもあなたの味方。11月24日～28日生まれの人も、あなたをよく理解しフォローしてくれる相手。また3月23日～28日生まれの人とは、一緒にいて底抜けに楽しい間柄。恋愛も◎。

長所と短所のまとめ

正々堂々と相手に対峙し、自己成長のきっかけをつかんでいく。

しかし、ぶつかる相手がいなくなると、とたんにやる気が出なくなってしまうというのは、困ったクセ。ライバルがいなくても目的のために一定のテンションを保てるよう、訓練する必要が。

ジュピター（木星）のささやき

自分自身や自分の属する集団への誇りは大切である。しかし、えこひいきはいらない。

November Twenty-seventh
11月27日

人と違うことに興奮を覚えるユニークな人

あなたの誕生日力

　熱い思いで孤独と戦い、立ちはだかる壁も前進あるのみと突破していけるあなたは、常に新しい展開を求めるスピリットの持ち主。根っからポジティブだからこそ、時々顔を出すネガティブな面を排除しないで。方向転換への忍耐さえ忘れなければ、小さなことで満足しないあなたの人生への改革は止まらない。

あなたの性格

　あなたの広げる人生とは、そのユニークさで他人を驚かせるものである。というのも、この生まれは11月生まれ特有の「人と深くつながっていたい」という願いとともに、「そこからちょっと外れてみたい」といういたずら心を同時に備えているからだ。

　人の知らないこと、人のやらないことに興味を持ち、こっそりと動くことに興奮を覚えるのである。そして、その喜びを知るともっと大胆になり、本格的に他人の思惑を無視して、楽しいもの、刺激があるものに向かって自由に動き回るようになっていく。その段階になると、もはや「人と違うことがステイタス」なのだ。

　集団の規律をしばしば破り、トラブルも起こしたりするが、それでも自由を守るところに、あなたらしい人生が展開するだろう。

仕事の適性

本来、人と協力することには長けているので、チームやパートナーを組んでする仕事に抜群に向いている。

たとえば、メディア関係、出版、その他、企業の研究・開発などはチームプレイも多く、やりがいのある仕事に。芸術方面にも独特の才能を開花。

人間関係の傾向と相性

人間関係は広くても、恋でも友情でも飽きっぽいところが災いして長続きしない傾向が。

そんな中でも、11月25日～29日生まれの人は、あなたの心の苦しみをよく見抜き、理解してくれる相手。3月24日～29日生まれの人は、一緒に心楽しくいられる関係。異性なら恋の相手かも。5月下旬生まれは、「従ったほうが正解」の鋭い忠告をくれる人。

長所と短所のまとめ

人と違うことに楽しみを覚え、抵抗があるほどにがんばってしまう。その度胸と根性は評価すべきだが、ただ「変わっていること」を目的にするだけでは、単なる"はた迷惑な変人"で終わってしまう。そこにどんな意味を加えているのかが重要なのである。

ジュピター（木星）のささやき

受け入れる器が大きければ、入ってくる幸運も大きい。心は広く持つに限る。

November Twenty-eighth

11月28日

時代の波をスケールの大きな直感力で察知

あなたの誕生日力

　苦労をものともしないあなたこそ、真実の幸せの意味を知っている。自分の中に常に芽生えるエゴイズムを抹消することで、心は自由へと解放される。誰かに依存するのではなく、相互扶助の中から、あなた自身の能力は育成される。その能力を萎縮せずに伸ばせば、ダイナミックな使命へと到達する。

あなたの性格

　あなたの広げる人生とは、特殊な直感力によって導かれるものである。

　この生まれは、時代の波を感じ取るスケールの大きな直感力があり、何かのきっかけで突然「これをしなければ！」というような衝動に突き動かされることが多い。

　その衝動はかなりの確率で常識外れなことを指示するので、本人としてはそれに従うことを躊躇してしまうことも。しかも、そもそもその直感がどこから来たものか正体がわからないので、戸惑いは大きいだろう。周囲もあなたの行動を唖然として見守るばかり。

　しかしそのうち、あなたの直感は、それがまさに時代からの要請であることがわかってくるはず。直感によってあなたが取った行動は、古く硬直した価値観を見事に打ち破ることになるからである。

仕事の適性

　人脈と対人能力に恵まれているので、どんな仕事に就いても最終的にはリーダーに押し上げられる。

　しかし、一つの仕事に絞るまでは、いくつかの職に挑戦しそう。また、文才か音楽の才能を伸ばしてプロになるのもよい道。

人間関係の傾向と相性

「広い人間関係」と「豊富な人脈」に恵まれる傾向。ただし、あなたの活動の内容により、人の入れ替わりが激しくなる可能性がある。

　そんな中、3月26日～30日生まれの人は、ずっとあなたの親友。11月下旬生まれの人も、年齢・性別にかかわらず、あなたの魅力にぞっこん。異性なら素敵な恋人に。1月下旬、9月下旬生まれの人とは、おたがいに協力して向上していける相性。

長所と短所のまとめ

　新しい価値を察知し、みなに知らしめる。直感に導かれるままに行動しながら、あなたは「これについては常識が間違っている」「異端的な考えが実は真実だった」といった、価値観の逆転をくり広げることになる。

　心の声に正直になり、頭を整理していこう。

 ジュピター（木星）のささやき

我を捨て切って、生きよ。あなたがやることは自分のためではない。全ての人々のためだ。

November Twenty-ninth

11月29日

心の琴線に響くテーマに全力投球する

あなたの誕生日力

　存在そのものが周囲から愛されるあなただからこそ、行きたい方向が定まったなら、ひるまず進もう。目の前の絶望や挫折感を突破した先に、あなたの求める真実の楽園はある。自分の中のピュアな情熱と叡智(えいち)を信頼し、動じない心を抱けたならば、夢の実現に向かってラッキーチャンスは止まらない。

あなたの性格

　あなたの広げる人生とは、大きな努力を礎(いしずえ)とするものである。
　この生まれは、未知なるものを理解したいと無理をしてもがんばる人。11月生まれには「人や物事と深く関わっていたい」という衝動があるものだが、この生まれは、「いまだつながりようのない未知なるものとも、ぜひとも関わりたい」と願い、その正体を究明する旅に出るのだ。
　だから、心の琴線に響くテーマが見つかると、他のことには見向きもせずに熱中し、身体を壊す寸前まで自分を追い込んで研究する。
　途中、暗礁に乗り上げた時でも、幸いにして導き手が現われ、必ずやあなたの冒険はゴールを迎えることができるのだ。
　あまりしつこく頭で考えず、直感を頼りにずんずん進んでいった先での成果は、とてつもなく大きい。

仕事の適性

基本的に人が好きなタイプなので、その博愛精神を生かして、福祉関係の仕事や地方公務員として公の仕事に就いたり、国際援助を行なっているＮＧＯに協力したりすれば生きがいを感じる。

また、あなたの考えを広める出版、マスコミ関係も適職。

人間関係の傾向と相性

人に親しまれ、愛されるあなたは、目上の人に引き立ててもらったり、困った時にまさかと思うようなサポートが得られたりもする傾向に。

11月27日〜30日生まれの人とは、おたがいに何でもわかり合える仲。3月27日〜31日生まれの人は、同じ感性で一緒に動ける仲間。5月27日〜31日生まれの人は、なぜか敵対心をあおられる相手。

長所と短所のまとめ

未知なるものを究明しようと全身全霊で取り組む。ところが、当然ながら順調な時ばかりではなく、あなたでさえ挫折感を抱くことが。

しかし、そこで「もうひとがんばり」することで状況が転換するので、自分に宿る知恵を信じてあきらめないことが大切。

ジュピター（木星）のささやき

何かを成し遂げる秘訣は、一点集中。あれもこれもと言っている間は、成功は遠い。

November Thirtieth

11月30日

華のあるドラマティックな話術で人を魅了

あなたの誕生日力

人間の心の中に芽生えるいくつもの心理を直感的に理解できるからこそ、人間関係の摩擦という試練は、あなた自身で招いている。それは、「挫折を乗り越えるたびに自身が研ぎ澄まされる」といった、自らが与えている己への課題。被害者意識を捨て、感情的対応から卒業できたなら、時代はあなたを求めている。

あなたの性格

あなたの広げる人生とは、華のある話術によって輝きを添えられるものである。そもそもこの生まれは、言葉の力と演出力が卓越しており、自分の言いたいことをドラマティックに伝えることが大の得意。

単なる小さな出来事も、あなたにかかったら、まるで一大スペクタクルのよう。事実の上に感動的な要素や教訓をつけ加え、ちょっと大げさだけれども「楽しめる話」に仕立てて提供するのである。

あなたの話は明るく人に夢を与えるので、周囲に対して影響力を持つ。あなたの言うことに人が従い、現実を大きく動かすことも一度や二度ではないはず。

「言ったことが本当になる」──そんなドラマティックな体験を、あなたはいくつもすることだろう。この生まれに関しては、挫折も成功もどちらもあり。

仕事の適性

活発で雄弁なあなたは、どんな分野の仕事に就いても有利に物事を進めることができる。

また、表現の才能があるので、エンターテインメント分野で大活躍。小説、演劇、映画、脚本、漫画など、活躍の場はたくさんある。

人間関係の傾向と相性

人が自然に周囲に集まってきて、広くしかも活発な人間関係が築かれる。あなたは、その「中心人物」として、チヤホヤされる傾向に。

そんな中、3月28日～4月1日生まれの人は、あなたの最も信頼のおけるパートナー。11月28日～12月1日生まれの人は、あなたのパワーを増幅させてくれる相手。5月下旬生まれの人は、厳しいご意見番。

長所と短所のまとめ

自分も夢に向かって楽しく生きつつ、人を「明るく生きる人」に変えてしまう力がある。

ただ、自分が正しいと思う考えに固執し、それを人に押しつけることがあるため、煙たがられることも……相手のムードをよく読むことが大切。

ジュピター(木星)のささやき

全てのことがあなたの夢のために必要である。たとえば今、鬱陶しいと思う試練でさえ。

Column 5

ピンチをチャンスに変える生きかたのコツ

　人は十人十色。それぞれにさまざまな性格や資質を持って生まれてきている。自分の好きなところ、嫌いなところ……いろいろあると思うが、一つだけ覚えておいてほしいのは「長所は短所であり、短所は長所」だということ。

　たとえば、ここに「敏感な人」と「鈍感な人」がいたとする。
　一般的に考えれば、敏感な人のほうが生きるうえではプラスのように見えるかもしれない。でも、敏感すぎて心が疲れてしまいやすいというマイナス面だってある。
　その逆に、マイナスのように見える鈍感さが、おおらかさや打たれ強さといったプラスに変わることもある。
　だから、長所も短所も全てひっくるめて、「自分を好

きになる」ことが大切。

　がんばって短所を直そうとする必要なんてない。自分に無理をしたって、結局、持続しないのだから。それよりは、短所の中に隠れている長所に気づくほうがいい。

　自分の短所だと思っている部分も、見かたを変えれば長所になるし、長所だと思っている部分が短所になってしまうことだってある。

　長所にするか短所にするかは、結局は自分次第なのだ。

　また、性格に長所と短所があるように、人生にはチャンスやピンチがある。

　ピンチが訪れた時、多くの人は悲観的になったり、絶望的になったりすると思う。でも、実際にはピンチはチャンスであり、チャンスはピンチにもなる。

　ピンチの時にこそ、「これはチャンス！」と思える心を持っていることが、真の幸せへとつながっていく。

　自分自身のことも含めて、人生に起こる全てのことは、どんなことにも表と裏がある。どこに光を当てるかで見えかたが変わってくるだけのこと。

　どうせなら、自分がワクワク楽しくなれるような見かたや考えかたをしていこう。その時には、自分を客観的に見ることが大事だけれど、他人にどう見られるかということは気にしすぎないほうがいい。

「いいこと」も「悪いこと」も、全て含めての自分……
そう思えるようになることが一番なのだから。

 他人と比較するのではなく、自分だけの価値観で生きていく。その代わり、何があっても他人のせいにはしない。
 それができるようになれば、短所は長所になるし、ピンチをチャンスに変えていくことができるようになる。

12月

December

The Encyclopedia of Birthdays

December First

12月1日

真理を求める旅に出かける精神性の高い人

あなたの誕生日力

　周囲から愛されている自分を信頼しよう。なんでも自分一人で解決しようとするのは悪いクセ。全力投球するには、的確なアドバイスや客観視してくれる人も大切。無限の可能性を秘めた「本物のチャンス」とは、あなたを支持してくれる人たちから運ばれてくるのだから。

あなたの性格

　あなたの広げる人生とは、真理に近づく道程である。

　12月生まれは根本のところに「未知の世界について知りたい」という願望を持っているが、あなたは常にそれに取りつかれ、「生きるってなんだろう？」「本当の自分とは？」などという抽象的なことに思いを馳せている。

　そこで本を読んだり旅をしたりして、人がふつうでは知り得ないことへの答えを求めようとするのである。そうしてあなたは、この世の真理に迫るのだ。

　また、そこで得た道理を現実世界に応用し、実践的な成果を得ることにも貪欲。心の法則で願望達成をするなどは、あなたの得意とするところではないだろうか？

　キャラ的にはおおらかで、自分の知識や経験を人のために役立てようと、心を砕く人である。

仕事の適性

現実的で、物事を正確に説明する力を生かせば、人にイメージがよく伝わり、どんな職種においても第一線で活躍する人物になり得る。

管理職にも向く。人を教え導く、教師や講師、宗教家などもピッタリの仕事。

人間関係の傾向と相性

公平で裏がなく、人から愛されるあなたは、「必要な時」に「必要な人」とご縁がある、不思議な運の巡り合わせがある傾向に。

11月29日～12月2日生まれの人は、あなたと同類。話がよく合って楽しい相手。3月29日～4月2日生まれの人は、おたがいの足りないところを補完できる関係。9月下旬、2月上旬の人は、あなたの悩みにヒントをくれる人。

長所と短所のまとめ

精神性が高く、普遍的な知恵を求める。自分の世界の探求は独力でするものだが、あなたにはその他の日常のことに関しても、全て自分一人でやろうとするクセが。

周囲の協力者の存在に気づいて、みなで進むことを考えると、世界に広がりが出るはず。

ジュピター（木星）のささやき

自分が力不足の時は、人の運に乗っていくことも大事。周りを信頼することだ。

December Second

12月2日

思いついたことは素早く行動に移す人

あなたの誕生日力

あなたの心の中に潜んでいる「どうしてもやりたい」という野心。時には単独勝負で狙うことを手放して。一人では困難なことでも、周囲に応援を求めることを選択技に取り入れるだけで、行く手をふさぐ難題は打破できる。心の動揺を活力に転換し、ひるまずまっすぐに突き進もう。

あなたの性格

あなたの挑む人生とは、まさに未知の世界への旅である。

12月生まれ特有の「誰も見たことのない世界について知りたい」という衝動をかなり強烈に持つので、とにかく思いついたこと、疑問に思ったことは、すぐに追求しないと気がすまない。そう、あなたは素早い行動力が自慢である。

しかし、周囲の人に準備ができていない間に動くので、あなたの行くところは、いつも衝撃が生じることだろう。

また、あなたは興味の矛先を突然に変えることもあり、非常にエキセントリックで「読めない」人として、多くの人を戸惑わせることに。

でも、その衝動こそは無意識からの促し。それを上手に受け取って目標設定し、周囲とペースを合わせ、丁寧に完遂できれば、もはやあなたは完璧である。

仕事の適性

浮き沈みはあるが、自由業には適性あり。サラリーマンやＯＬとして勤める場合は「これ」という職場に当たるまでに、いくつか転職し、経験を積むことに。

フリーで活躍できる編集者などのマスコミ人、執筆家、写真家などは、あなたに抜群に向いている。

人間関係の傾向と相性

人間関係には広がりがありながらも、「同じメンバーでずっと一緒にいる」ということはなく、移り変わりがありそうな傾向に。

そんな中、3月30日～4月3日生まれの人は、あなたと固い絆（きずな）で末永く結ばれる相手。異性なら安心感のある恋人に。11月30日～12月3日生まれの人とは、おたがいを元気にする間柄。6月上旬生まれの人は、よきライバル。

長所と短所のまとめ

思いついたことを何でもやる、行動力の旺盛さ。無意識からやってくる衝動に任せて行動するのも独特の性質だが、それに加えて人の見解に耳を傾け協力を仰ぐことは、さらにあなたの理想を現実に近づける近道に。

人をもっと信頼してみよう。

マーズ（火星）のささやき

「積極的な待ち」の姿勢。それが示せるかどうかで、あなたの人生は180度転換する。

December Third

12月3日

真実をズバリ言い当てる直感力と洞察力

あなたの誕生日力

あなたのひらめきには賭けてみる価値がある。つまずいても転んでも、その経験が無駄になるかどうかは、あなた次第。自分の好きなことはもちろん、少しでも興味が湧いたことの全てに、気が済むまで徹底的にチャレンジを。そのエネルギーは、他の追随を許さないはず。

あなたの性格

あなたの挑む人生とは、直感力、洞察力を武器とするものである。

この生まれのあなたは、12月生まれ特有の「未知の世界について知りたい」という願望が強く、「隠れた領域こそ、よく見よう」という意識が働くのが特徴。

だから自分のルーツ、心の深層、事実の裏に隠された真実などというものに敏感にセンサーが働き、そこをじっと見つめていく。そして、何度もそれを見て考えているうちに、内から答えが湧いて出てくるのである。

そんなあなたは、真実をズバリ言い当てるので、他人からは「超能力者みたい」と思われているかもしれない。

ともかくあなたは、自分の興味の対象や、独自のアンテナに引っかかったことがらに対して、パワフルで執拗に取り組む人と言えるだろう。

仕事の適性

人や物事を公平に見られるので、職業として人を扱うのは向いている。

たとえば、営業、販売、宣伝、コンサルティングなど。また、何人かで取り組む共同経営、チームワークのリーダーも得意。好きならば、音楽、芸術方面も適性あり。

人間関係の傾向と相性

ざっくばらんで親しみやすい性質から、目上の人にタメ口をきくというような気安さが、時には誤解を招くこともある傾向に。

そんな中で、12月1日～5日生まれの人は、あなたを心底わかってくれる相手。3月31日～4月4日生まれの人とは、おたがいに協力し合えば、恐いものなしの関係。8月2日～6日生まれの人は、新鮮な流れをつくってくれる相手。

長所と短所のまとめ

興味のあることに対してとことん執着し、直感力を生かして究明する。

しかし、自分一人の世界に入り込みすぎる傾向があるのは否めない。行動する時は人と一緒に、協力態勢でやっていくのが成功のカギ。

マーズ（火星）のささやき

気が済むまでやる、悔いを残さない。それが次へのエネルギーを生む。

December Fourth
12月4日

🔍 壮大な想像力と豊かな知識の持ち主

あなたの誕生日力

あなたにしか見えない来光、あなただけが感じる夜明けを信じて、たとえ今この瞬間は暗闇であっても勇気を持ち、人生の舵を取っていこう。行く手を阻む困難や人間関係の障害という嵐を突破するカギは、「心の潔さ」のみ。あなたの描くビジョンの実現こそ、時代は求めている。

あなたの性格

あなたの挑む人生とは、心の広さと知識の豊かさによって発展するものである。

この生まれは、12月生まれ特有の「未知なることについて知りたい」という欲求を強く持ち、研究熱心で大いに学習能力を発揮するタイプ。興味を持ったテーマに関しては、壮大に想像力をふくらませ、仮説立てやシミュレーションも欠かさない。

あなたは関心が広く、どんな知識を受け入れる余裕もあるし、人の気持ちや言い分をきちんと受け取る鷹揚(おうよう)さも備えているので、あらゆる考えを総合して新たな可能性を探り出すことができるのである。

そんなあなたがじっくり考えて打ち出したビジョンは、あなたにも周囲にもメリットをもたらすもの。ぜひ実現を。また、あなたは人にものを教える天才である。

仕事の適性

スケールの大きなあなたなので、できるだけ大きな組織に属するほうが才能を発揮できる。人を導き管理する手腕もあり、ポジションが上がるほどに活躍する。

自分のアイディアがダイレクトに実現する経営者にも適性がある。

人間関係の傾向と相性

自分から人の輪を求めて積極的に動くので、広範な人間関係が展開することから、バラエティ豊かなメンバーが集まる傾向に。

4月1日〜5日生まれの人は、年齢・性別にかかわらず親友相性。異性の場合は、絆の深い恋人同士に。8月上旬生まれの人とは、切磋琢磨の関係。12月1日〜5日生まれの人は、心底わかり合えて、悩みの相談もできる相手。

長所と短所のまとめ

いろいろなことを学び消化して、未来へのビジョンを展開する。そんなあなたは、精神性が高くあまりに高尚なので、日常生活に関わる会話が苦手な傾向に。

一般的なセンスを持つことは「理想の現実化」のためにも不可欠なので、俗っぽさを侮らないこと。

マーズ（火星）のささやき

困難に直面した時は、短期でケリをつけること。ダメなら時期を見てもう一度。集中力がものをいう。

December Fifth

12月5日

タイミングをよく見て確実に夢を実現させる人

あなたの誕生日力

　後悔するだけでは、先へと進まない。よし悪しではなく、誰かを傷つけてしまった場合には反省が必要。それを力に転換したなら、誰にも真似できない魅力をかもし出せる。経験する全てのことは進むべき道を照らしてくれ、そのやんちゃさで、あなたの活躍の場は無限大に広がる。

あなたの性格

　あなたの挑む人生とは、大きな夢と慎重な行動力とのコラボレーションである。

　そもそもこの生まれは、12月生まれに共通した旺盛な好奇心と、それを満たすための行動力を備えており、スケールの大きなビジョンとポジティブ・シンキングを特徴としている。

　しかし、この生まれは自分のビジョンをこの世に表わすことへの期待が強いために、それを出すタイミングを微細に計っているところがあるのだ。

　だから、実力は十分なのにまだ人に見せないとか、好きな人がいるけれど、まだ気持ちを伝えないなど、周囲からは臆病に見えることもある。

　しかし、時期が来て、それが周囲に受け入れられそうになれば、必ずや大胆に打って出るのである。人間関係には比較的大胆で、自分を押し出しすぎる傾向が。

仕事の適性

自分の実力一本で勝負する世界は適職。たとえば、経営など。また、すぐれた知性と発想力を生かし、教師や人にものを教える講師、トレーナーとしても大いに活躍できる。もちろん哲学、科学などの研究にも適性あり。

人間関係の傾向と相性

人間関係は狭く深くを好み、グループや大勢の中では落ち着かないと感じる傾向が。

そんな中で、12月2日〜6日生まれの人は、同じ価値観で深くつき合える関係。4月2日〜6日生まれの人は、あなたを慕ってくれて、何があっても揺るがぬ仲に。6月初旬生まれは、閉鎖的になった人間関係に新たな風を入れて、活性化してくれる人。

長所と短所のまとめ

タイミングをよく見て、確実に自分の夢を実現させる。しかし、そんな慎重さとは裏腹に、他人を相手にすると大胆な面が顔を出す。

ストレートな態度と言葉で相手の気分を害することがしばしばであるが、その都度反省し、自分なりに「人との接しかた」を研究してみよう。

マーズ（火星）のささやき

大失敗しても、潔く喜んで後始末をする。そうすれば飛躍的に状況は好転する。

December Sixth

12月6日

生活面の安定を重要視する手堅い現実主義者

あなたの誕生日力

　その純粋な野心とは、真実素直になれた時に発揮される。ただし日常の中では、その野心はかき消されてしまうことがあり、あなた自身はいつも試されている。「真理を求める世捨て人」では意味がなく、人生を放棄することに等しい。あなたの深い叡智の活用を、今の時代は求めている。

あなたの性格

　あなたの挑む人生とは、手堅い現実主義を特徴としたものである。

　この生まれは、夢やロマン、机上の空論には価値を置かず、生活面の安定が最重要と考えるタイプ。

　何かに熱中しても、すぐ現実に根ざした部分に戻ってくるので、そういう意味では堅実で安心感のあるキャラクターなのである。

　そんなあなたは、安定という点では何につけても"寄らば大樹の陰"を貫くはず。自分の立場を考えた時、多少違和感があっても「優勢なもののほうにつく」「大きなほうの集団に属する」という選択肢を選びたがるのである。

　しかしあなたは、基本的には12月生まれ特有の「自由への指向性」を持っているので、安定ばかりでは欲求不満に。今の自分が本当はどうしたいのか、常に確認を！

仕事の適性

確実な組織力、人を地道に説得する能力を生かして、ビジネスの世界で勝負すると大成功。

人の不安を解消するような職種では、相手の立場に立って親身に考える力で好評に。たとえば、コンサルタントやカウンセラー、弁護士、教師など。

人間関係の傾向と相性

フェアな精神で人を助けることから、あなた自身にも援助してくれる義理堅い人たちが集まり、確実な人間関係が育める傾向に。

12月3日〜7日生まれの人は、あなたとガッシリとバディを組める人。4月3日〜7日生まれの人は、あなたをいつも明るい気持ちに導いてくれる貴重な相手。恋愛も◎。6月初旬生まれの人は、何かにつけて反面教師に。

長所と短所のまとめ

現実生活を大事にするところは長所。しかし、抑圧されたロマンが暴走すると、未知なる領域を旅する人＝世捨て人に大変身。

内なるロマン、本当のあなたの夢を常に意識し、現実生活にバランスよく現わすことで理想的な生活が可能になるはず。

マーズ（火星）のささやき

野心を持つことを恐れずに。それはあなたの生きる力を喚起する。

December Seventh

12月7日

明るさと元気を振りまいて歩く盛り上げ役

あなたの誕生日力

　順風満帆では刺激が足りないと感じるあなたは、いつも敢えて波瀾万丈な道を好む。自身の中に生まれる混乱は成長の証であり、次なる展開が始まる合図。目の前に起こる変化や出来事に対して柔軟な姿勢である限り、あなた自身で選び、歩んでいる道程は、歓喜であふれている。

あなたの性格

　あなたの挑む人生とは、明るさと元気を振りまいて歩く旅である。

　刺激と活力を求めるこの生まれは、人がたくさん集まり、みんなで盛り上がるのを何より喜ぶタイプ。

　自分が盛り上げ役をし、それによって自分が一番元気になれる——そう、あなたは誰かを励ましたり勇気づけたりすることで、自分自身を活性化できる人なのだ。

　だから、そばに人がいなくなると淋しくなり、イキイキとした活動力もダウンしてしまう傾向。

　この生まれは、子どもの頃は非常におとなしく控えめで、ある時から急に突き抜けて明るくなる、という体験をすることが多い。そのため、控えめに生き、悩み深く過ごしている人の気持ちに寄り添うことができる。そんな経験が人に大きな安心感を与える行動につながっているのだ。

仕事の適性

自分の考えを伝える力が抜群なので、作家、コラムニスト、コピーライター、脚本家、漫画家、コメンテーター、講師、芸術家などに適性あり。

また、自分の得意分野で精進すれば成功の可能性は大。大きな企業の中でも責任ある立場を任される。

人間関係の傾向と相性

ファンのように、あなたを慕ってくれる人が身の回りにたくさん集まる傾向に。

8月7日〜11日生まれの人は、あなたのよさをますます引き立ててくれる相手。12月4日〜8日生まれの人は、何があってもあなたの味方。4月4日〜8日生まれの人とは、活気あふれるつき合いができる関係。6月初旬生まれは、なぜか惹かれてしまう恋の相手。

長所と短所のまとめ

元気いっぱい、刺激を求めて自ら変化の中に飛び込んでいく。たくさんの人を巻き込み、みなの力で自分を活性化しながら進むが、単に刺激や変化を望み、ごたごたを撒き散らすのではなく、「自分がどこへ向かっているのか」をしっかりと把握することが大切。

マーズ（火星）のささやき

熱くなった時、頭にきた時こそ、そのエネルギーを思考力に転換して使え。

December Eighth

12月8日

自由奔放さと忍耐力をあわせ持つ稀有な人

あなたの誕生日力

　誰より拘束を嫌う奔放さを、あるがままに受け入れてくれる仲間に常に感謝しよう。また、一人で生きているわけではないことを自覚し、そこから生まれる絆(きずな)も大切に。真の自由を求めて進む先には、忍耐がつきまとう。その忍耐を味わってこそ、大きな喜びに包まれる。

あなたの性格

　あなたの挑む人生とは、洗練された奔放さによって独特の趣を添えられるものである。

　12月生まれ特有の「未知への冒険」の衝動を刻んでいるこの生まれは、自分の興味のあることにはとことん向かい、存分に楽しむ人。

　また、他人を自分のペースに乗せるのに巧みで、いつもたくさんの人を引き連れては面白い活動に熱を入れているだろう。しかし、そんなふうに自由勝手に動くためには、暗黙のルールや、一定のリミットが必要であることをあなたは十分承知している。

　そう、あなたには、限度を超えて爆発的に盛り上がろうとする活力をコントロールし、社会の規範の中で安全に使えるように配分する力があるのだ。自由さとともに、対極の「制限・忍耐」の力をも身につけた稀有な人である。

仕事の適性

分野を問わずに活躍できる。独特の闘争心があり、それは仕事で危機に陥った時に、現状打開の力として発揮される。実は、そこがあなたの評価ポイント。

問題解決能力が高い人として、組織の中で高い地位に引き立てられるはず。

人間関係の傾向と相性

人間関係は広く、活気あるものになるが、人との関わりが多すぎて振り回される傾向も。

そんな中、10月上旬、2月上旬生まれの人は、あなたの状況に合わせて負担のないようつき合ってくれるありがたい相手。8月上旬生まれは、あなたに活を入れてくれる人。4月5日〜9日生まれは、あなたと同じテンションでついてきてくれる人。恋愛も◎。

長所と短所のまとめ

自由でありながら、その自由を保障する忍耐力や制限力をも備えている。

しかし、何らかの理由で制限の力が優勢になると、自分自身の限界を低く設定して、楽しみを半減させることに。本来の活力を失わないためには、常に無謀なくらいでちょうどよい。

マーズ（火星）のささやき

人とうまくやろうと思ったら、その相手は自分とうまくやれる人だと信じてかかれ。

December Ninth

12月9日

プレッシャーに強く、やり抜く力に秀でた人

あなたの誕生日力

　プレッシャーにひるまず突き進むことで、あなたの活躍の場は広がり、それと比例して自信を与えられて成長する。苦しさが増すたびに人間的な深みが増し、あなたをスケールの大きな人間へと導く。望んだ道から逃げずに、責務を全うすることで、計り知れない輝きを放つ。

あなたの性格

　あなたの挑む人生とは、思いきった環境の転換によって飛躍するものである。
　この生まれはそもそもプレッシャーに強く、思い込んだことはあくまでやり抜く意志のある人。さらに、限度を超えたプレッシャーや危機状態でさえ、見事に乗り越えることができる。
　それというのも、あなたは危機に陥るたびに柔軟な判断力を発揮して「未知の環境」へと飛び込み、問題を解決するために自身をステップアップさせるからである。
　12月生まれには「未知の世界について知りたい」という特有の願望があるものだが、この生まれは特にその衝動が強いため、古いものに対して執着がなく、新しい環境に向かっていくことに恐れを持たないのだ。
　イキイキと表情豊かなキャラクターで愛される人である。

仕事の適性

言葉の力が発達していて議論好きなので、政治や法律の世界でその力を存分に発揮すれば、大きな仕事をすることができる。ビジネスの世界にも適性あり。

また、文筆業や教育関連の仕事にも、持ち前のコミュニケーション力は十分に役に立つ。

人間関係の傾向と相性

どんな人ともうまくやっていけると同時に、古い友人も新しい友人も変わらず公平につき合う傾向に。

12月7日〜11日生まれの人は、深い信頼感を結べる相手。4月6日〜10日生まれの人は、おたがいの目標をサポートし合える関係。恋愛でも好相性。6月6日〜10日生まれの人は、おたがいを刺激し、考えかたを変えるきっかけを与え合う関係に。

長所と短所のまとめ

プレッシャーにもめげず、危機的状況にも負けず、根性と環境転換の力で大きな目標を達成していく。

器が大きいだけに、達成までの試練も人並み以上となるだろうが、それを乗り越えることで成長し、人より抜きん出ることができるのだ。

マーズ（火星）のささやき

人や物事を動かすのは、こうしたいという希望ではなく、「そうする、そうなるのだ」という信念である。

December Tenth

12月10日

🗝 オープンで素直な性格で周りの信頼も厚い人

あなたの誕生日力

　心の中の欲望に驕(おご)りがある限り、本当の味方は、あなた自身で見えなくしている。「素」が魅力的なあなたには、つまらないごまかしなど、いらないはず。探求力を信じて心底正直に生きることで、あなたにしか生きられない「自由奔放な未来」へと心安らかに歩んでいける。

あなたの性格

　あなたの挑む人生とは、偏見のなさと素直さで推進されるものである。

　そもそもこの生まれは、12月まれ特有の「未知なるものへの興味」を強く持っていて、これまでなじみのなかったことにも先入観を持たず、積極的に触れていける。人の好き嫌いもなく、その囚われのないオープンな性格ゆえに周囲の人からも大いに親しまれるだろう。

　そんなあなたはスペシャリストでなく、ジェネラリスト。知的能力が高く応用力にもすぐれ、さらに人間関係も良好なので、大きな仕事をする可能性が。

　ただ、義理堅いところと何でもできるプライドとが相まって、頼まれた仕事を「やってみせよう」とばかりに引き受けまくると、自分の首をしめる結果になるので注意。しかしそんな経験も、幅を広げる材料にはなる。

仕事の適性

人と関わる仕事に適性あり。

特に、言葉の使いかたが上手なところを生かし、弁護士、教師、営業担当、医療関係者、セラピスト、カウンセラー、コンサルタントなどとして活躍。芸術、映画、演劇などにも、独特の才能を発揮。

人間関係の傾向と相性

いろいろな性格の、ちょっとした有名・著名人といった社会的立場の人が集まり、賑やかな人間関係となる傾向に。

そんな中でも4月7日〜11日生まれの人は、公私両面において太い絆で結ばれた相手。恋愛相性も◎。2月上旬、10月上旬生まれの人とは、心が楽しく盛り上がる関係。12月8日〜12日生まれの人は、対等な立場で切磋琢磨できる相手。

長所と短所のまとめ

オープンマインド。どんなことにも、どんな人にもなじみ、幅広い応用力であらゆることを成功させていく。

しかし、その知的能力の高さから万能感に囚われてうぬぼれや傲慢に陥ると、協力者も減り、徐々に運も下がってしまうので注意が必要である。

マーズ（火星）のささやき

人の感情にドップリとハマると、動けない。適度に突き放す、そのさじ加減をマスターせよ。

December Eleventh

12月11日

パワフルな熱血漢、目標達成力はダントツ

あなたの誕生日力

あなたが感じる特別な喜びとは、自ら抱える苦労と比例する。目指す方向、欲しいもの全てにおいて、人一倍欲張りなのだから、それらを満たす人生とはサバイバルであるということを肝に銘じて。しんどさの先で人間としての深みも増し、達成という名の幸福感は永遠に。

あなたの性格

あなたの挑む人生とは、熱血漢をトレードマークにしたようなものである。

この生まれは目標が高く、それに向かって全速力で走るタイプ。12月生まれは「未知なる世界について知りたい」という願望を持っているものだが、そのせいかあなたは特に、困難な目標、誰も手をつけないような事柄であるほど燃えてパワーが出るようなのだ。

"適当"を知らず、無謀なほどにのめり込む傾向も。そんなあなたは目標達成力がダントツのやり手、しかし、自ら困難に飛び込むような、その強烈なやりかたについてこられる人は、そう多くないだろう。

一つのことを集中してやり遂げたあとにもう一つ……と、一点集中するタイプなので、いろいろなことを併行してバランスよくこなすというのは、ちょっと無理かも。

仕事の適性

その気になれば、どんな仕事でもこなせるあなたは、イヤな仕事も根性で精進し、必ずトップクラスに立つ。

また、専門の知識、技能を持っていれば有利。特に、知性を必要とする法律、研究、ＩＴやエンジニアリングなどの分野は最適。

人間関係の傾向と相性

注目度は高いのに自分から人に近づいていくことはあまりない中で、自分が主導権を握る傾向が。

12月9日〜13日生まれの人とは、年齢・性別にかかわらず親友相性。4月8日〜12日生まれの人は、あなたをサポートしてくれる相手。異性ならやさしい恋人に。6月初旬生まれの人は、あなたの手強いライバル。

長所と短所のまとめ

パワフルに全速力で目標へと向かう。今やっていることに集中する人なので、金銭や人の気持ち、それから自分の健康管理などに関する配慮はどこへやら。最終的にはそれら全てがそろってミッションが完遂されるのだから、それぞれの要素を軽視しないこと。

マーズ（火星）のささやき

「自分は絶対に大丈夫」その気力が物事を打開する。

December Twelfth

12月12日

おっとりした中に力強いパワーを秘めた人

あなたの誕生日力

　退屈を飼いならせない人生には、炎のような強い意志と情熱が必要不可欠。心底求めている劇的な人生とは、誰に言われたわけでもないあなた自身から湧き起こり、平凡な日常の先にある。耐えるということを学び実践した中で、毎日が幸せに包まれていることを知る。

あなたの性格

　あなたの行く人生とは、足元を固めながら地道に進む、ブルドーザーのようなものである。

　そもそもこの生まれは、素直でノビノビしたキャラクター。肩の力が抜けており、独特のおっとりしたムードで周囲を癒していく。一方で、12月生まれらしい旺盛な好奇心と情熱を、また備えているのである。

　ガツガツすることは好まないので隠しているけれど、「できることから無理なく確実に攻めていこう」という考えはしっかり持っているのだ。実際あなたは、何をやらせても安定的にこなすことができる。

　ただし、生来のマイペースゆえに、あなたは「このくらいで十分でしょ」と自分のパワーを出し切らないクセが。

　満足感の高い生活のためには、そんな"いいかげんさ"とはおさらばしよう。

仕事の適性

人の心を理解することに長けたあなたは、人の相談に乗って力づける職業に適性あり。各種相談、カウンセリング、福祉関係などでは大いに活躍できる。

また、想像力を生かし、芸術、演劇、それから文筆などの方面にも力を発揮。

人間関係の傾向と相性

周囲からは愛され注目されるうえに、いったん仲よくなった人とは、ずっとつき合いが続く傾向に。また、恋のリバイバルをいくつか体験するかも。

12月10日〜14日生まれの人は、あなたのサポーター。本来のパワーを目覚めさせてくれる相手。4月中旬生まれの人とは、楽しみごとをたくさん共有する仲。6月中旬生まれは、なぜか気になる謎の人。

長所と短所のまとめ

おっとりした中に力強いパワーを秘め、確実に目標を達成していく。しかし、自分はとりあえずこうだから……と決めつけ、可能性の芽を自分でつぶしてしまうのは残念なところ。

本来の大胆さを思い出し、自信を持って可能性を追求する姿勢を忘れずに。

ヘリオス（太陽）のささやき

元気の出ない時は、昔好きだったものや人に、もう一度触れてみよ。エネルギーがチャージされるはず。

December Thirteenth

12月13日

新しい境地を求める勇気とひたむきさ

あなたの誕生日力

心の奥底の「純粋さ」を貫き、無駄な強気は手放そう。人を動かそうと策を巡らし指図するのではなく、人はあなたの「素直な行動力」に感銘し動き出すという真実を理解して。戦う相手は、揺れ動く己の価値観。それを心底理解すれば、あなたを必要とする時代の幕は開く。

あなたの性格

あなたの行く人生とは、勇気とひたむきさで開いていく道である。

そもそもこの生まれは、新しい境地を求めて未知の世界へ飛び出す力にあふれている。常に好奇心を持って周囲を観察し、自分の好みに合ったものを見つけては、その世界へ見事にジャンプするのである。

あなたは、自分にフィットした世界へ移動し、そこでやり直す、ということをくり返すタイプ。つまり脱皮する生き物のように、住む世界を変えながら古い自分を脱ぎ捨てていく人なのだ。

だからあなたは、常に新しい世界を見据え、ジャンプしては、その世界と真剣勝負で関わろうとする。そうしたまっすぐさ、一生懸命さが周囲の好感と共感を呼ぶことで、あなたの人生は支援されるだろう。先入観のなさと公平さにかけてはピカイチ。

仕事の適性

状況の変化に強いので、移動を伴う職業、もしくは流行の移り変わりの激しい職業に大いに適性があり。たとえば、旅行業にはとても向いている。また、ファッション、デザイン、マスコミ関連の仕事もピッタリ。

人間関係の傾向と相性

誰とでも嘘いつわりなく本音でつき合い、そのうえ初対面の人とすぐに仲よくなるのも得意なので、人間関係はおおむね安泰な傾向。

12月11日～15日生まれの人は、共通の趣味があり、話のはずむ相手。4月10日～14日生まれの人とは、一緒に行動して幸運が舞い込む関係。恋愛の可能性も。議論すれば新境地の開けるのが、6月中旬生まれの人。

長所と短所のまとめ

次々と新しい世界に勇気を持って飛び込み、そこで人間的成長を遂げる。

しかし、今やっていることに集中し夢中になる傾向があり、いくつものことを併行させるのは得意ではないよう。そんな不器用なところは自覚しておいたほうがよいかも……。

ヘリオス（太陽）のささやき

何ごとも自分で体験してから判断せよ。そこからしか、生きた考えは生まれない。

December Fourteenth

12月14日

ゆったりと陽気な明るさ、オープンな心が魅力

あなたの誕生日力

　あなたの孤独は自らつくり出しているもの。自分が上位でいたいがために、人一倍努力はするが、報われないからと人のせいにしていては、いつまでたっても満たされない。計り知れない抑圧から生み出されるプライドに、愛されているという実感が加われば、想像以上の喜びがある。

あなたの性格

　あなたの行く人生とは、ゆったりと陽気な、光あふれた世界である。いつも高らかに笑っているような明るさが人気のこの生まれ。実はお茶目でいたずら心も旺盛なのだが、ちょっとした悪さをしてもつい許したくなるような、豊かな愛嬌に恵まれている。

　そもそもあなたは、ふつうに安定した生活をキープしたがり、あまり変わったことを好むほうではない。しかし、心が広く、どのようなことにもオープンでいられるし、また、12月生まれらしいプライドとチャレンジ精神は失っていないため、常に努力をし続ける。おだやかながら、人間的な幅の広い、頼もしい人なのだ。

　だから、人間関係においても自分から積極的に出ることはないくせに、その開かれたマインドによって、たくさんの人に慕われることになるのである。

仕事の適性

　自由に自分のアイディアを人に伝えられる仕事に向いている。マスコミ関係、広告、宣伝、執筆業、出版などに適性あり。財産を築くアイディアも豊富なので、それをビジネスに生かすのも◎。スポーツを志すことにも適性あり。

人間関係の傾向と相性

　人から愛され、人の輪が大きく広がり、人生を変えるような人脈ともつながる傾向が。ただ、迷惑な人につきまとわれることもあるので注意は必要。

　そんな中で、4月11日〜15日生まれの人とは、特に固い友情で結ばれる。8月13日〜17日生まれの人は、あなたのやる気を刺激する相手。12月中旬生まれとは、不思議に縁のある間柄。6月中旬生まれは、気づきをくれる人。

長所と短所のまとめ

　余裕があって明るい人柄。心が開かれていて、物事への取り組みも真剣である。

　しかしプライドが高いので、ことと場合によってはヘソが曲がってしまうことが。そうすると周囲からのつながりも切れて孤独に……辛い時ほど心をオープンに。

ヘリオス（太陽）のささやき

自分の周囲に起こることは、実は自分の心の反映。全て自分の責任で解決できる。

December Fifteenth

12月15日

頭のよさと豊かな想像力で未知を旅する

あなたの誕生日力

　飽きっぽさはあなたの魅力の一つであり、時代に対応できる柔軟な心の持ち主であるという証(あかし)。あなたの人生は旺盛な好奇心とともにあり、次へと転換するたびに感性が研ぎ澄まされる。その事実を享受した先に、あなたにしか味わうことのできない極上の喜びと至極のご馳走が待つ。

あなたの性格

　あなたの行く人生とは、豊かなイマジネーションによって導かれるものである。

　この生まれは、もともと好奇心が旺盛で頭のよいタイプ。12月生まれ特有の「未知の世界について知りたい」という願いを強く持っており、一人で本を読んだり想像力を羽ばたかせたり、さまざまな世界をシミュレーションすることで、その欲求を満足させるのが特徴である。

　完璧主義でもあり、自分の研究や計画をパーフェクトなものにしようと、さらに読書を重ねるだろう。あなたはこうしてあらゆる世界の知識を身につけているが、しかし、それはどこまでいっても、頭の中でのこと。行動力が弱めなのは残念なところである。

　最高の幸せを感じられるよう、シミュレーションしたことを少しでも現実化する努力をしよう。

仕事の適性

刺激に満ちた変化のある仕事を疲れもせず、こなすことができるので、どんな分野の職業でも大丈夫。

ただし、フリーな立場か、一つの仕事を全責任のもとに任せてもらう立場があなたには必要。専門の知識や資格を持ち、それを生かすのもよし。

人間関係の傾向と相性

人格者といった公の顔の裏に、わがままなプライベートな顔が見え隠れしていることから、私生活のほうにはトラブルも発生しそうな傾向。

そんな中で、12月13日〜17日生まれの人は、あなたの意欲と行動力をアップさせてくれる相手。4月12日〜16日生まれの人は、よき相棒。恋人としても◎。7月中旬、5月中旬生まれの人を絡めると、物事に変化が。

長所と短所のまとめ

頭のよさと想像力で、未知の分野を旅する。しかし、実際に行動することや、人に協力を求めることは苦手。

何でも自分一人の世界に終始するのではもったいないので、他人とともに価値ある行動ができるよう、いろいろな方法を考えてみること。

ヘリオス（太陽）のささやき

高いところを望みすぎてはいないか。夢は大きく、しかし実践は相応なところから始めること。

December Sixteenth

12月16日

先頭に立って未来を切り開く勇気と意欲の人

あなたの誕生日力

価値観は人によりさまざまであるが、あなたは文句なしに恵まれている。ただし「今、ここに生まれたこと」への感謝が芽生えない限り、あなたは何をしても満たされない。他人と比べるのではなく、目の前の小さな幸せに気がついてこそ、大きな幸せはあなたのものに。

あなたの性格

あなたの行く人生とは、旺盛な開拓精神によって開かれていくものである。

12月生まれは「未知の世界について知りたい」という願望を持つものだが、この生まれにおいてはそれが「未知の世界に至る道を見つけたい」という願いになっている。

そこであなたは、勇気と意欲を糧にして、自分が先頭となり未来を切り開く。誰も手をつけないことや、前例のないことにチャレンジし、見事、道のなかったところへ新しく道をつくるのだ。人はあなたのつけた跡の上を喜んで歩いていくことだろう。

こんな役目は「出る杭は打たれる」で、逆風を一身に受けるハードなもの。しかし、あなたにとっては「道開き」こそが、使命と言える。一つ終わればまた一つ、懲りずに新たな冒険に出て行くのである。

仕事の適性

　自由な感性で仕事ができること、指導力を生かせることが、あなたが生きがいを持って働けることの条件となることから、起業は最高に適性がある。組織に属するなら、独自のやりかたを認めてもらえるのであれば、かなり上のポストに就くことになる。

人間関係の傾向と相性

　個性的、独創的な人々とのつき合いが多く、精神的な結びつきの強い人間関係が展開する傾向に。
　12月13日〜17日生まれの人は、おたがいの気持ちをよく理解できる相手。4月13日〜17日生まれの人は、スケールの大きな活動をともにできる相手。2月中旬、10月中旬生まれは、あなたをあらゆる角度からサポートしてくれる人。

長所と短所のまとめ

　勇気とパワーで新しい分野を切り開いていく。まだまだ……と限度を知らずに興味ある対象に向かうけれど、他人から見れば、あなたは能力、運、人間関係など、全てにおいて恵まれている人。
　たまには落ち着き、感謝の念を持って自分の行動の成果を味わってみよう。

ヘリオス（太陽）のささやき

幸せの量は人と比べることはできない。幸せは、見つけようとする者には無限に現われる。

December Seventeenth
12月17日

🔑 自ら情報発信し、未来を自在に描く人

あなたの誕生日力

　みなぎるエネルギーのもと、あなたは自由自在に未来を創造していく。そして、そこへ行く途中の環境も、あなた自身がつくり上げるもの。周囲と協調し、協力を仰ぎ、身勝手な感情から人をあてにすることがなければ、望む成功と発展に向け、己の力を信じて進んでいくのみ。

あなたの性格

　あなたの行く人生とは、自分から情報発信することでダイナミックに広がるものである。そもそもこの生まれは、自分の考えを形にし、人に示すことに執着を抱くタイプ。そして、自分が形にしたものがよかったのかどうか、その点に特にこだわるという特徴がある。

　だからあなたは、「自分の言葉が相手の行動をどう変えたか」「自分の創作した作品がどんな感動を生み出したか」というようなことを、とても気にするのである。

　このように、「何かを発信し、フィードバックされてくるものを見て、自分の発信するものをさらによくする」、というのがあなたのやりかた。

　こうして自分と周囲を呼応させることで、あなたはみなとしっかりつながったリーダーに鍛え上げられていくのだ。ワンマンだが気さくな人。

仕事の適性

人を教え導くという側面を持つ仕事なら、何でもOK。教師は、ズバリ適職。また、子どもに関する指導員や、各種コンサルタントでも大いに活躍できる。

組織ではリーダー的地位に就いてこそ本領発揮。研究、調査、執筆といった知的作業も◎。

人間関係の傾向と相性

人の世話になるのは好きではないが、人の役に立つことは好むので人からは好かれ、協力者にも恵まれて人間関係は広くなる傾向に。

4月14日〜18日生まれの人とは、底抜けに楽しい間柄で、人の輪を広げ合う関係。12月15日〜19日生まれの人とは、揺るがぬ絆で結ばれた仲。異性なら素敵な恋人同士に。6月中旬生まれは、よきライバル。

長所と短所のまとめ

豊かな創造性とリーダーシップで、未来を自由自在に描いていく。しかし、動く前に考えすぎるところは短所と言えるかもしれない。

まずは行動することが先にくるべきだ。考え込んで一歩を踏み出さないとすると、いつまでも力が出てこない。

ヘリオス（太陽）のささやき

行動力が欲しければ行動せよ。自信が欲しければ自信たっぷりに振る舞え。

December Eighteenth

12月18日

偏りのないキャラとコミュニケーション力が光る人

あなたの誕生日力

求める夢の世界と、厳しい現実との狭間で揺れ動いているうちは、そのギャップは埋まらない。信念を貫き、それに基づいて計画を立て、やれることから取り組むこと。挫折は当然のことと受け入れ、一つひとつ進んでいくことで、あなたは間違いなく理想郷へとたどり着くはず。

あなたの性格

あなたの行く人生とは、高いコミュニケーション能力によって導かれるものである。

12月生まれには「未知の世界について知りたい」という願望があるものだが、この生まれにとって未知なるものとは、人の気持ち。

あなたには「多くの人に触れ、気持ちをわかり合いたい」という願いがあるので、そのために自分自身が個性的すぎないよう、無意識に配慮しているところがあるだろう。

「物事の捉え方は一般的に、表現は平易に」――それがあなたのポリシー。そうしてあなたは、偏ったところのないキャラクターとして万人に親しまれるわけなのだ。

あなたには人を驚かせるような大きな夢を実現したいという欲求もあるけれど、それは一般的で確実な手順をふみ、協力者を得て、コツコツと実現するだろう。

仕事の適性

生まれ持ったコミュニケーション能力で、どんな仕事でも大活躍。

政治、芸能、セールス、マスコミ、経営、出版など、さまざまな分野で生かされる。また、人を助けることも得意なので、カウンセリングや福祉、介護の分野でも有能さを発揮。

人間関係の傾向と相性

誠実で信頼するに足る人々との縁が深く、安定したおだやかな人間関係を築く傾向に。

12月15日〜19日生まれの人は、あなたの同類。シンクロして動くことができそう。4月15日〜19日生まれの人は、あなたの気持ちを楽にしてくれる相手。異性なら絆の強い恋人同士に。5月下旬、7月下旬生まれの人は、新鮮なヒントをくれる相手。

長所と短所のまとめ

コミュニケーションの力を養い、たくさんの人と理解し合う。たいていの場合は、周囲の協力も得られて順風満帆。

しかし、壁に阻まれ夢への道が闇に閉ざされそうになると、一気にあきらめムードに。打たれ弱さは欠点、信念を貫く決心で進んでいこう。

ヘリオス（太陽）のささやき

失敗することでしか学べない尊い価値もある。挫折を恐れるな。

December Nineteenth

12月19日

🗝 知性と感性のバランスがとれた真面目な人

あなたの誕生日力

あなたが直面する現実的なピンチには、常にチャンスの扉を開くことのできるカギが隠されている。真正面から挑むのではなく、本来の柔軟力と集中力を生かしてチャレンジすることで、今まで見えなかったヒントに気がつくはず。一瞬のひらめきから、人生は転換し展開していく。

あなたの性格

あなたの行く人生とは、平坦だが味わいのある道である。この生まれは、自分の役割に忠実で真面目な性格。

もちろん、12月生まれの特徴は、好奇心が旺盛なところにあるので、あなたも例にもれず、仕事も趣味も恋愛も人一倍楽しみ、それこそ公私にわたって楽しいことをたくさん知りたいと思っている。

そこで一時期は、他の12月生まれのように上を目指してパワフルにがんばったりしてみるのだが、やがて、自分にとって大切なのは「あたりまえのことを、あたりまえにすること」だと気づくだろう。

自分の生活から不必要なものを削ぎ落とし、真に大切なもののために心血を注ごうという考えに至るのだ。

転換の力をうまく利用できるので、ピンチをチャンスに変える力には驚くべきものがあるだろう。

仕事の適性

知性と感性のバランスがよく、創造力もあるあなたは、それを生かして、楽しく人に教えたり伝えたりする職業に就けば最高に力を発揮する。分野としてはマスコミ、広告、出版、教育など。

また、イベントの才能もあり、音楽・芸術方面には独特のセンスがある。

人間関係の傾向と相性

身近で温かな交流を何より大切にすることから、仕事など公の部分では、人間関係が広がる傾向。

12月16日〜20日生まれは、大事な時に背中を押してくれる人。4月16日〜20日生まれの人は、どんな時もあなたの味方。6月16日〜21日生まれの人は、全くわけがわからないと思っても、よく話せば貴重なヒントをくれる相手。

長所と短所のまとめ

自分に要求された役割をこなし、本分を全うする。しかし、真面目さに旺盛な好奇心が同居するために誘惑や葛藤が多く、自分がどうしたいのかわからなくなることが。

そんな時はジタバタせず、直感の導きに任せきるのが最もよい方法である。

ヘリオス（太陽）のささやき

人生の価値は、人があなたにOKと言うかどうかで決まるのではない。あなたが自身にOKを出せるかどうかだ。

December Twentieth

12月20日

🔑 影響力の大きい、陽気で力強い人

あなたの誕生日力

　あたりまえの人生に憧れを抱きつつも、それをよしとしない。平凡こそ大切なのだと、頭では理解していながら、退屈と感じてしまう。そんな収まりきらない自由を求める「生まれ持った性分」をどう扱うか、その努力こそが、あなたが本領を発揮できるかどうかの重要なカギ。

あなたの性格

　あなたの行く人生とは、人に大きな影響力を与える花道である。

　12月生まれはポジティブで元気な人が多いものだが、あなたは特別に陽気で押しの強い性格。明るい考えかたと力強い言葉、そして何でも面白おかしく表現する能力で、人を魅了してしまう。

　一対一のコミュニケーションより、多くの人にメッセージを発信するほうを好み、それによって大勢の人を動かすあなたを、一種のカリスマと呼ぶ人もいるかもしれない。

　あなたの周囲にはアドバイスをくれる人よりアドバイスを求める人が集まりやすく、あなたは親切心でそんな人々の世話を喜んでするだろう。しかし、あまりに人気が出すぎると、人の世話に振り回され自分自身にかまっていられなくなる、という事態にも。エネルギーの回復には気を配ろう。

仕事の適性

一人で大勢の人を相手にする仕事に強く、独自のセンスを持ったあなたは、マスコミ関係、講演者、執筆家、タレント、アナウンサー、キャスター、司会などに適性あり。人にやさしく世話好きなところから、癒し系の仕事にも生きがいを感じられるはず。

人間関係の傾向と相性

あなたの魅力に惹(ひ)かれ、頼ってくる人が大勢集まってくる傾向に。だから、疲れた時は、あなた自身にいつもと違った刺激をくれる人とつき合ってみよう。

4月17日〜21日生まれの人は、鋭い意見の交換から面白いヒントをくれる相手。8月下旬生まれの人は、あなたをあくまで信頼してくれる関係。12月17日〜21日生まれは、スタンスが同じで助け合える人。

長所と短所のまとめ

華やかなカリスマとしてたくさんの人に愛される、スケールの大きなあなたには、ふつうの生活をしていては生かしきれない可能性がたくさんある。
「出る杭は打たれる」で、葛藤は多くても、やはり可能性をとことん追求して派手に生きるのが正解。

ヘリオス(太陽)のささやき

上から目線もよい。しかし友人として横並びのできる視線も獲得すると、より深い生きかたができる。

December Twenty-first
12月21日

責任感が強く、周りを巻き込み目標を達成

あなたの誕生日力

　誰もがうらやむ暮らしをしていても、心の中のファンタジーの灯火は消えることがない。現実の社会も、お伽噺(とぎばなし)の世界でも、喜怒哀楽が伴ってこそ物語が成立する。まず自身への理解力を深め、信頼しよう。そして安定した毎日を心底大切に扱うことで、求める真の自由を味わえる。

あなたの性格

　あなたの行く人生とは、責任感と信頼で成り立つものである。12月生まれは「未知の世界について知りたい」という衝動を持つものだが、それがこの生まれにおいては「周囲のみなと未知の世界に向かおう」という意志となっているよう。

　だから、あなたは目標に向かって突っ走る集中力と、周囲を巻き込んでいく力強さを発揮する。周囲の人たちに対して責任感を持ち、全員の意見をどれも無駄にすることなく上手にまとめていくだろう。

　夢は大きく、時に非現実的なことを夢見る場合もあるが、どのような時にも現実をきちんとふまえ、安定したペースで物事を達成しようとする。

　「認めてほしい」という意識が強いので、誰が見ても明らかな実力や資格を身につけておくとよいだろう。

仕事の適性

基本的にどんな職業でもうまくやれるあなたは、生まれつきのリーダーの素質と実用主義を生かし、政治やビジネスなど現実的な世界で勝負するとよい。

一般大衆相手の仕事も◎。トップか役職の地位に就くと、最もよさが発揮される。

人間関係の傾向と相性

仲間も多く、あなたを鍛えてくれる厳しい人物にたくさん出会うのも特徴。人間関係が学びの一つになる傾向。

そんな中で、12月18日〜22日生まれの人は、よき理解者で何があってもあなたの味方。4月18日〜22日生まれの人とは、おたがいに協力し合って一つの世界を目指せる関係。6月下旬生まれの人は、限界突破のためのヒントをくれる相手。

長所と短所のまとめ

責任感が強く、リーダーシップを取って力強く目標に向かう。しかし、ちょっと強引なところがあるのと、認められたい気持ちから焦りやすい傾向にあるのが残念なところ。

自分の都合より、人の気持ちを優先して考えられれば、真のリーダーに。

ヘリオス（太陽）のささやき

実力を持ったら、次は運・不運のリズムに乗っていくことが大切だ。

December Twenty-second

12月22日

現実的な目標を次々達成する働き者

あなたの誕生日力

あなたの目標や、目指している方向には揺らぎがない。そして、そのための地味な作業の積み重ねや、困難に立ち向かうことの全てが、あなた自身を磨き上げてくれる。人生を徹底的にやり抜くパワーで、その能力を存分に発揮できたなら、あなたの輝きが曇ることはない。

あなたの性格

あなたの行く人生とは、いつもいつだって今あるものでは飽きたらない。

この生まれは、12月生まれらしく「未知の世界を知りつくしたい」という精神的な願いを強く持っているのだが、そのためには現実的な基盤がしっかりと安定していないといけないと考える。だから、目の前に設定する目標は実際的で、しかもグレードがとても高いのだ。

キャリアを積むことやお金を貯めることなど、誰からも認められる実績にこだわり、とことん働くだろう。その実力は、社会的な権限と比例して強くなり、必ずやあなたは人々の上に君臨することになるが、またその地位を維持するためには激しく努力することになるのである。

忙しい中でもオフ（休暇）を取ることは、オンへのスイッチを入れることとなり、あなたを活性させる源に。

仕事の適性

既存のものに依存しないで新しいアイディアを生み出し、それを定着させる能力がある。また、政治や経済に強く、その才能を仕事に生かすことができる。勤め人としても、もちろん優秀。経済学者、研究家やライター、コンサルタントなどとしては、特別の才能を発揮できそう。

人間関係の傾向と相性

ハイグレードな人物との関わりが多くなることから、ライバルや敵対者もあり、あらゆる意味で賑(にぎ)やかな人間関係になる傾向。

12月19日～23日生まれの人は、あなたのよき理解者、4月19日～23日生まれの人は、頼もしい協力者。8月21日～25日生まれの人とは、おたがいに活性化し合う間柄。そして6月下旬生まれは、厳しいけれど気づきをくれる相手。

長所と短所のまとめ

働き者で、現実的な目標を達成し、キャリアと社会的地位をものにする。でも時に、精神的な満足のほうを強く求める衝動が。どっちつかずにならないためには、まず「安定した生活」を確保したうえで、「精神的な目標」に向かうのが、あなたにとっては正解。

ヘリオス（太陽）のささやき

人生は七転び八起き。十回失敗しても十一回目で成功すれば、その人は成功者だ。

December Twenty-third

12月23日

慈悲深く、未知の世界に飛び込むのを恐れない人

あなたの誕生日力

「人のために」と行なったことから生じる苦悩の全ては、人生の実りとなって返ってくる。潜在的な自分の意にかなう人生を歩むには、時には自己犠牲さえも惜しまず、慈悲のあるスタンスを自身の使命として。それがあなたが求めるステージへと自分を引き上げる現実的な原動力に。

あなたの性格

あなたの刻む人生とは、誰にでも平等に接するフェアな精神に貫かれたものである。

そもそもこの生まれは、12月生まれらしく未知の世界に飛び込むことを恐れない人。やりたいことを見つけると、すぐにその世界に入り、先入観のない精神でエッセンスを素早く吸収、驚くべき速さで目標をクリアしてしまう。

そう、未知の世界に飛び込むということは、それまでに自分が持っていた経歴や考えかたを捨てて、新しい世界へ入るということ。

だから、あなたは自分をいろいろな縛りから解放して、いつでも別の世界へ入れるように準備しているし、人の過去や経歴も一切気にしない。

そんなところから、偏見のない平等な見かたが生まれてくるのだ。公平で慈悲深く人に接するあなたなのである。

仕事の適性

生まれながらに商才あり。また、人と関わる仕事に縁がある。たとえば、販売、宣伝、交渉などの仕事に取り組めれば、最高に力を発揮する。

企業に勤めた場合は、卓越した経営管理能力を生かし、管理者、経営者など、重役に就く可能性が多大。

人間関係の傾向と相性

飾らない性格なうえに自然体で人とつき合うことから、周囲には温かく揺るぎない人間関係が築かれる傾向に。

その中でも4月20日～24日生まれの人とは、がっしりとタッグを組んで進んでいける相性。12月20日～24日生まれの人は、あなたをガードし、サポートしてくれる相手。異性なら理想的な恋人の相性。6月下旬生まれの人は、刺激剤的存在。

長所と短所のまとめ

人に慈悲深く公平な、魅力あるキャラクター。人との関わりの中から成功をつかめることだろう。

ただ、現実的なあなたは、目の前の成果や実績を重視しすぎ、長期的な見通しを立てるのが苦手。全体的な成功のためには、計画力が欲しいところである。

クロノス（土星）のささやき

他人のために苦労すること、それはまさに愛の行ない。あなたにご褒美がないわけはない。

December Twenty-fourth

12月24日

気配り力にすぐれた平和的リーダー

あなたの誕生日力

　どんなことが起ころうとも、自分を信頼することで、あなたの人生は予想外の発展が続く。行く手を阻む敵は、常にあなたの心の中にあり、立ち向かう勇気はあなた自身を導き救ってくれる。プレッシャーをはねのけ、具体的な目標を掲げることで、大輪の花を咲かせる。

あなたの性格

　あなたの刻む人生とは、仲間を上手にまとめるリーダーとして誉れ高いものである。

　12月生まれはそもそも「未知の世界に飛び込みたい」という願望があるが、この生まれのあなたは「仲間と協力して新世界へ乗り出そう」と考える。

　そう、あなたは決して仲間に無理強いをすることなく、個人の力をうまく引き出す手腕を持っている。当然、反抗する人はなく、あなたの周囲の人々は一糸乱れることなくまとまるのである。

　あなたはリーダーでありながら腰を低く保ち、マメにみなの意見をまとめたり計画を練ったりして、広い世界に乗り出していく。また、縁の下の力持ちとして働くことも厭（いと）わない。いつも周囲に対して気を配り、人間関係の調整に入る、平和主義者でもある。

仕事の適性

　起業し、人の協力を仰いで仕事をするのも最高であると同時に、組織に属するのにも高い適性あり。

　一つの部署をしっかり守る力、それから組織をまとめる力、問題解決能力を評価され、トップクラスに押し上げられて大いに活躍できるはず。

人間関係の傾向と相性

　あらゆるタイプの人が周囲に集まり、みな個性的な人々なので争いも多いが、多大なメリットも運んできてくれる傾向に。

　12月21日～25日生まれは、どんな時でもあなたの側に立って動いてくれる人。4月21日～25日生まれの人とは、気心が知れて、いつも安心してつき合える関係。恋愛相性も最高。6月下旬生まれの人は、あなたに活を入れてくれる。

長所と短所のまとめ

　人を大切にし、平和的にまとめ上げるリーダー。しかし、ともすると周囲の人の世話や調整に力を使って、夢に向かう推進力としてのエネルギーをロスすることが。

　目標をきちんと定め、活動の指針をしっかり立てて力を集中させること。

クロノス（土星）のささやき

ハプニングやトラブルは、あなたにとってのスパイス。苦がなければ楽もなし。

December Twenty-fifth
12月25日

人をやる気にさせる天才、先陣を切って道を開く

あなたの誕生日力

　目先の欲望だけを見つめた、窮屈な世界をぶち壊そう。大きな目標を実現するには、日々の小さな積み重ねが大切。翻弄されぬよう自己チェックを。でも固執や執着をすれば、人生のアップダウンは避けられない。そんな劇的な人生こそ、あなたが真実生きたい道でもあるはず。

あなたの性格

　あなたの刻む人生とは、指導力と組織力によってトップに導かれるものである。

　この生まれはチャレンジ精神に富み、野心的。大きな目標を掲げ、それに向かって力強く進んでいくタイプである。常に努力を怠らないあなたは、正々堂々と実力を試されることを喜び、珍しいことにテストや検定も大好きだろう。

　そして、あなたの大きな特徴は、自分がやる気人間であるというだけでなく、「人をやる気にさせる天才」であるということ。他人の器に合った目標を提示し、個性に合わせた方法でやる気を出せるよう導く――まさにすぐれた教師である。

　そして、自分も彼らと同じ目線を保ちつつ、責任を背負い、先陣切って道を開いていく。その度量に人は必ずついてくる。この組織力が、あなたを成功者たらしめる。

仕事の適性

勤務先の選択は自由自在。現実的な感覚を持ち、組織力もあるあなたは、独特の、しかもシンプルなやりかたで、必ずや与えられた仕事を完遂し、昇進できること間違いなし。また、「先生」と呼ばれる責任ある仕事全般にも向いている。

人間関係の傾向と相性

あなたは、自分一人で動くことを厭（いと）わないのに、周囲には自然にたくさんの人が集まり、広く結束の固い人間関係を育む傾向が。

10月下旬、2月下旬生まれの人は、あなたについてきてくれる相手。12月22日～26日生まれの人は、気持ちを合わせて行動できる関係。4月22日～26日生まれは、よき相談相手。恋愛も◎。7月下旬生まれの人は、ご意見番に。

長所と短所のまとめ

組織力を発揮して、野心的に物事に取り組む。そんなあなたは、目標がなかったり、小さな欲のためにせせこましく動いていたりすると、元気がなくなってしまうよう。

多少の波風はあったとしても、やはり大きな目標を掲げて動きたいものである。

クロノス（土星）のささやき

継続こそ力、日々の積み重ねに勝るものはない。

December Twenty-sixth

12月26日

人をまとめて大きな目標をクリアする情熱の人

あなたの誕生日力

　プレッシャーをものともしないあなたのエゴは、生きるエネルギーの源。しかし、それを満たすための手段として打算的に動いたなら、同じ波動の相手とリンクする。自身の思いやりや真心を無視せず、争いごとから卒業できたなら、あなたが思い描いている輝く未来へ建設的に進んでいける。

あなたの性格

　あなたの刻む人生とは、たくさんの仲間で大きなことに当たる、大がかりなイベントである。

　積極的で、自分の決めた目標をどんなことをしても達成したいと、情熱と根性を持って取り組むタイプ。しかもこの生まれは「未知の世界に乗り出して、そこに街をつくる」というような、大変に大きな願望を持つのが特徴。

　あなたの目標は個人でできることはほとんどなく、どれも大勢の人間で長期間取り組み、やっとできるようなことばかりである。

　だから、あなたが目標を達成するということは、人を結束させてことに当たるために、自己犠牲を覚悟し、責任者として活動する必要があるということだ。

　当然、周囲からは生意気だと攻撃されることもあるが、あなたは延々と努力し、必ず成果を手にするだろう。

仕事の適性

組織の中で働くのが、あなたの生きがいにつながる。たとえば、たくさんの人がいる大企業などでは、周囲の空気を読み、必要な戦略を持ってパワフルに働くあなたは、トップに立つ可能性が大。クリエイティブな業界もよし。

人間関係の傾向と相性

多くの出会いが期待でき、味方も敵もわんさといる中で、あなたは各方面から磨かれる傾向に。

12月23日〜27日生まれの人は、信頼のおけるパートナー。4月23日〜27日生まれの人とは、困った時に頼り合える「助っ人」相性。恋愛では10月下旬、2月下旬生まれの異性と、フィーリングピッタリの好相性。6月下旬生まれの人はライバルに。

長所と短所のまとめ

人をまとめて、とてつもなく大きな目標をクリアしていこうとする。実際、それは多大な努力によってかなうだろう。しかし、義務と責任だけに時間とエネルギーを使い果たしてしまう傾向は否めない。

個人的な楽しみも忘れず、健康的に過ごすこと。

クロノス（土星）のささやき

己に対する者を敵とみなせば、敵になる。自己を磨く砥石と思えば、感謝もできて争いにはならぬ。

December Twenty-seventh

12月27日

理路整然として言葉巧みなアジテーター

あなたの誕生日力

　あなたの選んだ目の前の事柄に、あなたの理論でとことん取り組み、努力を惜しまない「攻めの姿勢」はあなたの長所。でも、時には押すばかりでなく引いてみるなど、客観的で広い見解を取り入れて。たぐいまれなる集中力を、自らコントロールできたなら、天下無敵の人生に。

あなたの性格

　あなたの刻む人生とは、真のアジテーターとしての道である。この生まれはそもそも、頭がよく言語能力に恵まれた人。

　12月生まれはとかく「未知なる世界へ飛び込みたい」という願望を持つものだが、この生まれの場合はそれが「みなと一緒に未知の世界に飛び込みたい」という願いに。

　しかし、みなと一緒に行動するためには、自分と相手とが同じ考えでなければならない。そこであなたは、持ち前の言語能力を巧みに操って人を説得し、みなを同じ方向に向けようとするのである。

　あなたは理路整然と物事を解明し、わかりやすい物言いで自分の考えに人を引き込んでいく。また、自分も相手のムードに共鳴するのが好きなので、結果として、みなと共同して発想をつくり上げる天才となるのだ。

仕事の適性

組織づくりの才能と、言語能力に恵まれている。大きな組織の中で十分にそれらを発揮して、重要なポストにおさまることも夢ではない。

また、マスコミ、出版、政治、法律、教育などの分野で大いに活躍できる可能性も大。

人間関係の傾向と相性

他人と自分の境界がゆるやかなうえに、どんな人とも心を通わせることができるあなたは、絆(きずな)の固い、しかも広い人間関係が展開する傾向に。

12月24日〜28日生まれの人は、あなたの理解者、あなた以上にあなたのよさをわかってくれる。4月24日〜28日生まれの人とは、おたがいに癒し合う関係。6月25日〜29日生まれは、目からウロコの意見をくれる人。

長所と短所のまとめ

頭がよくて人望も厚く、みなを統(す)べては同じ目標へと進んでいく。しかし、のめり込みやすい性格が顔を出し、ちょっとやりすぎるきらいが。

リーダーとしては、もう少し引いて冷静に進めたほうがうまくいくかも。集中のしかたが成否のカギになる。

クロノス（土星）のささやき

時が全てを解決する。自分の力でどうしようもない時は、ただただ時を待て。

December Twenty-eighth

12月28日

🔑 無邪気な心で興味に向かってまっしぐら

あなたの誕生日力

　一つの目標を掲げたなら、まっしぐら。到達したら、すぐにまた次を目指す。「創造のための破壊」を恐れないあなたの人生は、常に終わりのないチャレンジの毎日。日常の中に「目的」を見出す才能は稀有とも言え、深い慈愛を持つことができれば、感じる喜びは計り知れない。

あなたの性格

　あなたの刻む人生とは、無邪気さによって光を灯されるものである。

　そもそもこの生まれは、「引っかかる心」「疑いの心」がないので、目の前に来たものに対して驚くほど素直に接するのが特徴。だから、興味あるものが現われると、「自分には向かないかも」「できないかも」などと思うことなく、まっしぐらにその世界に入ることができるのだ。

　人に対しても先入観がなく、それゆえに人なつっこいので他人から大いに愛される。

　そう、あなたは無邪気であるために、12月生まれの根本的な願望「未知の世界に飛び込むこと」をいとも簡単にやってのける人なのである。

　粘り強く物事に取り組む力にも恵まれているが、いくつものことを併行させるのは苦手。一つに集中するのが向くだろう。

仕事の適性

本当に落ち着いて仕事ができる場所をさがし、いくつか職場や職業を変える場合があり、フリーランスでできる仕事は合っている。

コミュニケーション能力の高さを生かした営業、接客、教育、経営、相談者なども適性あり。

人間関係の傾向と相性

人間関係は温かく平穏なものになり、協力者も多く、あなたの人生のピンチには、助っ人が数多く集まる傾向が。周囲に感謝を忘れずに。

10月下旬生まれは、あなたをよく慕ってくれる人。12月25日〜29日生まれの人は、あなたの考えを全面的にわかってくれる相手。4月25日〜29日生まれの人は、これ以上ないパートナー。異性の場合は、言葉がなくてもわかり合える恋人に。

長所と短所のまとめ

素直に、興味の対象や人に向かっていくことができる。行動はパワフルだが、あちこち忙しく動き回ったり、ゴチャゴチャと賑やかな環境にずっといるのには適さないよう。

のんびりしたところでエネルギーを集中し、大きな仕事に取り組むほうがよい。

クロノス（土星）のささやき

集中。バカと思われても、ただひたすらに集中すれば、やがて大輪の花が咲く。

December Twenty-ninth

12月29日

リラックスムードながら前向きでパワフル

あなたの誕生日力

　たとえどんなに傷ついても、へこたれずに次の真理を求め、信じて臨むバイタリティがある。同時に、単純で素直な自分に抵抗する自分も存在する。自身に潜む善悪に惑わされ、「自らが招く人生」に翻弄されながらも、絶望を突破した先には、あなたの真実の楽園がある。

あなたの性格

　あなたの刻む人生とは、リラックスしたムードによって豊かな色合いを添えられたものである。

　本来この生まれは前向きでパワフル、12月生まれらしく旺盛な好奇心と目標達成への執念を持ち合わせている。

　しかし、あなたはそれに加えて、自然のリズム、自分が本来持っているバイオリズムに従って行動したいという欲求も同時に持っているのである。

　そんなわけであなたは、ここぞという時には無理をしてでもがんばるけれど、ふだんはのんびり、ゆったり。人の中にいる時は、空気を読んでその場にふさわしいリズムで動き、なじみやすい言動をするので、みなの気持ちに逆らわず自然な関係でいることができるのだ。

　また、失敗しても絶望しても見事に返り咲く運の強さは、この生まれならでは。

仕事の適性

学んだことを「自分のもの」にして縦横無尽に応用できるあなたは、翻訳、同時通訳、ＩＴ関係、研究などの分野で活躍できる。

また、ヒーリング、リラクゼーション、カウンセリングなど、心と身体のウェルネスに関する仕事にも適性あり。

人間関係の傾向と相性

あなたに共鳴してくれる人と深くつき合うことから、交際範囲はそう広くなくても、おだやかで実り多い傾向に。

12月26日〜30日生まれの人は、あなたが全くの自然体でつき合える相手。4月26日〜30日生まれの人とは、一緒にいるとおたがい活性化される関係。意外な自分の姿に気づかせてくれるのは、6月27日〜7月1日生まれの人。

長所と短所のまとめ

自然のリズムで動くのが得意でありながら、人並み以上のバイタリティでがんばることもできる。

しかし、弛緩（しかん）と緊張のバランスが崩れると、しんどくなる傾向。そんな時は散歩やストレッチなどで、自分をニュートラルにすることを心がけよう。

クロノス（土星）のささやき

単なる辛抱は辛さを伴う。困難の中に意味を見出せば、辛抱は辛くなくなる。

December Thirtieth

12月30日

大胆に新しいことに挑戦して飛躍する人

あなたの誕生日力

　ある意味とても臆病だからこそ、着実で堅実な道を選び歩める。日常に起こる迷いや苦しみといった些細な揺れにはびくともせずに、約束されている軌道を外さない。その安定した感覚はたぐいまれ。とりまく環境に感謝を忘れないことで、あなたの力はよりいっそうまぶしく輝く。

あなたの性格

　あなたの刻む人生とは、大胆な挑戦によって飛躍するものである。

　この生まれは、新しもの好きで向上心にあふれた人。12月生まれはそもそも「未知の世界に飛び込みたい」という欲求を持つものだが、あなたもまたこの欲求を色濃く持っており、特に危険とされるものや、飛び込むことが難しいとされるものにも果敢にチャレンジするだろう。

　しかし、それは単なる無謀とは別。きちんと計算したうえで、それでも必要と思った時にのみ、その行動力は発揮されるのだ。ふだんはむしろ考え深く、臆病なほど慎重に見える。

　そして、飛び込んだ先の世界での歩みは堅実、着実で、自分の地歩を確乎たるものにしていくだろう。気さくで気配り上手なところが好感ポイントである。

仕事の適性

あなたの飽くなき好奇心から、いつのまにか情報を扱うのが上手になり、ジャーナリスト、記者など情報のエキスパートとして活躍する可能性あり。組織の中では対外交渉に独特の才能を発揮。監督業もよし。とにかく、スケールの大きい仕事に向いているタイプ。

人間関係の傾向と相性

価値観の全く違う仲間が、何の不思議もなくあなたの周囲に共存するような、ユニークな人間関係が展開する傾向に。

12月27日〜1月1日生まれは、年齢、性別、立場の違いを超えて親友になれる人。4月27日〜5月1日生まれの人とは、おたがいにモチベーションを上げることができる関係。7月初旬生まれの人とは、学びの多い間柄。

長所と短所のまとめ

向上心にあふれ、勇敢に新しい世界に飛び込んでいくが、そこで姿勢は一転し、新しい環境の中では堅実に自分を表現していこうとする。

基本的に自分一人でやる人だが、周囲に理解と協力を求めることで物事はさらにスムーズに運ぶはず。

クロノス（土星）のささやき

自分に厳しいことは大切だ。しかし厳しすぎては、創造力は萎縮する。ノビノビと。

December Thirty-first

12月31日

一つのことを追求するプロ気質を持つ人

あなたの誕生日力

あなたを成長させる活力とは、あなたが感じる不安であり、それは全てのパワーの源。「ネガティブ」から「ポジティブ」へと切り替え、ありのままに正直に生きる勇気を持てば、活躍の場は未知数に。あなたの存在を認める人たちからの喝采と賞賛の声は、やむことがないだろう。

あなたの性格

あなたの刻む人生とは、プロを目指して進む道のりである。

もともと頭がよく、集中力にすぐれたあなた。また、12月生まれ特有の「未知の世界について知りたい」という欲求が、この生まれにおいては「興味のある対象をとことん研究しつくしたい」という願いになっている。

つまり、あなたはマニアック。好きなことにのめり込み、始めたからにはプロのレベルに至るほど研究、熟練しないと気が済まないのだ。

性格は誠実でおとなしく、一見おだやかに見えるかもしれないが、そのようにどんなことでもハイレベルな水準を目指すあなたは、まさに洗練されたエリートと言える。

しかし、「できる人だけを認める」「自分と同趣味の人だけ仲間と認める」など、排他的なところは玉に瑕。

仕事の適性

ズバリ、研究職、技術職には最高の適性あり。チームを組んで一つのことに取り組むスタイルでは、成功間違いなし。高度なことを要求されるような仕事に対応できるので、どのような職に就いても重宝がられるはず。

人間関係の傾向と相性

人間関係の範囲は狭いながらも、その分深くなり、「この分野においては知らない人がいない」というほど徹底した交流を求める傾向が。

12月28日〜1月2日生まれの人は、あなたを後押ししてくれる人。4月28日〜5月2日生まれの人とは、一緒にいることで生活に新風が入れられる関係。7月下旬生まれの人は、よきライバル。

長所と短所のまとめ

一つのことをとことん追求し、プロになるまでがんばれるところは長所。しかし、自分に厳しいあなたは、いつまでも「まだまだ」と自分に満足しないので、いつも落ち着きどころがない感じとなる。

あなたに必要なのは、それさえもバネにしてさらに前へ進むこと。

クロノス（土星）のささやき

リラックスすればするほど、次の活動へのバネが強まる。緊張をほぐして当たれ。

本書は、小社より刊行した文庫本を再編集したものです。

誕生日大事典(たんじょうびだいじてん)

著　者──來夢(らいむ), 松村潔(まつむら・きよし)

発行者──押鐘太陽

発行所──株式会社三笠書房
　　　　　〒102-0072　東京都千代田区飯田橋3-3-1
　　　　　https://www.mikasashobo.co.jp

印　刷──誠宏印刷

製　本──若林製本工場

ISBN978-4-8379-2666-5 C0030
©Raim, Kiyoshi Matsumura, Printed in Japan

本書へのご意見やご感想、お問い合わせは、QRコード、
または下記URLより弊社公式ウェブサイトまでお寄せください。
https://www.mikasashobo.co.jp/c/inquiry/index.html

＊本書のコピー、スキャン、デジタル化等の無断複製は著作権法上での
　例外を除き禁じられています。本書を代行業者等の第三者に依頼してス
　キャンやデジタル化することは、たとえ個人や家庭内での利用であって
　も著作権法上認められておりません。
＊落丁・乱丁本は当社営業部宛にお送りください。お取替えいたします。
＊定価・発行日はカバーに表示してあります。